中國學術思想 研究輯刊

三三編

林慶彰 主編

第 6 冊

宋翔鳳的經學研究

賴志偉 著

花木蘭文化事業有限公司

國家圖書館出版品預行編目資料

宋翔鳳的經學研究／賴志偉 著 -- 初版 -- 新北市：花木蘭文
化事業有限公司，2021〔民110〕
目 4+310 面；19×26 公分
（中國學術思想研究輯刊 三三編；第6冊）
ISBN 978-986-518-435-3（精裝）
1.（清）宋翔鳳 2.經學 3.學術思想
030.8   110000653

ISBN-978-986-518-435-3

9 789865 184353

中國學術思想研究輯刊
三三編　第六冊　　　　　　　　ISBN：978-986-518-435-3

宋翔鳳的經學研究

作　　者　賴志偉
主　　編　林慶彰
總 編 輯　杜潔祥
副總編輯　楊嘉樂
編　　輯　許郁翎、張雅淋　美術編輯　陳逸婷
出　　版　花木蘭文化事業有限公司
發 行 人　高小娟
聯絡地址　235 新北市中和區中安街七二號十三樓
　　　　　電話：02-2923-1455／傳真：02-2923-1452
網　　址　http://www.huamulan.tw 信箱 service@huamulans.com
印　　刷　普羅文化出版廣告事業
封面設計　劉開工作室
初　　版　2021 年 3 月
全書字數　301975 字
定　　價　三三編 18 冊（精裝）新台幣 48,000 元

宋翔鳳的經學研究

賴志偉 著

作者簡介

　　賴志偉，臺灣高雄市人，1974 年生，畢業於臺灣大學歷史系和歷史學研究所碩士班，師從中研院近代史前所長陳永發院士。期間，入讀臺北奉元書院數年，與毓鋆老師學習儒學經典，深刻體會到中國文化的博大精深，並為之後的經學研究奠定基礎。後入北京大學歷史系博士班，師從歐陽哲生教授，專攻清代經學史，發表過《莊存與的〈尚書〉研究——對〈尚書既見〉的新解讀與新看法》等十數篇文章，並獲博士學位。

提　要

　　宋翔鳳活動於科場、學界、官場的時間橫跨乾隆、嘉慶、道光、咸豐四朝，歷經清朝由盛世末期淪為晚清衰世。期間乾嘉漢學經歷了如日中天，到漢宋融合、理學復興、今文經學復興等學風的轉換，這對宋翔鳳產生深遠的影響。本論文擬在深入鑽研文獻記載基礎上，將文獻與當代研究資料相結合，從學術史的角度剖析宋翔鳳經學研究的變遷及其特色，並衍伸討論常州學派經學的發展，以此具體反映清中葉以後學術界的發展趨勢。

　　從乾隆三十八年（1773）二月四庫館開館後，漢學得到這次規模空前的官方修書活動的認可與支持，進一步達到鼎盛的局面，成為當時學術界不可撼動的領導地位。在此背景下，宋翔鳳從小就深受漢學的影響，自言：「余十幾歲，里門耆宿方談古文訓故之學，聞而竊慕。」再加上三十六歲前長期待在其父宋簡身邊接受將漢學融入科舉之文的訓練，所以在嘉慶後期以前，宋翔鳳把主要的精力放在對漢學的研究，以鄭玄為典範，考據為手段，完成大量考據學的著作，如《論語鄭注》、《論語纂言》十卷本、《四書古今訓釋》、《小爾雅訓纂》、《經問》等重要的經學作品，這時他的經學思想與當時漢學家並無太大差別。

　　另外因母親莊氏的關係，宋翔鳳在嘉慶四年隨其母歸寧常州，並受母命留於其舅莊述祖處受業，由此習得常州學派之家法和經學思想，為他日後學術轉型奠定下基礎。常州學派以莊存與、莊述祖、劉逢祿、宋翔鳳為代表人物，其中莊存與將「廟堂之學」轉為家學後成為常州學派的開山宗師，阮元稱他「於六經皆能闡抉奧旨，不專為漢、宋箋注之學，而獨得先聖微言大義於語言文字之外」。莊述祖承續伯父之學，改以「漢學求根株」的方式改造家學，使常州經學得以跟漢學接軌，並另辟途徑開創《夏時》與《歸藏》之研究。劉逢祿與宋翔鳳二人同為莊存與外孫，他專攻今文經學典籍《春秋公羊傳》，成為常州《公羊》學最重要的代表人物，並首先將《公羊》的微言運用於《論語》研究之中。本文主要想從常州經學研究的整理中，考察宋翔鳳如何將常州學派的經學思想整合到個人的研究中，如在《過庭錄》中，宋翔鳳將莊述祖所傳授《尚書》今古文之分的家法與《公羊》微言相結合，或是把「孔老同源說」引入到《管子》的研究中。

宋翔鳳進行學術轉型的大背景是漢學日益脫離現實而無法解決盛世衰敗後所產生的實際問題，導致漢宋調和的學術風潮出現於嘉慶後期，對當時學術格局的變動產生重要作用。宋翔鳳亦不可避免受其影響，希望從中找出一條新出路，最後選擇了常州學派。其中最能體現出宋翔鳳繼承莊述祖之衣鉢的是《大學古義說》中對政教合一制度的論述，此書是延續莊述祖的莊述祖《夏時說義》而來。此外，《論語說義》在《大學古義說》的基礎上增補了「孔老同源說」及《公羊》學研究，將莊存與、莊述祖及劉逢祿三人的學術研究有機的統合一起，使得宋翔鳳成為常州學派集大成者。

　　宋翔鳳一生走過八十四個年頭，可謂歷經滄桑。十三次科考的失敗，窮途潦倒四處求職，任官委曲求全以求自保，直至七十多歲方能辭官歸故里。在六十多年的經學研究中使得他著作等身，為後人留下彌足珍貴的經學思想資產，也為晚清今文經學的興起鋪平了道路，成為莊存與「以學開天下」遺志的重要實踐者。

緒　論

一、研究本課題的學術意義

　　清末今文經學的興起是近代政治、學術發展中一影響深遠的事件。它除了為戊戌變法提供理論基礎外，還深刻左右晚清民初學風的走向。錢穆在《中國近三百年學術史》說：「言晚清學術者，蘇州、徽州而外，首及常州。」又說：「常州之學，起於莊氏，立於劉、宋，而變於龔、魏。」〔註1〕常州學派自乾隆後期莊存與創始奠基，中經莊述祖轉型家學研究方式，再經劉逢祿和宋翔鳳之擴充與傳播，後經龔自珍與魏源發揚光大，最終成就清末極盛之狀態，引領一時之風潮。由此可知，常州學派奠定晚清今文經學的發展基礎。當中宋翔鳳在清朝今文經學的復興與發展中佔據承先啟後的關鍵性地位，因此在各種關於晚清今文學發展的宏觀論述中，宋翔鳳從不曾消失在後人的視線之外。〔註2〕但學術界關於清朝今文經學復興過程的討論，往往只著重今古文之爭及《公羊》學的發展，主要從劉逢祿以《公羊》為宗並批判東漢古文經為開端，龔自珍與魏源二人繼之而起，推動以《公羊》議政之風，遞降至康有為與梁啟超以之發動變法，呈現一種直線式的歷史解釋，往往使人忽略主軸論述之外的相關人事物，如宋翔鳳在清代學術史上的重要性長期被學界所忽

〔註1〕錢穆：《中國近三百年學術史》下冊，北京：商務印書館，1997年，頁580、590～591。

〔註2〕可參考徐世昌：《清儒學案》、梁啟超：《清代學術概論》、錢穆：《中國近三百年學術史》、張舜徽：《清儒學記》、楊向奎：《清儒學案新編》、陳其泰：《清代公羊學》、孫春在：《清末的公羊思想》、李新霖：《清代經今文學述》、艾爾曼著，趙剛譯：《經學、政治和宗族：中華帝國晚期常州今文學派研究》。

略。為考察宋翔鳳的經學研究在清朝今文經學的發展歷程中所佔有的地位，應將宋翔鳳的經學研究放在清朝中後期學術風氣轉變中來觀察。

清代今文經學起源於莊存與的經學思想。莊存與久宦京師，對乾隆晚期政治腐敗的原因與漢學興起的背景有著深刻的瞭解，擔憂盛世背後所隱伏的政治、社會危機，由此產生「以學開天下」之志。在此志向下，莊存與以西漢賈誼、董仲舒之學為基礎，以入直南書房與上書房為契機，跳脫漢宋之爭，不分家法，別立宗旨，研經以求實用。他發展出一套闡發微言大義以用於治國平天下的經學體系，「一方面強調經典所蘊涵聖王天道之崇高理想，一方面又對漢學家的治經方式採取批判的態度」。〔註3〕然而，身處乾隆朝的莊存與恰處於清朝文字獄最盛之時，再加上乾隆以編纂《四庫全書》為引導開啟了乾嘉考據學的顛峰期。莊存與深知自己的經學研究既不符合當時的學術潮流，又與當代朝廷的文化政策相違背，故他只好自晦其學，生前不出版他的著作，只將其學術作為家學授與和家族有血緣關係的後代成員與少數門人弟子。

莊存與去世後，因朝中派系鬥爭導致與常州莊氏家族有血緣關係的成員在仕途上開始被排出官場高層，〔註4〕充其量只能擔任地方基層官員或中央中下層官員，如莊述祖任濰縣知縣、劉逢祿任禮部儀制司主事、宋翔鳳任新寧縣知縣等，這使得他們只能將注意力由官場轉向學術圈，宋翔鳳將莊述祖這種心境的轉折說的極明白：「使先生宦達至卿相，當治太平之世，亦不過夕稽朝考，守象魏之法。自公退食示委蛇之度而已，惟浮沉下位，久而歸於寂寞之鄉，抱其明智通辨之材，以日與古人相接，則古人之所言所行者，若或見之，若或語之，關鍵開閉，絕續淵源，一人之身，以彼易此，不已大哉！」〔註5〕在此背景下，為了在學術界有立足之地，莊述祖開始運用「以漢學求根株」的考據學方法去改造及重新包裝莊存與所遺留的經學思想，由考證區分今古文經之家法入手，在論述其經學立場時不斷強化以漢代博士之學為主的今文經學的傾向，以此形成常州經學特有之家法，劉逢祿與宋翔鳳則承繼

〔註3〕蔡長林：《訓詁與微言——宋翔鳳二重性經說考論》，《中國文哲研究集刊》第29期，頁266。

〔註4〕「相國阿桂公以先生故人子，欲羅致之，避嫌不往。時和相用事，阿公之門下士稍稍去，亦以是疑先生，殿試卷以擬進呈，後卒置十卷後。引見，歸班詮選，先生遂歸，奉母以居。」見宋翔鳳：《莊先生述祖行狀》，《樸學齋文錄》，頁14，《浮溪精舍叢書》，桃園：聖環圖書公司，1998年。

〔註5〕同註4。

莊述祖的家法。劉逢祿建立一套以尊奉《公羊》學為主體的今文經學的體系，以《春秋》為五經的莞鑰，將經學要義歸總於三科九旨的微言，並對劉歆以下的古文經提出猛烈的批評。宋翔鳳的學術走向與乾嘉漢學和常州學派的淵源均極為密切，一方面他從業於段玉裁〔註6〕、錢大昕〔註7〕、張惠言〔註8〕等漢學家，另一方面他也吸納莊存與、莊述祖及劉逢祿的經學研究，在秉持「微言之存，非一事所該；大義所著，非一端足竟」〔註9〕的治經理念下，宋翔鳳以常州學派的經學思想來與漢學進行學術整合，故《清史列傳》、《清史稿》、《清儒學案》皆有以「通訓詁名物，志在西漢家法。微言大義，得莊氏之真傳」〔註10〕的記載來概括其學術。常州學派形成的階段剛好處於乾嘉漢學最鼎盛之時，由莊述祖引漢學入家學開始轉型，至劉逢祿及宋翔鳳完成學術定型，並形成兩項特點：一是在他們的經學研究中，偏向今文經學的傾向日益突出，二是他們的研究成果改以漢學的方式加以呈現，並開始向外推廣常州學派的經學思想，由此開啟了晚清今文經學復興的大門。

　　晚清今文經學的崛起從道、咸兩朝開始，在內亂與外患的雙重打擊下，清朝政府面臨著越來越大的國內外多重危機。有識之士為亂世的到來憂心不

〔註6〕孫海波《莊方耕學記》云：「于庭亦莊氏之外孫，嘗隨母歸覲，因留常州，從述祖受業，遂通莊氏之學。比長，更遊段懋堂之門，兼治東漢許、鄭之業。」此文收入周康燮主編：《中國近三百年學術思想論集》，香港：存粹學社，1975年，頁135。宋翔鳳在《荅段若膺大令書》中也談到「翔鳳在弟子之列，而事先王之業。」《樸學齋文錄》，卷1，頁126。

〔註7〕宋翔鳳曾對錢大昕執弟子之禮，《憶山堂詩錄》有〈長沙贈瞿木夫中溶〉：「講堂昔謁錢夫子，曾作侯芭問奇字，名氏飄零總不聞，檢編寂寞猶能記。十年師弟友朋心，萬里蹤憑尺素尋辛楣師沒後，翔鳳自京師至貴陽，伊小尹觀察出所寄尺牘，頻詢余蹤跡。」，桃園：聖環圖書公司，1998年影印嘉慶二十三年宋氏家刻《浮溪精舍叢書》本，卷6，頁14～15。

〔註8〕宋翔鳳在《香草詞序》中記述：「余弱冠後始遊京師，就故編修張先生受古今文法。先生於學皆有源流。至於填詞，自得宗旨。其於古人之詞，必縋幽鑿險，求義理之所安。若討河源於積石之上，若推經度於辰極之表，其自為詞也，必窮比興之體類，宅章句於情性。蓋聖於詞者也。」《樸學齋文錄》，續修四庫全書本。

〔註9〕馬宗霍：《中國經學史》第十二篇《清之經學》，臺北：臺灣商務印書館，1986年，頁149。

〔註10〕蔡冠洛編纂，王鍾翰點校：《清史列傳》，北京：中華書局，1987年，卷69，頁5606；趙爾巽等：《清史稿》，北京：中華書局，1998年，卷482，頁13268；徐世昌等編：《清儒學案》，臺北：燕京文化事業公司，1976年，卷75下，頁28。

已，對漢學支離無用的批評日益高漲，強調因時變革的經世思潮又重新抬頭，晚清今文經學的復興與之同步發展，梁啟超在《清代學術概論》中提到：「今文學之健者，必推龔、魏，龔、魏之時，清政既漸陵夷衰微矣。……考證之學，本非其所好也，而因眾所共習，則亦能之；能之而頗欲用以別闢國土，故雖言經學，而其精神與正統派之為經學而治經學者則既有以異。……故後之治今文學者，喜以經術作政論，則龔、魏之遺風也。」〔註11〕龔自珍提出「憂天下」、「探世變」等說法，以《公羊》學的觀點來痛切批評時政，開啟晚清變法之先聲。魏源則不斷鼓吹改革的訴求，認為政府對陳腐的舊例改革得越徹底，就越能夠給老百姓帶來更多利益，所以執政好壞的標準就在於是否對老百姓有利。最後廖平、皮錫瑞、康有為等人掀起晚清今文經學的高潮，其中康有為以《公羊學》所建立的經學理論來為戊戌變法提供政治制度改革的依據，為晚清今文經學在政治上提供一次難得的實踐機會。

　　宋翔鳳的經學研究體現出乾嘉漢學由盛轉衰而道咸今文學興起的轉變過程中一個重要的承先啟後環節，除了影響戴望〔註12〕、龔自珍〔註13〕、康有為〔註14〕對今文經學的研究外，章太炎的兩位老師譚獻與俞樾也都受到宋翔

〔註11〕梁啟超：《清代學術概論》，天津：天津古籍出版社，2003年，頁69。

〔註12〕戴望在蘇州時從宋翔鳳受《春秋公羊傳》，自是「始治西漢儒說，由是以窺聖人之微言，七十子之大義」見戴望：《顏氏學記序》，《顏氏學記》，上海：商務印書館，1930。然而當時戴望尚「狃於習俗，未能信也」。1860年，太平軍入浙江，戴望奉母避難山中，這是戴望學術思想發生重大變化的一年，戴望在蘇州向宋翔鳳問學時曾獲贈劉逢祿的《左氏春秋考證》等書，此時「徐徐取讀之，一旦發覺，于先生及宋先生書若有神詰，迥然於吾生也晚，不獲侍先生也」戴望：《故禮部儀制司主事劉先生行狀》，繆荃孫纂：《續碑傳集》，卷七十四，儒學四；沈雲龍主編：《近代中國史料叢刊》，第99輯，臺北：文海出版社，1974年。

〔註13〕龔自珍在《資政大夫禮部侍郎武進莊公神道碑銘》提到：「越己卯之京師，識公（莊存與）之外孫宋翔鳳，翔鳳則為予推測公志如此」對龔自珍瞭解常州之學有一定之幫助。此外龔自珍詩中屢提到宋氏，如《己亥雜詩》：「玉立長身宋廣文，長洲重到忽思君。遙憐屈（原）賈（誼）英靈地（湖南），樸學奇材張一軍。」《龔自珍全集》，上海：上海古籍出版社，1999年，頁143，頁522。

〔註14〕陳鵬鳴於《宋翔鳳與今文經學》中道出：「康有為撰《禮運注》，將《公羊》三世說理論與《禮運》大同、小康之論結合起來，指出中國二千年來，皆為小康之世，目前已到了向大同世轉化的關鍵時刻，『將納大地生人於大同之域，令孔子之道大放光明』要求清政府立即變法改革，實行君主立憲制，致中國『大同之域』；又撰《大同書》，宣揚大同理想。儘管康有為所言的大同

鳳的影響。譚獻身為詞學名家，以常州學派一員自居〔註 15〕，而俞樾雖承乾嘉考據學之脈，但在治《春秋》時卻祖右《公羊傳》〔註 16〕。從嘉慶後期開始，包含宋翔鳳在內的相當多學者之學術內涵已經出現轉益多師的跡象，這顯示嘉慶後期或稍後，由「漢宋兼採」開啟的學術整合或對話已漸成趨勢，宋翔鳳治經兼採常州學派及漢學的作法即是此現象的一個腳注。

不過除了在常州學派相關學術圈中有所聲名外，宋翔鳳並不被當時學術界所重視，直到十九世紀後期，隨著今文經學逐漸受到學界的關注，宋翔鳳在今文經學發展過程中所佔有的特殊性及重要性才開始為人所重視。近年來清代今文經學的研究成為熱點課題，其中宋翔鳳的相關研究也取得不少的成果，為宋翔鳳整體經學研究奠定下深厚的基礎。不過現今對於宋翔鳳的經學研究大多仍以《公羊》學的角度視之，對於他的考據學著作及身為莊述祖傳人的學術探討仍不太為人所重視，這導致宋翔鳳在常州學派及晚清今文經學發展過程中所佔有的定位之討論仍有所不足。因此本書便是希望在詳細剖析宋翔鳳重要的經學著作及前人研究成果的基礎之上，透過更深入考察宋翔鳳的經歷與經學研究，對晚清今文經學興起的背景有更具體且全面的認識，並對清代中晚期經學研究提供一份參考及補充。

二、相關研究回顧

宋翔鳳作為一位經歷豐富，著作等身，且又善於整合不同學術體系的清代學者，其學術內容的確有不少可資討論之處，在各種關於清代經學發展的宏觀論述中，已有不少學者曾撰文討論宋翔鳳的學術底蘊，鉤勒出宋氏的學術輪廓。根據本文主要研究內容，擬從以下三個方面對有關學術成果分別進行扼要的述評：（1）宋翔鳳生平事蹟的史實考證；（2）宋翔鳳經學的研究；

　　理想與宋翔鳳所言的太平世之間，存在著根本的不同，但二者之間似有一定的思想淵源關係。」《書目季刊》，第 30 卷第 3 期，頁 14。
〔註 15〕譚獻：《復堂日記》，臺北：新文豐出版公司，1989 年《叢書集成續編》，第217 冊，卷 2，頁 11。
〔註 16〕相關記載，可參章太炎：《俞先生傳》，《太炎文錄初編》，收入《章太炎全集》，上海：上海人民出版社，1984 年，第 5 冊，頁 221；繆荃孫：《清誥授奉直大夫誥封資政大夫重宴鹿鳴翰林院編修俞先生行狀》，收入《清碑傳合集》，上海：上海書店，1988 年，第 3 冊，頁 2989；支偉成：《清代樸學大師列傳》，長沙：嶽麓書社，1998 年，頁 124；徐澄：《俞曲園先生年譜》，上海：上海書店，1991 年影印《民國叢書第三編》，第 76 冊，頁 1。

（3）宋翔鳳詞學的研究。

關於宋翔鳳生平事蹟的紀載，由於宋翔鳳在清代未受推崇，故《碑傳集》、《續碑傳集》皆未有宋翔鳳的傳記，其生平事蹟也僅見於《清史稿·儒林傳》、《蘇州府志》、《清史列傳》、《江蘇省吳縣志稿·人物志》等處，然相關資料並未詳載宋翔鳳的學經歷，《明清江蘇文人年表》中也只有若干條目言及宋翔鳳。因此現今學界也只有少數論文觸及此部分，這當中有：鍾彩鈞《宋翔鳳的生平與師友》，此文以宋翔鳳詩文集中的相關史料為基礎，對宋氏的生平與其較親密重要的交遊人物作一概要性的描述，但對宋翔鳳事蹟的敘述還是過於簡略。樊克政的《宋翔鳳生年考》對現行三種有關宋翔鳳出生之年的說法加以考證，這三種說法分別是乾隆三十九年、四十一年、及四十四年，作者對此一一加以反駁，最後以四則數據認定其生年為乾隆四十二年〔註 17〕，並成為現今學界對宋翔鳳生年的公認說法。李南的《宋翔鳳年譜》是目前唯一一本宋翔鳳的年譜，文中論述分凡例、家世、譜文三項，以宋氏相關之詩文集、史傳、方志和年譜為基礎數據，對宋翔鳳的生平之行事、交遊及作品繫年作一大概的梳理，在現今對宋翔鳳學行敘述的著作中，此年譜是比較詳細的，但當中仍遺漏一些宋翔鳳重要的事蹟，此問題本書將會做進一步探討及補充。

宋翔鳳的學術成果範圍涵蓋極廣，不只局限於經部，他在史、子、集三部中也有不少的著作，不過這些著作大體上都圍繞著其經學研究。宋翔鳳早期以漢學為重心，後來轉型主攻常州學派經學，他活動時間橫跨乾隆、嘉慶、道光、咸豐四朝，所以他的學術研究中混雜各家學派之學術成果，故後人在闡釋他的經學思想就出現多種不同說法。目前有關研究分為兩部分：一是對宋翔鳳經學思想進行總體評論，二是透過分析宋翔鳳的專著來對他的經學研究進行闡釋。

有關宋翔鳳經學總論的討論，鍾彩鈞《宋翔鳳學術及思想概述》是比較早針對宋翔鳳經學研究進行討論的文章，文中主要是概述宋翔鳳如何兼治漢學及宋學，及分析他對今古文經學的看法。陳鵬鳴《宋翔鳳經學思想研究》一文提出：「自莊存與復興今文經學之後，今文經學的陣地不斷擴大，莊述祖以《公羊》義說《夏小正》，劉逢祿不僅光大了春秋公羊學，而且以《公羊》之義說《論語》和《易經》；宋翔鳳則以《公羊》之義解說群籍，將今文經學

〔註17〕樊克政：《宋翔鳳生年考》，《文獻季刊》第一期，2005 年，頁 281。

的陣地從原有的今文典籍上，擴大到《四書》、《禮記》，甚至老子之書。在宋翔鳳看來，各種典籍之中，都可能含有孔子的微言大義。龔自珍則以為五經之中皆貫穿著孔子的三世理論，並著《五經大義終始論》及《答問》九篇，專門予以論述。由此可見，隨著今文經學的發展，今文經學家試圖以《春秋》之義貫於群書的治學傾向。」〔註18〕此文以清代《公羊》學發展的角度來論說宋翔鳳經學研究的內容，這種「以《公羊》貫群經」的論述成為現今學界對宋翔鳳學術成就的主要敘述方式，如蔡欣宜《宋翔鳳公羊思想研究》。還有黃光國《經學微言的核心》主張宋翔鳳是以「孔子素王說」來貫穿經學中的微言，而非如劉逢祿以三科九旨來涵蓋孔子的微言。

　　雖然從《公羊》學通釋群經的角度來考察宋翔鳳的經學研究可以顯示出今文經學在清代學術地位的重要性不斷提升，不過這無法說明宋翔鳳整體的學術成果及其在常州學派及晚清今文學的學術傳衍中所應有的地位。所以蔡長林《訓詁與微言──宋翔鳳二重性經說考論》一文以宋翔鳳整合常州莊氏家學與漢學的二重特色來探討宋氏之學之特殊性和重要性，作者指出宋翔鳳融合外家微言大義之說於考據語境的治學風格異於莊述祖和劉逢祿，莊、劉視家族之學凌駕於許、鄭之上，考據學方法不過是其論證家族聖王天道之說的工具而已，但從宋翔鳳治學的思路來看，他走的仍是漢學家「訓詁明則義理明」的方法，「在訓詁的基礎上，企圖整合東京典章制度與西京微言大義為一個整體，亦即在考索各種典章制度的過程中，將莊氏家族所申闡的義理融入其中。」〔註19〕作者認為宋翔鳳使常州經學由莊、劉的價值闡述轉型為以知識考索為先的學術表達，以此與漢學接軌，而這種學術之間的差別，即是宋翔鳳與莊述祖、劉逢祿在經學研究上的根本相異之處。本書認為宋翔鳳早年以漢學研究為主，其研究方法較符合上文所述，但在中期轉型後已將莊述祖、劉逢祿二人的研究成果及方法納為己用，三人之間的治經差別已不如上文所說之大。陳桂清《考據與微言──宋翔鳳的詞學與經學》著重介紹宋翔鳳的經學與詞學的共同特色，探討宋氏詞學中的訓詁與微言。路新生在《宋翔鳳學論》一文中指出宋翔鳳學術研究之困境，因常州學派所重視的是在闡

〔註18〕陳鵬鳴：《宋翔鳳經學思想研究》，《中華文化論壇》第 4 期，2001 年，頁102。

〔註19〕蔡長林：《訓詁與微言──宋翔鳳二重性經說考論》，《中國文哲研究集刊》第29 期，2006 年，頁 241。

述微言大義，並附會「非常異義可怪之論」，如此一來就與漢學重視實證的治學特點扞格難通，因此作者認為宋翔鳳勉強想要使這兩種不可互通的治學方法合為一體，「這就一方面極大地限制了宋氏在小學方面的發展；另一方面，又使宋氏的治學首鼠異端，難求兩全。」〔註20〕以上各篇文章為宋翔鳳經學研究的整體論述提供進一步完善的基礎，但對於宋翔鳳經學研究的轉折與變遷則甚少討論，此問題本書將會做進一步探討。

宋翔鳳在經學上著述頗豐，著有：《論語說義》十卷，《論語鄭注》十卷，《周易考異》兩卷，《大學古義說》二卷，《孟子趙注補正》六卷，《孟子劉熙注》一卷，《四書釋地辯證》二卷，《四書纂言》四十卷，《卦氣解》一卷，《尚書略說》二卷，《尚書譜》一卷，《爾雅釋服》一卷，《小爾雅訓纂》六卷，《五經要義》一卷，《五經通義》一卷，《過庭錄》十六卷等。其主要代表作有《論語說義》、《大學古義說》、《孟子趙注補正》與《過庭錄》等幾本，而學者對其經學專著的討論也大多根據這些著作。

其中宋翔鳳對《論語》下的功夫最深，其「精力所貫，尤在《論語》」。〔註21〕有關《論語》的著作至少就有八本之多，因為宋翔鳳認為「《論語》一書皆聖人微言之所存」〔註22〕，故《論語》二十篇「太平之治、素王之業備焉。」〔註23〕從乾隆五十八年（1793年）起，宋翔鳳即對《論語》的研究開始下深功夫，至嘉慶八年（1803年）出刊《論語纂言》十卷本，嘉慶二十五年（1820年）輯成《論語鄭注》，道光二十年（1840年）撰成《論語說義》，最後到道光二十六年（1846年）完成《論語纂言》二十卷本，前後花費至少四十年的時間。

當中被討論最多的是《論語說義》一書，宋翔鳳透過此書論證《論語》屬於今文經的一部分，這對清代今文經學的進一步發展具有重大貢獻。所以各篇論文在討論宋翔鳳的《論語》研究，基本上都是從《說義》來闡述宋翔鳳如何論述《論語》中《公羊》學的微言，如陳靜華的《清代常州學派論語學研究——以劉逢祿、宋翔鳳、戴望為例》、劉錦源的《清代常州學派的〈論語〉

〔註20〕路新生：《宋翔鳳學論》，《孔孟學報》第73期，1997年3月，頁77。
〔註21〕馬宗霍：《中國經學史》，頁149。
〔註22〕宋翔鳳：《論語說義十》，《論語說義》，頁2，《皇清經解續編》卷389，光緒十四年南菁書院本。
〔註23〕宋翔鳳：《論語說義序》，《論語說義》，《皇清經解續編》卷389，光緒十四年南菁書院本。

學》、張廣慶的《清代經今文學群經大義之〈公羊〉化——以劉、宋、戴、王、康之〈論語〉著作為例》、孔祥驊的《論宋翔鳳的〈論語〉學》、鄭卜五的《常州〈公羊〉學派「經典釋義〈公羊〉化」學風探源》、申屠爐明的《論宋翔鳳以〈公羊〉解〈論語〉的得失》及郜積意的《以〈春秋〉說〈論語〉——劉逢祿至戴望的〈論語〉學》等文。〔註24〕學者關注宋翔鳳的角度，多從《公羊》學立論，討論其繼劉逢祿《論語述何》之後，《論語說義》如何以《公羊》學標榜的微言大義來涵攝《論語》所載「性與天道」之言，進而討論宋翔鳳在群經大義《公羊》化的過程中所作的貢獻。其中，黃麗卿的《以〈春秋〉通〈論語〉——宋翔鳳〈論語說義〉探析》一文中對宋翔鳳選擇《論語》作為闡發個人思想的理由進行論證。作者認為其理由除了是受到劉逢祿《論語述何》中「《論語》總六經之大義，闡《春秋》之微言」〔註25〕的啟發與影響外，另一原因是宋翔鳳肯定《論語》在文獻的真實性。《論語》雖非孔子所親作，不過是其弟子及再傳弟子所記，所以是可靠性較高、爭議性較少的史料。以此為起點，作者從三個方面來討論《論語說義》的內容，一是宋翔鳳以「微言備於《論語》」的角度來看待《論語》，二是宋翔鳳運用「《春秋》之義」的「書法」來解釋《論語》中孔子的「無言」、「罕言」、「天何言哉」為「微言」，三是作者認為《論語說義》是一本政論之書。〔註26〕另外，王光輝的《宋翔鳳〈公羊〉學新探——以〈論語說義〉為中心》著重探討《論語說義》中「性與天道」的涵義，作者將之作為宋翔鳳思想的形上學建構，以此來統領何休的「三

〔註24〕相關討論，請參陳靜華：《清代常州學派論語學研究——以劉逢祿、宋翔鳳、戴望為例》，臺南：成功大學中國文學研究所碩士論文，1994 年；劉錦源：《清代常州學派的〈論語〉學》，臺北：政治大學中國文學研究所碩士論文，1995 年；張廣慶：《清代經今文學群經大義之〈公羊〉化——以劉、宋、戴、王、康之〈論語〉著作為例》，收入《經學研究論叢》第一輯，桃園：聖環圖書公司，1994 年，頁 257～321；孔祥驊：《論宋翔鳳的〈論語〉學》，《歷史教學問題》，1999 年第 6 期，頁 8～10；鄭卜五：《常州〈公羊〉學派「經典釋義〈公羊〉化」學風探源》，收入《乾嘉學者的義理學》，臺北：中央研究院中國文哲研究所，2003 年，下冊，頁 637～672；申屠爐明：《論宋翔鳳以〈公羊〉解〈論語〉的得失》，《南京工業大學學報（社會科學版）》，第 8 卷，第 3 期，2009 年 9 月，頁 39～44；郜積意：《以〈春秋〉說〈論語〉——劉逢祿至戴望的〈論語〉學》，2005 年 6 月臺北中央研究院中國文哲研究所《浙江學者的經學研究》第一次學術研討會發表論文，頁 1～6。
〔註25〕劉逢祿：《論語述何・敘》，《皇清經解》卷 1298，頁 9。
〔註26〕黃麗卿：《以〈春秋〉通〈論語〉—宋翔鳳〈論語說義〉探析》，《淡江人文社會學刊》第十二期，2002 年，頁 10。

科九旨」之說，並認為是對董仲舒「六科十指」的繼承和發展，把《春秋繁露》中的「援天端」發展為「性與天道」之說，從中看出宋翔鳳整合《公羊》學內部不同義理言說模式的痕跡。不過黃開國的《宋翔鳳經學微言的核心》一文中否定「性與天道」在宋翔鳳所發明的微言中佔有特殊地位，作者認為「孔子素王說才是《論語說義》微言的根本所在」，「宋翔鳳是以孔子素王說來統宗孔子微言的」，〔註27〕宋翔鳳對素王說的強調為後來「孔子改制說」奠定基礎。在他另一篇《宋翔鳳〈論語〉學的特點》中則對《論語說義》作更完整的分析，最後文章歸納出此書的特點有顯著的漢學風格並雜採今古文，另外在義理上包含孔子素王說、孔老同源說與雜引讖緯。〔註28〕以上這些前輩們的研究成果將成為本書繼續深入討論的重要基礎。至於《論語說義》延續莊述祖經學研究的重要學術意義，前人並未予以深究，這部分將是本書要深入闡釋之處。

受到漢學及莊述祖的影響，宋翔鳳撰寫《大學古義說》並不採朱熹的《大學》改本，而是用《十三經注疏》之古本《大學》作為此書論說的底本。此書是宋翔鳳在對古本《大學》的原義進行考證下，藉此闡發《大學》中的微言大義，是他首部以解釋義理為主的經學著作。書中在解釋「大學之道，在明明德」時即引用《禮記》中《王制》和《大戴禮記》中《明堂》等篇，指出《大學》所講述的是周代的明堂制度，體現出中國上古時期政治與教育合一的規劃。目前關於《大學古義說》的專門論文只有林素英的《宋翔鳳〈大學古義說〉發微》一文，作者直接探究《大學古義說》的內容，以分析宋翔鳳的理想政治制度之藍圖，並引用蔡邕的《明堂月令論》、惠棟的《明堂大道錄》、甲骨卜辭和殷周金文來肯定宋翔鳳的說法。此外作者還指出此書除了以考據學的方法來論證大學之功用外，宋翔鳳還以宋學探微的研究方法去發掘典章制度背後的微言大義，並強調治學的目的是以政為本，以此突顯出今文經學重視經世致用的一面。不過，作者也提到此書有兩個缺失，一是以「五行之德」來解釋「為政以德」之德，有明顯的牽強附會之嫌；二是作者批評宋翔鳳的保守傾向，因他在清朝中衰後反清勢力不斷蔓延的情況下，選擇以擁護清王朝

〔註27〕黃開國：《宋翔鳳經學微言的核心》，《宋代文化研究》第十五輯，成都：四川大學出版社，2008 年，頁 337。

〔註28〕黃開國：《宋翔鳳〈論語〉學的特點》，《哲學研究》第 1 期，2007 年，頁 37～42。

的立場來闡發其經世致用之學，〔註 29〕此種以現代革命史觀的評斷似乎有些不符合當時的歷史背景。不過作者並沒有討論此書與莊述祖經學的關係，這部分也是本書著力之處。

　　《過庭錄》是宋翔鳳在晚年官場退休後將數十年的讀書筆記加以編定成書，並出版於咸豐三年（1853 年）。書中除了涉及考辨、校勘、文字、音韻、訓詁等有關考據的成果外，還包含他學術轉型後的經學思想，所以此書最能表現宋翔鳳融合常州經學與漢學的治經原則及其成果，所以梁運華於《過庭錄》的點校說明中說：「此書考證經史子及詩文三十多種六百餘條，其中不少創見為前人所未發，亦待今人加以利用。」〔註 30〕有關《過庭錄》的研究目前只有徐興海的《〈過庭錄〉劄記》一文。〔註 31〕作者首先指出宋翔鳳的學術思想主要是繼承莊述祖，故他認為給予宋翔鳳庭訓的人是莊述祖，而非學界一般所認知的宋翔鳳之父宋簡，這當中有可討論之處。作者對《過庭錄》的分析主要是針對書中有關考證訓詁的部分，他將此書的內容分為三大類：一為考辨。這是書中篇幅最多的部分，當中涉及到史實、制度、名物、人名等方面，作者認為書中的考辨內容主要是發明《公羊》學說的要義，如「元年春王周正月」一條即是以考證的方式對莊存與《春秋正辭》中「建五始」的說法進行解釋。二為校勘。宋翔鳳在十九歲隨父到雲南之前，他一直跟隨汪元亮學習校讎之學，對其以後治學帶來不可磨滅的影響，這在《過庭錄》裡有明顯的痕跡。文中將書中的校勘實例分成三個方面來討論，即發生訛誤的原因、校勘的方法與校勘的內容三部分。三為文字音韻的訓詁。宋簡、段玉裁、莊述祖均在文字學方面有相當的成就，這三人都對宋翔鳳治學產生重大的影響，所以他在文字訓詁方面下過極深的功夫，因此文中將宋翔鳳所用的訓詁方法加以歸類，主要有合言與長言、發明假借字、對轉關係、俗字、聲轉等幾方面。〔註 32〕但文中並未將《過庭錄》放在宋翔鳳後期經學研究的背景中來討論，這方面將是本書需要深入探討之處。

〔註 29〕林素英：《宋翔鳳〈大學古義說〉發微》，林慶彰等主編：《晚清常州地區的經學》，臺北：臺灣學生書局，2009 年，頁 632～633。

〔註 30〕宋翔鳳：《過庭錄》，北京：中華書局，2006 年，頁 1。

〔註 31〕此文是由作者刊登在《西安聯合大學學報》2004 年第 7 卷第 3 期的《〈過庭錄〉古籍整理工作論析》所改寫，內容基本上差異不大。

〔註 32〕徐興海：《〈過庭錄〉劄記》，林慶彰等主編：《晚清常州地區的經學》，臺北：臺灣學生書局，2009 年，頁 637～674。

趙岐的《孟子章句》是唯一流傳下來比較完整的漢代注釋《孟子》之書，因清代主流學術以漢學為主，故清代《孟子》學研究多以趙注為研究底本。宋翔鳳彙集了顧炎武、毛奇齡、閻若璩、臧庸、江永、孔廣森、王念孫、翟灝、錢大昕等的觀點，並融合了經、史、子、集各類資料，對《孟子章句》一書進行補缺正誤，對歷史、地理、人事物、字詞句、天文、制度、風俗、名物器具等進行全方位考證。《孟子趙岐注補正》一書完成於清朝中後期，然而因同時期還有焦循《孟子正義》這部集大成之著作，故學者對《補正》並未給予太多重視。所以董洪利在《孟子研究》中對《孟子趙岐注補正》只進行了簡要分析，認為此書的內容可以分為補缺與補正兩部分，且在考據與資料收集上都堪稱《孟子》學史上的重要著作。〔註33〕劉瑾輝在《清代孟子學研究》中對《孟子趙岐注補正》的內容也從補、正兩方面分析，認為此書彙集前人成果，但亦有證據不足、不夠嚴謹等缺點。〔註34〕蔡長林的《訓詁與微言——宋翔鳳二重性經說考論》〔註35〕則認為《孟子趙岐注補正》是宋翔鳳企圖透過考據學語言、將常州學派與當代漢學相互整合的重要著作。張君的《宋翔鳳〈孟子趙岐注補正〉研究》是目前唯一對《孟子趙岐注補正》作專門論述的論文。文中首先闡述了《孟子趙注補正》著作體例及版本情況，其主要的內容是將全書注釋分為「補缺」和「正誤」兩大類，將全書注釋條目進行系統分類。對於宋翔鳳補趙注所「缺」的部分，文中細分地理、人物、語詞、典章制度、名物五類加以分析；對於正趙注之「誤」的部分則分為地理、人物、語詞、思想典章四類予以歸納。此文對於《孟子趙岐注補正》的特點、價值、地位以及不足作了初步的工作，補充人們對宋翔鳳在《孟子》研究成果上的瞭解。

關於宋翔鳳詞學研究的部分，雖然宋翔鳳不被歸類於常州詞派之中，但二者的關係其實相當密切，他的文學作品中，有關詞的創作占相當大的比例，如《浮溪精舍詞》三種（《香草詞》、《洞簫詞》、《碧雲盦詞》）、《樂府餘論》（收入《詞話叢編》）等，且文集中亦收入《香草詞序》、《與陸祁生書》等多篇有關詞的序跋及書信。這些著作和文章體現出宋翔鳳的詞學創作與其經學思想有著緊密的聯繫，因此學者研究的重點主要著重於宋氏的經學思想對其

〔註33〕董洪利：《孟子研究》，江蘇：江蘇古籍出版社，1997 年，頁 343。
〔註34〕劉瑾輝：《清代〈孟子〉學研究》，社會科學文獻出版社，2007，第 311 頁。
〔註35〕蔡長林：《訓詁與微言——宋翔鳳二重性經說考論》，頁 262。

詞學的影響。朱惠國《論宋翔鳳詞學思想及其意義》首先論述宋翔鳳繼承了
張惠言以「比興寄託」為核心的詞學思想，宋翔鳳以「必緣幽鑿險，求義理之
所安」兩句話加以概括張惠言對詞之功能所應發揮的看法，即在詞學觀念和
解詞方法上學習張惠言讀詞時從前人詞中挖掘出字句的「微言大義」。在此基
礎上，宋翔鳳結合自己的人生體驗並對張惠言的詞學理論作了一定程度的修
正和發展。宋翔鳳在重視詞的「微言大義」之餘，又顧及詞的抒情功能與合
樂的特性，表現了經學與文學有機融合的特點，因此「在詞派的發展過程中，
他與董士錫一起，在張惠言和周濟之間起了一種承前啟後的中繼作用，為常
州詞派由學者詞派向文人詞派的最終完成，作出了一定的貢獻。」〔註36〕此
文雖已論及宋翔鳳的詞學思想中「經學與文學有機融合的特徵」，但在探討其
經學對詞學的影響時，仍只側重「微言大義」對其詞學的影響，對其詞學中
考證部分沒有給予充分闡發說明。陳桂清的《考據與微言——宋翔鳳的詞學
與經學》對宋翔鳳如何將考據方法體現在其詞學的研究上進行探討，如在《樂
府餘論》一文中，這種注重「實事求是」的治學觀念就有鮮明的表現，其中既
有從詞意的角度考證詞的內容，也有引用《說文》等典籍來訓詁詞句與詞體。
此外作者也談到宋翔鳳繼承張惠言以「微言」解詞之法來闡發詞作寓意的內
容，且「加強「知人論世」的內容，同時借鑒《易》學中的「仁者見仁，智者
見智」觀念，巧妙地解決了人們對張惠言解詞方式的質疑。宋翔鳳這種解詞
的方法成為常州詞派後期代表人物譚獻「作者未必然，讀者未必不然」的詞
學解釋觀念之先聲。」〔註37〕

三、研究思路與結構

　　一種思潮的興衰可以體現出社會變動的過程，前有大師的奠基，後有繼
起者的推波助瀾，最後形成具有影響力的時代思潮。克羅齊在其專著《歷史
學的理論和實際》中提出「一切歷史都是當代史」的理論，凸顯出歷史研究
中當代環境的影響及個人主觀看法必定會滲入作者相關的歷史解釋中。所以
為了要擺脫當代人的定見，就必須盡可能地窮盡歷史變遷中的細微周折，方
能盡可能回歸歷史的真面目。基於以上的認識，本書從相關資料中盡可能詳

〔註36〕朱惠國：《論宋翔鳳詞學思想及其意義》，《復旦學報（社會科學版）》第3期，
　　　　2005年，頁82。
〔註37〕陳桂清：《考據與微言——宋翔鳳的詞學與經學》，《邵陽學院學報》（社會科
　　　　學版），第8卷第5期，2009年10月，頁73。

盡瞭解宋翔鳳的事蹟與著作，以此深入探討宋翔鳳的經學研究，其中本書有別於其他學者的成果主要有三：一是相對其它論文只針對宋翔鳳特定著作或思想進行研究，本書將對宋翔鳳整體經學發展進行考察，由此分析他學術轉型的過程及前後兩時期的經學成果；二是透過對常州莊氏經學的研究，來解讀為何莊述祖傳人是宋翔鳳而不是劉逢祿，以此解析莊述祖對宋翔鳳的影響，並重新定位宋翔鳳在常州學派位列中的地位；三是考察宋翔鳳在清代今文經學興起的過程中所作具體貢獻。這三項研究成果將在本書的章節中一一加以論述。

本著先知人後論學的方式，本書首章將對宋翔鳳的生平與學術淵源加以考察。宋翔鳳的個人資料相當凌散，所以收集資料有一定難度，因此這部分資料的收集除了來源於宋翔鳳個人文集、詩集和詞集外，還參考大量間接材料，如當時學者的文集或地方志等，盡可能地將宋翔鳳的歷史世界更完整的描寫出來。其次，宋翔鳳身為常州學派第三代的代表性學者，其學術思想主要是繼承莊存與和莊述祖，在學術地位上與劉逢祿相提並論，為釐清宋翔鳳的經學研究在常州學派，乃至於整個清朝今文經學發展中的重要性，因此第二章將對常州莊氏經學進行考察，以此探尋宋翔鳳的經學核心思想的淵源。

經學發展至乾嘉時期，漢學取代理學成為學術主流，考據的功底成為當時學界評價一人學術高低的最主要標準，影響所及，科舉考試以漢學入題取士的情況日漸普遍，如宋翔鳳之父宋簡即以其漢學功底獲得考官青睞而考取進士。宋翔鳳身為清中葉時期的經學家，其著作也烙印著時代的影響，訓詁考證成為鋪陳其學術見解的基本形式，故《清史稿》、《清儒學案》記載宋翔鳳著作多為考證訓詁之作，而龔自珍也譽其為「樸學奇才」，張之洞更在《書目答問》中將宋翔鳳列入漢學家之列，說他「篤守漢人家法，實事求是，義據通深」〔註38〕。因此本書將秉著以梳理學術文獻為起點的研究方法，逐一分析闡釋他在考據學上的學術成果。書中將宋翔鳳有關考據學的經學著作分為前後兩期，以此考察其經學思想演變的經過。第三章將考察宋翔鳳前期的考據學著作，此時宋氏深受《說文解字》及鄭玄的影響，所以此時的經學著作主要在闡釋許鄭二人的經學，如《小爾雅訓纂》、《論語鄭氏注》、《論語孔子弟子目錄》、《論語師法表》、《孟子劉注》、《四書釋地辨證》等考據學作品，由此分析宋翔鳳如何受到乾嘉考據學的影響。第四章則討

〔註38〕張之洞撰、范希增補正：《書目答問》，上海：上海古籍出版社，1983年，頁346。

論宋翔鳳學術轉型後的考據學著作，以道咸年間所編著的《孟子趙注補正》與《過庭錄》為主，探討宋氏如何整合常州學派與漢學這兩種學術系統交錯融合的情形。

　　第五章將論說宋翔鳳在義理方面的研究。嘉慶以後，內憂外患不斷，漢學之流弊日益彰顯，宋學之復興及今文之興起，伴隨著經世之學風而起，所以第一節將以《大學古義說》（宋翔鳳四十二歲（1818 年）所作）來探討宋翔鳳學術之轉型，此書是宋氏撰寫的第一部以義理為主軸的專門著作。宋翔鳳將莊述祖《夏時》研究中有關明堂的論述作為他闡釋書中政學合一的核心部分，以此論述他理想中的政府體制，這可以看作是宋翔鳳學術轉變的分水嶺，在協調常州經學與漢學的過程中，宋翔鳳已逐步確立常州學派成為其中心思想。第二節以《論語說義》（後改名為《論語發微》）來探討宋翔鳳晚期思想。此書是宋翔鳳六十四歲（1840 年）所作，可說是宋翔鳳經學思想的定論，為其平生所學之代表作。從書名可知，他充分發揮常州學派所重視的微言大義於書中，透過對這部書的分析，可以瞭解宋翔鳳經學思想的核心部分與思想架構。此時宋翔鳳的學術整合已跨越出許、鄭之學與常州之學相互嵌合的階段，他已將常州之學與漢學融入自己的經學研究架構中。然而此書毀譽參半，譽之者以其將《公羊》思想擴及到《論語》研究中，為《公羊》學貫穿群經奠定下基礎，這以學術立場偏向今文經學的學者為主，如蕭一山《清代通史》所言：「翔鳳嘗作《擬漢博士答劉歆書》，又作《漢學今文古文考》，以《公羊》義說群經，以《古籀文》證群籍。以為微言之存，非一事可該，大義所著，非一端足竟，會通眾家，自闢蹊徑，而精力所貫，尤在《論語》，撰《論語說義》、《論語發微》，至是今文之學遂以大明。」〔註 39〕毀之者批評此書牽強附會，涉及讖緯，這以偏於古文經的學者為主，如章太炎說「長洲宋翔鳳，最善傅會，牽引飾說，或採翼奉諸家，而雜以讖諱神秘之辭。」〔註 40〕因此這章將從正反兩方所提的觀點入手來探討宋翔鳳在此書真正所想表達的本意

　　結語部分是將宋翔鳳的學經歷與其經學研究變遷加以結合，並將之放在清代中後期經學發展的脈絡下加以討論，以此總結宋翔鳳經學研究之特色及其在清代經學發展過程中的歷史定位。

〔註 39〕蕭一山：《清代通史》第四冊，臺北：臺灣商務印書館，1963 年，頁 1744。
〔註 40〕章太炎：《清儒》，《清代學問的門徑》，北京：中華書局，2009 年，頁 37。

第一章　家族、生平及著作介紹

第一節　家族淵源

　　宋翔鳳，字虞庭，又字于庭，舊號瘦客，蘇州府長洲縣人，生於乾隆四十二年初冬（1777 年）〔註1〕，卒於咸豐十年（1860 年），享年八十四歲，一生歷乾隆、嘉慶、道光、咸豐四朝，《清史稿》稱其「生平淹貫群籍，尤長治經」，其書室名為「浮溪精舍」。

　　宋翔鳳出身於尌溪宋氏家族，為吳中望族，據《長洲宋氏族譜序》〔註2〕所載，宋氏先祖為洛陽人，在金人亡北宋後，隨宋室南渡，遷居至吳淞之甫里（今用直鎮）。元代以前的譜牒已經佚散，族譜可考信者起自宋勝二。由宋勝二起算，至第六世宋泰〔註3〕於明景泰、嘉靖間自吳淞甫里遷至長洲尌溪，為尌溪宋氏始遷祖。尌溪宋氏一門自明以來世有仕宦，為吳中之名門，其家族曾出過康熙朝的吏部尚書宋德宜、兵部侍郎宋駿業及兵部左侍郎宋犖等人。十二傳至宋翔鳳天祖宋德，字惕庵，為諸生。高祖為宋勤業，字省齋，官至山西澤州府同知。宋家最盛時在宋翔鳳高祖時期，其有言曰：「當澤州府君居官

〔註1〕宋翔鳳生年在各種記載中有所出入，《清史稿》為 1779 年，《清儒學案》為 1776 年。據鍾彩鈞《宋翔鳳的生平與師友》一文考證，當為 1777 年為妥。鍾彩鈞：《宋翔鳳的生平與師友》，臺灣中山大學編《第一屆國際清代學術研討會論文集》，1994 年，頁 219。

〔註2〕王掞：《常州宋氏族譜序》，《長洲宋氏世譜》，卷首，清道光四年版，現藏上海圖書館。

〔註3〕宋泰，字克徵，曾官黃陂學政，與蔡羽、文徵明等有來往。

時，伯叔、昆弟多至通顯，列要津監司郡守」，〔註4〕宋翔鳳作詩形容當時的盛況曰：「轉憶吾家全盛時，重親致喜兒童怵；曲室常開櫻筍廚（盛宴），比鄰竊聽笙歌院；江城一舍望蘭舟，水路全家挈仙眷，阿姑媵婢凡幾行。」〔註5〕其曾祖為宋有元，據《歷代畫史匯傳》記載：「宋有元，字孚交，號寄軒，元和人，官太平府通判。善畫牡丹，韻語宗三唐。朱肇基為之作序，嘗引王摩詰『詩中有畫，畫中有詩』之語稱之。與人交，肝膽照人，久而弗衰。康熙癸丑生，乾隆丁亥卒，年五十有三。著《鶴巢吟草》。」〔註6〕此外，王芑孫在《惕甫未定稿》中提到：「太平通判君（宋有元）故與大父（王世琪）兄弟行，又皆宦安徽，還往密，以故秉均（宋經邦）、殿傳（宋綸邦）二君從遊亦最親。」〔註7〕即宋有元曾讓宋經邦兄弟受教於王世祺。祖父為宋經邦，字蕉亭，為監生。宋翔鳳的父親為宋簡，字長文，又字粹心，號西樵，生於乾隆二十二年，卒於道光元年，年六十五。

宋簡身為宋翔鳳的經學啟蒙老師，對宋翔鳳的經學研究有著不可磨滅的影響，如宋翔鳳將其累積之讀書筆記整理出版，取名為《過庭錄》，就是為紀念宋簡的教誨之恩，故在此特地對宋簡的經歷作一介紹。據《先府君行述》所言，〔註8〕宋簡二十歲時娶莊培因之第五女、莊述祖之妹為妻，之後博覽群籍，並「從妻兄莊葆琛先生學古文詞，又與同邑汪明之（元亮）先生遊，專精於《三禮》鄭氏學」。及「少壯，肆力文史，學識所到，悉融合為科舉之文，莊葆琛先生稱為紆余暢達，似歐陽子」。此外，在《歷代畫史匯傳》中提到宋簡擅長書畫，「寫梅學金俊明，兼作墨蘭。工白描、人物仕女，精篆隸，工詩文。」〔註9〕

乾嘉之際，漢學在得到朝廷的認可及支持下，開始影響科舉考試，考官、

〔註4〕宋翔鳳：《先府君行述》，《樸學齋文錄》，卷4，《續修四庫全書》第1504冊，上海：上海古籍出版社，1995年，頁398。

〔註5〕宋翔鳳：《讀袁湘媚先生棠〈秋水池堂集〉書後》，《洞簫樓詩紀》，卷3，《浮溪精舍叢書》，頁254。

〔註6〕彭蘊璨：《歷代畫史匯傳》卷51，《續修四庫全書》第1084冊，上海：上海古籍出版社，2002年，頁68。

〔註7〕王芑孫：《封文林郎國子監生宋君墓誌銘》，《惕甫未定稿》，卷12，《清代詩文集彙編》第442冊，上海：上海古籍出版社，2009年，頁424。

〔註8〕宋翔鳳：《先府君行述》，《樸學齋文錄》，卷4，《續修四庫全書》，頁398～402。

〔註9〕彭蘊璨：《歷代畫史匯傳》卷51，《續修四庫全書》第1084冊，上海：上海古籍出版社，2002年，頁70。

考生以漢學古義出題或入制舉文，已成為風氣。乾隆五十一年，宋簡參加江南鄉試，朱珪、戴心亨為此次鄉試的主考官，二人均為朝中支持漢學的官員。此次考試以《鄉黨》篇中「過位」二節來發題，並以江永《鄉黨圖考》的解釋為標準答案。宋簡正依江永之說將「過位」解為路寢之庭，「升堂」解為路寢之堂，因此他鄉試中舉，而其他依《鄉黨圖考》作答的士子也同樣中式，如阮元、汪中、孫星衍、張惠言、汪庭珍、馬宗槤及錢大昕弟子李賡芸等人。〔註10〕乾隆五十五年，宋簡參加庚戌科會試，此次主考官為王傑、朱珪，宋簡的試卷得到鄒奕孝及俞廷的力薦，最終考中進士。乾隆將此科進士分發至各省當知縣，宋簡中籤分發至雲南，故於乾隆五十六年六月委署通海縣之縣事，但因宋簡不願行賄上司以求實缺，故至滇兩年仍未補實缺，直至乾隆五十八年因吏部諮催下方補為麗江縣知縣，但隨即被派任運銅去京師。當時雲南運銅至北京是最苦且最危險的差事，一經派出，如有差錯，極可能身家、官職不保，不過宋簡最終有驚無險地完成差事。乾隆六十年春，宋簡從北京返回蘇州省親，途中聽聞母親去世，六月奔喪至家，但因奉工部之令，宋簡必須回雲南報銷此次輸銅至京的算簿帳，故辦完喪事後於九月攜帶宋翔鳳一起赴雲南，途經浙江、江西、湖南、貴州，「行四閱月，塗次自教之」。〔註11〕嘉慶元年正月，宋簡父子抵達昆明後住於五華山下，然而此次報銷無法順利完成，全家有「幾不能謀朝夕」之感。三月發生威遠廳夷人叛變，李公特、顏檢奉命去平叛，招宋簡至軍中管理文書，花費半年才平定此亂。嘉慶二年正月貴州又發生南籠仲苗夷婦王囊仙作亂，亂事擴及雲南曲靖、大定，雲貴總督勒保受命剿亂，雲南布政使陳孝升指派宋簡押送軍需銀至貴州大營。送達後，勒保特別指派宋簡負責鄭屯、頂效兩處糧台，九月清軍攻克仲苗，擒王囊仙等人，貴州苗變平定。嘉慶三年十月，宋簡之父去世，得信後宋簡欲回鄉，但因家貧無力返鄉，最後得同僚資助，方得攜眷歸里。守喪期間，其妻莊氏於嘉慶五年十一月去世。

　　嘉慶八年，宋簡揀發貴州，補為玉屏縣知縣。玉屏縣地瘠人窮，但又位於官員往來之交通要道上，迎送之事十分繁重，且宋簡清廉自守，致使一家

〔註10〕有關文章可見艾爾曼的《清代科舉與經學的關係》，《清代經學國際研討會論文集》，臺北：中研究院文哲所籌備處，1994年，頁15～21。

〔註11〕《秋日懷人詩序》：「乾隆乙卯歲（1795），家君輸銅京師，將算簿帳於滇，過家，攜之出門，行閱四月，塗次自教之。」又曰：「余以上章之歲，至古羅甸之國（貴州）。」《憶山堂詩錄》，《浮溪精舍叢書》，卷4，頁13。

過得十分清苦，不過也使得董教增、李長森、陳預等任蕃臬之地方大吏對宋簡之操守讚譽有加，故於嘉慶十年八月將宋簡調升為大定府水城通判。水城以開採鉛礦為主，每年主要正供相當數量的鉛以輸往北京鑄錢，故任水城通判之職者均獲利甚多。後因碰到大量雨水積於鉛洞中導致長期無法開採，再加上賠償燒鉛戶所借官銀等因素，使得宋簡損失一萬幾千兩銀子，因此將任通判期間所得銀兩竟悉數賠光，最後只能解職再回玉屏縣任職，但全家生活則更加困苦。嘉慶十四年冬，宋簡升任平遠州知州。平遠州在貴州西南萬山之中，屬水城府。此時有土番之頭目犯法，欲以黃金賄賂宋簡，宋簡則將黃金悉數沒收，捐贈給書院補助學子學費，使人不敢再嘗試行賄。然而嘉慶十七年因平遠州有斬立決要犯在監獄中自縊，導致宋簡被牽連，最後被部議降調，免去現職。因此，宋簡已無法負擔一家之所需，宋翔鳳被迫離家獨力謀生。之後等到嘉慶二十四年三月，宋簡被選授為山東高密縣知縣，宋翔鳳於當年五月特地去高密看望他。至道光元年七月，宋簡至濟南應簾官試，協助山東鄉試，但因身體不適，又誤服藥物，最終於八月七日去世於濟南。

以學術傾向來說，宋簡治學偏向於漢學，他中進士後，「專治許氏重叔書，丹黃校勘，幾滿已而成《說文龤聲》一書。」〔註12〕然宋簡生性平淡，平時不喜與人應酬，於學術上亦不與人辯論，故當時學界對他知之甚少，不過可於宋翔鳳著作中看出宋簡學術研究的影子。

第二節　生平事蹟

宋翔鳳年少時期主要教導者有宋簡、母親莊氏、汪元亮、徐承慶等人，當中除了其母外，其他人的學術研究領域主要是在考據學方面，如宋簡著有《說文龤聲》、徐承慶著有《說文解字注匡謬》、汪元亮「究心經義及六書之學」，這使宋翔鳳從小就已經融入當時以漢學為主流的學術氛圍中。後來宋翔鳳在乾隆六十年至嘉慶十七年之間主要是寄居在其父任職的雲貴地區，或往來於北京之間。雲貴因地屬偏遠，學風不盛，所以此時宋翔鳳主要是深受其父治學之影響，直至嘉慶十七年脫離寄居生活以後，宋翔鳳才正式開始轉向常州學派的路徑，之後逐步成為常州學派的重要成員之一。這當中，宋翔鳳

〔註12〕宋翔鳳：《先府君行述》，《樸學齋文錄》，卷4，《續修四庫全書》1504冊，頁401。

於嘉慶十年至道光十三年之間曾參加過十三次科考，但最終還是無法考上會試。在這段期間，宋翔鳳曾擔任過泰州學正、旌德訓導，最後於道光十五年開始在湖南為官，先後擔任過興寧縣令、豐陽縣知縣、新寧縣令、永興縣令、長沙府同知及寶慶府同知，至咸豐元年才以七十五歲高齡之司馬職請辭獲准。〔註 13〕咸豐二年，宋翔鳳歸隱蘇州，於葑門築葑溪草堂，直至咸豐九年以八十四歲高壽去世為止。所謂知其人方能論其學，以下將對宋翔鳳的生平作更詳盡的考證與整理，以為他經學研究的個人背景理出一清晰的脈絡。

一、在蘇州的少年時期

宋翔鳳生長於蘇州，自小其母莊氏即嚴格管教，「翔鳳年四五歲，有小過必撻，未始姑息。」八歲時宋翔鳳入小學，宋簡也開始給予啟蒙教育，他說：「大人授以章句，數年之間，九經差能成誦。」〔註 14〕十至十四歲期間，宋翔鳳因「吾父應省試，後與計偕」，故由其母莊氏「自課翔鳳《孟子》、《毛詩》、《禮記》，半由口授」〔註 15〕，到「志學之年（十五歲），九經畢誦。」〔註 16〕由此可知，宋翔鳳雙親首先為他打下治學的基礎。

宋簡中進士後，分發至雲南為知縣。乾隆五十六年春，宋簡攜妻女至雲南，留下十五歲的宋翔鳳於家中奉養祖父母，故宋翔鳳自言「十三（乾隆五十四年～1789 年）以後，不獲隨侍，遠違過庭。」〔註 17〕此時宋簡可能帶宋翔鳳來拜與他有著師生之誼的同邑人汪元亮為師。《國朝漢學師承記》稱汪元亮「究心經義及六書之學，平生論學，則推東原及程君易疇，論詩文則推古農師。」〔註 18〕由此可知，汪元亮治學以訓詁為主，所以宋翔鳳提到：「余十幾歲，里門耆宿方談古文訓故之學，聞而竊慕」，〔註 19〕這「里門耆宿」應是指汪氏而言。宋翔鳳也提到他與汪元亮學習的經過：「翔鳳時童子，氣盛不可繩，非咲出鄉曲，口說來揚媵，狂吠越蜀犬，蚩語蒼青蠅；吾師獨識

〔註 13〕李南：《宋翔鳳年譜》，《南京大學中國古典文獻學碩士論文》，2011 年，頁 179。

〔註 14〕宋翔鳳：《讀書日程自序》，《樸學齋文錄》，卷 2，頁 3。

〔註 15〕宋翔鳳：《先母遺墨記》，《樸學齋文錄》，卷 3，《續修四庫全書》1504 冊，頁 1a。

〔註 16〕宋翔鳳：《經問自序》，《樸學齋文錄》，卷 2，頁 7a。

〔註 17〕宋翔鳳：《讀書日程自序》，《樸學齋文錄》，卷 2，頁 3a。

〔註 18〕江藩：《國朝漢學師承記》，北京：中華書局，1983 年，卷 6，頁 101。

〔註 19〕宋翔鳳：《憶山堂詩錄序》（嘉慶 23 年（1818）所作），《憶山堂詩錄》，《浮溪精舍叢書》，卷首，頁 13。

別，誘掖堂俾升。高才有林（衍潮）徐（頲，徐承慶之再從弟），得坿同門朋，學問豈敢言，稽古得一鐙；時時春風座，講畫揮以肱，新論闢茅塞，奇詣得上乘。」〔註20〕詩中提到宋翔鳳師從汪元亮以「稽古」之考據學為主。所以此時宋翔鳳「少跳蕩不樂舉子業，嗜讀古書」〔註21〕，這可從他這段期間的著作、文章中一窺一二。汪宋這段師生關係一直持續到宋翔鳳去雲南為止。與此同時，宋翔鳳和徐承慶相交甚密。徐承慶，字夢祥，號謝山，元和縣人，「所與遊者，則嘉定錢曉征詹事、王鳳喈閣學，元和江叔澐方正，金壇段若膺大令，長洲汪明之學博，皆精覃實學，一時大師。先生得切磋之益，故於小學則專治許氏，經學則一宗鄭氏。乾隆丙午科舉京兆試與先君以同學友為同歲生。」〔註22〕即徐承慶與宋簡為同年，其所交往之學友均為當時著名的漢學家，其治學也以許、鄭之學為主，著有《說文解字注匡謬》一書。因宋簡的關係，宋翔鳳年少即結識徐承慶，故曰：「至象勺之年（十三～十九歲），以比鄰，時時過從，見其丹黃編削，於許鄭之書手不停披，又鄭氏已佚者分別搜羅，為鄭氏學積成巨編。」二人比鄰而居，均對考據學有濃厚興趣，故成為忘年之交，兩人友誼延續數十年之久。

宋翔鳳早年在長州的生活以讀書為主，尤其喜歡校讎古書，他自言：「餘生十有八年，身長處於專室。」〔註23〕從《鈔書自題》三首詩中可瞭解這時期宋翔鳳對經學的看法：在《尚書大傳》這一首詩中，他指出雅雨堂本將部分《尚書》的經文與《尚書大傳》的傳文相互混淆，並認為這一錯誤出自惠棟之手。〔註24〕《駁五經異義》一首則批評許慎強分經今古文之異是造成後世學術門戶之爭的原因之一，他贊同鄭玄治經不分今古，合眾家之說於一體的治經方式。《論語鄭注》一首則提及他此時正在輯佚校讎《論語鄭注》一書，並在《自題論語鄭注》中提到他輯佚《論語鄭注》之目的：「我獨千載下，頗知抱其疑，搜集零落義，拾掇斷碎詞，雖為窺其全，猶能測其蠡。磋哉宋元

〔註20〕宋翔鳳：《貴築廡舍哭汪明之先生》，《憶山堂詩錄》，《浮溪精舍叢書》，頁173。
〔註21〕吳秀之、曹允源等修纂：《吳縣志》，臺北：成文出版社，1970年，卷68上，頁29b。
〔註22〕宋翔鳳：《徐謝山先生家傳》，收入徐承慶：《說文解字注匡謬》，卷首，《續修四庫全書》，第214冊，頁217。
〔註23〕宋翔鳳：《校正〈神異經〉〈十洲記〉序》，《樸學齋文錄》，卷2，《續修四庫全書》1504冊，頁340。
〔註24〕宋翔鳳：《鈔書自題》，《憶山堂詩錄》，卷1，《浮溪精舍叢書》，頁161～162。

後，學問道日衰，空張道學幟，無乃多偏詖。程宋有實學，誰能啜其醴，可憐講學人，膚淺徒相欺，坐使鄭孔注，缺廢不可知。」〔註25〕宋翔鳳批評宋明理學流於空疏，導致漢唐諸儒的注釋大多亡佚，為此他以收集鄭注為開端，並自期未來能夠傳鄭玄之學。由上可知，宋翔鳳早年在蘇州的學習、交友均體現出他深受漢學的影響，所以生活在蘇州這個吳派學術中心下的少年宋翔鳳已完全融入當時以漢學為核心的學術氛圍中，這就是當時江南「家家許鄭」的一個具體例子。

二、寄居雲貴的依親時期

乾隆六十年，宋翔鳳離開蘇州，與其父親一起赴雲南。到達昆明後宋翔鳳一家人居住於五華山下，鄰近華國寺。華國寺為吳三桂之遺宮，遊寺時宋翔鳳感慨三藩舊事，故作《五華宮井賦》。寺中相傳有一秀華樓，是陳圓圓當年的梳妝處，宋翔鳳於樓中佛龕中發現陳圓圓之像，在向寺中僧人借出後請畫師重摹之，又繪《圓圓妝樓圖》，並作《題圓圓妝樓圖》一詩記念之，後來趙懷玉、董士錫、舒位均為宋翔鳳的陳圓圓像題詩。在雲南期間，宋翔鳳開始著力於科舉考試的準備，其中由父親宋簡授以制舉之學及漢學，母親莊氏則督促其日常的學習，檀萃對此有所描述：「其母夫人及姊妹俱好學能詩，每禁瘦客（宋翔鳳）毋他往，惟可往草堂，其督之嚴如此。」〔註26〕宋翔鳳也自言：「流寓數載，則先母督之嚴，長篇短軸，不使去手，亦為廣所未見，求其離合，不甚為詩也。」〔註27〕一直到嘉慶十六年為止，除幾次赴京應試及隨母歸寧常州外，宋翔鳳一直過著依親的生活，隨其父官職之遷徙，往來於雲貴之間。然而，宋翔鳳此時期最主要的嗜好仍是考據，如在給杜鈞的詩中提到他如「揚雄訓纂徒寂寞」，但「欲從閉戶一千日，可使人間無魯魚」。〔註28〕

嘉慶四年，因祖父的去世，宋翔鳳全家回長州辦理喪事。守喪期間，宋翔鳳將其對譜學體例之研究用於宋氏家譜上，並作《族譜引》一文。文中將

〔註25〕宋翔鳳：《自題論語鄭注》，收錄於檀萃的《滇南詩話》卷6，其中還收錄宋翔鳳的《秋聲八首》、《記事二首》及《送窮日》。宋翔鳳於道光5年為《憶山堂詩錄》所作的附記中曰：「丁巳以前詩，在滇實京望江潭大令點定，並為作序。今並失去，惟見檀氏《滇南詩話》載有數篇，皆淺弱不足補入。」

〔註26〕李南：《宋翔鳳年譜》，《南京大學中國古典文獻學碩士論文》，2011年，頁44。

〔註27〕宋翔鳳：《憶山堂詩錄序》，《憶山堂詩錄》，《續修四庫全書》1504冊，頁245。

〔註28〕宋翔鳳：《呈杜三丈（鈞）》，《憶山堂詩錄》，卷1，《浮溪精舍叢書》，頁167。

譜學之源流及體例作一考證，且批評近世譜學之失導致收族合宗之法已缺，所以當時易姓通譜之風盛行。宋翔鳳因此提出「效旁行之體，上推祖宗；申瓜蔓之法，下分子姓；至於婦人、殤子，當具年名；女婿、婦翁必書郡縣」，〔註29〕以此定世系、親三族，並寄望此法未來能用於社會，以厚風俗、成禮教。祖父母合葬事畢，宋翔鳳隨其母歸寧常州，受母命留於其舅莊述祖處受業，宋翔鳳於《莊珍藝先生行狀》一文中詳細地記敘了此次授受的情況：「後生以學問就正，未嘗有所隱也。嘗云：『吾諸甥中，若劉申受可以為師，宋虞庭可以為友。』翔鳳先母為先生女弟，己未歲歸寧，命翔鳳留常州，先生教以讀書稽古之道，家法緒論得聞其略。」〔註30〕此外，宋翔鳳還曾在觀是樓問字於莊述祖。在常州期間，宋翔鳳在莊卿山家中結識李兆洛，並與常州諸子如陸繼輅等人相交，故曰：「余外家在常州，少壯時往來其間，凡言訓故詞章之士，無不與交，而所學無不相合。」〔註31〕稍後，其母莊氏病逝，致使宋翔鳳於嘉慶六年開始在蘇州守喪兩年多，這段期間，宋翔鳳以研讀經書為主，並編成《經問》一書。沈欽韓說宋翔鳳這段守孝期間「擁書百城比」、「期期辨經史」，又說他「歲乃錄千紙，東南祖鄭學，朗月懸可指，嗜古君更專」。〔註32〕這時宋翔鳳學術研究的範圍從輯佚校讎鄭玄之學擴充至兩漢經學。此外，宋翔鳳此時也遊於段玉裁門下，兼治許慎之學，他先後問學於莊、段兩家，其後治學也深受二人的影響，所以他的經學研究在漢學的框架下，開始呈現出兩種學術系統的交錯融合。嘉慶八年喪期結束，宋翔鳳娶顧氏為妻，後赴貴州玉屏縣投奔父親。

在玉屏縣，宋翔鳳作《寄吳中諸友書》，緬懷江南故友，感歎貴州玉屏縣之荒涼及官場之黑暗，故有歸鄉耕讀、「尋漢唐之業」之望。〔註33〕嘉慶九年，宋翔鳳赴京考試，直至十年年末方回貴州大定府水城廳依親。在水城期間，宋翔鳳除了繼續準備下次科考外，其用力最多是為《小爾雅》作訓纂與補正補缺《孟子趙注》，他在《上大興朱相國箋》一文中提及此事：「況翔鳳箸錄十

〔註29〕宋翔鳳：《族譜引》，《樸學齋文錄》，《浮溪精舍叢書》，卷2，頁144。

〔註30〕宋翔鳳：《莊珍藝先生行狀》，《樸學齋文錄》，桃園：聖環圖書公司，1998年影印嘉慶二十三年宋氏家刻《浮溪精舍叢書》本，卷3，頁153。

〔註31〕宋翔鳳：《吳嘉之詩序》，《樸學齋文錄》，卷2，《續修四庫全書》1504冊，集部別集類，上海：上海古籍出版社，頁356。

〔註32〕沈欽韓：《懷人詩五首·宋孝廉（翔鳳）》，《《幼學堂詩文稿》，卷6，《清代詩文彙編》第514冊，頁96。

〔註33〕宋翔鳳：《寄吳中諸友書》，《樸學齋文錄》，《浮溪精舍叢書》，卷1，頁128。

年，遠遊萬里……隔中原之徒侶，作邊徼之旅人，雖願慰趨庭，而學同鄉壁。
每思贈別之篇，殊有投荒之意，維於晨昏之暇，考訂前編，《小疋》則五卷初
成，趙《注》則七篇思補。」〔註34〕

　　嘉慶十二年至十四年，宋翔鳳主要在北京參加科考，至十四年底方回平遠
州依親。平遠州地處蠻荒，「城闉蕭瑟，衣冠鹵莽」，故宋翔鳳與當地人士並無
往來。宋翔鳳平日主要「獨居關小閣」，一邊準備科考，一邊輯佚鄭氏學，閒暇
時則「以婦子為樂，以文史為娛，則寂寞之中，求自得之致」，〔註35〕且重拾校
讎的興趣，「別偽自三唐」，對《唐文粹》進行辨偽，並令衙中小史將其刪減之
文章別錄一冊。〔註36〕嘉慶十五年冬，再次北上赴京師會試，至十七年初回到
平遠州。同年，宋簡因官司被免職，宋翔鳳至此無法再與其父共住一處，開始
獨自生活，由此開始他下半生考試、教書、遊幕及為官的生活。

三、十四次赴京科考期間與學人交往之考察：從嘉慶五年至道光十五年

　　清代傳統文人主要的出路是參加科舉考試以求出仕官場，宋翔鳳亦不例
外，雖然他「少跳蕩不樂舉子業」，但其早年所受的教育基本上還是為了參加
科舉，因此在首次赴京參加順天鄉試時曾言「篋中篇策皆庭訓」，「擬將儒術
抵公孫」。〔註37〕依據鍾彩鈞先生對宋翔鳳參加科考年份的統計，他分別在
1805 年、1808 年、1814 年、1817 年及 1819 年五次參加考試，1820 年與 1826
年兩次考試則因主考官是宋翔鳳的親友故回避，無法應試。〔註38〕但依據筆
者對《憶山堂詩錄》與《洞簫樓詩紀》的爬梳所得，並據宋翔鳳道光二十三年
時提到他「弱冠舉京兆，名公頗相器；計偕（舉人赴京會試）十三上，屢蹶春
官試」的提示，〔註39〕本文算出宋翔鳳一生赴京考試共 14 次，1 次是參加順

〔註34〕宋翔鳳：《上大興朱相國箋》，《樸學齋文錄》，《浮溪精舍叢書》，卷1，頁126。
〔註35〕宋翔鳳：《平遠州寄妹婿徐景唐書》，《樸學齋文錄》，《浮溪精舍叢書》，卷1，
　　　　頁130。
〔註36〕宋翔鳳：《中秋平遠州官舍獨坐憶諸妹書六百字寄之》，《憶山堂詩錄》，《浮溪
　　　　精舍叢書》，卷4，頁195。
〔註37〕宋翔鳳：《錄別六首》之一，《憶山堂詩錄》，卷2，《浮溪精舍叢書》，頁176。
〔註38〕鍾彩鈞：《宋翔鳳的生平與師友》，《清代學術論叢》，第3輯，臺北：文津出
　　　　版社，1993年，頁167。
〔註39〕宋翔鳳：《癸卯湖南秋闈志感二首》，《洞簫樓詩紀》，卷19，《浮溪精舍叢書》，
　　　　頁386。

天鄉試，其餘 13 次則是參加會試，從二十四歲考到五十七歲，除鄉試中舉外，會試皆為落榜。在這三十多年中，宋翔鳳為了考試與生計，不斷往來於大江南北，故有「九州島我已歷其八」之歎。〔註 40〕以下將依次對宋翔鳳赴京考試的情況作一整理並說明之。

（一）鄉試：北京順天鄉試

嘉慶五年，宋翔鳳因「唐制，考官親故，別有頭試。余鄉試以族父分巡安徽，就京兆試。」〔註 41〕故於當年七月，宋翔鳳先至國子監參加錄科，通過後由國子監移送順天府查明收考，〔註 42〕之後參加八月順天鄉試。此次秋闈的正考官是吏部尚書劉權之，副考官是禮部右侍郎英和與都察院左副都御史陳嗣龍，張問陶亦分校順天鄉試。九月初乙科發榜，宋翔鳳中舉人，陸繼輅、升演、崔旭、姚元、朱珪之孫朱塗也同時中舉。〔註 43〕此時宋翔鳳意氣風發，自謂「弱冠舉京兆，名公頗相器」，期間他曾拜會父親的座師朱珪等朝中大臣。此次在京期間，宋翔鳳與金式玉拜於張惠言門下，其曰：「吾與君為同門友，又同舉鄉試，會於京師……又受業於吾師皋文先生。」〔註 44〕這事他在《香草詞序》中也提到：「余弱冠後始遊京師，就故編修張先生受古今文法，先生於學皆有源流。」〔註 45〕張惠言的學術成就集中於《周易》及三《禮》。其《易》學源於惠棟，惠棟論《易》專主漢人之說且不分今古，「專宗虞仲翔（虞翻），參以荀（爽）、鄭（康成）諸家之義。」〔註 46〕但漢代《易》學各派有今古文之分別，如荀、

〔註 40〕宋翔鳳：《贈高櫟仙願兼寄張魯江中鵠》，《憶山堂詩錄》，卷 7，《浮溪精舍叢書》，頁 220。

〔註 41〕宋翔鳳：《中丞鄧嶰筠先生廷楨招江南同舉於鄉者燕集大觀亭陸祈生大令屬客繪〈江樓話舊圖〉余後至皖祈生出圖見示因綴兩詩於後》，《憶山堂詩錄》，卷 11，《浮溪精舍叢書》，頁 317。

〔註 42〕見《事例》卷 1100，《錄送鄉試》條下，引自王德昭：《清代科舉制度研究》，北京：中華書局，1984 年，頁 30。

〔註 43〕嘉慶 8 年順天鄉試，崔旭、姚元同出張問陶之門，而宋翔鳳亦於此次鄉試中舉，與升演同出吏部胡先生之門。（見宋翔鳳：《陳碩士學士席上晤同年崔曉林大令旭蒙贈詩即次來韻答之兼呈房師姚侍講伯印先生元之徐星伯翰林松二首》和《升晉齋司寇升演招飲邸第》，《洞簫樓詩紀》，卷 9，《浮溪精舍叢書》，頁 302。

〔註 44〕宋翔鳳：《竹鄰遺集序》，《樸學齋文錄》，卷 2，《續修四庫全書》1504 冊，集部別集類，上海：上海古籍出版社，頁 355。

〔註 45〕宋翔鳳：《香草詞序》，《樸學齋文錄》，卷 2，《續修四庫全書》1504 冊，集部別集類，上海：上海古籍出版社，頁 150。

〔註 46〕錢大昕：《潛研堂文雄·惠先生棟傳》，《嘉定錢大昕全集》第 9 冊，南京：江蘇古籍出版社，1997 年，頁 662。

鄭二家出於費氏，虞翻則出自孟喜，故惠棟在《易》學的研究中有部分有所矛盾。張惠言欲補惠棟《易》學「博而不專」之缺點，因而以發明虞氏《易》為主，上溯孟喜，旁徵荀、鄭兩家，並區分三家《易》古今文之異同。張惠言區分漢《易》今古文之家法即是宋翔鳳就教張惠言之處，他曾提到「張君注《易》時，吾曾預親炙」。〔註47〕此外，張惠言從金榜學鄭氏《禮》，金榜專治三《禮》，而張惠言於《儀禮》之研鑽尤深，著有《儀禮圖》、《讀儀禮記》等，張惠言的《儀禮》研究也是宋翔鳳問學之重點。從張惠言問學後，宋翔鳳於同年作《題濟南張氏邇歧《儀禮句讀》二十二韻》一詩，將《儀禮》之學的源流演變作一番解釋，詩中曾提到高堂生所授的《士禮》十七篇失傳後，「微言既已絕，人人能著書」。〔註48〕詩中宋翔鳳還批評鄭玄、韓愈及王安石對《儀禮》置之不問，或改變師說，導致宋元以後《儀禮》一書雜亂不可讀，後經張爾歧的整理，寫成《儀禮鄭注句讀》一書，成為清代研究《儀禮》的先驅。〔註49〕此書應是當時研究《儀禮》的大家張惠言推薦給宋翔鳳。

　　張惠言也是常州詞派之開創者，援治《易》之法入詞學之中，藉由「比興寄託」的表現手法與「意內言外」的鑒詞要求來「必緡幽鑿險，求義理之所安」，即運用考據方法來解古人之詞，並由原本的詞意來引申出作詞者所賦予詞中的微言大義，故宋翔鳳有詩稱讚曰：「風雅飄零樂府傳，前開太白後《金荃》（溫庭筠之別集），引申自有無窮意，端賴張侯（張惠言）作《鄭箋》。」此詩即述說張惠言如鄭玄作箋解《毛詩》一般來對李白與溫庭筠之詞作解釋，並由此引申出合乎經學的義理，故宋翔鳳說：「張皋文先生《詞選》申太白（李白）、飛卿（溫庭筠）之意，托興綿遠，不必作者如是，是詞之精者，可以仁者見仁，智者見智也。」〔註50〕張惠言以此援引儒家詩教

〔註47〕宋翔鳳：《論〈易〉一首贈姚仲虞》，《洞簫樓詩紀》，卷11，《浮溪精舍叢書》，頁324。

〔註48〕宋翔鳳：《題濟南張氏邇歧《儀禮句讀》二十二韻》，《憶山堂詩錄》，《浮溪精舍叢書》，卷2，頁176～177。

〔註49〕「張爾歧於《儀禮》首正鄭注句讀，廓清之功，比於武事。專考訛脫者，則有盧文弨、金曰追諸人。專習漢讀者，則有段玉裁、胡承珙諸人。分類專考者，則有任啟運、程瑤田諸人。若胡培翬者，博聞篤志，閱數十年，上推周公、孔子垂教之旨，發明鄭康成、賈疏之得失，旁逮鴻儒經生之議，成《正義》四十卷，唐宋以來，罕有其匹。」見徐珂：《經術類》，《清稗類鈔》，第八冊，「三禮之精義」條。

〔註50〕宋翔鳳：《論詞絕句二十首》第1首，《洞簫樓詩紀》，卷3，《浮溪精舍叢書》，頁255。

觀進入詞學，將作詞由傳統「小道」與「豔科」之觀念中提升至學術殿堂，轉成為以發抒忠君愛國為主，希望「詞」這一文學表現方式能起到美教化、厚人倫、移風俗的社會功用，故他被稱為「蓋聖於詞者也。」〔註51〕宋翔鳳基本上繼承張惠言的詞學理論，他也以考據解詞，如黃庭堅批評秦觀《踏莎行》中「杜鵑聲裡斜陽暮」，曰：「此詞絕高，但既云斜陽，又云暮，則重出也，欲改斜陽為簾櫳。」宋翔鳳對此作詩諷刺曰：「總為斜陽渾易暮」，並在詩後作序以文字訓詁反駁之，曰：「案斜陽是日斜時，暮是日沒時。暮，《說文》作莫，日且冥也。言日斜至日沒，杜鵑之聲亦云苦矣。山谷（黃庭堅）未解暮字之義，以斜陽暮為重出，非也。」〔註52〕此外宋翔鳳也以聲音訓詁來論詞之韻，曰：「古今聲律本同原，近來苦苦分詞韻，何不精求陸法言（隋代的音韻學家，作《切韻》一書）。」後作序曰：「今傳元人《綠斐軒》詞韻乃專明以入聲配入三聲之法，為論北曲者所必需，是曲韻，非詞韻也。詞不當別有韻，特其部分宜，如元魂、庚耕之類，不可兼用，方能合律，故但用唐韻已得。」〔註53〕另外他也考證《洞仙歌》源流，有詩曰：「別出舊詞全櫽栝，細吟那及《洞仙歌》」，其後序有言：「東坡《洞仙歌序》明言，見老尼，本蜀宮女，得首二句而續成。後人即東坡全詞櫽栝，作小令，托為蜀主元詞。竹垞（朱彝尊）舍蘇詞而錄之，是有意翻草堂之案也。」〔註54〕因此，宋翔鳳與董士錫被認為是常州詞派從張惠言到周濟的過渡人物。〔註55〕張惠言對《易》、《禮》的研究對宋翔鳳治經有深刻的影響，如他對《論語》「性與天道」的解釋就是採用張惠言「性合天道」說法，故嘉慶十年宋翔鳳作詩緬懷張惠言時提到：「問字三載前，微言服我膺」，同年在另一首詩中也提到張惠言去世後，「微言不聞」。〔註56〕

〔註51〕宋翔鳳：《香草詞序》，《樸學齋文錄》，卷2，《續修四庫全書》1504冊，集部別集類，上海：上海古籍出版社，頁150。
〔註52〕宋翔鳳：《論詞絕句二十首》第7首，《洞簫樓詩紀》，卷3，《浮溪精舍叢書》，頁255。
〔註53〕宋翔鳳：《論詞絕句二十首》第20首，《洞簫樓詩紀》，卷3，《浮溪精舍叢書》，頁256。
〔註54〕宋翔鳳：《論詞絕句二十首》第5首，《洞簫樓詩紀》，卷3，《浮溪精舍叢書》，頁255。
〔註55〕朱惠國：《論宋翔鳳詞學思想及其意義》，《復旦學報》（社會科學版），2005年第3期，頁77。
〔註56〕見宋翔鳳：《都門感舊四首·編修張先生（惠言）》與《贈魏曾頌（襄並書）》，《憶山堂詩錄》，卷3，《浮溪精舍叢書》，頁181。

（二）會試

第一次：嘉慶 10 年乙丑科

考上舉人之後，因母親逝世，故宋翔鳳無法參加嘉慶六年及七年的會試。至嘉慶十年，宋翔鳳才首次赴京參加會試。常州莊氏家族是明清時期以科舉起家的世家大族，留有「三世八進士」、「同榜三進士」等佳話，〔註57〕尤其莊存與和莊培因分別中榜眼與狀元後，莊氏家族專精模仿賈誼、董仲舒之文章的寫作方式成為乾隆朝科考取士之範式，〔註58〕也成為江南士子科考學習的榜樣。宋翔鳳曾受教於莊述祖，故此次科考他也以仿董、賈文章之範例來作答，但不幸落榜，故言：「萬言慚賈董」。〔註59〕此次科考失利對宋翔鳳的打擊甚大，此時宋翔鳳可能無足夠錢財回貴州，故在京師寄居於朱珪處約半年。朱珪頗看重宋翔鳳，稱讚他「嗟君好古治經學，文采珠玉投荒山」，並勉勵他「我今老矣待留子，華林一發誰黃間」。〔註60〕當時莊述祖亦寄書信鼓勵宋翔鳳就館於朱珪處時致力於學，並述及他正在撰寫《說文古籀疏證》，他說：「亦始一終亥，名《黃帝甲乙經記字正讀》，意欲以此書和《夏小正等例》為夏商之《易》補亡」，〔註61〕並寄望宋翔鳳與莊綬甲未來能繼承他在《歸藏》與《夏時》的研究。莊述祖知道宋翔鳳此時已開始兼通漢學與常州學派的家法，尤其在 3 年前宋翔鳳在受他影響下已開始接觸鐘鼎文，知其入手之處為「尋其偏旁，辨其通假，六書之義宜亦粲然」，〔註62〕再加上此時宋翔鳳已編纂《小爾雅訓纂》多年，故已初步具備繼承莊述祖之學的能力。同年，宋翔鳳在北京拜入錢大昕之門下，他在嘉慶十八年贈詩於瞿中溶時曾提到：「講堂昔謁錢夫子，曾作侯芭問奇字；……十年師弟友朋心……同門今喜見苔岑。」〔註63〕故到目前為止，除受教於宋簡之外，宋翔鳳曾拜師於汪元亮、莊述祖、段玉裁、張惠言與錢大昕。

〔註57〕劉躍雪：《毗陵莊氏族譜序》，《毗陵莊氏增修族譜》光緒元年刊本，卷首，頁4。

〔註58〕有關內容可參考蔡長林《常州莊氏學術新論》，臺北：臺灣大學中國文學研究所博士論文，2000 年，頁 93～95。

〔註59〕宋翔鳳：《將之黔南蒙南崖相國賦詩贈行抒情陳情二十韻》，《憶山堂詩錄》，《浮溪精舍叢書》，卷 3，頁 185。

〔註60〕朱珪：《送宋于庭孝廉（翔鳳）省親之大定（門人簡之子也）》，《知足齋續集》，卷 3，乙丑下。

〔註61〕莊述祖：《答宋甥于庭書》，《珍埶宦文鈔》，卷 6，《續四庫全書》集部 1475 冊，上海：上海古籍出版社，2003 年，頁 117。

〔註62〕宋翔鳳：《書鐘鼎字源後》，《樸學齋文錄》，《浮溪精舍叢書》，卷 2，頁 144。

〔註63〕宋翔鳳：《長沙贈瞿木夫中溶》，《憶山堂詩錄》，《浮溪精舍叢書》，卷 6，頁 210。

第二次：嘉慶 13 年戊辰科

在北京期間，宋翔鳳居住於韓對宅，雖然「市中轆轆聞車輪，我獨閉關謝泥滓」，基本上不與外界往來，全力準備第二次會試。期間李兆洛因轉調至鳳台縣令，故來與宋翔鳳道別，當晚還找來周伯恬、周保緒、吳山子、陸祁生等人一起聚會飲酒。會中宋翔鳳規勸李兆洛，雖有經世之志，但想在地方有所作為，「當以撫字事上官」，且「淮南荒怪詞莫擬」，〔註64〕所以必須謹慎從事，而且要小心避免因文字入罪。之後三月參加考試，四月發榜落第，因來年還有恩科會試，所以宋翔鳳與丁履恒同客於天津準備來年的考試。

第三次：嘉慶 14 年己巳恩科

嘉慶十四年，宋翔鳳參加己巳恩科會試，並於會試場屋中認識林則徐。四月發榜又失利，發榜後宋翔鳳返回貴州。此時宋簡升任平遠州知州，平遠在貴州西南萬山之中，屬水城府。在平遠州期間，宋翔鳳基本上是「獨居關小閣」，雖自認「八年如我江湖客，無奈猖狂路正窮」，但心中對未來仍充滿壯懷豪想，希望中舉後可以「驥欲馳千里，鵬期接九閶」，也以此勉勵親朋好友「莫以糊名誤此生」、「莫感秋蓬去著書」、「休嫌章服計歸耕，願君商榷司農集，好續新書號太平」，〔註65〕故一邊準備科考，一邊輯佚考證鄭氏學，希望與莊綏甲「絳帷同拜鄭康成」。〔註66〕以延續鄭玄之學為己任。

第四次：嘉慶 16 年辛未科

嘉慶十五年底，宋翔鳳北上赴京師參加嘉慶十六年辛未科會試，並攜其五妹宋慎儀隨行，將她送至北京嫁與內閣中書繆玉銘。考試結束後因盤纏有限，宋翔鳳與其妹由貢院小寓移居至虎坊橋南之粉房琉璃街，與舒位、沈欽韓、畢華珍、王曇等人所居相近，因此數人夜夜過從相聚，飲酒談天，席上彼此「學問識所宗，議論辨支派。」〔註67〕宋翔鳳自稱：「風騷漢魏總吾師」，〔註68〕以漢學自居。此時朱鶴年與宋翔鳳比鄰而居，朱鶴年常以時花相贈，

〔註64〕宋翔鳳：《送李申耆（兆洛）之官鳳臺令》，《憶山堂詩錄》，卷4，頁192。
〔註65〕宋翔鳳：《秋日懷人詩》，《憶山堂詩錄》，《浮溪精舍叢書》，卷4，頁193～194。
〔註66〕宋翔鳳：《秋日懷人詩·莊卿山外兄（綏甲）》，《憶山堂詩錄》，《浮溪精舍叢書》，卷4，頁194。
〔註67〕宋翔鳳：《題城南鐙火圖三首》，《憶山堂詩錄》，《浮溪精舍叢書》，卷5，頁200。
〔註68〕宋翔鳳：《論詩三絕句》，《憶山堂詩錄》，《浮溪精舍叢書》，卷5，頁201。

兩人也常一起與舒位、畢華珍等精通音律的好友「竟夕酣歌去」，每次酣歌必得泥飲至三鼓方散場。嘉慶十六年三月十三日，阮元偕朱鶴年遊萬柳堂，並招宋翔鳳同往，眾人夜宿於此堂。〔註69〕這是阮元與宋翔鳳直接交往的開端。〔註70〕落榜後，宋翔鳳拜訪臧庸並將今年其會試試卷送與臧庸，臧庸對宋翔鳳在卷中棄朱子對「中庸」的解釋，而改採鄭玄「記中和之為用之義」予以讚賞，曰：「此文之根據《說文》、《禮記注》、《三禮記目錄》，為合乎本經，而不依據今日之《集解》、《集注》，則非究心經學訓詁之深者不能辨，無論售否，終恐當世鮮能心知此文所以精妙之故，因為跋其尾，如是虞廷無以得失為欣戚也。」〔註71〕期間宋翔鳳作《與王伯申學士書》與王引之辯論今古文《尚書》之間的差異。此時劉逢祿館於阮元邸，宋翔鳳亦時常至阮元處所與之討論學術，阮元也因此與宋劉二人接觸較密切，其在《莊方耕宗伯經說序》中也提到此事曰：「辛午，公之外孫劉逢祿應春官試，館於邸寓，公之從外孫宋翔鳳亦時來講學，蓋歎公之流澤長也。」〔註72〕此時宋翔鳳深受劉逢祿的影響，開始將《公羊》學引入其經學研究中。

六月初，冀州刺史程君招宋翔鳳至冀州試院授館，居雙柏軒，此時居信都之孫彤（馮翼）以嗜藏書與好輯佚古書聞名，所以與宋翔鳳興趣相投，曾向宋翔鳳索取其所輯的《孟子劉注》一書以刻於《問經堂叢書》之中，並請宋翔鳳至其勘經室校緯書。宋翔鳳相當重視讖緯之學，他認為漢代讖緯蘊涵微言，故「《士禮》雖缺據補綴，《尚書》差備消紛爭」，〔註73〕可以對經書起到補正的作用，因此緯學在宋翔鳳今後的經學研究中也扮演重要的角色。

第五次：嘉慶 19 年甲戌科

嘉慶十七年以後，宋翔鳳離開父親開始獨立生活，期間曾投靠江西布政使陳預，一邊遊幕一邊準備考試，嘉慶十八年又隨陳預赴長沙任幕府文書。嘉慶十九年一月宋翔鳳趕赴甲戌科，途經揚州，加入兩淮鹽運使廖寅幕府——

〔註69〕 王章濤：《阮元年譜》，合肥：黃山書社，2003 年 10 月，頁 535。
〔註70〕 《虎坊橋雜詩之五》：「東城花已發，南阮酒頻招（阮雲臺中丞招飲萬柳堂，與野雲山人同住），大有山林想，能將塵土消，欣同野雲子，坐話土山腰。」《憶山堂詩錄》，《浮溪精舍叢書》，卷 5，頁 6～7。
〔註71〕 臧庸：《拜經堂文集》，《續修四庫全書》，上海：上海古籍出版社，2003 年，卷四，頁 9b。
〔註72〕 阮元：《莊方耕宗伯經說序》，《味經齋遺書》，卷首。
〔註73〕 宋翔鳳：《勘經室校緯歌贈孫鳳卿觀察（彤）》，《憶山堂詩錄》，《浮溪精舍叢書》，卷 5，頁 202。

題襟館，期間宋翔鳳赴梅花書院拜訪掌院皖派學者洪梧、樂鈞、淩曙等人，作詩兩首：一是表達對考據學之局限不滿，曰：「十年久箸門生籍，五筆曾抄插架書；……自傷《爾雅》釋蟲魚。」二是對西漢今文經學之認可，曰：「法例《公羊》顏氏學，詞章司馬漢朝文。」〔註74〕這顯示出宋翔鳳此時正處於學術轉型的過程。此次是他首次離開父親後的第一次會試，所以落第給予宋翔鳳莫大的壓力，其詩曰：「諸公憐我成清臞，吾舌已敝腸亦枯，擲去寶珗青珊瑚，惟有沉醉真良圖。」〔註75〕大歎此次科考不利，有自暴自棄之感，這時與官妓花儂（吳兆雲）相戀，故作《花儂曲》、《花儂畫蘭曲》紀念之。〔註76〕後來應甘肅盛方伯之聘至關中，至關中後因病辭此聘請，在近林精舍居住月餘，期間他分別拜訪陝西巡撫朱勳、陝西按察使繼昌、關中書院趙懷玉等人。七夕與趙懷玉置酒相餞後，由河南、山東返回。行經山東時至曲阜之孔林、孔廟拜訪，此時宋翔鳳已確定轉型的方向：「擬注微言訖，重題五鳳磚。」〔註77〕將以西漢經學為其經學的主軸。嘉慶二十年宋翔鳳返回蘇州故里，此時他身無長物，窮困潦倒，只好前往山東滕縣的興魯書院應聘，後來又獲得擔任泰州學正的機會。

第六次：嘉慶 22 年丁丑科

嘉慶二十二年，宋翔鳳此時任泰州學正，故由泰州北上京城參加丁丑科科考，在京期間曾拜見過韓崶，並結識鄧廷楨。第六次會試落第後，宋翔鳳返回山東，途中拜訪陳預，於席上為司馬光銅印作賦，稱讚其《資治通鑑》「隱栝六經繩柱史」。〔註78〕

但宋翔鳳對任職泰州學正一職有所不滿，故常作詩抒發不滿，如與康發祥會面時有詩曰：「似我滯海濱，逡巡生二毛，已成尺蠖屈，終藏虎豹韜。」〔註79〕《先生有才過屈宋》中亦言：「清冷曹司地，如何滯此才」，〔註80〕他

〔註74〕宋翔鳳：《洪桐生先生（梧）招集梅花書院賦呈並呈淩曉樓（曙）夏慈仲（寶晉）二首》，《憶山堂詩錄》，《浮溪精舍叢書》，卷7，頁214。

〔註75〕宋翔鳳：《周雨亭刺史（澍）招飲即即席賦贈兼呈雷湘鄰大令（學淦）沈心齋郡丞（禮意）》，《憶山堂詩錄》，《浮溪精舍叢書》，卷7，頁212。

〔註76〕宋翔鳳：《憶山堂詩錄》，《浮溪精舍叢書》，卷7，頁220～222。

〔註77〕宋翔鳳：《先師廟十韻》，《憶山堂詩錄》，《浮溪精舍叢書》，卷7，頁222。

〔註78〕宋翔鳳：《陳中丞預席上屬賦司馬溫公銅印歌》，《洞簫樓詩紀》，卷1，《浮溪精舍叢書》，頁240。

〔註79〕宋翔鳳：《康文學發祥以三十小像屬題因贈三首》，《洞簫樓詩紀》，卷1，《浮溪精舍叢書》，頁240。

〔註80〕宋翔鳳：《先生有才過屈宋》，《洞簫樓詩紀》，卷1，《浮溪精舍叢書》，頁240。

又在《贈東臺周大令即題其點筆圖》中提到：「自我來此州，官冷愁悒悒。」
〔註81〕由此可知宋翔鳳對任學正有所不甘，常有鬱鬱不得志之感，故欲透過
科舉謀得更重要的官職以發揮其所學。

第七次：嘉慶 24 年己卯恩科

嘉慶二十四年春天，宋翔鳳赴京應試嘉慶六旬萬壽己卯恩科。在此次科
考期間，宋翔鳳結識龔自珍，並為龔自珍推測莊存與之志，為其撰寫《資政
大夫禮部侍郎武進莊公神道碑銘》提供意見，並與之結下友誼，龔自珍推崇
宋翔鳳為「樸學奇才」。〔註82〕此次考試失利，對宋翔鳳的打擊甚大，在高願
和高翔麟兩兄弟在京為其置酒餞別時，他即作詩感歎曰：「客思淒淒戀城
闕，……我自停觴淚暗垂，何堪幾度失芳時。」〔註83〕在經河北易縣燕臺時，
他題給張琦、包世臣的詩中又曰：「天街躑躅意如何，賴有當筵一醉酡；莫道
詞人輕薄極，淚痕要雜酒痕多。」〔註84〕詩中充滿對此次科考失敗的傷心之
情。之後宋翔鳳回濟南歷下，與魏襄等人相聚。三月，宋簡選授山東高密縣
知縣，宋翔鳳赴高密看望父親，途經莊述祖曾為縣令的濰縣時，作詩緬懷其
舅曰：「余舅宰斯邑，星周隔兩番；至今閭閻口，猶懷父母恩；為士開學識，
為民計饔飧；稍稍出緒餘，恢恢足討論；雖為時勢畫，仍留道德尊；……儒林
作循吏，斯語有本根。」〔註85〕詩中對莊述祖主政濰縣之政績相當肯定，以
循吏視之。宋翔鳳在高密停留數日後，離開高密縣向東南去，南下至蘇北贛
榆縣，因雨受阻，道路無法通行，轉由贛榆縣青口鎮出海，南下至海州（連雲
港市）。

嘉慶嗣位後，面臨著乾隆留給他所謂的三大困，即兵事、河漕、吏治，

〔註81〕宋翔鳳：《贈東臺周大令即題其點筆圖》，《洞簫樓詩紀》，卷 1，《浮溪精舍叢
　　　　書》，頁 241。
〔註82〕龔自珍在《資政大夫禮部侍郎武進莊公神道碑銘》提到：「越己卯之京師，識
　　　　公（莊存與）之外孫宋翔鳳，翔鳳則為予推測公志如此」對龔自珍瞭解常州
　　　　之學有一定之幫助。此外龔自珍詩中屢提到宋氏，如《己亥雜詩》：「玉立長
　　　　身宋廣文，長洲重到忽思君。遙憐屈賈英靈地，樸學奇才張一軍。」《龔自珍
　　　　全集》，上海：上海古籍出版社，1999 年，頁 143、頁 522。
〔註83〕宋翔鳳：《閏月六日出都高上舍願侍御翔麟昆季置酒餞別悵然有作》，《洞簫樓
　　　　詩紀》，卷 2，《浮溪精舍叢書》，頁 245。
〔註84〕宋翔鳳：《題〈豔品〉呈張宛鄰琦包慎伯世臣》，《洞簫樓詩紀》，卷 2，《浮溪
　　　　精舍叢書》，頁 246。
〔註85〕宋翔鳳：《過濰縣》，《洞簫樓詩紀》，卷 2，《浮溪精舍叢書》，頁 247。

為此他投入了很大的精力加以整治，其中治河和理漕是最重要的政務，並於嘉慶八年開始出現有關漕運中對河運與海運之爭。坐船過海的這次經驗，使宋翔鳳認為海運之利大於河運，並傾向於包世臣在《海運南漕議》中支持海運的意見，他在此時期的詩中常有議論，如「頻年論轉粟，結想存虛空；今之行海濱，僅比江淮洪，自南至幽薊，不費三十鐘，唯聞登萊上，阻險多重重，麻灣海倉間，轉般移舊蹤，存茲海運理，議可陳司農，歧塗屢迷惑，不解造化衷。」〔註86〕由此體現出宋翔鳳通經致用的一面，也反映經世之風的興起。

第八次：嘉慶 25 年庚辰科

嘉慶二十五年宋翔鳳赴北京參加庚辰科會試，二月到京後但因妹夫繆中翰分校禮部試，故宋翔鳳依例回避而不能參加考試。〔註87〕在北京期間，宋翔鳳向陳預寫信並呈詩三首表明投奔之意，其中一首詩中提到：「千慮與萬情，抉破見大勇；心中有太平，百體俟端拱；願陳莊生言，至人息以踵。」〔註88〕又於同年七月第二次所作《憶山堂詩錄序》時提到：「余初事篇什（詩篇），風氣已降，為者空疏無事，學問可率意而成，遂不甚致力，乃學為考據，則如拾瀋，莫益於用，而又置之，其心窈冥，迄無所寄。」此時宋翔鳳對考據學產生「莫益於用，而又置之」之看法，又透露出「其心窈冥，迄無所寄」之彷徨，顯示宋翔鳳此時思想正在進行大轉折，由早年以漢學為主，轉型至以常州莊氏之學作為其學術的主要指引。在科考前的二、三月間，宋翔鳳因回避而出都，龔自珍作《紫雲回》送其出都。宋翔鳳南下至揚州居住，五月，龔自珍落第來到揚州，與宋翔鳳會面，兩人同作側豔詩。〔註89〕此外《憶山堂詩錄序》中也透露其為官之不順，曰：「年垂四十，得文學掾（屬員），凡就是官，輒難

〔註86〕宋翔鳳：《出贛榆縣青口泛海至海州》，《洞簫樓詩紀》，卷2，《浮溪精舍叢書》，頁247～248。

〔註87〕龔自珍於《紫雲回三迭》的序中提及此事，見《定庵集外未刻詩》，頁13，《龔定庵全集》，上海：世界書局，1935年。

〔註88〕宋翔鳳：《呈陳笠帆先生三首》，《洞簫樓詩紀》，卷2，《浮溪精舍叢書》，頁250。

〔註89〕龔自珍：《己亥六月重過揚州》，《定庵續集》卷三，頁2，《龔定庵全集》。此外龔自珍到揚州的時間有二說，一為正月，持此說者為郭延禮所著的《龔自珍年譜》（濟南：齊魯書社，1987年，頁74。）；二為五月，持此說者乃李南所寫的《宋翔鳳年譜》（南京大學碩士論文，2011年，）。因宋翔鳳有《揚州寓舍送龔定庵自珍》一詩，詩中亦曰：「渡江此水正漫漫」，代表龔自珍此時應是參加3月科考失利後要渡江南下回上海，故本文以5月為宋翔鳳與龔自珍於揚州見面的時間。

舉其職，恐徒竊祿，粗作料檢，而來駭怪。感憤發疾，痛吾生之有涯，恨知己之將盡。曾無岩壑以藏其身，罔顧險巇以溷其跡。以偃蹇而多頹放，或不知其憂，轉以為謗，亦不欲辨也。」〔註90〕十一月冬至，宋翔鳳為《論語鄭注》作序，曰：「鄭康成注《論語》十卷又《論語弟子目錄》一卷，全書久佚。吾邑惠徵士棟始有輯本，嫁名於宋王厚齋者也。歸安丁小雅傑、曲阜孔幼髯廣林又博採而增益之。武進臧西成庸輯錄。最後翔鳳此本並於乾隆癸丑歲，至嘉慶壬戌歲錄以行人間。與臧氏同時用力後，覩臧氏本善，其精審惜一見之，後遂秘不出。嗣西成歿於京邸，其子能守其遺書而不至湮滅。然江關間阻，更難借校。回念益友，良用憮然。然予書重加審定，已享受事半功倍之利，又蟊管引中其辭，更拓眾說為之羽翼。至於源流分合，卷第存亡之數，則別為《師法表》著之。」〔註91〕這顯示漢學仍是他不可放棄的重要學術工作。

第九次：道光 6 年丙戌科

道光元年宋簡於濟南去世，宋翔鳳因父喪辭去學正一職，之後宋翔鳳回蘇州守父喪，不能參加道光二年及三年的會試。在家為父守喪期間，徐承慶於山西為官二十餘年後引疾歸蘇州，與宋氏重逢，翔鳳歎曰：「其時吳門宿儒零落殆盡，風氣日下，幾於獨學無友。翔鳳時為四方之遊，隔一兩年過家小住，少則兼旬，多或累月，與先生無日不見，談必移晷。」〔註92〕徐承慶此時正在撰寫《說文解字注匡謬》以正《說文解字注》之誤，故宋翔鳳此時常與徐承慶討論《說文解字》中的問題，並稱讚《說文解字注匡謬》「所以改定前人者，恐其誤後人也，非有所睚眥也。前人之誤亦見有所未及也，非必欲為武斷也。故《匡謬》之作，心平而氣和，辭達而理舉，不獨為前儒之諍友，亦後學之良師也。」〔註93〕

父喪結束後，宋翔鳳到處奔走以求一職，如道光四年至安慶尋求出路，寫詩呈安徽巡撫陶澍，並拜訪安慶知府汪恩，但都無所得，又轉至江西南昌，拜訪新建縣令雷學淦、贛州知府王泉之，又乞食不成。最後宋翔鳳遠至廣東

〔註90〕宋翔鳳：《憶山堂詩錄序》，《憶山堂詩錄》，《續修四庫全書》1504 冊，頁 245。
〔註91〕宋翔鳳：《論語鄭注序》，引自《宋翔鳳年譜》，頁 95。
〔註92〕宋翔鳳：《徐謝山先生家傳》，收入徐承慶：《說文解字注匡謬》，卷首，《續修四庫全書》，第 214 冊，頁 217。
〔註93〕宋翔鳳：《徐謝山先生家傳》，收入徐承慶：《說文解字注匡謬》，卷首，《續修四庫全書》，第 214 冊，頁 217。

求職，途中與陸繼輅相遇，有詩曰：「少年盛意氣，願作《明堂詩》〔註94〕，是誰相蹉跎，還和離騷辭，學古本無窮，撫今有所思，門戶何紛紛，不免生然疑，示我一寸編，知君能起衰；言由不得已，後來當可施，請消人我見，斯絕山阿窺；遙遙事千古，難令舉世知。」〔註95〕有此可知宋翔鳳此時已明確主張學術融合的方向，反映出漢宋融合的大背景。

　　至廣州，宋翔鳳謁見兩廣總督阮元，並呈詩四首，其中一首曰：「賈董於今為四嶽，千秋真遇太平時」，詩中強調賈誼與董仲舒的學術地位對經學而言正如堯舜時的四嶽一樣重要，他們所保留下來的西漢今文經學是達到太平世的真正藥方，這反映出宋翔鳳此時偏向今文經學的學術傾向。另一首則提到：「早從家法得微言，儻屬飄零少系援；詎想歸裝同陸賈，但思知已慰虞翻；文章自有江河合，學問容探星宿源；不敢論今聊論古，近來亦恐決離藩。」〔註96〕賈董之學乃常州莊氏家學之根基，宋翔鳳早年已從莊述祖學得家法，但為了科考與求職，宋翔鳳平常論學時並不常引用，如今，宋翔鳳已完成學術上的轉型，其治經將從兩方面入手：一是去門戶，不只是漢宋、今古文，甚至連孔老、儒佛均可互通，如他對《金剛經》評論曰：「片言生實徑路捷，萬法付空夢幻分；卓爾斯可運神力，超然久已絕垢氛」，而「每思洞達撤門戶」，即覺得「此與孔書通埒垠（邊界）」，只是「昭明不免徒紛紜」，〔註97〕故棄而不論。二是探根源，跟從莊述祖「以漢學求根源」之路徑，最後將經學研究回歸至上古聖王之學的研究與闡釋，最後這些觀點體現在《論語說義》上。此外宋翔鳳這時也留下西方人在廣州的記載，如他對鴉片蔓延的現象表示憂心，認為鴉片比酒色、寇盜之危害還嚴重，並對吸食鴉片的原因和整治方法提出自己的看法，〔註98〕即鴉片之流行顯示當時嚴重的社會問題使人民以吸食鴉

〔註94〕班固：「於昭明堂，明堂孔陽；聖皇宗祀，穆穆煌煌；上帝宴饗，五位時序；誰其配之，世祖光武；普天率土，各以其職；猗歟緝熙，允懷多福。」此詩在《東都賦》之中。

〔註95〕宋翔鳳：《別祁生四首》，《洞簫樓詩紀》，卷4，《浮溪精舍叢書》，頁268。

〔註96〕宋翔鳳：《廣州呈宮保阮雲臺先生元四首》，《洞簫樓詩紀》，卷6，《浮溪精舍叢書》，頁278。

〔註97〕宋翔鳳：《宗牧崖主簿德楙以泥金手寫〈金剛經〉屬題》，《洞簫樓詩紀》，卷6，《浮溪精舍叢書》，頁278。

〔註98〕「男女相引導，謂可散鬱紆，又足平輕躁；更云去夙疾，精神振衰老；此言始有驗，忘死盡輕冒；久之侵骨髓，其先入孔竅；終成柴瘠形，失時涕泗悼；百事無不廢，千金坐可耗；人生衰弱源，不塞禍難料；甘心墮法網，閭巷多

片來逃避問題，故當時不論開禁或嚴禁的政策均只是治標，須使人民安居樂業方能使人民不需藉鴉片來紓壓或逃避現實，此方是治本之道。但與輸入鴉片的危害相比，宋翔鳳更傾向支持嚴禁鴉片的政策。此外他也提出對洋行的看法，〔註 99〕對於當時中西貿易的態度，宋翔鳳與當時的官方的立場基本上一致，認為中西貿易的作用只是朝貢貿易的一環與補充，且認為大部分西方的商品並不實用，與之貿易還「空費財」，所以他認為中西貿易的意義是政治的作用大於商業的利益。最後宋翔鳳在廣州亦無所得，只好在十月離開廣東回江南。

　　道光六年春宋翔鳳至京參加丙戌科會試，但再因偕計而再次迴避，無法參加考試。在京期間，宋翔鳳與顧蒪、沈岐、陳用光、王佐業、崔旭、姚元、徐松、吳嵩梁、朱鶴年、升演、張中鵠、陸偉堂等人會面，且「江南同年公會餘以順天榜，吳雪蘭以江西榜與焉」。〔註 100〕此時宋翔鳳窮困至極，已無盤纏離京，汪喜孫還為此欲售揚蘭亭為宋籌錢，但無人購買。之後因黃魯溪試令往四川，邀宋翔鳳與之偕行，宋氏方能離京，途中作詩曰：「自憐如棄置，匏瓜系不食；終歲抱鉛槧，微祿免溝洫；只求遠讒謗，猶懼成顛躓；業殘書數卷，疑義積千億；離羣更誰問，心思且茅塞」。〔註 101〕此時宋翔鳳不只生活困頓，也面臨著學術研究轉型時所遭遇的種種矛盾和當時學界質疑的壓力。

　　　　年少；四民歸本業，斯禍庶可療；敬陳勸戒言，為彼父兄告。」見宋翔鳳：
　　　　《鴉片館》，《洞簫樓詩紀》，卷 7，《浮溪精舍叢書》，頁 286。
〔註 99〕「番鬼禁入城，羅居十三行；……中為遠夷館，奇貨靡不將；言語傳舌人，交易由低昂；肆主擅其業，滯積為巨商；羽毛織成段，可以裁衣裳；多羅與畢支，精麤分短長；鐘衣輥彈制，按刻聲琅琅；小者厥名表，劣可領帶藏；一可代絹布，一可驗流光；此為有用物，元賴通殊方；食器燒玻璃，其直一金強；輕脆撞即碎，何如陶瓦良；更染木綿布，五色成文章；持還易方物，縑素不能償；風琴自然鳴，聽之亦鏗鏘；以合八音奏，未必和陰陽；火器及刀劍，雖利何足當；至於千里鏡，謂遠可周詳；求之十里外，依舊歸茫茫；無益空費財，斥絕誠何妨；國家綏遠人，宇內咸樂康；相與貴實用，樸素流遐荒；肆商本蚩蚩，逐利多遑遑；願語當路賢，約束勿使忘。」見宋翔鳳：《洋行》，《洞簫樓詩紀》，卷 7，《浮溪精舍叢書》，頁 288。
〔註 100〕宋翔鳳：《中丞鄧嶰筠先生廷楨招江南同舉於鄉者燕集大觀亭陸祈生大令屬客繪〈江樓話舊圖〉余後至皖祈生出圖見示因綴兩詩於後》，《憶山堂詩錄》，卷 11，《浮溪精舍叢書》，頁 317。
〔註 101〕宋翔鳳：《黃杏川魯溪試令往四川賦以贈行》，《洞簫樓詩紀》，卷 9，《浮溪精舍叢書》，頁 303。

第十次：道光 9 年己丑科

道光八年，宋翔鳳以訓導俸滿解職離開旌德後，赴北京吏部交卸官事，與此同時參加道光九年己丑科的考試，科考失敗後，宋氏決定投牒作選人，等待吏部選派其它職位，此時與劉逢祿同時聞莊綬甲於常州去世。5 月刻《洞簫詞》京都琉璃廠精華齋刻本。這時因無職務可派，宋翔鳳離京回江南，離京前，聞劉逢祿去世。途中，宋翔鳳於泰州停留，故人與諸生合力請求泰州長官聘宋翔鳳為主講，未成。回蘇州後，拜訪蔣礪堂，有詩曰：「國家立學意，養材在芽栟；先為謀事育，繼與明品節……英賢寔根本，師資奈虛設；官小思則深，力薄志斯奪。」〔註 102〕宋翔鳳批評政府教育師資的設置猶如虛設，無法起到作育英才的功用。

第十一次：道光 12 年壬辰恩科

道光十一年宋翔鳳有並州（山西）之遊。〔註 103〕在他入太原後，作客於晉祠附近，以講學為主，而「講舍尚能生計足」，〔註 104〕顯示此次山西之行乃是為了邊工作邊準備道光十二年壬辰恩科的科考。在京期間，宋翔鳳有詩曰：「道德齊禮者，不取刑政道；五性德之基，五倫禮所適，其要體自然，其精守所擇，乃知黃老言，不與周《周易》孔《論語》隔」，又曰：「三寶一曰慈，言治實根柢，保赤心誠求，其說載乎《禮》，庸言與庸行，舉世所共俵，至人有精言，勿使測以蠡。」〔註 105〕此時宋翔鳳一邊肯定《老子》合微言大義，一邊強調「孔老同源說」，此可與《論語說義》與《過庭錄》中有關黃老與周孔之關係處相印證。這時他與顧蒪相會於路上，感歎曰：「慰我九衢中，惜我十上棄。」〔註 106〕科考失利後，宋翔鳳重回山西任教，途經盂縣講舍。

第十二次：道光 13 年癸巳科

道光十二年冬，宋翔鳳再次赴京參加道光十三年癸巳科考試，宋翔鳳此

〔註 102〕宋翔鳳：《呈節相蔣礪堂先生》，《洞簫樓詩紀》，卷 13，《浮溪精舍叢書》，頁 339。

〔註 103〕宋翔鳳：《徐謝山先生家傳》，收入徐承慶：《說文解字注匡謬》，卷首，《續修四庫全書》，第 214 冊，頁 217。

〔註 104〕宋翔鳳：《送仿山丈南歸》，《洞簫樓詩紀》，卷 15，《浮溪精舍叢書》，頁 350。

〔註 105〕宋翔鳳：《塚宰（吏部尚書）潘芝軒先生寄示〈兩漢循吏詩賦〉此以答》，《洞簫樓詩紀》，卷 15，《浮溪精舍叢書》，頁 352。

〔註 106〕宋翔鳳：《晉陽客館聞顧南雅通政蒪之赴志哀之作》，《洞簫樓詩紀》，卷 15，《浮溪精舍叢書》，頁 353。

次科考失敗後，宋翔鳳先回山西盂縣主講於秀川（水）書院，此時他感歎「我亦有心為世用」，〔註107〕然因兩次科考失利，宋翔鳳已無留在山西的理由，故不久後即返回江南。

第十三次：道光 15 年乙未科

道光十四年，宋翔鳳投靠安徽巡撫鄧廷楨的幕府，曰：「今年待部牒……似我正閑身，投老事編輯」。〔註108〕他一邊等待朝廷的分發，一邊準備科舉考試。這時宋翔鳳在經學研究上還是不斷強調學術融合的主張：「實事同求是，前徽各取長，藩籬元可撤，門戶定相忘。」〔註109〕當年九月底，宋翔鳳赴北京參加道光十五年乙未科，這是宋翔鳳最後一次赴京參加科考，最後雖然失敗，但最終得到由工部侍郎吳傑推薦充選為湖南興寧知縣，並於三月二十七日在圓明園被道光皇帝引見，其有詩曰：「十五番來上計車」，〔註110〕宋翔鳳深歎此官得來之不易，但也使得宋翔鳳結束長達 20 多年的考試求官的生涯。

四、任官時期

成年後宋翔鳳的活動主要分兩個時期：第一個時期從他二十四歲（嘉慶五年）至五十九歲（道光十五年），此時他主要是在準備科舉考試。以嘉慶十七年為分界，之前宋翔鳳主要是過依親的生活，之後則開始獨力負責其生計，主要以教學與遊幕來維持他一家的生活與赴京趕考的旅費，然而他也曾兩次出任地方學官之職。第二個時期則從五十九歲至七十五歲（咸豐元年）為止，宋翔鳳這十多年間主要是在湖南任地方官。所以這部分將對宋翔鳳出任官職之情形作一敘述。

（一）泰州學正

宋翔鳳第一次擔任的官職是泰州學正。此次可任學正一職，應是得到陳預的舉薦。宋翔鳳與陳預相識於嘉慶十年赴京考試時，當時宋翔鳳寄居於朱

〔註107〕宋翔鳳：《贈顧耕安穰林卓異入都》，《洞簫樓詩紀》，卷 15，《浮溪精舍叢書》，頁 356。

〔註108〕宋翔鳳：《贈顧蒹塘翰五首》之五，《洞簫樓詩紀》，卷 16，《浮溪精舍叢書》，頁 360。

〔註109〕宋翔鳳：《呈佟鏡堂方伯景文三十韻》，《洞簫樓詩紀》，卷 16，《浮溪精舍叢書》，頁 361。

〔註110〕宋翔鳳：《三月廿七日 圓明園引見恭紀二首》，《洞簫樓詩紀》，卷 17，《浮溪精舍叢書》，頁 367。

珪府上，於朱珪席上結識陳預。陳預是乾隆五十五年進士，與宋簡同時中榜，而朱珪為當年會試主考官，所以陳預和宋簡有同年之誼且是朱珪的門生，故嘉慶十七年三月宋翔鳳至南昌投靠時任江西布政使的陳預，應是與這層關係有關，來年又隨陳預赴長沙任幕府文書，之後赴京考試。嘉慶十九年，宋翔鳳在南返的途中得知陳預改任山東巡撫，因此寄信一封陳述自己的現況：「自顧落魄人，逆旅中熱腸，深感相知心，欲去不忍別，中丞丈人行，幾載因依切」，〔註111〕信中透露出想再次投靠之意。嘉慶二十年，宋翔鳳應聘前往山東滕縣的興魯書院任教，應該與陳預的推薦有關。

　　開學後，宋翔鳳上課以「嚴以歲月課，程以制舉文」為主，講學的內容以教授學子科舉考試為主，但宋翔鳳於學堂上還是勉勵學生「毋溺當世學，相與求其真」，勿以制舉為限，而以漢學「實事求是」之為學精神來鼓勵學子「讀書絕外慕，立品貴有程」，並希望學生「實學宜共挈」，同時又提倡經世致用之學，曰：「我頻過滕壤，悠然思井地；且共學《周官》，定不昧古義；此鄉多泉源，易復溝洫制；……儻為根本謀，先裕農桑計；行當告令長，遺規請一試；如有策可陳，亦覘志士志。」〔註112〕此外《策問課興魯書院諸生》〔註113〕的三問中也展現宋翔鳳此時治經已相當重視常州學派的家法與《公羊》學，這三問為：一、「問：『定時成歲』見於《堯典》，則日躔朔數，上古分而不合，堯置閏月而後歲年可通，三正始立，故閏之造字，王居門中，閏月所以明王政，能暢厥旨歟？日短星昂，不合月令，而置閏之理、建丑之制悉生於此，後人專以歲差求之，能解其惑歟？《左氏》三言足概閏法，歸余於終。韋昭以余為餘分，終為閏月，而近人解終為一歲之終，以為閏有二術，其誤安在古人？置閏但論月無中氣，新法尤視合朔後，先則有月內，雖無中氣，而實非閏月者。古人中氣為重，故合朔，或卻在月前，或過在二日。《春秋》日食有不在一日者，所以就中氣，非日官之失也。凡此數端，皆古今置閏之要怊，而儒者或未及詳。諸生精思有年，宜究斯義。試言所聞，以備採擇。」第一問是問置閏月之法，天文曆法與政治的關係歷來是經學研究

〔註111〕宋翔鳳：《郯城塗次寄呈山東撫部陳笠颿先生預兼呈王曼卿提學引之程鶴樵提刑國仁》，《憶山堂詩錄》，卷7，《浮溪精舍叢書》，頁223。

〔註112〕宋翔鳳：《示滕縣書院諸生並贈項大令立本四首》，《憶山堂詩錄》，卷8，《浮溪精舍叢書》，頁227。

〔註113〕宋翔鳳：《策問課興魯書院諸生》，《樸學齋文錄》，卷1，《浮溪精舍叢書》，頁125。

的核心，尤其是關於明堂的研究，此時宋翔鳳正在準備撰寫《大學古義說》，書中的論點主要承自莊述祖《夏時說義》中對明堂制度的闡釋，其中宋翔鳳論及堯置閏月而三正始立以明王政，即天子於明堂依月令理政治國之義。二、「問：《春秋》出魯史，故《七略》以《史記》入於《春秋》家。太史公稱夏殷為帝，法取《春秋》，褚氏不通厥恉，傅會增益，能辨其妄歟？其本紀、表、書、列傳之名，循吏、儒林、酷吏、遊俠、佞幸、滑稽、日者之目，有因有創，其義何取？史之有志，典章禮樂於是可稽，後之史家或不作志，其意安在？漢有黨錮，宋有道學，奸言粃政，國命所關，史立兩名，同茲深意，或於道學之篇任情毀議，能知其非歟？且述而不作，聖人所比，整齊世傳，良史是崇，是史家以述古為貴，不以標新為美，而後人以此訾遷劣固，適自形其鄙淺，能袪其惑歟？丙部異同，難終其物，略舉其與經相通者以對。」第二問是問史學之因與創的關係，宋翔鳳以「《春秋》出魯史，故《七略》以《史記》入於《春秋》家」來提示經史之間的關係，認為史家以述古為貴，不以標新為美，但論及《太史公》稱夏、殷為帝是取法於《公羊春秋》中存三統之義，並自創「循吏、儒林、酷吏、遊俠、佞幸、滑稽、日者之目」，宋翔鳳以為與《史記》入於《春秋》家有關，即司馬遷作《史記》是為闡述《公羊春秋》之微言大義，故宋翔鳳稱「自以《史記》為家法」〔註114〕，因他這時的經學研究已將《公羊》學作為重心之一，故此問是希望能引起學子對《公羊》學的關注與興趣。三、「問：『惟金三品，貢於揚荊』，《孔傳》以金銀銅為三品，康成以銅三色為三品；古者又以錫為銀，以鉛為錫，能辨其說歟？漢有錢官長丞，唐宋有鑄錢監，並即山鑄錢，能考其制歟？……夫銅鉛為錢法之本，所以裕國用、通民財、絕奸慝、廣地員者，固有在也，試略陳所得焉。」第三問是問錢法之要，宋翔鳳以其長居雲貴且因其父曾任水城通判，故深知當地產鉛銅的情況〔註115〕，並對古今錢法下過功夫，故提出應以「盈虛由於地利，而利害順於人情」之治理原則，不應對鑄錢有定額之規定，希望以此提醒學子除科考項目外，還須重視與國計民生相關之議題，多關心時政與讀實用之書。由上可知，宋翔鳳此時正處於多種學術整合的階段，具體體現出嘉慶中後期漢宋融合學風的興起下經學研究多元化的現象。

〔註114〕宋翔鳳：《答雷竹卿書》，《浮溪精舍叢書》，頁59。
〔註115〕宋翔鳳曾談及其父曾運銅至北京之經驗及其父任水城通判時處理鉛礦的情形，可參考其《先府君行述》，《樸學齋文錄》，卷4，頁32～35。

在興魯書院任教期間，宋翔鳳曾至歷下拜訪陳預，後又至京拜見刑部尚書韓崶，之後再回歷下，經此走動，宋翔鳳不久之後即被選為泰州學正。學正為正八品，為州學教官，其職掌祭祀文廟及訓迪州學生徒，考核藝業勤惰，評核品行優劣。〔註116〕嘉慶二十一年，宋翔鳳帶其妻顧氏和其四妹之子女一同前往泰州就任。任學正期間，宋翔鳳除了曾查辦過海安鎮明道書院程氏捐田所得被侵吞一案外，〔註117〕他一直深感此學正一職因不被重視而無法發揮出教化的功用，故有「一官未必稱師儒，清冷頭銜合自書」〔註118〕之歎，自言「年垂四十，得文學掾（屬員），凡就是官，輒難舉其職，恐徒竊祿，粗作料檢，而來駭怪。感憤發疾，痛吾生之有涯，恨知己之將盡。曾無岩壑以藏其身，罔顧險巇以涸其跡。以偃蹇而多頹放，或不知其憂，轉以為謗，亦不欲辨也。」〔註119〕批評此職「麥與兔絲，此官空有名」。〔註120〕因此宋翔鳳更欲謀更重要的官職以發揮其所學，故將近 6 年的在職期間，除了曾三次赴京師參加會試以求功名外，還向陳預寫信表達投奔之意。〔註121〕

嘉慶二十一年六月，莊述祖去世，宋翔鳳撰寫其行狀，並繫之以詩呈給時任山東布政使的孫星衍，詩中稱莊述祖治學之道為「解經得其腴，聲音文字原，畢生寄其觚，求是從實事，精意追亡逋」，並謂他與莊述祖的關係為「匪徒甥舅恩，更積師弟誼；願得留此身，競競尋失墜」，〔註122〕表示他將以莊述祖傳人的身份來繼承其學。在此期間，宋翔鳳寫成《大學古義說》上下兩篇，並輯成《論語鄭注》十卷及刻成《憶山堂詩錄》八卷。

道光元年八月，宋翔鳳因父喪依例辭去學正一職，回蘇州守喪。宋翔鳳

〔註116〕朱金甫、張書才等人編：《清代典章制度辭典》，北京：中國人民大學出版社，2011 年，頁 404。

〔註117〕宋翔鳳：《自泰州偕計北上留別諸同好四首》，《洞簫樓詩紀》，卷 1，《浮溪精舍叢書》，頁 239。

〔註118〕宋翔鳳：《泰州學舍書感二首》，《洞簫樓詩紀》，卷 1，《浮溪精舍叢書》，頁 236。

〔註119〕宋翔鳳：《憶山堂詩錄序》，《憶山堂詩錄》，《續修四庫全書》1504 冊，頁 245。

〔註120〕宋翔鳳：《交替泰州校官事將只鯨師留別王刺史五首》，《洞簫樓詩紀》，卷 1，《浮溪精舍叢書》，頁 243～244。

〔註121〕「廿年在歧路，自歎無所成；……驥首望驥尾，願附鴻毛輕；谷中無幽蘭，何敢圖歸耕。」見宋翔鳳：《呈陳笠帆先生三首》，《洞簫樓詩紀》，卷 2，《浮溪精舍叢書》，頁 250。

〔註122〕宋翔鳳：《撰舅氏莊葆琛先生行狀竟繫之以詩即呈孫淵如觀察星衍三首》，《洞簫樓詩紀》，卷 1，《浮溪精舍叢書》，頁 239。

任學正的五年期間，與諸生相處不甚愉快，又與當地的官吏不投緣，自言「困於小官，事多不偶。既不能骩骳以合流俗，又不能枯槁以就山林。不平之鳴，托之笑傲，一往之致，消以沉湎。略曲謹而思棄，視齷齪而誰與，於是行事之間，動遭塞難，議論所及，婁叢讒譏」，〔註123〕故最後感慨說到：「記從五載往寒廳，寂寂反如僧退院，諸生偓促誰譴訶，俗吏揶揄恣構煽；歎息空糜太倉栗，旋著麻衣返鄉縣。」〔註124〕

（二）旌德縣訓導

經過多年的奔走，道光六年冬，宋翔鳳攜子景宣、姪景濂同往旌德（安徽宣城）赴任訓導一職，訓導亦是學官，秩為從八品，其主要職責為輔助府教授、州學正及縣教諭來教育所屬生員，〔註125〕此官比之前的學正還低一級，為旌德縣教諭的屬官。因此宋翔鳳在與尤興詩、景壽椿、顧珩等人於蘇州留別時，感慨萬千的說道：「如君竟爾歸鄉縣，我復何能卑小官」，〔註126〕後在赴旌德的途中又感概曰：「筴鹽算貲今所重，學書學劍成何用」，〔註127〕對自己這幾年到處奔波，為生計所迫而屈就訓導之職深感悲哀。

道光七年春宋翔鳳至旌德學舍上任，雖然他認為旌德「淳風儉俗，猶能傳。我來忝師儒時，進弟子員，人人著韋布，家家知誦弦」，〔註128〕但因前任訓導有借款未還，故其校官俸祿無法領取，導致宋翔鳳一家在此生活貧困，如他形容所住之處是「一間破屋連床臥，萬軸陳邊樹木期」。在日常教學中，宋翔鳳批評當時的八股取士只重章句，導致「須知大誼久零落，學士往往為鈔胥」，〔註129〕故他自嘲自己「何術能教不素餐」，只能「枯坐聊充

〔註123〕宋翔鳳：《香草詞序》，《樸學齋文錄》，《續修四庫全書》，頁350。

〔註124〕宋翔鳳：《金陵晤汪子熙（燡）吳石鼺（金潤）兩廣文》，《洞簫樓詩紀》，卷4，《浮溪精舍叢書》，頁261。

〔註125〕學官名。明清府、州、縣儒學的輔助教職。《明史‧職官志四》：「儒學：府，教授一人，訓導四人。州，學正一人，訓導三人。縣，教諭一人，訓導二人。教授、學正、教諭，掌教誨所屬生員，訓導佐之。」《清史稿‧職官志三》：「儒學：府教授、訓導，州學正、訓導，縣教諭、訓導，俱各一人。」

〔註126〕宋翔鳳：《別顧賢齋少府珩》，《洞簫樓詩紀》，卷9，《浮溪精舍叢書》，頁307。

〔註127〕宋翔鳳：《寄戴桐孫》，《洞簫樓詩紀》，卷9，《浮溪精舍叢書》，頁307。

〔註128〕宋翔鳳：《贈郭西林文學觀成》，《洞簫樓詩紀》，卷12，《浮溪精舍叢書》，頁327。

〔註129〕宋翔鳳：《方墨林〈燒燭檢書圖〉》，《洞簫樓詩紀》，卷11，《浮溪精舍叢書》，頁323。

句讀師」。〔註130〕這時宋翔鳳認為此時學界的風氣敗壞，為學者不走正道，曰：「波靡正今茲，風氣傷疇昔；後生望速效，老輩教幸獲；弱者安浮淺，強者墮堅僻；孰可養民身，大利在粟帛；孰可正人心，大誼在篇策；苟思振儒林，宜取荒塗辟；聽余陳苦言，望子引深責……要知自有事，因循斯可惜。」〔註131〕他認為要重正人心，須以篇策之法來呈現大義而非章句訓詁，要重振儒林，則需闢荒塗，不走漢學、宋學之老路，須走西漢以策論明大義之今文經學之新路。宋翔鳳對於選才任官之法有一套想法，認為應注重學校教育，如「《周官》立成均，《虞書》教胄（育）子」，〔註132〕即士子的教育應按《周官》的成均之法（董仲舒說此乃五帝時的大學），或《虞書》教胄（育）子之法，如此方能培養出經世治民之才，這在《大學古義說》中有充分說明。但宋翔鳳深知當時政治已日趨腐敗，再加上八股取士之弊端，學校教育已成虛設，「博士只容聾聵充」，〔註133〕所以宋翔鳳仍在為改官一事努力，並自嘲「笑我五十餘，妄想得改官。」〔註134〕道光八年秋，宋翔鳳以校官俸滿解職離開旌德，等候知縣之補缺，但因一時無候補的名次，故自道光九年至道光十四年間，宋翔鳳「飄零四方，迄無定止」，不是客居安慶入鄧廷楨幕府，就是遠遊河北、山西並在山西的書院講學以容身。

（三）湖南為官

道光十五年科考失敗後，宋翔鳳放棄科舉，開始在湖南任官，在道光二十八年《洞簫樓詩紀續刻序》中自言其「揀發湖湘，歷十四年，任牧令者四，權丞倅者三」，這代表他在湖南任官十四年中至少擔任過七種的官職，其中他所任的縣令有興寧縣、豐陽縣、武岡縣及永興縣，而擔任過的副官或幕僚則有長沙府同知、寶慶府同知與長安營長史。至咸豐元年，宋翔鳳辭官歸故里，結束他長年奔波在外的生活。以下將對宋翔鳳在湖南任官的經歷作一介紹。

〔註130〕宋翔鳳：《三叔父用旌德學舍詩韻見寄敬答》，《洞簫樓詩紀》，卷10，《浮溪精舍叢書》，頁314。

〔註131〕宋翔鳳：《贈顧澗薲千里》，《洞簫樓詩紀》，卷9，《浮溪精舍叢書》，頁306。

〔註132〕宋翔鳳：《楊葆卿監丞宜之以書冊屬題三首》，《洞簫樓詩紀》，卷10，《浮溪精舍叢書》，頁316。

〔註133〕宋翔鳳：《贈外兄凌懷堂教授企曾》，《洞簫樓詩紀》，卷11，《浮溪精舍叢書》，頁316。

〔註134〕宋翔鳳：《程幼橋紹芳自泰州寄詩見懷作此報之》，《洞簫樓詩紀》，卷11，《浮溪精舍叢書》，頁319。

1. 興寧縣令

道光十五年，宋翔鳳由工部侍郎吳傑〔註135〕推薦充選為湖南興寧知縣。當年秋天，宋翔鳳赴興寧縣就任。興寧縣位於湖南東南部的郴州山區，乃窮鄉僻壤之地，宋翔鳳對此縣風土民情的評價極差：「自古蠻夷鄉，深溪接山阪，頹風兼悍俗，情偽不可求，中有僻小邑，絕無搢紳流，《詩》《書》付荒穢，仁義消螟蟊，倜張出學校，善類為仇讎，懲勸未及行，挾詐且不休，師儒竟虛設，令長徒空憂。」〔註136〕再加上宋翔鳳初到此地之時，「官衙破側城欲圮」，〔註137〕令他有「當知羈宦同遷謫」〔註138〕之感。道光十六年夏秋期間，興寧縣又適逢乾旱，但「台司飛檄征泉谷，井裡憂苗遍疾痾」，〔註139〕上司與民間兩方面的壓力讓宋翔鳳憂心不已，且因多次祈雨未果，更使得他「官窮轉累民窮甚，閉合思量淚欲沱」，〔註140〕故「欲達民艱多委曲，每修公牘自磨礛」，〔註141〕但深怕得罪上司而最終不敢向上稟告詳情。為此更加深其挫折感，並對縣令一職難為多發抱怨之語：「縣令不可為，責重而位卑；人心既狡險，變幻無端倪；百慮偶一失，譴罰已難辭；古有真循吏，不為程課羈；施行盡所為，志慮無詭隨。」〔註142〕到職不久，家中連續傳來女兒宋裳孫和兒子宋景宜夫婦接連去世的消息。噩耗傳到蘇州的家中，宋翔鳳之妻顧氏「哀傷哭泣」，且因「家無餘糧，連有喪事，破屋數椽，惟積書數萬卷，以老病之體攜五歲之幼孫，補苴支絀，苦不堪言。」為此，宋翔鳳「權興寧令兩年欲自刻屬，每年

〔註135〕吳傑，字梅梁，浙江會稽人。少能文，為阮元所知。以拔貢生應天津召試，二等，充文穎館謄錄，書成，授昌化教諭。嘉慶十九年，成進士，選庶吉士，授編修，遷御史。道光二年，督四川學政，疏請以唐陸贄從祀文廟，下部議行。遷給事中，出為湖南岳常澧道，歷貴州按察使、順天府丞。十五年，擢工部侍郎，連典順天鄉試及會試。十六年，卒。

〔註136〕宋翔鳳：《縣舍偶然作五首》之一，《洞簫樓詩紀》，卷17，《浮溪精舍叢書》，頁371。

〔註137〕宋翔鳳：《興寧漏壺歌》，《洞簫樓詩紀》，卷17，《浮溪精舍叢書》，頁369。

〔註138〕宋翔鳳：《興寧縣湯泉》，《洞簫樓詩紀》，卷17，《浮溪精舍叢書》，頁370。

〔註139〕宋翔鳳：《段明經騰奎和祈雨韻見示又疊以答》，《洞簫樓詩紀》，卷17，《浮溪精舍叢書》，頁370。

〔註140〕宋翔鳳：《得小雨紫垣再和前韻又答》，《洞簫樓詩紀》，卷17，《浮溪精舍叢書》，頁370。

〔註141〕宋翔鳳：《段明經再和前韻二章如數以答》，《洞簫樓詩紀》，卷17，《浮溪精舍叢書》，頁371。

〔註142〕宋翔鳳：《縣舍偶然作五首》之一、二、五，《洞簫樓詩紀》，卷17，《浮溪精舍叢書》，頁371。

僅節俸五六十金」，〔註143〕並將所有節俸寄回蘇州以供顧氏養家。

　　道光十七年八月，宋翔鳳赴長沙任湖南鄉試秋闈房官並分校試卷，費時一個月，在校閱試卷的過程中，宋翔鳳發現此地學子「浮薄久成習，空疏不自慚，珠隨魚目混，肉豈馬肝貪」，〔註144〕最後從數千卷中得一卷，並推薦於主司，但因名額已滿而未中選，撤棘後，去掉此卷的糊名來比對名簿後，宋翔鳳方知此卷之作者為朱衡。兩人相識於嘉慶十八年，當時宋翔鳳跟隨陳預到長沙任幕府文書，此時宋翔鳳已十分欣賞朱衡的文采，稱其文章「其義典與則，其詞正而葩」。宋翔鳳此時對江浙與湖南之學術環境作一比較：「吳越多藏書，家家遊竹素（帛。多指史冊、書籍），私收存《七錄》，官寫備《四庫》，善本多流傳，遺編共聚，就鄰易借抄，閉戶足研注」，而「澧沅積香艸，從古擅詞賦，攬華不求實，根柢非所務，往往問古書，茫如墜煙霧……解經通志堂，汗牛力難措；空疏失師傳，什九近皮傅（言非其事謂之皮傅）；西河宗夾漈〔註145〕，師心久沉錮；煌煌耀後生，迢迢引歧路」。清代江浙地區重視藏書，因為此地區的學風是以漢學為主，學術研究講究實事求是；反之，湖湘地區自古所重為詞賦之學，經學非其所長，故宋翔鳳以為湖南學子所學的根柢並不堅固，並受毛奇齡之學的影響而被引上歧路。為此宋翔鳳為當地士子治經之法提出一方向，即「當自北宋前，直取周秦溯」，〔註146〕改以漢學為學問基礎，之後再探求經書的微言大義，這正與他繼承莊述祖「以漢學為根株」之治經方向相吻合。以此為契機，宋翔鳳開始在湖南招收門徒弟子，如段邦球等人，〔註147〕以作為傳其學的後繼者，故曰：「但得羣賢相共勉，庶幾吾道或能昌」。〔註148〕秋闈結束後，宋翔鳳又被分派與岳州通判何彤文分查洞庭湖沿岸的情況，宋翔鳳負責由沅江、龍陽至常德段。最後，宋翔

〔註143〕宋翔鳳：《亡妻顧孺人行實》，《樸學齋文錄》，卷4。

〔註144〕宋翔鳳：《秋闈即事二十八韻》，《洞簫樓詩紀》，卷17，《浮溪精舍叢書》，頁373。

〔註145〕鄭樵，字漁仲，號夾漈，自稱溪西逸民，時人稱讚他說：「惟有莆田鄭夾漈，讀盡天下八分書。」由此奠定下完成《通志》的編撰基礎。

〔註146〕宋翔鳳：《劉子壽康〈紅豆山莊藏書圖〉》，《洞簫樓詩紀》，卷18，《浮溪精舍叢書》，頁375。

〔註147〕宋翔鳳：《寄題資興段明經騰奎寫真》，《洞簫樓詩紀》，卷21，《浮溪精舍叢書》，頁402。

〔註148〕宋翔鳳：《次劉生康初度感懷韻兼示及門弟子四首》，《洞簫樓詩紀》，卷20，《浮溪精舍叢書》，頁392。

鳳總結這兩年為官的感想為「政術今非古，彌縫掩飾多，祇宜隨俗去，奈此問心何，未敢為深語。」〔註149〕他深深為道光時期政治社會之危機感到憂心。

2. 豐陽縣知縣

道光十八年五月，宋翔鳳改任豐陽縣知縣。豐陽縣屬湖南衡州府管轄，明清時成為廣東通往湖南的藍山、寧遠和廣西賀州一帶的交通要道。雖然豐陽比興寧繁華，但宋翔鳳仍是哀歎為官之難，他以龐士元在三國為豐陽令時無大吏與律條之制肘來作對比，曰：「俸入無多誅求多，台司日日下符檄，捐輸捐納同催科，官如受賕免困厄，身欲潔清逢譴訶；小來讀書學從政，夙論施措疑無頗，誰知乃近賈人事，心思束縛身攖羅，所恐脫身更不易，官舍坐愁牢畫地。」〔註150〕此時宋翔鳳深以當官為苦事，當時官場常壓迫他作一些違心之事及從商之事，故有「一官如蠟真無味」之歎。〔註151〕

當時英國大量以走私的方式輸入鴉片，導致中國白銀大量外流，造成錢多銀少，導致稅收短少，發生財政危機，故道光十九年衡州府下令緝拿私鹽，欲重振官鹽買賣以增加國庫收入，並下令「獲鹽不獲人者，文武官俱記大過」。此時衡州府轄下所食官鹽是淮南鹽，但因路遠無利，市場早已被私鹽所販的粵鹽取代，而負責販賣私鹽者大多為當地貧民。宋翔鳳基本上是站在同情貧民的立場不贊成取締私鹽，其曰：「貧民十九無生涯，肩儋背負獲倍利，歸來俯仰事皆備，商無所虧民有食，留此一孔為餘地；銀少錢多商自累，大府擘畫心俱領，道是衡州引闕銷，督責捕私嚴吏議。」〔註152〕但迫於上級的壓力，「一官草草作勞人，薄書畏責同奴隸」，〔註153〕宋翔鳳只好逮捕販賣私鹽者，其中所督捕的一名鹽販因喪失收入來源，最後全家四口服毒自殺。此事件令宋翔鳳感到十分愧疚：「今予蹈厥過，難以無心飾，設官本養民，俾各遂生植，盡利以遺民，乃竟至此極」，〔註154〕並直言自己「有感空成什，難行枉著書，

〔註149〕宋翔鳳：《贈何芰亭彤文四首》，《洞簫樓詩紀》，卷18，《浮溪精舍叢書》，頁375。

〔註150〕宋翔鳳：《龐士元祠》，《洞簫樓詩紀》，卷18，《浮溪精舍叢書》，頁378。

〔註151〕宋翔鳳：《柬劉朗卿索蠟梅》，《洞簫樓詩紀》，卷18，《浮溪精舍叢書》，頁378。

〔註152〕宋翔鳳：《私鹽歎》，《洞簫樓詩紀》，卷18，《浮溪精舍叢書》，頁379。

〔註153〕宋翔鳳：《楊雪荼方伯寄示至公堂即事四首（時權山東撫部）次韻答之》，《洞簫樓詩紀》，卷18，《浮溪精舍叢書》，頁380。

〔註154〕宋翔鳳：《自訟》，《洞簫樓詩紀》，卷18，《浮溪精舍叢書》，頁380。

何曾勝劇縣，只合賦閒居」。〔註155〕由此宋翔鳳萌生去職之意，但又因生計之所需所以只好勉強堅持下去，但他此時將大部分的心力轉移到學術之上，並於道光二十年完成其一生的代表作：《論語說義》。

3. 新寧縣令與長沙府同知

道光二十年秋，宋翔鳳至長沙擔任第二次鄉試考官。考試結束後，宋翔鳳被改派為新寧知縣，並於道光二十一年上任。至十一月，又奉檄兼武岡縣令，直至道光二十三年三月方去職返回長沙。〔註156〕道光二十三年四月六日，宋翔鳳與阮文藻、朱世熙、韋偉人、令注經與邵遹經同遊嶽麓書院，途中有感而歎：「兩番治劇縣……吏道日鹵莽，取士皆空疏，奔走彼下才，往往聯簪裾，吾輩守經法，且與歸蓬廬，請息濟時心，同構書巢居」，〔註157〕他批評當時政風與學風之敗壞，令他對出仕心灰意冷，只想早日辭官歸故里，以研究學問度餘生。不久，宋翔鳳第三次擔任湖南鄉試考官，在選材的過程中，他批評當時考官猶如冗員，已失舉薦之權，因學子中選與否全憑主考官等上司的決定，故曰：「雖或襄校文，亦如冗員備，精心與採擇，睞目遭遺棄，夙願未獲申，何必處高位，不如歸故里，南簷學濃睡。」〔註158〕其次他認為當今學子的學問每況愈下，「但事綴緝言詞工；茫然未必聞洛閩，與論古訓尤朦朧，庸詞膚語滿篇策」。〔註159〕他認為湖南學子只是為應付八股制舉，故只讀當時的時文、講義之類的考試書籍，甚至對於程朱理學的著作也未必下工夫，遑論對漢學加以研究。為此，宋翔鳳開始整理編纂《四書纂言》以供學子作為科考的參考書。在處理秋闈期間，宋翔鳳升為長沙府同知，〔註160〕他十分欣喜可以轉任到清閒的官，故曰：「況當治縣苦尤偏，科條束縛逢今日，政教從容異往年，乍喜階遷清切地」。〔註161〕

〔註155〕宋翔鳳：《次韻答警庵》，《洞簫樓詩紀》，卷18，《浮溪精舍叢書》，頁379。

〔註156〕黃宅中等修，鄧顯鶴等纂：《寶慶府志》第1冊，《中國方志叢書》華中地方第302號，成文出版社有限公司，1975年，頁346。

〔註157〕宋翔鳳：《題胡芝房泰階〈書巢圖〉》，《洞簫樓詩紀》，卷19，《浮溪精舍叢書》，頁384。

〔註158〕宋翔鳳：《癸卯湖南秋闈志感二首》，《洞簫樓詩紀》，卷19，《浮溪精舍叢書》，頁386。

〔註159〕宋翔鳳：《書意》，《洞簫樓詩紀》，卷19，《浮溪精舍叢書》，頁387～388。

〔註160〕清代文人往往以「丞」為「同知」的代稱。宋翔鳳：《朱備之郡丞百順監試內簾賦詩紀事次韻四首》，《洞簫樓詩紀》，卷19，《浮溪精舍叢書》，頁387。

〔註161〕宋翔鳳：《贈符曉峰太常其珍謝病返瓊州即次其韻三首》，《洞簫樓詩紀》，卷19，《浮溪精舍叢書》，頁389。

4. 永興縣令

不久後，宋翔鳳於道光二十四年夏天改赴永興縣任縣令。永興縣屬湖南郴州直隸州，當地土地貧瘠，百姓文化水平不高，再加上永興縣因遭水災，導致城牆、官舍、倉庫均被沖毀，所以百廢待舉。此時鄰縣豐陽縣又發生民變，波及到永興縣，並已蔓延至全省。宋翔鳳奉命協助追緝首惡，但並無所獲。宋翔鳳認為當時民變發生的原因主要有三，一為民力竭。此時因白銀大量外流導致銀價上漲.造成「銀貴錢賤」的情形，且政府規定以白銀納稅。此加重了農民的負擔，民不聊生，故社會動盪不安。二為官員為政只求稅收達成並便宜行事，不重行政的穩定性與教養百姓。三為胥吏之敗壞，使上位者無法施展其抱負且有被反噬之虞。宋翔鳳認為解決之道應從「得其情」、「求五聽」入手。瞭解民情，恢復民力後，「教孝弟力田，使家足人慶」，〔註162〕方能根本解決當時的社會問題。此時，鴉片戰爭結束，南京條約規定可在通商口岸進行傳教，藉此傳教士開始在中國民間宣揚基督教，宋翔鳳亦有耳聞，但他反對傳教士在中國傳教，其曰：「前番聞勸事耶穌，《實義書》〔註163〕存義太殊，盡廢疇人矜絕藝，漸教舉世入歧塗；不從耕養求家足，難取《詩》《書》化俗愚，所恐紛紛為利誘，早知自古棄真儒。」〔註164〕他認為基督教的教義與中國儒家文化差距甚遠，他怕此教如傳播開來，老百姓將被引入歧途，而中華文化將遭受重大的打擊，他的隱憂不久即印證在太平天國反儒學的舉動上。

5. 署寶慶府同知

豐陽民變平定後，宋翔鳳於道光二十五年八月改署寶慶府同知，〔註165〕為正五品，寶慶府同知署於乾隆7年平定苗亂後移駐於城步縣長安營城中。當年冬天，宋翔鳳奉檄至江南催回鴉片戰爭時湖南所派出的軍船。〔註166〕這時宋翔鳳總結清朝在鴉片戰爭失利的原因，曰：「須知用兵要，何嘗異水陸，

〔註162〕宋翔鳳：《抵永興縣作》，《洞簫樓詩紀》，卷20，《浮溪精舍叢書》，頁393。
〔註163〕《天主實義》是一本由明代來華耶穌會士利瑪竇（Matteo Ricci）用中文寫就的對話體著作，它的出現影響了方以智、黃宗羲、戴震等明清思想家。在中國的三教之外，它開闢了第四教：儒家一神論。
〔註164〕宋翔鳳：《仿何大復體四首》，《洞簫樓詩紀》，卷 21，《浮溪精舍叢書》，頁402。
〔註165〕黃宅中等修，鄧顯鶴等纂：《寶慶府志》第1冊，《中國方志叢書》華中地方第302號，成文出版社有限公司，1975年，頁280。
〔註166〕宋翔鳳：《鹿角鎮守風》，《洞簫樓詩紀》，卷21，《浮溪精舍叢書》，頁404。

平時一士心，凝然靜山谷，臨時作士氣，勇往不退縮；運機在沉潛，得勢豈摧
衄（失敗），定見鯢鱣，盡使魚龍服；所恐將兵者，胸中少成竹，見敵即蒼黃
（匆促慌張），何敢遺一鏃；雖憑舟楫利，其心奈膽恧（慚愧），況此意造刱，
誰能駕輕熟。」〔註167〕他以為鴉片戰爭失敗的主因是將帥之無識無膽及士兵
欠缺訓練所致，而戰艦、火器不如英國人則非主要因素，這代表宋翔鳳與當
時傳統士子一樣，對西方當時武器與科技的發展一無所知。接到戰艦後，宋
翔鳳於道光二十六年春返回湖南。此次旅程中，宋翔鳳對於當時的社會亂象
憂心忡忡，尤以鴉片流行最為嚴重，他提到：「亞芙蓉久見醫書，嗜好俄成附
骨疽，觸禁人多官束手，流行地遍鬼論車；能教強壯消精力，怕說蕭條到裡
閭，想是暫時逢厄運，還將數理悟盈虛。」此詩描寫鴉片荼毒中國人民的情
形與官府的無能。此外又感慨說道：「到處催科俱下下」、「沾塗終歲輸官盡，
聞道農夫欲賣田」，〔註168〕這顯示出當時官府在賦稅上對人民的壓迫已經達
到相當大的程度，這是因為清朝政府為支付洋銀二千一百萬銀元的戰爭賠款
和贖城費而造成的財政虧空（道光二十七年至二十八年平均每年流出白銀
1000萬元），加緊橫徵暴斂，增加稅收一至三倍以上，再加上由於鴉片大量輸
入及洋貨進口等因素共同作用下，白銀繼續外流，使得道光末年「銀貴錢賤」
現象進一步加劇，一兩白銀兌換製錢超過兩千文，嚴重影響人民生計，為後
來太平天國興起培育了相應的環境。完成軍船返湘後，宋翔鳳返回寶慶府，
冬季宋翔鳳巡視長安營〔註169〕。道光二十七年六、七月間，新寧黃卜峒猺人
雷再浩與廣西全州莊塘人李世德靠傳授青蓮教使得其勢力大盛。九月，雷再
浩於廣西起事，擴散至全州、興安、城步等地。十月，亂事由廣西全州蔓延至
新寧縣，宋翔鳳聞訊後趕赴長安營兼任長史會同防堵。〔註170〕經官兵圍剿，
雷再浩、李輝被捕，雷再浩起事宣告平定，而宋翔鳳認為此次民變的根本原
因是「文皆責徵調，地盡困租庸，亂或因民庶，饑非未歲凶」。〔註171〕對人民

〔註167〕宋翔鳳：《戰艦》，《洞簫樓詩紀》，卷21，《浮溪精舍叢書》，頁406。
〔註168〕宋翔鳳：《江程雜詠六首》，《洞簫樓詩紀》，卷22，《浮溪精舍叢書》，頁411。
〔註169〕長安營位於縣境西南面，南山腳下，這裡是湘桂黔三省交界之地，地勢險要，
　　　　古為兵家必爭之地。清朝政府為保長治久安，在此建署屯兵，取名長安營，
　　　　俗稱「寶慶二府」，史載最多駐兵達8000多人，曾盛極一時。
〔註170〕李南：《宋翔鳳年譜》，《南京大學中國古典文獻學碩士論文》，2011年，頁
　　　　168。
〔註171〕宋翔鳳：《寄曹艮甫楙堅二十四韻》，《洞簫樓詩紀》，卷23，《浮溪精舍叢書》，
　　　　頁427。

的壓迫是最主要的原因。

道光二十八年四月，因兩湖營銷淮南官鹽，因此湖南派一官員至武漢負責稽收水程，名曰南程委員，宋翔鳳奉令兼任此官職，〔註172〕故赴湖北就任。當年十二月，宋翔鳳續修《洞簫樓詩紀》，收集整理自嘉慶二十一年任泰州學正至道光二十八年的詩作，將之合成二十四卷，以補前面十三卷，其謂「民生日困，功令日蹙。催科則剜肉醫創，撫字則左書右掣。濫吹素食，夙夜是疚。懸車已及，歸田無計」，故此續編是將這段時間「中之所積，見之謳吟，歌事歌食，饑勞同情，因輯編之」而成。〔註173〕來年，宋翔鳳編輯其數十年讀書之所得，成《過庭錄》一書，其序曰：「餘以歲己酉放役漢皐，輯讀書所得為《過庭錄》。」〔註174〕咸豐元年，宋翔鳳返回長沙，以老乞休，並於十二月以同知一職請辭獲准。

五、最後歲月

咸豐二年四月，宋翔鳳重回蘇州故里，於葑門築葑溪草堂。返家後，宋翔鳳仍汲汲於學術上的活動，如續編《洞簫樓詩紀》兩卷，將此書增至二十八卷。又為莊述祖的《尚書記》刻版刊印，並為《新語》校本作題記，及校馮舒所著的《詩紀匡謬》等。在此期間，劉履芬〔註175〕曾拜訪宋翔鳳，對其晚年生活也有所記載。咸豐七年，戴望向宋翔鳳問學，其《傳》言戴望「從陳碩甫（奐）、宋于廷遊，通知西漢經師家法，嘗本劉先生（逢祿）《述何》、宋先生（翔鳳）《發微》說，以《公羊》義例釋《論語》，成《論語注》二十卷，……遂博稽眾家，深善劉禮部《述何》及宋先生《發微》，以為欲求素王之業、太平之治，非宣究其說不可……丁已後，得從陳方正、宋大令（翔鳳）二先生遊，始治西漢儒說，由是以窺聖人之微言、七十子之大義。……由西漢之

〔註172〕李南：《宋翔鳳年譜》，《南京大學中國古典文獻學碩士論文》，2011 年，頁174。

〔註173〕宋翔鳳：《洞簫樓詩紀續刻序》，《洞簫樓詩紀》，《浮溪精舍叢書》。

〔註174〕宋翔鳳：《自序》，《過庭錄》，頁1。

〔註175〕劉履芬（1827～1879），字彥清，一字卹生，號漚夢，祖籍浙江江山，隨父客居江蘇蘇州。幼承家教，又從名儒王韜齋學文，酷愛詩詞，通曉音律。清道光二十六年（1846），入國子監為太學生。咸豐七年（1857），捐戶部主事。光緒五年（1879），代理嘉定知縣，因為民雪冤與兩江總督沈葆楨不洽，含憤自殺。著作有《古紅梅閣集》（內有駢文 2 卷，古近體詩 5 卷）、《鷗夢詞》1 卷。

微言上窺三代教學成法，殆師淑常州莊氏者與！」〔註176〕而《戴君墓表》中也提到：「復從宋先生翔鳳，授《公羊春秋》，遂覃精覃思，嫥志治經。」〔註177〕由此戴望成為宋翔鳳晚年最主要的弟子，是常州學派最後一位公認的傳人。

　　咸豐九年，江蘇省會舉辦鹿鳴宴，宋翔鳳受邀參加。鹿鳴宴是地方官祝賀考中貢生或舉人的「鄉飲酒」宴會，起於唐代，明清沿用，於鄉試放榜次日，宴請新科舉人、內外簾官及地方豪紳等，歌《詩經》中《鹿鳴》篇，故名鹿鳴宴。宴中，他被加封知府銜。咸豐十年，宋翔鳳於蘇州去世，戴望為其一生經歷、學術成果及兩人交往作一番總結，曰：「家世推黃閣，聲華起白眉；莊（莊大令述祖）張（張編修惠言）親授受，劉（劉禮部逢祿）李（李太令兆洛）得攀追；早羨登螭榜，終嗟棄鳳池；冷官初筮仕，令長實遷資；禮教蘭陵後，琴弦彭澤遺；豐陽歡父老，湘浦頌旌麾；撫字孚施遍，旁流解澤垂；積勞侵疾久，投版乞歸遲；地卜浮溪宅，山鄰伍相祠；鄭公通德裡，董子讀書帷；文字探皇古，淵源接近時；專門慚太傅，宅相愧週期（周中孚，戴望之舅）；謬獻瑂蟲技，欣瞻挺鶴姿；孤寒承咰沬，謅陋辱提撕；緬教《春秋》法，兼論愆緯辭；商高非曲說，明赤亦多歧（從先生問《公羊春秋》家法）；損益三王制，褒譏百代規；微言幸未絕，大道恨全虧；往復常通訊（多言），紛論互析奇；鹿鳴賡昨歲（去歲重預鹿鳴宴），鵬集邁今茲」。〔註178〕戴望首先提出對宋翔鳳影響較大的四位師友，分別是莊述祖、張惠言、劉逢祿、李兆洛，這四人均是常州人，其中除了張惠言是漢學家兼常州詞派外，其他三人均是常州學派的要角，這也代表常州經學在宋翔鳳經學研究中占最關鍵的地位。此外戴望也對宋翔鳳之學作一分析，所謂「鄭公通德裡，董子讀書帷；文字探皇古，淵源接近時」，他提出宋翔鳳在學術上有兩大特點，一是兼通古文經之考據與今文經之義理，二是主張復古但又強調經世致用，這也體現出道咸時期重學術融合與經世思想的特點，尤其是宋翔鳳經學對今文經學在晚清的興起起到一定的貢獻。

〔註176〕戴望：《謫麐堂遺集》，《續修四庫全書》，第1561冊，頁146～147。

〔註177〕戴望：《謫麐堂遺集》，《續修四庫全書》，第1561冊，頁145。

〔註178〕戴望：《哭宋大令三十韻》，《謫麐堂遺集》，詩一，《續修四庫全書》，第1561冊，頁176。

第三節　著作概述

　　因生逢乾嘉考據學最為鼎盛的時代，宋翔鳳自年少時即有輯佚、校讎古籍的著作，經過近一甲子的研究及寫作，宋翔鳳可謂著作等身，遍及的領域相當龐雜，劉履芬於《樂府餘論》重刊時提到：「于廷丈以咸豐初，自楚南解組歸裡，余始謁於葑門吳衙場。時年屆八十，長身鶴立，議論纚纚，尤善述乾嘉軼事。一日，余詣丈，適小極。閽人延余登所居小樓。一榻外，置圖籍數卷。侍者方為展理衾褥。丈執一編示余曰：『此洞簫詞，刻在道光己丑，版存京都琉璃廠。今印本罕存矣，此帙檢以贈子。』丈著述極多，大半刊印。庚申亂後（1860 年英法聯軍入北京），覓印本輒不易覯。舊時裡第，已成瓦礫，版片更無從問訊，可悲也已。」〔註179〕所以現今所見有關宋翔鳳的著作並不完整，有些著作或版本已經亡佚不可尋，然而現存的作品仍可清晰呈現宋翔鳳經學思想的樣貌。

　　《清代樸學大師列傳》對宋翔鳳主要著作曾作一簡要說明，曰：「著《卦氣解》一卷，《尚書略說》一卷，悉本師說也。復取《周易》經文文字異同之見於《說文》及群籍者，一一疏通而證明之，成《周易考異》一卷。條舉今文二十八篇與偽《書序》百篇目暨馬鄭本比較其有無加論列於其後，成《尚書譜》一卷。以康成《論語注》雖久佚，而散見他書，尚存梗概，輯《論語鄭注》十卷。以《論語說》曰：『子夏六十四人共撰仲尼微言，以當素王，微言者，性與天道之言也。』惜自漢以來，諸家之說，時合時離，未得畫一，乃綜核之，撰《論語纂言》，文繁未就，別成《說義》十卷。以少習《孟子》，得轉附朝儛之訓，見許珍藝至京師，王石臞聞其解『西喪地於秦七百里』，亦以為然，簿書餘暇，遂取邠卿舊注補所不逮，成《孟子趙注補正》六卷。又以劉熙之學出於鄭氏，如南河牛山諸注，考其地形，並勝於趙，輯《孟子劉注》一卷。謂《大學》為《禮記》四十九篇之一，首尾完具，脈絡貫通，無經傳之可分，無缺亡之可補，成《大學古義說》二卷。謂小學義在通博，故《方言》、《釋名》等鮮獲所宗，獨《小雅》依循古文，罕見凌雜，成《小爾雅訓纂》六卷。其餘尚有《四書釋地辨正》二卷、《爾雅釋服》一卷、《輯五經要義》一卷、《五經通義》一卷，考證經史剳記總衷為《過庭錄》十六卷。兼工詩詞，

〔註179〕劉履芬：《樂府餘論跋》，《樂府餘論》，《詞話叢編》第 44 種，北京：中華書局，2005 年，頁 2504。

亦雋雅可誦。」〔註180〕然《清代樸學大師列傳》對宋翔鳳著作的介紹仍有所錯誤與不足，如《卦氣解》為莊存與所撰，但因被收於《浮溪精舍叢書》中而被支偉成誤認為宋翔鳳所作。此外如《四書古今訓釋》及《經問》等則未作介紹，故今參考《續修四庫全書總目提要》、《江蘇藝文志·蘇州卷》、《宋翔鳳年譜》和《宋翔鳳〈論語纂言〉研究》等書，並根據本人的相關收集和調查，將其著作按經史子集四部，以表格方式加以整理如下：

一、經部

書名	卷數	成書或出版之年代	版本或出處	補充
《論語鄭注》	二卷本	嘉慶四年	1. 嘉慶四年刻本，二卷，見《販書偶記》第44頁	
《論語孔子弟子目錄》	一卷	嘉慶七年	1.《浮溪精舍叢書》本 2.《食舊堂叢書》本	
《經問》	二十卷	嘉慶七年	1. 未見全書，資料出於《樸學齋文錄》及《清史列傳》卷六十九	
《論語纂言》	十卷	嘉慶八年	1. 嘉慶八年刻本，臺灣中央研究院歷史語言研究所藏 2.《無求備齋論語集成》第二十四函 3.《四書古今訓釋》之《論語》部分	
《小爾雅訓纂》	六卷	嘉慶十二年	1.《浮溪精舍叢書》本 2.《廣雅叢書》本 3.《皇清經解續編》本 4. 道光間刻本，臺灣中央研究院歷史語言研究所藏 5.《龍溪精舍叢書》本	
《孟子劉注》	一卷	嘉慶十六年	1.《問經堂叢書》本 2.《廣雅叢書》本，徐紹棨彙編刻本 3.《浮溪精舍叢書》本	

《四書古今訓釋》	十九卷	嘉慶十八年	1.《浮溪草堂叢書》本	《大學》一卷、《中庸》一卷、《孟子》七卷、《論語》十卷、附《論語發微》一卷
《四書釋地辨證》	二卷	嘉慶二十年～二十三年之間	1. 清刻本，北京圖書館藏 2.《皇清經解》本 3.《浮溪精舍叢書》本	
《論語鄭注》	十卷本	嘉慶二十三年	1.《浮溪精舍叢書》本 2.《食舊堂叢書》本	
《大學古義說》	二卷	嘉慶二十三年	1.《皇清經解續編》本 2.《浮溪精舍叢書》本 3. 嘉慶 23 年刻本	
《論語說義》	十卷	道光二十年	1.《浮溪精舍叢書》19 種之第 4 種 2.《皇清經解續編》本	
《孟子趙注補正》	六卷	道光二十年	1.《廣雅叢書》本 2.《皇清經解續編》本 3.《浮溪精舍叢書》本	
《論語纂言》	二十卷	道光二十六年	1.《四書纂言》之《論語》部分	
《四書纂言》	三十七卷	道光二十六年	1.《浮溪草堂叢書》本，道光丙午藏刊，浮溪宋氏藏版，北京國家圖書館藏 2. 道光二十六年（1846年）宋氏刻本，三十七卷，臺灣中央研究院歷史語言研究所藏	《大學注疏集證》一卷、《中庸注疏集證》二卷、《論語纂言》二十卷、《孟子纂言》十四卷
《四書纂言》	四十卷	光緒八年	1. 光緒八年古吳李祖堂校刻本，蘇州市圖書館藏 2. 光緒八年苧蕁山房重刻本，南京圖書館藏	《大學注疏集證》二卷、《中庸注疏集證》四卷、《論語纂言》二十卷、《孟子纂言》十四卷
《論語發微》	一卷		1.《浮溪草堂叢書》	附於《四書古今訓釋》第 8 冊中《論語》的最後部分
			1.《浮溪草堂叢書》	見於《四書纂言》中《論語纂言》所引用的部分，內容和《論語說義》一致

《月令說義》	一卷		1.《浮溪精舍叢書》19 種之第 9 種	
《爾雅釋服》	一卷		1. 未見，資料出於《清史稿·藝文志》	
《漢甘露石渠禮議》	一卷		1.《浮溪精舍叢書》本	
《五經要義》	一卷		1.《浮溪精舍叢書》本	
《五經通義》	一卷		1.《浮溪精舍叢書》本	
《周易小識》			1. 未見，資料出於《經學博採錄》	
《尚書小識》			1. 未見，資料出於《經學博採錄》	
《讀禮小事記》			1. 未見，資料出於《經學博採錄》	
《尚書略說》	二卷		1.《浮溪精舍叢書》 2.《皇清經解續編》本	
《尚書譜》	一卷		1.《浮溪精舍叢書》，蘇州圖書館藏。 2.《皇清經解續編》本	
《周易考異》	二卷		1.《浮溪精舍叢書》本 2.《皇清經解續編》本 3.《過庭錄》卷二～三	
《論語師法表》	一卷		1.《浮溪精舍叢書》本 2.《食舊堂叢書》本	

二、史部

書名	卷數	成書或出版之年代	版本或出處	補充
《帝王世紀集校》	集校十卷、補遺一卷、附錄一卷	嘉慶十七年	1.《浮溪精舍叢書》本 2.《浮溪草堂叢書》本 3.《訓纂堂叢書》本	
《自治官書》	一卷		1.《浮溪精舍叢書》19 種之第 18 種	
《學案小識》			1. 未見，資料出於《經學博採錄》	

三、子部

書名	卷數	成書或出版之年代	版本或出處	補充
《管子識誤》	一卷	道光四年	1.《子書十種外集》，民國時據清道光五年（1825）刻本影印。 2.《過庭錄》卷十四 3.《周秦諸子斠注十種》本	
《老子章義》	一卷		1.《無求備齋老子集成》本 2.《過庭錄》卷十三中「老子」	
《新語》	二卷		1.《浮溪精舍叢書》本 2. 咸豐間刻孫人和影印本	

四、集部

書名	卷數	成書或出版之年代	版本或出處	補充
《憶山堂詩錄》	六卷		1. 嘉慶刻本，北京國家圖書館藏。	
	八卷	嘉慶二十三年	1.《浮溪精舍叢書》 2.《續修四庫全書》 3.《浮溪草堂叢書》 4. 道光五年刻本，上海圖書館藏 5. 方矓仙題識，雲南圖書館藏	
《香草詞》	二卷	道光二年	1.《雲自在龕叢書》本 2.《清名家詞》本，一卷	
《洞簫詞》	一卷	道光九年	1.《浮溪精舍叢書》本 2.《雲自在龕叢書》本 3.《清名家詞》本	
《洞簫樓詩紀》	十二／十三卷	道光十年	1. 資料出於《洞簫樓詩紀序》 2. 道光十年刻本，十三卷，南京圖書館藏	
	二十四卷	道光二十八年	1.《浮溪精舍叢書》本 2. 清江甯劉文楷刻本，山東省圖書館藏 3. 收於《清代詩文集彙編》	
	二十八卷		1. 見於《販書偶記》中記載，道光十三年至咸豐間刻本，二十八卷，附碧雲庵詞二卷。	

《碧雲盦詞》	一卷		1.《清名家詞》本	
	二卷		1.《浮溪精舍叢書》本	
			2.《雲自在龕叢書》本	
《浮溪精舍詞三種》			1.《清名家詞》	
《樂府餘論》	一卷		1.《浮溪精舍叢書》本	
			2.《雲自在龕叢書》本	
			3.《詞話叢編》	
			4.《詞話叢鈔》	

五、其他

書名	卷數	成書或出版之年代	版本或出處	補充
《浮溪精舍叢書》	十六種		1.《四書纂言》中所載	其所收書目有:《卦氣解》一卷、《尚書說》一卷、《論語鄭氏注》十卷、《論語說義》十卷、《論語發微》、《孟子趙注補正》六卷、《大學古義說》二卷、《四書釋地辯證》二卷、《孟子劉注》一卷、《爾雅釋服》、《小爾雅訓纂》六卷、《五經通義》一卷、《經問》、《過庭錄》十六卷、《樸學齋札記》
	十九種	嘉慶二十五年刻本	1. 聖環圖書股份有限公司印行 2. 刻本藏於中央研究院傅斯年圖書館、上海圖書館、浙江圖書館、吉林大學圖書館等處	其所收書目有:《論語鄭氏注》十卷、《論語孔子弟子目錄》一卷、《論語師表》一卷、《孟子劉注》一卷、《四書釋地辯證》二卷、《答雷竹卿書》一卷、《漢甘露石渠禮議》一卷、《五經通義》一卷、《五經要義》一卷、《卦氣解》一卷、《石鼓然疑》一卷、《小爾雅訓纂》六卷、《樸學齋文錄》三卷、《憶山堂詩錄》八卷、《碧雲盦詞》二卷、《樂府餘論》一卷、《洞簫樓詞鈔》一卷、《洞簫詞》一卷。其中不少是宋氏輯佚之作,但當中有三本非宋翔鳳所作:《卦氣解》為莊存與之作、《石鼓然疑》為莊述祖、《洞簫樓詞鈔》則為清代女詞人王倩之作。

		清道光、咸豐間刻本	1. 現藏於北京國家圖書館	其所收書目有：《論語鄭注》十卷、《孟子劉注》、《尚書記》、《論語說義》、《孟子趙注補正》、《大學古義說》、《小爾雅訓纂》、《四書釋地辯證》、《月令說義》、《新語》、《漢甘露石渠禮議》、《五經要義》、《五經通義》、《卦氣解》、《石鼓然疑》、《帝王世紀集校》、《過庭錄》、《自治官書》、《樸學齋文錄》
《浮溪草堂叢書》	七十五卷	嘉慶、道光間刻本	1. 現藏於北京國家圖書館	其所收書目有：《帝王世紀集校》、《憶山堂詩錄》、《四書古今訓釋》、《四書纂言》三十七卷
《過庭錄》	五卷		1.《皇清經解續編》本 2. 咸豐間刻本	
	十六卷	咸豐三年	1. 光緒七年章壽康刻本，今北京中華書局所用本。 2.《浮溪精舍叢書》19 種之第 17 種 3.《式訓堂叢書》本 4. 1930 年北平富晉書社影印本，北京圖書館藏 5.《皇清經解續編》本 6. 1972 年臺灣廣文書局影印本 7.《續修四庫全書》本	
《樸學齋文錄》	三卷		1.《浮溪精舍叢書》本 2. 民國攝復印件，北京國家圖書館藏 3. 1941 年合眾圖書館據原刻傳抄本	
	四卷		1.《皇清經解續編》本 2.《浮溪精舍叢書》十七種本 3. 咸豐刻本四卷（見《清人文集別錄》卷十三）	三卷本未收的文章有：本未收入的篇目：卷一有《五色鳥賦》、《答舒鐵雲書》、《與路祈生書》、《答包慎伯書》、《與雷竹卿書》、《與陳恭甫編修書》、《與王伯申學士書》；卷二有《校正神異經十洲記序》、《大學古義說序》、《香草詞序》、《讀書叢錄序》、《日知錄後序》、《崇百藥齋三集序》、《吳嘉之詩序》、

				《阮侯亭詩序》、《防海輯要序》、《宦海漫吟詩序》、《姚石甫詩序》；卷三有《書亭林先生墓表後》、《漢學今文古文考》、《秦泰山刻石殘字考》、《井田封建學校論》、《淮鹽私議》、《駁鑄大錢議》、《學海堂銘》、《奉直呂君像贊》、《文學王君像贊》、《呂氏清明上塚經費記》、《旌德朱氏祠堂記》、《階州知州汪君逸事後記》、《升勤直神道碑銘》、《李岳泉文學墓表》；卷四有《中書舍人蔣君墓誌銘》、《雲南侯補府經歷曹君墓》、《志銘》、《金山縣訓導王君筠舫墓》、《朝議大夫劉君墓誌銘》、《從叔父曉岩先生墓誌銘》、《彭朗峯墓誌銘》、《瘞鸚鵡賦》、《阮彬叔哀辭》、《袁氏姑家傳》、《方龍興家傳》、《先府君行述》、《亡妻顧氏行實》、《祭徐侍郎文》、《祭觶筠尚書文》、《吊穀朗碑文》。
	六卷		1. 見於張舜徽的《清人文集別錄》。〔註181〕	
《樸學齋札記》			1. 未見全書，相關引文與資料源於《四書古今訓釋》、《四書纂言》、《清史列傳》卷六十九。	
《畿輔水利書》			1. 未見，資料出於《經學博採錄》	
《答雷竹卿書》	一卷		1.《浮溪精舍叢書》本	
《家塾座右錄》	一卷		1. 資料出自《清史稿·藝文志》。	

〔註181〕張舜徽：「文錄原刊本至不易得，且其流傳文字，軼出四卷之外者猶夥。近世吳興徐氏有新刻本，為書六卷，視此本為備」，《清人文集別錄》。（蔡長林老師提供）

第二章　宋翔鳳經學思想的淵源──
　　　常州莊氏經學

　　宋翔鳳身為常州學派第三代傳人，是處於常州學派過渡至晚清今文經學的關鍵性人物，故要瞭解宋翔鳳經學思想的根源，就必須對常州莊氏經學有所瞭解，因此本章將對常州學派進行介紹。常州學派起於莊存與，他與戴東原同時，其時正處漢學邁向頂峰的時期，但他從漢學與宋學之外另闢途徑，以在上書房所傳授的「廟堂之學」為基礎，以開天下學術之先風為己任，奠定下常州學派著重微言大義與經世致用的特色。莊存與去世後，因政局的變遷導致家道中衰，家族成員在官場上已無法有所作為，因此轉向學術領域發展。為與漢學一爭高下，莊述祖以「漢學求根株」的治經方式來對莊氏家學進行轉型，以契合當時如日中天的漢學，由此奠定下常州學派治經之家法。因此為了對宋翔鳳經學研究有更深一層的瞭解，就必須針對莊存與與莊述祖在經學研究上的成果加以分析考察。

第一節　莊存與的經學：「以學開天下」

一、莊存與的學術背景

　　清朝皇帝尊經崇儒，歷代罕見，乾隆帝儒學根柢極厚，更是深知經學對於治國理政的重要性，而莊存與「即以經學受主知」，[註1]乾隆十七年又以

〔註1〕朱珪：《春秋正辭序》，卷首。

「學有根柢，極好深湛之思，可備顧問，命入南書房行走」，〔註2〕擔任經筵講官。至乾隆三十三年開始入值上書房為師傅，為乾隆的皇子、皇孫及近支王公子孫教授經學，「卯入申出，寒暑無間，皇子時親講說，愛敬日深。」〔註3〕乾隆五十一年莊存與方以原品退休。莊存與在宮內任講官、師傅長達三十多年，這段經歷對莊存與治經有深遠的影響，所以必須先對清代皇子教育的內容進行瞭解。

清代上書房教育的雛形始於康熙朝。康熙十四年（1675年），康熙效仿歷代立儲的作法，建立毓慶宮以教養太子，並設立上書房教育皇子。雍正繼位後制定立賢不立嫡長的「密建皇儲」制度，上書房進一步制度化，〔註4〕陳康祺說：「上書房設立雍正朝，凡諸皇子暨近支王公及歲讀書，必特簡翰林官使授課。耆儒教胄，龍種傳經，古元子入學遺法也。」〔註5〕乾隆將上書房完善成一套完整嚴格的皇子教育體制，形成皇室「家法」，以此培養未來皇帝的治國理政之能力。乾隆、嘉慶、道光、咸豐四帝的教育都在上書房奠基，故清朝歷代皇帝對上書房之經學講授極為重視，這可以從乾隆給上書房的楹聯題為「念終始典於學，於緝熙單厥心」中得到印證。〔註6〕此聯前一句的出處來自《禮記‧文王世子》，這是乾隆希望皇子學習到周文王所傳授的以君臣父子之道為核心的治國之法；後一句則出於《毛詩‧周頌‧清廟‧昊天有成命》，是周成王郊祭天地之所歌，這是乾隆在告戒皇子應夙夜不懈以固守光大祖宗之功業。這些典

〔註2〕莊勇成：《少宗伯兄養恬傳》，《毗陵莊氏增修族譜》（光緒元年刊本），卷30，頁29。
〔註3〕臧庸：《禮部侍郎莊公小傳》，《碑傳集補》，卷三，臺北：明文書局，1985年，頁228～232。
〔註4〕家法規定皇子、皇孫六歲就要到上書房讀書，設有總管教學事務的「總師傅」，挑選滿漢大學士充任，皇子、皇孫必須接受他們的嚴格管教；下設專門授課的漢文師傅，選翰林官文學，品行兼優者數人充任；滿洲、蒙古師傅亦稱「諳達」。「諳達」又分為「內諳達」與「外諳達」：「內諳達」教授滿語和蒙語，而「外諳達」教授弓箭和騎射；另外，每個皇子還配有幾名類似書童的「哈哈珠塞」，他們都是從八旗大員子弟當中挑選出來的，主要是服侍皇子與師傅茶食等事。總師傅每月都會到上書房二三次，會到各個屋子稽察功課。「每日功課，入學先學蒙古語二句，挽竹板弓數開，讀清文書二刻，自卯正未刻讀漢書，申出二刻散學。散學後晚食。食已射箭。」見福格：《聽雨叢談》卷11，北京：中華書局，1984年，頁219。
〔註5〕陳康祺：《郎潛紀聞初筆》，卷1，北京：中華書局，1984年，頁17。
〔註6〕馮佐哲、李尚英：《清宮上書房和皇子讀書》，《故宮博物院院刊》，1981年12月，頁63。

故均採自經書，顯示經學在皇子教育中佔有關鍵性的地位。

有關皇子教育的內容部分，禮親王昭槤提到皇子在上書房具體學習的狀況：「定制，卯入申出，攻五經、《史》、《漢》、策問、詩賦之學，禁習時藝，恐蹈舉業弇陋之習。日課詩賦，雖窮寒盛暑不輟，皆崇篤實之學。」〔註7〕其中提到皇室之學與民間儒學著重科舉時藝有根本上的差別，上書房所學乃「五經、《史》、《漢》、策問、詩賦」之「篤實之學」，主要著重於學習治國理政之法，故稱「篤實」，其中經學是重中之重，如乾隆評朱圭《御製說經古文後跋》時提到：「夫六經為治世之書，內聖外王之道無不賅備，若止尋章摘句，僅能得其糟粕，無由探所精微。即使窺見義蘊，垂諸著述，不能躬體力行，亦屬空言無補……蓋發為文章者，胥應見諸政事。」〔註8〕所謂以皇子為教導對象的「廟堂之學」不只是著重傳授六經的章句，更重要的是所學必須「躬體力行」與「見諸政事」，如此方是「篤實之學」。同治帝師祁寯藻也說：「帝王之學不在章句訓詁，惟冀首端蒙養，懋厥身修，務於一言一動，以及天下民物之頤、古今治亂之原，均各講明切究，系歸篤實。」〔註9〕因此上書房的「廟堂之學」與民間儒學有根本上的差別，一重「篤實之學」，一重「科舉時藝」，由此可知，「皇子之為學，與士庶人固不同矣。」〔註10〕莊存與帝師的身分自我期許，自比學習孔子的君子儒，所傳之學是經孔子「正《禮》、《樂》，順《詩》、《書》，作《春秋》，贊《周易》」所得的萬世不變、振民育德的「宓犧、神農、黃帝、堯、舜、禹、湯、文、武、周公之道」，〔註11〕教導皇帝或皇子從「篤實之學」中上窺聖人之道，以明修己治人之法，故蔡長林先生稱莊氏之學為「廟堂之學」，因「莊存與不是等待『王者』的出現，而是採取更直接的方式，他或者勸諫皇帝要以『王者』為念，或者教導皇位繼承人如何成為『王者』，這才是莊存與學術重心之所在，他的經說也都圍繞在這個課題上發揮。」〔註12〕

〔註7〕昭槤：《嘯亭雜錄（續錄）》，卷1，北京：中華書局，1980年，頁397。

〔註8〕趙之恒、牛耕、巴圖主編：《大清十朝聖訓》，頁1339。

〔註9〕祁寯藻：《呈進書籍疏》，出自盛康：《皇朝經世文續編》（光緒23年思補樓本），卷一，「學術一·聖學」一章。

〔註10〕孫衣言：《送倭艮峰先生序》，盛康《皇朝經世文續編》，卷12，光緒23年思補樓刊版。

〔註11〕莊存與，《彖象論》，第11頁。

〔註12〕蔡長林：《常州莊氏學術新論》，臺灣大學中國文學研究所博士論文，2000年，第9～10頁。

　　因此在《味經齋遺書》中，莊存與論經如教學一般，常將經中微言大義從正反兩面加以論述，如在《四書說》中寫道：「古人言法堯、舜則必舉桀、紂為戒，述文、武則必舉幽、厲為鑒。堯、舜、桀、紂皆以至仁至不仁明示之，見一善行曰此堯、舜、文、武之善也，見一不善行曰此桀、紂、幽、厲之不善也。善言不善言皆視此，教所由明也。」〔註13〕所以他從《尚書》二典三謨中給與皇子一個正面的聖王典範，因為他認為聖王治法的最佳教材莫過於《尚書》，而乾隆在《御製翻譯書經》中提到：「《尚書》五十八篇，古帝王心法治法之全皆在焉。」〔註14〕皇家也以《尚書》中所載的典謨作為治國理政的重要經典，所以傳授二帝三代之政事正是上書房師傅授課的重點。莊存與以《尚書》見長，故他常引《尚書》中的聖王事蹟來教導皇子治國之道，如他以舜和象的關係來說明天子待兄弟之法。〔註15〕另一方面，他再從《春秋》所記載的尊卑失序的亂世中反面陳說亡國失身之例，因「《春秋》所記亂敗多矣，以此知古，皆可燭照而數記也。」〔註16〕因此《春秋》是莊存與昭示二帝三代之治的最佳反面教材。莊存與詳教《春秋》義例，希望皇子從中體會孔子貶誅絕的筆法，立臣道之大防，如他日有犯上作亂之臣，則須效法《春秋》誅惡之精神，持乾綱以正亂臣賊子，以此授與皇子御臣之道：「君子在室則謀，謀未發，莫之先聞者，臨朝出治，百官承命在位，莫不遍聞之，以此為通塞之常節也。」反之，「天子不出與百官萬民相見，使大臣傳語，則大臣竊其命矣。任左右，則竊在左右；任群臣，竊在所任之微；任婦寺，竊在所任之褻。」為避免大權旁落，他告誡皇子為君後，必要重機密，勤於政事，臨朝聽政，權柄不可假於人。規劃政事時，使臣「莫敢窺主意以擬議者，擬議出於臣，名言出於主……不以假人。」〔註17〕為君者要「爵人於朝，策人於廟，

〔註13〕莊存與，《四書說》，第22頁。

〔註14〕乾隆：《御製翻譯書經序》，《御製翻譯書經》，《四庫全書》經部，卷1。

〔註15〕莊存與：《尚書既見》，《續四庫全書》.0044.經部.書類，上海古籍出版社，2002年，第245頁。莊存與說：「與天子為兄弟，則無有不富貴者，不當問其仁不仁也。」因為親親之道乃治天下之根本，故「為天子者慎毋使諸父昆弟怨其尊而不親也，然後能合萬國之歡心，以事其親則天下和平之本在是矣。」莊存與強調舜即位前最關心的事情之一即如何悅親愛弟，由孝悌來使天下大化，希望皇子以舜為模範來學習。

〔註16〕莊存與，《尚書既見》，《續四庫全書》，經部第44冊，上海古籍出版社，2002年，第226頁。

〔註17〕莊存與，《八卦觀象解》下，第43～44頁。

上所獨擅」〔註18〕，如此方能避免明器被竊，人主之權遭架空。莊存與最為
重要的兩本著作也正是在論說《尚書》與《春秋》，並以他在宮中任教三十多
年的經驗作為開創常州學派經學研究的基礎。

二、《味經齋遺書》的性質與內容

　　莊存與治經之大端可從《味經齋遺書》中一窺究竟，魏源在《武進莊少
宗伯遺書序》中提到莊存與在「乾隆中以經術傳成親王於上書房十有餘載，
講幄宣敷，茹吐道誼，子孫輯錄成書，為《八卦觀象》上下篇、《尚書既見》、
《毛詩說》、《春秋正辭》、《周官記》如干卷。」〔註19〕由此可知《味經齋遺
書》主要是依據莊存與在上書房的教學講義和經筵講章改編而成，〔註20〕故

〔註18〕莊存與，《象象論》，第 52 頁。「聖王計安天下，必有所自親之臣，初入臥內，
　　　　斷制腹心，蓋非大人弗與焉，故能為萬世子孫慮。《易》曰：「巽在床下，用
　　　　史巫紛若，吉無咎。」床下近而親矣，以剛中巽而在茲焉。居臣子之節，授
　　　　寄託之重，當割斷之事，有安有危，有險有夷，忠至用孚，誠至用革，郊社
　　　　宗廟，先史巫而自靖矣。用之紛若，則陋民胥悟，故無咎。……始於佞，卒
　　　　於僭；始可制也，卒不可制也。人主知遠其所憎，而不能備其所愛，《巽》上
　　　　九曰：「巽在床下。」此言貴臣之近主也。日引月長，曾先無覺，威柄移矣，
　　　　誰與為謀？喪其齊斧，以為至戒。」為君者如用賢臣為心腹，則子孫可保無
　　　　憂，社稷可保太平；反之，如用佞臣為近臣，不知不覺中君主孤立於上，群
　　　　臣結黨於下，甚至可能出現以下犯上或改朝換代的亂世。見第 54 頁。
〔註19〕魏源：《武進莊少宗伯遺書序》，《魏源集》，頁 237。
〔註20〕關於上書房講義的部分：莊存與《味經齋遺書》經說的重點是陳述堯舜三代
　　　　的政治理想，及相應的為君之道。而書中的寫作方式大都是先列一段經文，
　　　　之後再隨文演繹，由如授課一般，如在《序卦傳論》中，莊存與先列《序卦》
　　　　的本文：「易有太極」，之後他再解釋此句的意思：「太極者何？曰：天也。天
　　　　為始，其始莫先焉；天為大，其大莫外焉；天為尊，其尊莫尚焉；天為一，
　　　　其一莫而焉。始也、大也、尊也、一也，極之義畢矣。是故陰陽成象，天為
　　　　之極；剛柔成形，地為之極；仁義成性，聖人為之極，三極之謂也。」（見莊
　　　　存與：《序卦傳論》（光緒八年重刊陽湖莊氏藏板），頁 89。）書中存有不少
　　　　為皇子上課的痕跡，如「德輶如毛，毛猶有倫，何說乎？吾為子說。」（莊存
　　　　與：《四書說》（光緒八年重刊陽湖莊氏藏板），頁 13。）；「上天之載，無聲無
　　　　臭至矣。終篇也有指乎？吾與子說。」（《四書說》，頁 14。）；「孟子去齊之
　　　　道，與齊之君臣，異日談也。」（《四書說》，頁 54。）關於經筵講章的部分：
　　　　阮元在《莊方耕宗伯經說序》中提到《毛詩說》的性質時說：「《詩》則詳於
　　　　變雅，發揮大義，多可陳之於講筵。」此外江翰說《朱子柏舟詩序辨說正誤》
　　　　一文「蓋其直上書房時作，以之諷清高宗者，誠有王式三百五篇諫之風，故
　　　　不得以空言視之矣。」莊存與藉由此篇經筵講章來對乾隆陳善匡失，這是基
　　　　於儒家的道德良知與大臣之職責所提出的讜言，此種論說在莊存與的經說中
　　　　也佔有重要的一環。

其著作或名為「論」、或名為「說」、或名為「解」，內容以教育皇子有關之經文為主，大都是先列一段經文，之後再隨文演繹，如授課一般，如在《序卦傳論》中，莊存與先列「易有太極」，再解釋此句的意思：「太極者何？曰：天也。天為始，其始莫先焉；天為大，其大莫外焉；天為尊，其尊莫尚焉；天為一，其一莫而焉。始也、大也、尊也、一也，極之義畢矣。是故陰陽成象，天為之極；剛柔成形，地為之極；仁義成性，聖人為之極，三極之謂也。」〔註21〕此外《遺書》中也存有不少為皇子上課的痕跡，如「治政安君，他日論也。」〔註22〕「德輶如毛，毛猶有倫，何說乎？吾為子說。」「上天之載，無聲無臭至矣。終篇也有指乎？吾與子說。」「孟子去齊之道，與齊之君臣，異日談也。」〔註23〕《遺書》不走漢學家訓詁考證的學路，亦有別於制藝中之理學。《遺書》中的另一種來源是莊存與在經筵時藉由講經來向皇帝進言的講章。如《毛詩說》一書，阮元在《莊方耕宗伯經說序》中提到：「《詩》則詳於變雅，發揮大義，多可陳之於講筵。」這還可用《朱子柏舟詩序辨說正誤》〔註24〕一文為例，江翰說此文：「此蓋其直上書房時作，以之諷清高宗者，誠有王式三百五篇諫之風，故不得以空言視之矣。」〔註25〕莊存與基於儒家的道德良知與大臣職責藉由此篇經筵講章來對乾隆陳善匡失、提出讜言，此種講章在莊存與的經說中也佔有重要的一環。

此外，《送莊方耕師父提督河南學政序》一文中提到莊存與在上書房曾授與成親王《禹貢》、《春秋》、《周禮》、《儀禮》等書，劉桂生先生根據此文來比對《遺書》中的著作，兩者大體相合，因此劉先生認為「對於五經，同一作者

〔註21〕莊存與：《序卦傳論》，第 89 頁。

〔註22〕莊存與：《春秋正辭》，卷 9，第 13 頁。

〔註23〕莊存與：《四書說》（光緒八年重刊陽湖莊氏藏板），第 13／14／54 頁。

〔註24〕莊存與：「先王之訓有之曰：「臣下不匡，其刑墨。」故人臣有伏死之爭，無從令之義。面折君過，以直諫進藥石，針膏肓。《書》曰：「若藥不瞑眩，厥疾不瘳。」微文刺譏以風諫，引微針治痼疾。《序》曰：「言之者無罪，聞之者足以戒。」國於天地有以立焉。棄君於惡，謂之不臣。夫惟詩人，上奉先王之訓，下竭忠愛之誼，以劘切其君，言雖深痛，暴王不得以為忤。不然，幽、厲豈能受？盡言不以訕上之罪正於司寇也。吾聞先王有不諫之刑，未聞有歸過之罰也。今將明大義，垂臣戒，而狠舉幽、厲之所不罪，斥為懟上等諸不道，開人君縱恣之心，傷忠臣盡諫之義，啟萬世言語之禍，速國家危亡之憂，非所聞也。」《朱子柏舟詩序辨說正誤》，《毛詩說》，卷 4，第 19 頁。

〔註25〕江翰：《毛詩說提要》，《續修四庫全書總目提要》，北京：中華書局，1993 年，第 341 頁。

在同一時期內講述之內容與撰寫之稿件，兩者之間必然有相同相通或相近之處，此乃合於常情之事。」〔註26〕《遺書》中有關《春秋》、《易》、《書》、《禮》、《樂》及《四書》等著作均具有共通相關的精神及類似的寫作方式，這也都印證《遺書》與莊存與身為皇子師傅有密切相關。因此莊存與經學研究的成果主要是以策論、經筵講章或上書房講義等方式來呈現，治經時又不重家法並雜舉五經，如「《易》主朱子本，《詩》宗小序《毛傳》，《尚書》則兼治古今，《春秋》宗《公》《穀》義例，三《禮》採鄭注而參酌諸家」，主要目的是要用於政事之中，講求通經以致用，「惟以知人論世為准」，〔註27〕所以李慈銘稱其學為「經制之學」。〔註28〕這種觀點在李兆洛為其《周官記》所作的序中更是明顯可見，序文寫道：「方耕先生仿《儀禮記》作《周官記》，甄綜經意，令就條理，欲以融通舊章，定後世率由之大凡，其於冬官，採周秦諸子之言地事者補益之，不屑屑於事為製造之末，而於官不陳藝，工不信度，府事隳壞三歎息焉。又捃拾經中大典，如郊廟族屬之類，古人所論列者，件系而折衷之，為《周官說》三卷，以輔記之所不盡。實能探製作之原，明天道以合人事。……有志於治者，由其說，通其變，舉而措之，如視諸掌」〔註29〕。即莊存與作《周官記》乃是為了探明《周官》禮制原意中有關「明天道」的微言大義，並甄綜條理經文使之「合人事」，使有志於治者，由其說，通其變，舉而措之，應用於國家社會的禮教治理中，故阮元對此書的評價為：「《周官》則博考載籍有道術之文，為之補其亡闕，多可取法致用。」〔註30〕此外譚獻對於莊存與的《易》學也有相同的評價：「《繫辭傳論》依經立誼，旁推交通，致用之學，非經生之業……《彖象論》大義微言，同條共貫，而於用人之消長，官府之舉厝，武事之張弛，仁義之本末，重言申明，若有憂者，古大臣之陳謨，豈徒儒者之著書也哉。」〔註31〕當中對於「致用之學，非經生之業」的稱讚可謂深得莊存與為學之真意，而「古大臣之陳謨，豈徒儒者之著書」之言則對莊存與「懷抱儒臣之忠，發微言大義之文，以啟人君王道之治」的

〔註26〕劉桂生：《從莊存與生平看清代公羊學之起因》，《周一良先生八十生日紀念論文集》，北京：中國社會科學出版社，1993 年，第 429 頁。

〔註27〕臧庸：《禮部侍郎莊公小傳》，《碑傳集補》，卷三，臺北：明文書局，1985 年，頁 228～232。

〔註28〕李慈銘：《越縵堂讀書記》，臺北：世界書局，1975 年，頁 1167。

〔註29〕李兆洛：《周官記序》，《養一齋文集》，光緒戊寅年刊本，卷 3。

〔註30〕阮元：《莊方耕宗伯經說序》，《味經齋遺書》，卷首。

〔註31〕譚獻，《復堂日記》，卷 7，臺北：華文書局，光緒十五年刊，1970 年，頁 9。

志向作了具體的說明。因此莊存與以「廟堂之學」的角度對漢宋兩派學說之弊病給予嚴厲的批評，認為他們的研究成果只是「聖人之糟粕」，並未觸及儒學真正的核心思想，即所謂「微言大義」，而「微言大義」乃莊存與立說之根本，他將之定義為經孔子「正《禮》、《樂》，順《詩》、《書》，作《春秋》，贊《周易》」所得的萬世不變、振民育德的「宓犧、神農、黃帝、堯、舜、禹、湯、文、武、周公之道。」〔註32〕莊存與以「微言大義」作為經學的要義，因此「賢者見經，然後知人道之務，則《詩》、《書》、《易》、《春秋》是也。《易》有陰陽，《書》有九章，《詩》有五際，《春秋》有災異，皆列終始，推得失，考天心，以言王道之安危，言天下之至賾而不可惡，言天下之至動而不可亂，蓋三才之道備矣。」〔註33〕漢學之考據及宋學之八股則被他視為「聖人之糟粕」。

不過到了乾隆中期以後，經學研究逐漸轉向以漢學為主流，「學者莫不由《說文》、《爾雅》入，醰深於漢經師之言，而無洇以遊雜，其門人為之，莫不以門戶自守，深疾宋以後之空言。」〔註34〕再加上得到官方的加持，尤其在乾隆三十七年《四庫全書》館開館後，《四庫全書》所收的著作及《四庫全書總目提要》中的評價以考據學著作最受推崇。這時官定文書對士人的影響力相當大，是當時用來衡量學者在學術界份量的權威標準，也是當時評定一本著作學術價值的標準，因此漢學成為乾嘉時期的顯學。莊存與曾於乾隆四十七年任《四庫全書》總閱官〔註35〕，故對於此時的學術動態有相當深刻的瞭解，自知其治經不論家法，不以解詁為目的，「所學與當時講論或枘鑿不相入」〔註36〕，於是莊存與「乃計其委屈，思自晦其學」，「以侍郎官於朝，未嘗以經學自鳴，成書又不刊板行世，世是以無聞焉。」〔註37〕

莊存與自晦其學的另一因素是從清初至乾隆朝所進行以禁毀書籍的活動在編纂《四庫全書》時達到高潮，與此相搭配的文字獄也在乾隆朝時最盛。這些活動表現出乾隆對漢人知識份子的高度猜疑。在文字獄中，乾隆牽強附

〔註32〕莊存與，《象象論》，頁11。

〔註33〕莊存與：《八卦觀象解》上篇，《味經齋遺書》（光緒八年重刊陽湖莊氏藏板），頁27～28。

〔註34〕董士錫：《易說序》，《味經齋遺書》，卷首。

〔註35〕湯志鈞：《莊存與年譜》，臺灣學生書局，2000年，頁35。

〔註36〕阮元：《莊方耕宗伯經說序》，《味經齋遺書》，卷首。

〔註37〕董士錫：《易說序》，《味經齋遺書》，卷首。

會、捕風捉影之手段出於其祖、父之上，而案件的數量與處罰之慘酷也遠勝康雍二朝，官員士子惟恐一不小心就陷入羅網之中，而莊存與在京期間也曾參與過文字獄案的審理，如「尹嘉銓為父請諡並從祀孔廟案」〔註38〕。尹案發生在乾隆四十六年，由「請諡並從祀孔廟」的問題演變成抄家之文字獄，莊存與以禮部右侍郎的身分參加對尹嘉銓的大會審〔註39〕，尹嘉銓在審訊的過程中斯文掃地，最後落到家破人亡，整個過程對於莊存與來說是一大教訓。乾隆對尹嘉銓的批評更如警鐘一般，指責其書中有「為帝者師之句，則儼然以師傅自居，無論君臣大義，不應如此妄語，即以學問而論，內外臣工各有公論，尹嘉銓能為朕師傅否？」〔註40〕對於乾隆的猜忌，久居宮中的莊存與深知出版自己著作的風險多大，豈敢將其「以學術開帝者」〔註41〕的經學著作公諸於世？且乾隆對尹嘉銓所編的清朝《名臣言行錄》極不滿，認為尹嘉銓仿朱熹編此書是在暗諷乾隆晚期如南宋般衰敗，故批評「尹嘉銓乃欲於國家全盛之時，逞其私臆，妄生議論，變亂是非，實為莠言亂政。」〔註42〕實則乾隆相當忌諱臣子議論朝政。而莊存與立朝四十多年，對於朝廷的政治動向早已心知肚明，《味經齋遺書》中「說經皆非空言，可以推見時事，乾嘉之際，朝章國政，隱喻其中。」〔註43〕書中隱喻此時乾隆重用和坤導致官場日益腐敗等不少問題，也體現出莊存與對於時局的憂心，所以魏源說：「君在乾隆末，與大學士和坤同朝，鬱鬱不合，故於《詩》《易》君子小人進退消長之際，往往發憤慷慨，流連太息，讀其書可以悲其志云。」〔註44〕莊存與所隱

〔註38〕乾隆四十六年，尹嘉銓使其子赴保定上書乾隆，為其父尹會一請諡並請求將其父與湯斌、范文程、李光地、顧八代、張伯行等人一起從祀孔子廟，此舉引起乾隆的憤怒，指責尹嘉銓「如此喪心病狂，毫無忌憚，其視朕為何如主也」。「此而不嚴行治罪，何以張國憲而懲將來」。因此，他命將尹革去頂戴，交刑部治罪，並查封其博野原籍和在京家產並對其所著書籍進行審查。結果，又發現其著作中「狂妄悖謬之處不可枚舉」。

〔註39〕《三寶等奏會審尹嘉銓口供折》，《清代文字獄文件》，《清代歷史資料叢刊》，原北平故宮博物院文獻館編，上海書店，1986年，頁579。

〔註40〕《尹嘉銓免其淩遲之罪論》，《清代文字獄文件》，《清代歷史資料叢刊》，原北平故宮博物院文獻館編，上海書店，1986年，頁590。

〔註41〕龔自珍：《資政大夫禮部侍郎武進莊公神道碑銘》，《龔自珍全集》，上海：上海古籍出版社，1999年，頁141。

〔註42〕《尹嘉銓免其淩遲之罪論》，《清代文字獄文件》，頁591。

〔註43〕譚獻：《復堂日記》，卷七，臺北：華文書局，光緒十五年刊，1970年，頁9。

〔註44〕魏源：《武進莊少宗伯遺書序》，《魏源集》，北京：中華書局，1976年，頁238。

喻於經說之事更是犯乾隆的大忌，此時乾隆最敏感臣工對其乾綱獨斷的君權的批評與染指，且和珅在朝中權大勢大，對異己的打擊也不遺餘力，再加上此時的文字獄已發展至登峰造極，正如龔自珍《詠史》寫道：「避席畏聞文字獄，著書都為稻粱謀」〔註45〕，大部分文人只能將治國平天下的理想深藏於考據中，而莊存與則以「自顧以儒臣遭世極盛，文名滿天下，終不能有所補益時務」為由〔註46〕，刻意在生前不刊佈任何著作，「自韜汙受不學之名」，對於自身經學的研究也只傳與家族子孫和少數弟子。

直到道光年間，政治氛圍已經有所變化，清廷對文化學術的控制已比嘉慶朝有所鬆弛，且因漢學無法應世之變而遭世人所詬病，故在學術上已經無法壟斷全域，漢宋兼採的多元聲音開始躍上檯面，經世致用之學再次成為時代著目的焦點。這時莊綬甲等人才將《味經齋遺書》次第付梓行世，故莊勇成說：「行見兄之書以次刊佈，流傳天壤間，此又天實主之，非關人力所能揚抑也。」〔註47〕此外，常州莊氏家族此時已沒落成地方性家族，在政治上已無實質的影響力。「到了晚清，當文字獄的壓力變小時，某些家族後裔會以自己家族曾經擁有過某些歷史名人或忠義之士而感到光榮，以刊印遺獻，作為取得『社會聲望』的途徑之一。在某些個案中，我們還可以看到有些寒門子弟借著獻上遺集給關心文化的地方官，以獲得他們的重視，通常他們還以請地方官寫序來拉攏關係，或以地方官的序來加重自己在地方上的地位。」〔註48〕這時莊家出版莊存與遺作並請阮元為《味經齋遺書》寫序也應有此意思，希望以此拉抬家族聲望及家學的學術地位。

然而莊存與的學術研究一直受到後人的質疑，尤其是道光年間《尚書既見》出版後，「書出而世儒大詬之」〔註49〕，批評聲浪更是絡繹不絕，如李慈銘說：「莊氏之《尚書既見》，……乃今閱之，既無一字辨證其真偽，亦未嘗闡發其義理，但泛論唐虞三代之事勢，憑私決臆，蔓衍支離，皆於經義毫無關涉。……其開首即論舜征有苗事，謂此尚是舜攝位而未為天子時，則枚書述益贊禹之言，明雲帝初於曆山，舜但攝位而皋陶已稱之曰帝，不幾自相矛盾

〔註45〕龔自珍：《龔定庵全集類編》，卷十五，北京：中國書店，1991 年，頁 334。
〔註46〕龔自珍：《資政大夫禮部侍郎武進莊公神道碑銘》，《龔自珍全集》，上海：上海古籍出版社，1999 年，頁 141。
〔註47〕莊勇成：《少宗伯兄養恬傳》，《莊存與年譜》，頁 123。
〔註48〕王泛森：《權力的毛細管作用》，北京：北京大學出版社，2015 年，頁 15。
〔註49〕李慈銘：《越縵堂讀書記》，頁 1167，「《味經齋遺書》」條。

乎？又據《孟子》帝使九男二女以事舜於畎畝之中語，謂舜征庸以後，未受堯官，故尚在畎畝，而舜往于田號泣之事，皆逞辨無理。其書僅三卷，卷不及五千字，而辨成王非幼年即位一節，至七八千字，所引不出《孟子》，附會糾纏，浮辭妨要，乾隆間諸儒經說，斯最下矣。阮氏《學海堂經解》中屏之不收，可謂有識。」〔註50〕而胡玉縉的《尚書既見書後》則全摘李氏之說，並於最後寫道：「李慈銘《孟學齋日記》謂：『乾隆間諸儒經說，斯最下矣。』其言良確。」〔註51〕晚清漢學家以考據作為主要的學術標準來嚴厲批評《尚書既見》，使得此書在一直不受重視。錢穆在《中國近三百年學術史》中也提到：「阮氏刻經解，僅收《春秋正辭》，其意猶取乎其專家，非取其大義也。」錢氏認為阮元對莊存與治經也不十分認可，在《皇清經解》只取偏向考據的《春秋正辭》。接著又提到：「莊氏為學，既不屑屑於考據，故不能如乾、嘉之篤實，又不能效宋、明先儒尋求義理於語言文字之表，而徒牽綴古經典以為說，又往往比附漢儒之迂怪，故其學乃有蘇州惠氏好誕之風而益肆。」〔註52〕錢穆於此就直接批評莊存與治學跳脫漢宋的結果是「不能如乾、嘉之篤實」，也「不能效宋、明先儒尋求義理於語言文字之表」，只是牽合比附漢儒異義可怪之論。

〔註50〕李慈銘：《越縵堂讀書記》，「《尚書既見》」條。李氏亦評《毛詩說》：「以《日居月諸》為衛人殺州籲後，莊姜念先君二子皆敗，自傷之詩。《葛覃》以後妃親葛為儉而失禮，謂葛之覃為美后妃之容，黃鳥之鳴為美后妃之言，皆穿鑿不可信。」見頁1167。

〔註51〕胡玉縉：《尚書既見書後》，《學術集林》第四冊，上海遠東出版社，1995年，頁27。胡氏對莊存與的其它著作評價益不高，如《毛詩說書後》論曰：「《毛詩說》四卷，……其中「以《日居月諸》為衛人殺州籲後，莊姜念先君二子皆敗，自傷之詩。《葛覃》以後妃親葛為儉而失禮，謂葛之覃為美后妃之容，黃鳥之鳴為美后妃之言，皆穿鑿不可信。」已為李慈銘《孟學齋日記》所糾，實則全書似此類者不勝僂指，其弊總由不信小序，特較之王柏詩疑妄欲刪削經文，略有間耳。」見頁31。《周官記周官說書後》論曰：「《周官記》五卷，《周官說》二卷，《補》三卷，……即以自定七卷論，為例未免不純。無《宗伯》、《司寇記》亦不可解；為表譜頗便省覽，補缺文亦古奧可喜。而《冬官司空記》綴以誦文韻語凡三十六句，蓋仿《考工記》、《嘉量銘》、《祭侯辭》而失之。要之，存與倡西漢之學，《春秋正辭》外大率任臆而談，別為一派。此書雖未必盡合周公制禮之意，而尚有依據。王氏刻《經解續編》補收之，其亦不得已而思其次歟？」見頁31。胡氏以考據的標準來評價《春秋正辭》、《周官記》等書，認為它們收入《皇經解續編》的原因是「尚有依據」，而非「任臆而談」，且是「不得已而思其次」，對莊存與之經學可謂輕視有加。

〔註52〕錢穆：《中國近三百年學術史》，北京：商務印書館，1997年，頁524～525。

三、莊存與對微言與大義的區分與解釋

李道南在評論莊存與之學中提到他「踐履篤實於六經，皆能闡抉奧旨，不專為漢宋箋注之學，而獨得先聖微言大義於語言文字之外。」〔註53〕他直指微言大義是莊存與經學研究的核心，貫穿經術、政事、文章為一體，以此對聖王治世之道進行深入的闡釋，所以想認識常州學派，則必須先瞭解莊存與對微言大義的論說，因為這是常州學派立學的根本。莊存與在《繫辭傳論》中提到：「不知堯、舜、禹、湯、文、武、周公之行事，何以為法於天下後世？不知孔子作《春秋》，合以為王者之事？何以為樂道堯舜之道？」〔註54〕二帝三代聖王之行事詳於《尚書》，孔子之志則明於《春秋》，所以《味經齋遺書》中的《春秋正辭》和《尚書既見》最能體現莊存與對微言大義的解釋，前者使得他成為清代今文《公羊》學研究的鼻祖，而後者所引起的爭論則導致後世漢學家對他治經有強烈的批評，有如此正反兩極的評價，正可反映出莊存與經學研究之特色，所以下面將以這兩本書為出發點，配合《遺書》中其他著作，具體分析莊存與對微言與大義的論述。

莊存與於《春秋正辭・奉天辭》中將《春秋》之微言大義分為十項：「一曰建五始，二曰宗文王，三曰大一統，四曰通三統，五曰備四時，六曰正日月，七曰審天命廢興，八曰察五行祥異，九曰張三世，十曰俟後聖。」〔註55〕其中一至八項，莊存與在第一章《奉天辭》中均有所詳述，唯獨第九、十兩項只於開頭部分作概括說明，缺而不論，其因何在？皮錫瑞在論《春秋》中提到：「《春秋》有大義，有微言。所謂大義者，誅討亂賊以戒後世是也；所謂微言者，改制以至太平是也。……孔子懼弒君弒父而作《春秋》，《春秋》成而亂臣賊子懼，是《春秋》大義；天子之事，知我罪我，其義竊取，是《春秋》微言；大義顯而易見，微言隱而難明。」〔註56〕由此可知，莊存與在《春秋正辭》中對一至八項明而論之，因為這八項是《春秋》的大義，而九、十兩項則是微言，故隱而不論。

關於大義的部分，《春秋》以別嫌明疑來定是非善惡，以顯王道之大者，

〔註53〕阮元：《莊方耕宗伯經說序》，《味經齋遺書》，卷首。
〔註54〕莊存與：《繫辭傳論》（光緒八年重刊陽湖莊氏藏板），頁41。
〔註55〕莊存與：《奉天辭弟一》，《春秋正辭》，頁1。《皇清經解》卷375，廣州學海堂庚申補刊版。
〔註56〕皮錫瑞：《春秋通論》，《經學通論》，臺北：臺灣商務印書館，1989年，頁1～2。

而莊存與「說此義最為深切著明」，〔註57〕這跟他身為上書房師傅有密切關係，因他在講經時十分著重於闡述為君者對亂臣賊子的防備，尤其著重於孔子於《春秋》是非二百四十二年對於貶天子、退諸侯、討大夫的褒貶筆法，這些也是莊存與在《春秋正辭》中論述大義的最佳教材，故他提到：「《春秋》所記亂敗多矣，以此知古，皆可燭照而數記也。」〔註58〕所以莊存與於《遺書》中詳述《春秋》的義例，希望為君者可以從中體會孔子貶誅絕的筆法中所蘊含的深意，效法《春秋》誅惡之精神，持乾綱以正亂臣賊子，以防犯上作亂之臣的出現，因此他在《遺書》中不斷反復解釋御臣之道，如「君子在室則謀，謀未發，莫之先聞者，臨朝出治，百官承命在位，莫不遍聞之，以此為通塞之常節也。」反之，「天子不出與百官萬民相見，使大臣傳語，則大臣竊其命矣。任左右，則竊在左右；任群臣，竊在所任之微；任婦寺，竊在所任之嬖。」為避免大權旁落，他告誡為君者，必要重機密，勤於政事，臨朝聽政，權柄不可假於人。規劃政事時，使臣「莫敢窺主意以擬議者，擬議出於臣，名言出於主……不以假人。」〔註59〕因此為君者要「爵人於朝，策人於廟，上所獨擅」，〔註60〕如此方能避免明器被竊，人主之權遭架空，以此立臣道之大防。有關大義的部分在莊存與《春秋正辭》與其他著作已闡釋相當明白，且近代以來已有不少文章對此部分作詳細的說明。

關於微言的部份，莊存與在《春秋正辭》對於「張三世」只作概要性的說明：「據哀錄隱，隆薄以恩，屈信之志，詳畧之文。智不危身，義不訕上，

〔註57〕段熙仲：《春秋公羊學講疏》，南京：南京師範大學出版社，2002 年，頁 606。
〔註58〕莊存與，《尚書既見》，《續四庫全書》，經部第 44 冊，上海：上海古籍出版社，2002 年，頁 226。
〔註59〕莊存與，《八卦觀象解》下，第 43～44 頁。
〔註60〕莊存與，《象象論》，第 52 頁。「聖王計安天下，必有所自親之臣，初入臥內，斷制腹心，蓋非大人弗與焉，故能為萬世子孫慮。《易》曰：「巽在床下，用史巫紛若，吉無咎。」床下近而親矣，以剛中巽而在茲焉。居臣子之節，授寄託之重，當割斷之事，有安有危，有險有夷，忠至用孚，誠至用革，郊社宗廟，先史巫而自靖矣。用之紛若，則陋民胥悟，故無咎。……始於佞，卒於僭；始可制也，卒不可制也。人主知遠其所憎，而不能備其所愛，《巽》上九曰：「巽在床下。」此言貴臣之近主也。日引月長，曾先無覺，威柄移矣，誰與為謀？喪其齊斧，以為至戒。」為君者如用賢臣為心腹，則子孫可保無憂，社稷可保太平；反之，如用佞臣為近臣，不知不覺中君主孤立於上，群臣結黨於下，甚至可能出現以下犯上或改朝換代的亂世。見頁 54。

有罪未知，其辭可訪。撥亂啟治，漸於升平，十二有象，太平以成。」〔註61〕當中「義不訕上，智不危身」出自於《春秋繁露·楚莊王》，董仲舒對此進一步闡述：「故遠者以義諱，近者以智畏。畏與義兼，則世逾近而言逾謹矣。此定、哀之所以微其辭。以故用則天下平，不用則安其身，春秋之道也。」莊存與引這兩句，乃是以為「張三世」之說有訕上與危身之可能，故在其論述中微其辭，以避開乾隆朝的文字獄，以免「有罪未知」。〔註62〕關於「俟後聖」的部分，莊存與則寫道：「《春秋》應天受命作制，孟子輿有言，天子之事，以托王法，魯無惕焉；以治萬世，漢何覬焉。」〔註63〕此部分則在闡述孔子托《春秋》以論天子之事，為後世立法，以奠定太平之基，這部分是有關素王說的部份，其與張三世相表裡，不過書中有關微言的主要部分仍是以「張三世」為主。由於莊存與在《春秋正辭》中沒有對「張三世」展開論述，造成後來的學者認為莊存與治經主要以大義為主，對於「張三世」等微言只有稍微提及，並沒有給予相當的重視，然而這與阮元、龔自珍、魏源等人對莊存與的經學著重於微言與大義的評價有所不符。那麼莊存與對於微言的論述隱藏在哪一本著作中？龔自珍提供一個線索：「大儒莊君，諱存與，江南武進人。幼誦六經，尤長於《書》，奉封公教，傳山右閻公之緒學，求二帝三王之微言大指。」〔註64〕龔自珍以為莊存與對於《尚書》尤為擅長，其主要的研究是在求得「二帝三王之微言大指」，故照龔自珍之說法，莊存與關於微言的論說應在他研究《尚書》的相關著作中，當中《尚書既見》是莊存與有關《尚書》的代表作，由此來推論，他對於《春秋正辭》中沒有展開的「張三世」之微言，應體現在《尚書既見》之中，所以莊存與「乃計其委屈，思自晦其學，欲以借援古今之事勢，退值上書房，日著書，曰《尚書既見》。」〔註65〕這與司

〔註61〕莊存與：《奉天辭弟一》，《春秋正辭》，頁1，《皇清經解》卷375，廣州學海堂庚申補刊版。

〔註62〕乾隆朝的文字獄最盛，其案件的數量與處罰之慘酷也遠勝康雍二朝，由此表現出乾隆對於漢人知識分子的高度猜疑，久居官場的莊存與深知發表自己著作的風險有多大，且莊存與於乾隆四十六年參與過「尹嘉銓為父請諡並從祀孔廟案」的審理。可參考《三寶等奏會審尹嘉銓口供折》，《清代文字獄文件》，《清代歷史資料叢刊》，原北平故宮博物院文獻館編，上海書店，1986年，頁579。

〔註63〕莊存與：《奉天辭弟一》，《春秋正辭》，頁1～2。

〔註64〕龔自珍：《資政大夫禮部侍郎武進莊公神道碑銘》，《定庵文集》，卷上，頁27～28。《龔定庵全集》，上海：世界書局，1935年。

〔註65〕龔自珍：《龔自珍全集》，北京：中華書局，1975年，頁141～142。

馬遷藉撰寫《史記》來保存及闡發《春秋》的情形類似。由於學者對《尚書既見》並不太關注，只大略敘說此書，並無較深入的探討，因此為瞭解莊存與對微言的看法，有必要對《尚書既見》一書進行分析。

四、莊存與對微言的解釋──以《尚書既見》來分析

（一）撰寫《尚書既見》的背景與動機

《尚書既見》一書在莊存與的著作中佔有特殊地位，因為此書的撰寫是有特定的背景與動機。龔自珍提到莊存與在諸經之中以《尚書》見長，而《光緒武進陽湖合志·儒學》中也提到：「存與幼傳山西閻若璩之學，尤長於《書》。」〔註66〕但對於《尚書》的研究，莊存與與閻若璩的著重點不同。《日講〈書經〉解義提要》將研究《尚書》的方法分為經世致用與考據訓詁兩種，曰：「大旨在敷陳政典，以昭宰馭之綱維；闡發心源，以端慎修之根本。而名物訓詁，不復瑣瑣求詳。蓋聖人御宇，將上規堯舜，下挹成康，所學本與儒生異，故黼握之所對揚，玉音之所闡液，義惟是大者遠者，與儒生音訓迴然有殊。」〔註67〕閻若璩對《尚書》的研究主要是考辨梅賾所獻古文《尚書》的真偽，最終其所撰寫的《古文尚書疏證》證實此書是偽造的，流風所及，引發當時辨偽的風潮，導致當時「江左束髮子弟，皆知助閻氏，言官學臣則議上言於朝，重寫二十八篇於學官，頒賜天下，考官命題，學童諷頌，偽書毋得與。」這使得閻若璩成為清代考據學的開創者之一。

莊存與很明顯偏重於《尚書》中關於通經致用的部分，他在《尚書·商書·咸有一德》中提到：「尹躬既湯，古文也，二公及王，今文也，疏通知遠之教，非屬辭比事之教，勿輕議古人書。」〔註68〕他強調無論是古文《咸有一德》中湯與伊尹，或今文《金縢》中周成王與召公、周公，這二篇均是在強調君臣一心的重要性，所以他認為研究《尚書》應著重於疏通知遠之教，以此來發揮知人論世與治國理政的功用，如以《禹貢》以治河，或以《洪範》以察變，所以莊存與將其《尚書》研究之所得或作為嘉言陳謨，或為策論，或為講章，與政事相互結合，而非如漢學家以屬辭比事之考據方式來研究《尚書》，

〔註66〕董似谷、湯成烈主編：《光緒武進陽湖合志·儒學》，卷23，臺北：臺灣學生書局，1968年，頁3。

〔註67〕《日講〈書經〉解義提要》，《四庫全書總目題要》，臺北：藝文印書館，1989年，頁288。

〔註68〕莊存與：《尚書說》（光緒八年重刊陽湖莊氏藏板），頁4。

或以今古文之異來輕議古人之書的是非真假，如「彼據『克諧以孝』之文難『完廩浚井』之使，亦將據『黎民於變時雍』之文難『百姓不親，五品不遜』之命邪！」〔註69〕所以「見閻徵士若據《古文尚書疏證》攻訐過甚，歎曰：『此啟後人變亂古經之漸，五經將由此糜爛矣。漢唐以來，聖教衰微，獨賴有五經在，猶得依弱扶微，匡翊人主，默持世道，安可更有興廢哉！』」〔註70〕莊存與以是否有助「啟人君王道之治」的角度來衡量《古文尚書》中所載典謨的份量，因此他對於偽《古文尚書》中部分內容仍持肯定的態度，如「昔《大禹謨》廢，人心道心之旨、殺不辜寧失不經之誡亡矣；《太甲》廢，儉德永圖之訓墜矣；《仲虺之誥》廢，謂人莫己若之誡亡矣；《說命》廢，股肱良臣啟沃之誼喪矣；《旅獒》廢，不寶異物賤用物之誡亡矣；《冏命》廢，左右前後皆正人之美失矣。今數言幸而存，皆聖人之真言，言尤屇養關後世，儀貶須臾之道，以授肆業者。」反之他主張「辨古籍真偽，為術淺且近也，且天下學僮盡明之矣，魁碩當弗復言。」〔註71〕他批評當時漢學專注於辨真偽來論定古籍價值的作法只是「誦師之言，僅能弗失者，何足以及此。」〔註72〕針對當時所興起的疑經之風，莊存與主張《大禹謨》、《仲虺之誥》、《伊訓》等篇雖是後人所偽造，但因其中保存儒家治國理政之道，因此主張應當保留這些篇章給後人作為從政之參考，故莊存與「居上書房，深念偽《書》中如《禹謨》之『人心惟危，道心惟微』、《太甲》之『與治同道罔不興，與亂同道罔不亡』、《呂獒》之『玩物喪志，玩人喪德』等語皆帝王格言，恐偽《書》遂廢，後世人主無由知此，因作《尚書既見》三卷。」〔註73〕此種《尚書》研究方法應該與莊存與身為上書房師傅的身分有關，《尚書既見》一書可具體而微地顯示莊存與以廟堂之學為基礎的學術風格。

此外莊存與也提到研究《尚書》的方法，曰：「漢初大儒所傳，多為漢季魏晉人所改易，加以為撰。其存者，在《書》則《序》，《詩》有《毛傳》耳。……聖人之文，天文也；《虞》、《夏》、《商》、《周》之書以《爾雅》訓

〔註69〕莊存與：《尚書既見》，《續四庫全書》經部・書類，第44冊，上海：上海古籍出版社，頁246。
〔註70〕莊綏甲：《尚書既見跋》，《拾遺補藝齋文鈔》（道光十八年李兆洛刊本），頁34。
〔註71〕龔自珍：《龔自珍全集》，北京：中華書局，1975年，頁141～142。
〔註72〕莊存與：《尚書既見》，頁233。
〔註73〕李慈銘：《越縵堂讀書記》，臺北：世界書局，1975年，頁1167，「《味經齋遺書》」條。

詁讀之，炳如也。其德、其法、其事、其文章，天地也，日月也，陋儒不見，孟子昭然發其蒙矣。司馬遷好載世俗所造言，此其罪之大者也，而古訓傳尚多有存焉。」〔註74〕首先莊存與對《尚書》之立論是以《書序》為依歸，以《史記》為羽翼，再以《爾雅》中的文字訓詁來理解《尚書》中《虞》、《夏》、《商》、《周》之書的微言大義，所以阮元評論莊存與研究「《尚書》則不分今古文文字異同，而剖析疑義，深得夫子序《書》、孟子論世之意。」〔註75〕其中他也將《春秋》筆法運用於《尚書既見》。太史公述所聞於董生曰：「《春秋》上明三王之道，下辨人事之紀，別嫌疑，明是非，善善惡惡，賢賢賤不肖，存亡國，繼絕世，補敝起廢，王道之大者也。」《春秋》以別嫌明疑來定是非善惡，以顯王道之大者，而莊存與「說此義最為深切著明」。〔註76〕這也可以從其讀書之法印證之，其曰：「讀書之法……力爭乎毫釐之差，深明乎疑似之介，凡以養其良心，益其神智，故其學能究參天人之際，有得於聖人之心。」〔註77〕「力爭乎毫釐之差，深明乎疑似之介」，此即《春秋》嫌疑之筆法的運用。莊存與不只將此筆法用於其《春秋》之研究，更是將此筆法透徹地發揮在《尚書既見》中有關舜和周公之爭議上。在三代君臣中，莊存與最重視帝舜與周公二人，他以舜為人君之典範，周公為人臣之楷模，但以舜和周公之大聖，後人對其行事仍有所疑慮，故在《尚書既見》中以闡述舜與周公二人「所處皆非常之變、所行皆非常之事，而不失天地古今之大常」，〔註78〕以聖人通權達變之說來澄清舜與周公之嫌疑，以維護其聖人的形象，並以「中人以下不可以語上也」來批評後世「執文害志之陋儒」陷溺於成說、蹈襲於常轍。因此阮元評論莊存與於《尚書》的研究以「剖析疑義」為主，此正是針對《尚書既見》之筆法而發。

（二）《尚書既見》的體例

此外《尚書既見》既是由莊存與上書房的《尚書》講義改編而成，因此書中的體例就如同教學一般，以問題為導向，莊存與以針對這些重要的問題

〔註74〕莊存與：《四書說》，頁48。
〔註75〕阮元，《莊方耕宗伯經說序》，《味經齋遺書》（光緒八年重刊陽湖莊氏藏板），卷首。
〔註76〕段熙仲：《春秋公羊學講疏》，南京：南京師範大學出版社，2002年，頁606。
〔註77〕見於《武進縣志》中之《莊存與傳》。此段話引自湯志鈞：《莊存與年譜》，頁119。
〔註78〕莊存與：《尚書既見》，《續四庫全書》經部‧書類，第44冊，頁246。

作答的方式來開展論說，所以開篇他就以「舜征有苗」之爭議作為引子。關於「舜征有苗」，《堯典》與《大禹謨》皆有記載，《堯典》曰：「流共工於幽州，放驩兜於崇山，竄三苗於三危，殛鯀於羽山，四罪而天下服。」《大禹謨》則云：「帝曰：『諮禹！惟時有苗弗率，汝徂征。』」《堯典》所載在舜攝政未稱帝期間，而《大禹謨》中「帝曰」之帝則為舜，故後世學者據此有「舜二征有苗」之說，以此影射舜當政之時苗人叛服不定。莊存與對「舜二征有苗」的說法不表認同，認為這與舜以文德理政而天下大治的情景不符，所以他以「讀典謨之書，舜征有苗再乎？」之問題作為全書的開頭，之後他開始以回答的方式去反駁「二征」的說法，曰：「一征而已，未嘗再也。舜攝則命禹徂征，事在《禹謨》。」即他以《堯典》與《大禹謨》所載為同一事，而《大禹謨》所記「帝曰」之事為後人對前事之追記，故「不可追記其年以為誣，知其為二十有八載前事則可矣。」〔註79〕之後莊存與開始論證舜征苗為何只有一次，他分別舉《益稷》、《周官》、《論語》來論說舜舉禹和皋陶教化苗民之頑，以文德治之，最終使苗民移風易俗，「近者說服而遠者懷之」，故有苗不可能復叛，故舜即位後並無再征有苗之舉。〔註80〕

此種以「問答」的議論形式貫穿全書，莊存與以此體例將《尚書》的疏通知遠之教表現得淋漓盡致。最後他對後世學者專以屬辭比事的方式來研究經學提出批評：「僭而無徵，後之為書者，以苗叛服不常，而禹既率百官，若帝之初，又為一將之任，而且記之年以實之也。」〔註81〕這是批判學者只會從考證舜征苗的次數及年代來解釋經文，而不能「疏通知遠」來論說經中大義，故「徵實事，傳故訓者，為膚為末，豈足以知之於是乎。」〔註82〕所以莊存與撰寫《尚書既見》「不專為漢宋箋注之學」，而是要以疏通知遠之教來

〔註79〕莊存與：《尚書既見》，頁225。
〔註80〕莊存與曰：「分北三苗，在命官九載之後，教化行，淑慝辨，此即工而丕敘之也。《益稷》之篇，君臣相詰，左禹右皋陶，以化民成俗之任付之。禹曰：『苗頑，弗即工。』帝曰：『皋陶方祗厥敘，方施象刑。』惟明至治，畫衣冠，異章服，而民不犯，《周官》謂之明刑。舜甚盛德，尤垂意於三苗，蓋以其俗之難化也。及其既同，衡山之陽多虞帝之跡焉，野人遂神其封土，以帝陟方而死且葬焉。楚南其齊東乎！夫鳴條固夏之近邑也。禹曰：『朕德罔克，民不依。』皋陶邁種德，德乃降，黎民懷之。斯化民易俗，近者說服而遠者懷之也。帝念苗之頑，故念皋陶之績哉！子夏曰：『舜有天下，選於眾，舉皋陶，不仁者遠矣。』此君子之言，信而有徵也。」見莊存與：《尚書既見》，頁225～226。
〔註81〕莊存與：《尚書既見》，頁225。
〔註82〕莊存與，《四書說》，頁4。

闡述「二帝三王之微言大指」，與當時重考據、輕義理的漢學著作有相當大的區別。為此，莊存與將舜再征有苗與否之討論放在開頭，以作為《尚書既見》體例的範例。

（三）《尚書既見》中對於「張三世」的總論

此外莊存與以「張三世」與「俟後聖」為微言，但於《春秋正辭》中不直接論其義，造成學界一般認為莊存與以大義為主，微言為輔，這與其身為上書房師傅一職有關。事實上，莊存與對於大義與微言是並重的，且認為《春秋》與《尚書》中均含有孔子之微言，二者可互通互證，如兩書均以堯舜時代為太平世的原型，如「《春秋》樂道堯舜之道」，〔註83〕而「堯舜之德著於《書》」。〔註84〕所以下面將論說莊存與所闡述的《尚書》「二帝三王之微言大指」即是公羊《春秋》中的「張三世」之說，是儒家思想中達到「天下平」這一終極目標的重要理論，而莊存與撰寫《尚書既見》的真正目的即是為了使「張三世」之說在相對隱密下「其辭可訪」。〔註85〕

因此莊存與在以舜征有苗之事作為全書開頭後，立即對「張三世」加以論述，依次論說堯舜時期、三代及春秋時代。首先書中提到「書契以來，治亂多矣。上有明天子，天下未嘗不安，百姓未嘗不相生養於其間。德必詎若堯舜，胥戕胥虐，則可以決其必無也。」〔註86〕即堯舜以聖人當政，在其治下已達太平世的階段，這時正如《春秋正辭》所描述：「《春秋》之志行，天下並興於貞。男有分，女有歸，民人無偏喪者，父不哭子，兄不哭弟。」〔註87〕天下之人均歸於正道，「決其必無」戕虐之事，故這時亦是《禮運》所言：「大道之行，天下為公，選賢與能，講信修睦。故人不獨親其親，不獨子其子。使老有所終，壯有所用，幼有所長，矜寡孤獨廢疾者皆有所養。男有分，女有歸，貨惡其棄於地也，不必藏於己，力惡其不出於身也，不必為己，是故謀閉

〔註83〕莊存與：《禁暴辭弟七》，《春秋正辭》，頁2，《皇清經解》卷375，廣州學海堂庚申補刊版。

〔註84〕莊述祖：《皇上七旬萬壽頌序》，《藝珍宧文鈔》（影印中國科學院圖書館藏清刻本），卷1，頁1。《續四庫全書》經部・集部，第1475冊。

〔註85〕「乃計其委屈，思自晦其學，欲以借援古今之事勢，退值上書房，日著書，曰《尚書既見》。」見龔自珍：《龔自珍全集》，北京：中華書局，1975年，第141～142頁。

〔註86〕莊存與：《尚書既見》，《續四庫全書》經部・書類，第44冊，頁226。

〔註87〕莊存與：《內辭辭弟三》，《春秋正辭》，頁15。

而不興，盜竊亂賊而不作。」〔註88〕其次莊存與以周公事蹟展開對升平世的
敘述，他說：「《禮運記》曰：『天子有田，以處其子孫；諸侯有國，以處其子
孫；大夫有采，以處其子孫。是謂制度。』此則三代所同也。一代之興，自始
受命之祖，傳之子孫……人主各有其親且愛者，莫不欲富而貴之，肺腑亦皆
自許必富貴，固而不易，則疏踰戚者也，必然之勢也。各寵所任，則新間舊
者，又必然之勢也。不有伐也，將以何樹？不有奪也，將以何予？」〔註89〕
他以為三代為升平世，亦是小康之世，即「大道既隱，天下為家，各親其親，
各子其子，貨力為己，大人世及以為禮」的時代，至其子孫，不刑仁講讓，故
「有奪」使得「謀用是作」，「有伐」使得「兵由此起」，故三代之後，天下一
治一亂，循環不已。最後莊存與在書中提到「去順效逆，好亡惡定，《春秋》
所記亂敗多矣」，〔註90〕而在《春秋正辭》也言：「《春秋》以禮表天下之亂」，
〔註91〕所以他以春秋時期來作為據亂世之代表，但為了「自晦其學」使外人
不能直接聯想到《尚書既見》在論「張三世」之說，故他以盤庚之世來譬喻春
秋時代。所以全書結構依「張三世」分為三部分，依次論說盤庚、周公、大
舜，並將此三人視為據亂世、升平世、太平世中的典範人物。

（四）《尚書既見》中對「據亂世」的闡釋——以盤庚為例

　　《尚書既見》以春秋時代作為據亂世的代表，莊存與先分析春秋時期政
治社會之所以會大亂不止的根本原因在於上下交征利以致於天下無法定於一
尊，這使得上層統治者之間「數世爭立，各樹私人，莫相統壹之」，以致「君
之不為政，政之不出於君」，導致周王室權威大幅衰微，禮樂征伐不自天子出，
導致為臣者「各私其身與其子孫，罔以王室為念」，「惟以自恣適己」，故「易
刀兵而相殺也，若晉之欒郤、齊之崔慶、宋之戴桓、鄭之駟良，其胥戕胥虐，
而不能胥匡以生。」因此，人民由於當政者「不能胥匡以生，下莫知君之在上

〔註88〕《春秋正辭》所言《春秋》之志行即太平世實現的時代，而莊存與又將太平
　　　　世與《禮運》之大同時代合而為一，故其言「天下並興於貞」，貞者正也，即
　　　　「天下為公，選賢舉能，講信修睦」；均言「男有分，女有歸」；言「民人無
　　　　偏喪者，父不哭子，兄不哭弟」即「人不獨親其親，不獨子其子。使老有所
　　　　終，壯有所用，幼有所長，矜寡孤獨廢疾者皆有所養」。
〔註89〕莊存與：《尚書既見》，頁226。
〔註90〕莊存與：《尚書既見》，《續四庫全書》經部‧書類，第44冊，頁226。
〔註91〕莊存與：《正天子辭弟二》，《春秋正辭》，頁10b，《皇清經解》卷375，廣州
　　　　學海堂庚申補刊版。

－80－

而奉其命也」，故「斯時之民，既各為私屬，倚乃身，迂乃心，則所謂食君之
祿，是以聚黨，有黨而爭命也」，且「殺人不忌，有亂心，無厭得」，故君不
君，臣不臣，造成君、臣、民上下皆失其正，所以在春秋時期以下犯上之事不
斷，諸侯國之間征戰不止，「是故萬民之蕩析離居，罔有定極，由國之不知有
君也。」〔註92〕所以莊存與以「國不知有君」作為春秋成為據亂世之根源，而
《春秋》中所記錄的春秋時期的亂象就是在描繪發生在據亂世的現象。至於莊
存與為何以盤庚所處的時代來暗喻春秋，主要是「考司馬遷之記」為基礎。首
先他先理順盤庚之前的時勢：「雍己時，諸侯或不至。大戊修德，諸侯歸之。自
仲丁以後，河亶甲殷復衰。祖乙興之。祖辛至陽甲，廢適而更立諸弟子，或相
爭代立，比世亂，於是諸侯莫朝。盤庚以弟嗣陽甲，殷復興。」〔註93〕所以，
盤庚繼位之初，「雖曰商不若周之大壞，然而亂者數世，諸侯莫朝，則東遷以
後事勢也。」〔註94〕莊存與將盤庚即位之初的局面等同於周王室東遷後的春
秋時期，因此他把盤庚遷殷前後所處的環境視為據亂世。

　　不過，選擇盤庚還有更深一層的用意，莊存與以遷都毫殷一事作為盤庚撥
亂啟治的契機，並與周平王東遷洛陽後作一正負對比。在「比九世亂」後，盤
庚所面臨因長期內鬥所造成的分裂局面可與春秋之亂世相媲美，但他在以恢復
成湯之政的號召下開始撥亂反正，書中將其作法分為兩步驟：第一步是「振王
綱」。盤庚先「擇瘠土而處之，勞其民而用之」，使「自上以下胥戚，而不敢一
日耽樂」，藉此將其臣民分為兩部分：民之善者與盤庚一起遷都至殷，而「棄惡
民皆留之而不遷也」；貴族部分，「世族能從教者，因而與之；不能改者，因而
去之。」〔註95〕所以盤庚藉由遷都之幾來去逆留順，使大權定於一尊，以達到
「振王綱」的目的，而這一方略與《春秋》在據亂世中誅亂臣賊子以正君臣之
道的治理原則是一致的，如此盤庚方「能綱紀而統理」王畿。第二步是「興教
化」。莊存與於書中提到重振王綱之後，為長治久安計，盤庚對於久處亂世之下
的百姓「欲止其亂之心」，因此教化百姓成為遷都後首要的大事，故「王司敬民，
民之不善不可惡也。敬之！敬之！從教則治，而君以民存；刑則亂，而君以民
凶。親親尊尊，教之大者。」莊存與以為止民之亂心須從教化入手，教化的根

〔註92〕莊存與：《尚書既見》，頁227。
〔註93〕莊存與：《尚書既見》，頁226。
〔註94〕莊存與：《尚書既見》，頁227。
〔註95〕莊存與：《尚書既見》，頁228。

本即在親親之仁與尊尊之義，即孝與忠兩部分，當中「尊尊」對於止亂尤為重要，因為「尊尊」是根本上解決「國不知有君」這一據亂世之根源，因此莊存與不斷強調「尊尊」是「必教之義」，「義行而民各得其性」，而《春秋》緣禮義以致太平，明王化之漸，禮為行「尊尊之義」之載體，故禮教實行與否就成為實現由亂轉治之關鍵，所以莊存與曰：「王為下土之式，先害尊尊之義，則民將安仿哉？禮俗不刑，義德遂替，此不可不正之事也。」故盤庚「殖有禮，覆昏暴」，以正禮俗入手，教民以義，去其為亂之心，以此使「百姓由寧，殷道復興，諸侯來朝，以其遵成湯之德也，百世視諸此矣。」〔註96〕這就是《公羊春秋》所謂「見治起於衰亂之中，用心尚粗觕，故內其國而外諸夏，先詳內而後治外。」故莊存與將盤庚遷殷前後比喻為在據亂世時期盤庚內其國（於王畿內重振王綱）的過程，由此盤庚成為《尚書既見》中撥亂反正的最佳典範。

此外，莊存與選擇盤庚作為據亂世之代表還暗喻他對當時政治環境的焦慮。撰寫《尚書既見》的年代是在乾隆中期以後，此時雖值盛世後期，然而國內種種問題積弊已深，各種危機已蓄勢待發，與此同時，和珅正受到乾隆之重用，大權獨攬，這更使清朝中衰之勢日益明顯，莊存與對此情勢深感憂慮，故魏源說莊存與「在乾隆末，與大學士和珅同朝，鬱鬱不合，故於《詩》、《易》君子小人進退消長之際，往往發憤慷慨，流連太息，讀其書可以悲其志云。」〔註97〕這也反映在《尚書既見》之中，莊存與選擇以盤庚作為據亂世中撥亂反正的典範，乃因盤庚非開創之主，而是一中興之主，故其曰：「為君難矣，守成尤難，盤庚其難之治者也。」〔註98〕其背後的深意即是勉勵乾隆或未來的皇位繼承人能夠仿效盤庚，在清朝還未變成如盤庚時代的據亂世時，可以旋乾轉坤，扭轉大清國勢而再現盛世。由此更可印證莊存與「說經皆非空言，可以推見時事，乾嘉之際，朝章國政，隱喻其中。」〔註99〕

（五）《尚書既見》中對「升平世」的闡釋──以周公為例

其次，《尚書既見》以周公做為代表來闡釋「升平世」。莊存與以明明德的深淺將聖人治理天下的方法分為兩個層次：「古之明德，虞帝其不可及已，其德好生，其治人不殺。伊尹以其道相湯伐桀，未嘗行一不義，殺一不辜，然

〔註96〕莊存與：《尚書既見》，《續四庫全書》經部・書類，第44冊，頁228。
〔註97〕魏源：《武進莊少宗伯遺書序》，《魏源集》，頁238。
〔註98〕莊存與：《尚書既見》，頁228。
〔註99〕譚獻：《復堂日記》，頁9。

欲如舜，未嘗殺一人而不能也。文王之心如舜，享國五十年而崩，紂不能以自斃也。武王之德如湯，太公之志如伊尹，不逮舜與文王也。此則聖人於天道之命也」〔註100〕第一層是行太平世之道，當中又分兩種狀況，一種是在太平世行太平之道，如舜繼堯為君，處於太平世「示天下後世以聖人之極」，故舜治國至仁而不殺人，推恩及於四海，使人人親其親而天下平，成為太平世之聖王；另一種是在非太平世行太平之道，如周文王處於商紂王當政時期，面對紂之無道，文王仍堅持其志向與理政完全以太平之道為准，欲學舜以文德化世，以至仁之心來明明德於天下，故雖三分天下有其二，仍不願以武力伐紂，所以「文王之心如舜」，故莊存與將「文王之德之純」與「虞帝之甚盛德」並列之，〔註101〕即他把舜與周文王歸類於第一層。第二層是行升平世之法，湯、伊尹、周武王、太公以禮義為紀，遏惡揚善，不殺不辜，以升平世之法治世，所以盤庚在據亂世時以恢復成湯舊政為號召，在完成「內其國」的階段性任務後，為上升至升平世奠定下基礎。

　　升平世是「於所聞之世，見治升平，內諸夏而外夷狄」的時代，所以「內諸夏」成為當時主要工作，莊存與認為完成此工作的最佳典範是周公，但後世流傳著周公是否攝政或稱王的問題，此問題會嚴重影響到周公的歷史定位，並會造成書中整體論述出現重大破綻，所以理清「稱王說」之緣由及錯誤成為他論說周公的當務之急。首先莊存與認為「司馬遷嘗讀百篇之序，而不知成王、周公之事為荀卿、蒙恬所汩亂。漢居秦故地，世習野人之言，於是有《周公輔成王朝諸侯圖》賜霍光者。成王幼，不能涖阼，遂記於《大小戴》而列於學官矣。」〔註102〕即「稱王說」源自於荀子，後流傳於秦國蒙恬，然而經戴勝、戴德之傳播，最後成為漢朝學官之說，而司馬遷又將此說加載於《史記》中，所以對後世產生極大的影響，而莊存與則嚴詞批評此說為「畔經誣聖」，非孔孟真義，並將之貶為野人之言。「稱王說」以成王年幼即位不能理政作為周公稱王攝政的主要原因，故莊存與就從成王即位時已成年之考證來作為反駁此說的突破口，他提到「周公踐阼，君子有知其誣者，而不能知成王即位，其年不幼也。何以征之？征之於《書》，《書》曰：『於後，公乃為詩以貽王，名之曰《鴟鴞》，王亦未敢誚公。』豈教誨稚子之言乎？王又能通其

〔註100〕莊存與：《尚書既見》，頁230。
〔註101〕莊存與：《尚書既見》，《續四庫全書》經部・書類，第44冊，頁241。
〔註102〕莊存與：《尚書既見》，頁232。

說，心不謂然，能不宣之於口，豈尚須人抱負邪？夫孺子、衝子，家人壽耉相與之。常言予沖人、予小子，古天子通言上下之恒辭，不以長幼而異者。則《書》之訓絕無可據為幼不能涖阼之征矣。《書》曰：『王與大夫盡弁』，曰：『王執書以泣』，曰：『王出郊』，此孰抱負之而然耶？曾有提其耳而面命之者邪？且必非羈丱成童之所能然也。」〔註103〕莊存與以為《尚書》中成王自稱予沖人、予小子乃是自古天子對外謙稱自己德行、才智不足，非指年紀幼小而言，並以成王可自行改過以迎周公來作為成王即位時已成年並可自行理政的證據，由此來推翻周公稱王說的立論，並確立周公在成王時期只是為相輔政而已，這成為成王與周公和解的最重要基礎。

緊接著莊存與開始論述周公「內諸夏」的過程，這在《金縢》中表明最為清楚。首先莊存與以為周公祝禱上天要以己代武王之言並非是要以身代武王而死，而是「周公所自以為功代武王之說也」〔註104〕，即希望由自己來完成武王未竟之業與實現文王未成之遺志，周公的具體作法分為兩步驟，首先是平定東方之亂，使「前寧人之功休畢」，所以當時由成王領兵東征，黜殷殺武庚，伐管蔡，東伐淮夷，最後踐奄，三年而天下大定。其次在處理戰後天下諸侯分封的問題上，周公則是優先「定先代之宗祀，全血脈之親臣」，即先改封微子以代殷商之後，再封同姓諸侯，如康叔封衛，甚至連蔡仲也踐諸侯之位，封建親戚以屏藩周室，最後再處理所滅的五十國，除奄國與飛廉處份較重者外，〔註105〕周公持「在誅而終不殺」的政策，即「滅國者五十，皆俟其人之自歸，然後變置其君，」〔註106〕而「變置其君與社稷，故曰滅，皆因民心之所欲去，而又以采邑界賢子孫，俾血食其始封之祖。」〔註107〕即周王朝重新改封此外姓五十國的諸侯後重新納入諸夏之中，此分封順序符合《春秋》「自近者始」之義，親近以來遠，同民所欲，最後使諸夏各邦重新納入周王室的統治，之後周公開始制禮作樂，「欲天下諸侯師文王也」，〔註108〕使「明德光於上下四方」，推動諸夏各邦為太平世的達成而努力，故書中提到「維此聖人，牖民孔易，作新大邑，民大和，會告商王，士邑明而事勤矣。周公於是

〔註103〕莊存與：《尚書既見》，頁232。
〔註104〕莊存與：《尚書既見》，頁240。
〔註105〕前者討其君而遷之異地，後者驅之海隅而戮之。
〔註106〕莊存與：《尚書既見》，頁236。
〔註107〕莊存與：《尚書既見》，《續四庫全書》經部‧書類，第44冊，頁237。
〔註108〕莊存與：《正天子辭弟二》，《春秋正辭》，頁5。

製作禮樂，單文祖德，而以太平告焉，維天之命是也。《行葦》〔註109〕《既
醉》〔註110〕，人有士君子之行，則刑既措矣。」即周公為完成文王之志，廣
禮樂而教化行，使天下人皆「服其心，革其俗，各正其性命，而受祿於所瞻仰
之天」，〔註111〕禮樂征伐自天子出，完成「內諸夏」之舉。

　　但為何選擇周公作為升平世的代表人物？莊存與先提出一個問題作為引
導：「成王有人君之大節，如此而又以二公為左右，天即不篤生周公，亦自可
成一家之事。王縱不迎周公，商奄、淮夷亦自可以安集之。天必動威以明周
公，公必以不任事，作詩救亂，周大夫必刺朝廷以美周公，何故也？」成王與
召公乃明君賢臣，足以應付周初之動亂，但為何一定要由周公出來輔政？此
問題點出周公在《尚書既見》論說「三世說」中的角色，即莊存與將周公當成
由升平世上升至太平世之間承先啟後的關鍵人物，因為他認為周公是周初諸
賢中最能體察文王之志的人，他說：「商周之際，文王之德純矣，武王身之也，
迪知上帝命者十人，周公至矣。」〔註112〕即周初十位賢臣中，〔註113〕唯有周
公深知文王欲達太平之志，並以文王之志作為自己最重要的政治理想，故書
中多處提到周公欲效仿文王，如「文王，我師也」〔註114〕、「文王之心，惟周
公知之矣」〔註115〕、或「與文王一德者惟周公」等，〔註116〕所以當武王仿湯
之革命以武力滅紂後，周公主張對殷遺民的處理方式相較於「成湯克夏則黜
夏命，放桀於南巢，立姒姓之親且賢者為禹後」的作法不同，〔註117〕雖太公、

〔註109〕《行葦》出自《詩經・雅・大雅・生民之什》，《毛詩序》云：「《行葦》，忠
　　　　厚也。周家忠厚，仁及草木，故能內睦九族，外尊事黃耇，養老乞言，以成
　　　　其福祿焉。」
〔註110〕《既醉》出自《詩經・雅・大雅・生民之什》，《毛詩序》云：「《既醉》，大
　　　　（太）平也。醉酒飽德，人有士君子之行焉。」三家詩無異義。宋嚴粲《詩
　　　　緝》云：「此詩成王祭畢而燕（宴）臣也。太平無事，而後君臣可以燕飲相
　　　　樂，故曰太平也。講師言醉酒飽德，止章首二語；又言人有士君子之行，非
　　　　詩意矣。」
〔註111〕莊存與：《正天子辭弟二》，《春秋正辭》，頁5。
〔註112〕莊存與：《尚書既見》，頁233。
〔註113〕武王曰：「予有亂臣十人」，見於《論語・泰伯》，在朱熹注中，此十人為周
　　　　公旦、召公、太公望、畢公、榮公、太顛、閎夭、散宜生、南宮适、邑姜。
〔註114〕莊存與：《尚書既見》，頁231。
〔註115〕莊存與：《尚書既見》，頁230。
〔註116〕莊存與：《尚書既見》，頁233。
〔註117〕《公羊春秋》曰：「誅君之子不立，三王通義。」引自劉逢祿：《書序述聞》，
　　　　《續四庫全書》經部・書類，第48冊，頁371。

微子、箕子均提出應仿照前例且武庚無德不能立為殷後的諫言，但周公相武王以行文王之道，仿帝舜以丹朱繼堯後之例，不黜殷命，故「立武庚俾守其宗廟社稷，修其禮物以客事天子」，「其居處、宗廟、社稷、畿內之都邑、土田、朝庭之臣，不遷不改，如故也。」〔註 118〕所以莊存與強調周初唯一能繼承文王之志者唯周公一人，若無周公為政，成王君臣將只能止於升平世的階段，無法繼續朝太平世這一終極目標前進，故曰：「文武之盛德至善，非周公不克大順而致成之，以立其極也。」〔註 119〕

（六）《尚書既見》中對「太平世」的闡釋——以舜為例

最後莊存與選擇舜作為「太平世」的代表。何休《春秋公羊解詁》：「至所見之世，著治大平，夷狄進至於爵，天下遠近小大若一，用心尤深而詳，故崇仁義，譏二名，晉魏曼多、仲孫何忌是也。」太平世是最崇尚仁義的時代，有天下者必將禮義普及到全天下，包括夷狄所在之區域，使人人皆復其性，故此時的政治、社會中已無大過可譏刺，所以《公羊春秋》在此只有「譏二名」這種小過可寫，儒家以為這種太平世的理想社會曾出現於堯舜禹時期。莊存與於書中選擇舜為太平世的代表，其原因是他以為舜在堯禹之間，處於承先啟後的位置，堯開啟了太平世之大門，禹之後則進入小康升平世，而舜在位時因達到「聖人之極」，使虞朝成為太平世的最佳典範，故莊存與對舜尊崇至極，其在《尚書說》中提到：「若夫知人安民，柔遠能邇，猶非大舜之至難也。所難者，處非常之變而不懼，遇非常之事而不驚，而終克全乎天下，古今之大常，則惟虞帝一人而已矣，其可及哉？其可及哉？故作《書》者必歷敘其難而後著為之典，示天下後世以聖人之極，實君臣父子之極也，是乃天性之至常，五倫之彝法乎！非大聖孰能成此懿典乎！」〔註 120〕

1. 《孟子》對舜的紀載

不過由於真正的《舜典》已亡佚，有關舜的部分經文只有殘存於其他典籍之中，如莊存與認為《孟子》裡所記載有關舜之事蹟即是《舜典》的一部分，其曰：「若乃《舜典》之軼，時時見於他說者，則有之矣，如《孟子》『舜尚見帝，帝館甥於貳室，亦饗舜迭為賓主』、『父母使舜完廩，至舜曰：「唯茲

〔註 118〕莊存與：《尚書既見》，頁 238。
〔註 119〕莊存與：《尚書既見》，《續四庫全書》經部‧書類，第 44 冊，頁 234。
〔註 120〕莊存與：《四書說》，頁 8。

臣庶，女其於予治」』，以及『欲常而見之，故源源而來，不及貢以政，接於有庠』，此等蓋《舜典》文，皆敘舜微時往田號泣諸難事。」〔註121〕孟子對於舜的重視與他深明《春秋》有關，其曰：「《春秋》何以作乎？法文王也，樂道堯舜之道也」，〔註122〕故孟子言必稱堯舜，其目的乃是為人們闡述堯舜時代的理想政治社會是《春秋》所追求的太平世，因此鼓吹大家朝太平世來努力就成為孟子思想的核心部分，所以在全書在對舜的相關事蹟進行討論時引用最多的就是《孟子》一書，尤其在論述舜何以成「聖人之極」的過程主要是以《孟子・萬章篇》為基礎，他先引《萬章篇》「長息問於公明高」一章作為開端，其曰：「長息問於公明高曰：『舜往于田，則吾既得聞命矣。』日讀其書，未嘗聞命長息何所疑？公明高何所啟？曰：『竊嘗思之矣，疑堯舉舜而試之，則舜無為，復往于田也。啟之以堯將使舜嗣位，不遽加之上位而使之治事也。』」〔註123〕由此開始，莊存與立足於孟子論舜之事，逐段針對萬章與咸丘蒙之疑問，展開關於太平世的論說。

2. 莊存與對禪讓的看法

首先，書中論堯舉舜之事，這涉及到禪讓與世襲的比較，但因身處於清代皇帝專制與文字獄最盛的時期，談帝位更替的方式的優劣更是涉及到當時政治與學術上的大忌，故他在書中用詞相當小心，所以下面的論說將把莊存與對此問題的相關論述統合一起以探尋其言外之意。書中以萬章問堯是否以天下與舜作為闡述禪讓與世襲異同的開端，這裡莊存與提出「位德二元說」，書中舉《孟子》為例：「萬章問曰：『堯以天下與舜，有諸？』孟子曰：『否，天子不能以天下與人。』『然則舜有天下也，孰與之？』曰：『天與之。』」他依孟子之論提出為政者位階高低之順序：即天子之位受命於天，諸侯之位受命於天子，故天最尊，其次為天子，再次為諸侯。天子之位只能來自於天之授予，因此不論王位更替的方式是禪讓或世襲，有資格授予王位者只有天，因此無論是始受命之君或繼世之君均受命於天而非人，故莊存與有「位之不尚於德」之論。〔註124〕以此為理論基礎，莊存與開始解釋禪讓與世襲的差異，他以天下之人從舜而不從丹朱與天下之人從啟不從益來作比較，最後下結論

〔註121〕莊存與：《尚書說》，頁 1～2。

〔註122〕莊存與：《正天子辭弟二》，《春秋正辭》，頁 4，《皇清經解》，廣州學海堂庚申補刊版。

〔註123〕莊存與：《尚書既見》，頁 241。

〔註124〕莊存與：《尚書既見》，《續四庫全書》經部・書類，第 44 冊，頁 248。

曰：「丹朱、商均之不肖，自致之，自為之，非天也。堯之子不肖，舜之子亦不肖，莫之為而為，莫之致而至，則天也。啟之賢，禹固明告天下後世曰：『啟呱呱而泣，予弗子言。』所以輔翼啟佑之者萬萬不及堯舜，而其子之賢乃如此也，莫之為也。」〔註125〕即由於丹朱與商均不肖，故天授命給舜和禹，使他們以禪讓的方式登上天子位；反之，因啟有賢德且益不如舜和禹之德，故天選擇啟以世襲的方式來受命當王。最後的結論是，莊存與強調上天授命的前提以德行作為受命標準，在此前提下，繼承王位的優先順序是以世襲為主，禪讓為輔。書中又舉《中庸》來相互呼應曰：「雖有其位，苟無其德，亦不敢作禮樂焉。」因禮樂是法天而作，天為君，天子為臣，而「惟聖同天」，〔註126〕聖人的地位等同於天，所以莊存與以為只有德與天齊的聖人方有資格受命制禮作樂，如「周公成文武之德，制禮作樂，天所命也」，〔註127〕有位無德之君是沒有資格制禮樂的，由此又可看出莊存與將德放在位之上，故他認為聖人的地位高於天子，故曰：「貶天子，可貶乎？曰：以天道臨之，可也。」〔註128〕唯聖人合於天道，故聖人可以天道貶天子，如孔子作《春秋》來貶天子、退諸侯、討大夫。

3. 莊存與以三世說的觀點來討論聖人的作用

此外莊存與依三世之不同，對聖人所處不同時代加以分析他們所發揮不同的作用：在據亂世，上下交征利，禮崩樂壞，人君不尊賢，孔子不得邦家而治，故在周遊列國後，孔子只能以在野之身份「據亂而作」《春秋》「以俟後聖」，〔註129〕所以《春秋》是孔子應天受命制禮作樂，為萬世立法的成果，故被稱為禮義之大宗。在升平世，以「大人世及以為禮」的世襲制為主，所以人君並非人人都具備相應的才德，故人君尊賢與否成為國家治亂的關鍵，如幽紂二王親小人，遠賢人，導致王室覆滅，此乃「君不尊賢，則失其所以為君」的最佳例子；〔註130〕反之，天子尊聖賢以之受命理政，如「成王惟周公之為聽，尚周公之聖而尊之至也」，就使得西周初期成為後世人人稱羨的小康時代，

〔註125〕莊存與：《尚書既見》，頁248。
〔註126〕莊存與：《奉天辭弟一》，《春秋正辭》，頁1，《皇清經解》，廣州學海堂庚申補刊版。
〔註127〕莊存與：《尚書既見》，頁247。
〔註128〕莊存與：《奉天辭弟一》，《春秋正辭》，頁7。
〔註129〕莊存與：《奉天辭弟一》，《春秋正辭》，頁6。
〔註130〕莊存與：《正天子辭弟二》，《春秋正辭》，頁11。

因此莊存與以為「尊賢之義，天所大也」，〔註131〕故「明天子有天下，莫若求助於天下；求助於天下之人，莫若求助於天下之聖人。」〔註132〕此時得聖人而治，天下即可達到太平盛世。在太平世，莊存與認為天子受命之目的在於「明明德於天下，若堯舜禹湯文武之受命」〔註133〕，以追求太平世作為天子之責任，而非僅「受其朝覲，納其貢稅，役其民人」，而可以達到太平世者唯有聖人可擔任之責，故聖人居天子之位成為維繫太平世的不二法門，當中莊存與以堯舉舜之法為萬世尊賢之典，其曰：「自古尊賢之典必以堯舜為法，其必以己之養養聖賢」，〔註134〕強調「天子之義，義莫大於此矣」，〔註135〕所以莊存與在這部分主要是在論說堯禪讓給舜的過程。最後莊存與下結論曰：「天子必受命於天，不必皆有聖人之德；聖人必受命於天，不可皆在天子之位。」〔註136〕即天子之位與聖人之德均受命於天，兩者的關係與三世變遷息息相關，共同的關鍵即在「尊賢」與否的問題上。

4.《尚書既見》中對堯的尊賢之法詳加說明

《尚書既見》中對尊賢之法的討論以長息、萬章之疑問和公明高、孟子之啟示，〔註137〕詳述「虞舜側微，堯聞之聰明，歷試諸難」的過程。首先堯有意選擇舜當繼承人後，先以天子之尊、聖人之德且年八九十之壽與身為匹夫的舜

〔註131〕莊存與：《尚書既見》，頁228。

〔註132〕莊存與：《尚書既見》，頁235。

〔註133〕莊存與：《尚書既見》，《續四庫全書》經部・書類，第44冊，頁240。

〔註134〕莊存與：《尚書既見》，頁239。

〔註135〕莊存與：《尚書既見》，頁235。

〔註136〕莊存與：《尚書既見》，頁247。

〔註137〕萬章問曰：「舜往于田，號泣於旻天，何為其號泣也？」孟子曰：「怨慕也。」萬章曰：「父母愛之，喜而不忘。父母惡之，勞而不怨。然則舜怨乎？」曰：「長息問於公明高曰：『舜往于田，則吾既得聞命矣。號泣於旻天，於父母，則吾不知也。』公明高曰：『是非爾所知也。』夫公明高以孝子之心為不若是恝。我竭力耕田，共為子職而已矣。父母之不我愛，於我何哉？帝使其子九男二女，百官牛羊倉廩備，以事舜於畎畝之中，天下之士多就之者，帝將胥天下而遷之焉；為不順於父母，如窮人無所歸。天下之士悅之，人之所欲也，而不足以解憂。好色，人之所欲，妻帝之二女，而不足以解憂；富，人之所欲，富有天下，而不足以解憂；貴，人之所欲，貴為天子，而不足以解憂。人悅之、好色、富、貴，無足以解憂者，惟順於父母可以解憂。人少則慕父母，知好色則慕少艾，有妻子則慕妻子，仕則慕君，不得於君則熱中。大孝，終身慕父母，五十而慕者，予於大舜見之矣。」此段為《孟子・萬章篇》第一章所記，見楊伯峻譯注：《孟子譯注》上冊，北京：中華書局，1996年，頁206～207。

為友，但又「使其子九男、二女、百官、牛羊、倉廩備，以事舜於畎畝之中，試之以至難也。」以富貴、女色、名聲來考察舜的德行與才智。對此，舜的反應則是先以「號泣於旻天、於父母」來應對，表現出「見於天子乃如此，見於父母乃如此，見於旻天乃如此。天，天也；父母，天也；天子，天也。聖人無二心，非重華而能若是乎！」〔註138〕堯由此確定舜之德足以為聖人。其次，堯知瞽瞍不欲舜娶妻，故「釐降二女於溈汭，嬪于虞，皆以敵者之禮行焉，而非若天子之女嫁於諸侯。」〔註139〕堯以平等之禮嫁女，瞽瞍是可以拒絕此婚事的，所以舜如「告則不得娶」，〔註140〕堯以此來測試舜之智是否可以達變。對此，舜以「不告而娶」來權變，以不告之「反經」達到告之「合道」，對此，莊存與解釋為「夫不告則何以得娶？非不告也。秉命而成之則謂之告；專命而成之，成之而後告則謂之不告。實不告也，名固告也。名告則得娶矣，實告則不得娶矣。人之於天也，以道受命；人之於君父也，以言受命。不若於道者，天絕之；不若於言者，人絕之。告之而瞽瞍不聽，則舜無可諍之道矣。不爭之則必從之，不從而違之是不受父命也，其罪當絕。成之而後告，雖瞽瞍亦不禁之，不禁必姑從之，是以得娶也。為無後之心，瞽瞍喻之矣。蓋納采以逮親迎，瞽瞍皆為之主而命之矣。此『克諧，以孝烝烝，乂不格奸』之實也。然而謂之不告者，成之在舜，不在父母也。正以不告語天下，天下皆知其反經而合道，聖人之權也，非聖人不得與於此也。」〔註141〕由此證明舜具備天子應有的行權達變的大智，此即《春秋傳》所言之「聖達節」。測試成功後，堯薦舜於天，使其「攝天子之事而行之」，並在堯去世後，讓舜登天子之位。由此可間接推定，雖然莊存與沒明言，但在太平世中，禪讓制度與堯尊賢之法是一體兩面的，都是惟德而舉，不分身分貴賤，有首出庶物之意。莊存與於書中雖對禪讓有意淡化，但對堯的尊賢之法卻極力強調，以為天子之義莫大於此，在其深層的內心中，其終極的理想應還是主張聖人應居天子之位，至少應攝天子位而掌國政，此方是達太平世的唯一途徑。

〔註138〕莊存與：《尚書既見》，頁241。
〔註139〕莊存與：《尚書既見》，頁242。
〔註140〕萬章問曰：「《詩》云：『娶妻如之何？必告父母。』信斯言也，宜莫如舜。舜之不告而娶，何也？」孟子曰：「告則不得娶。男女居室，人之大倫也。如告，則廢人之大倫以懟父母，是以不告也。」萬章曰：「舜之不告而娶，則吾既得聞命矣。帝之妻舜而不告，何也？」曰：「帝亦知告焉則不得妻也。」見楊伯峻譯注：《孟子譯注》上冊，頁209。
〔註141〕莊存與：《尚書既見》，《續四庫全書》經部‧書類，第44冊，頁242。

5. 莊存與論說舜如何體現「聖人之極」

此外，舜被選為太平世代表之主因與他成就「聖人之極」有關。莊存與將「聖人之極」定義為「君臣父子之極也」，他以舜轉化象與瞽瞍之至惡為善的過程來體現。他先引《孟子・萬章篇》中所引《舜典》之文：「父母使舜完廩，捐階，瞽瞍焚廩。使浚井，出，從而揜之。象曰：『謨蓋都君咸我績。牛羊，父母；倉廩，父母。干戈，朕；琴，朕；二嫂，使治朕棲。』象往人舜宮，舜在床琴，象曰：『郁陶思君爾。』忸怩。舜曰：『唯茲臣庶，汝其於予治。』」文中提到舜在遭遇骨肉之變之時，「察微知顯，不失其忸怩之一幾」，[註142] 不只不記恨其父弟對他的謀害，反而因勢利導，抓住象出於人性發出的忸怩之色的時機，封象於有庳之國，使象由「昏然迷，適然驚，憮然悔，蓬然覺，日者欲殺舜之心，不知何自盡矣，於是日以愛兄之道事舜」，[註143] 以此恢復象的人性，使他棄惡向善。接下來舜以象由惡轉善為契機來改善父子之間的關係，他以「能悅親者弟也」之現實作為引子，以父母「欲象之貴，舜則貴之，欲象之富，舜則富之，欲兄弟之相見而樂，舜則常常見象而樂之，父母遂不欲舜之欲者。昔從之敖，今樂其順。」以此瞽瞍的不慈之心也逐漸消失，最終達到父慈子孝，兄友弟恭，「父子一體也，兄弟一體也。」莊存與由此闡發《舜典》之大義，曰：「謂象終不仁者，不知性，謂瞽瞍未嘗聽象殺舜者，不知盡性。彼謂天下必無至不仁之變事，實不信天下有至仁之能事也。」[註144] 他認為《舜典》記載瞽瞍與象謀劃殺舜以奪妻劫財這種如此至不仁之事，正是為凸顯舜之至仁，由此使人知道何謂「聖人之極」。此外莊存與以為《舜典》記載瞽瞍之頑囂與象之大惡，但最終乃可由惡返善而成為舜之徒，「是以著其終事，書之為典，以告萬世，俾天下後世知人心之危必有所極，而皆可得反，絕非天之降命有如此也，性善無可疑矣」。[註145] 所以孟子言以性善論為堯舜之道的基礎，也是達到太平世的根基。所以莊存與以為舜正是以親親之道來展現「聖人之極」，使之作為修齊治平的核心精神，故「為天子者慎毋使諸父昆弟怨其尊而不親也，然後能合萬國之歡心，以事其親則天下和平之本在是矣。」[註146] 推而廣之，由至

〔註142〕莊存與：《尚書既見》，頁 243。
〔註143〕莊存與：《尚書既見》，頁 244。
〔註144〕莊存與：《尚書既見》，頁 246。
〔註145〕莊存與：《尚書既見》，頁 244。
〔註146〕莊存與：《尚書既見》，頁 245。

親至夷狄，最終連三苗之頑也在舜之盛德教化下，「皆化民易俗，近者說服而遠者懷之也」，〔註147〕最終達到「及其既同」，〔註147〕成為「夷狄進至於爵，遠近大小若一」的太平世時代。

由上可知，莊存與的《尚書》研究專以闡發聖人的微言大義為主。《尚書既見》中以盤庚是轉據亂為升平的模範君主，周公是立足升平以開太平之門的聖臣，舜則是為天下後世展現太平世的聖君，莊存與以此盤庚、周公、舜三人來闡釋張三世之說，以補充《春秋正辭》中所省略的部分，開啟常州學派以《春秋》之義貫五經的先風。

五、常州學派的常與變——以《尚書》中有關通三統與張三世的研究為例

因時代與環境的限制，莊存與自晦其學，秘不示人，故「通其學者，門人邵學士晉涵、孔檢討廣森及子孫數人而已」，〔註148〕當中尤其是對《公羊》微言的傳授，更是慎之又慎，故在清中葉傳其學者，主要是以常州學派中第二、三代有血緣關係者為主，當中尤以莊述祖、劉逢祿與宋翔鳳最為重要，所以可以從《尚書》研究中對微言的闡釋來看常州學派三代人之間的傳承，故本節將針對此三代人在《尚書》中論說微言的部分做一分析。

莊存與透過《尚書既見》奠定下常州學派對經學研究的核心精神，尤其是將《尚書》二帝三王之大法與《公羊》通三統及張三世之說相結合，在此基礎上莊述祖在《尚書序》中對於通三統在《尚書》中的展現作出論述：「孔子序《書》，據周太史所錄，唐虞稱帝，夏商周稱王。其《帝典》及《大禹》、《皋陶謨》、《益稷》，上紀唐虞之際，首以曰若稽古者，所以別之於三代也，曰昔在者即曰若稽古之例，故皆謂之《夏書》。聖人述而不作，六經之所論定，即周魯列國所紀載而托諸微言，以示後世云爾。」〔註149〕莊述祖以為孔子之微言不只存於《春秋》之中，其他五經中亦皆有之，如《夏書》中「若稽古之例」即孔子在《尚書》中體現存三統之所在，以帝、王稱呼之差異來區別唐虞和三代之差異。劉逢祿繼而於《書序述聞》中直接以《公羊》三統說來闡述《尚書》之體例，曰：「孔子序三統之書，首《夏書》，而唐虞者，夏之三統

〔註147〕莊存與：《尚書既見》，頁225。
〔註148〕阮元：《莊方耕宗伯經說序》，《味經齋遺書》，卷首。
〔註149〕莊述祖：《尚書序》，《尚書今古文考證》，《續四庫全書》經部·書類，第46冊，頁468。

也，故皆以粵若稽古首之以別於三代，而其《序》則云：『昔在帝堯』，昔在者即粵若稽古之例也。太史公述五帝三代《本紀》無此四字，而以帝堯者放勳、帝舜曰重華首之，可見曰若稽古非周史所載，即孔子所加，乃三統以前之特筆。」〔註150〕劉氏將《尚書》「曰若稽古」之特筆當成孔子將通三統之例運用於《尚書》中之筆法，因孔子生於周代，故存商夏為二王后，而唐虞紲滅為五帝之中，故以帝堯、帝舜稱之，以別於三代，對此，宋翔鳳也於《尚書譜》中予以呼應：「典謨之文，堯舜稱帝，知並以周法錄之也。」〔註151〕

　　劉逢祿進一步以《公羊》張三世之說來論說《尚書》，曰：「《書》三科述二帝三王之業而終於《秦誓》，志秦以狄道代周，以霸統繼帝王，變之極也。《春秋》撥亂反正，始元終麟，由極變而之正也，其為致太平之正經，垂萬世之法戒，一也。」〔註152〕即劉氏以為《尚書》與《春秋》均是在論說三世之演變，當中《尚書》的編排是由治至亂，即依序以二帝、三王、五霸的順序來述說由太平世一變為升平世、再變為據亂世的經過，而《春秋》則是反其道而行，由亂而治來論說從據亂世、升平世、太平世之三階段過程，因此《尚書》是孔子在告誡有國者為何天下由治轉亂，而撰寫《春秋》的目的則是為後世當政者提供一整套由據亂達太平的治理法典，所以劉逢祿認為《尚書》與《春秋》是孔子「垂萬世之法戒」互為表裡的兩部經。

　　宋翔鳳則對唐虞與三代之差異作更深入的論說，他著重於將通三統與張三世統合於《尚書》之中，曰：「董生之言曰：『孔子曰：「無為而治者，其舜乎！」改正朔，易服色，以順天命而已，其餘盡循堯道，何更為哉！』又曰：『夏因於虞，而獨不言所損益者，其道如一，而上所同也。道之大原出於天，天不變，道亦不變，是以禹繼舜，舜繼堯，三聖相授而守一道，無救弊之政，故不言其所損益也。』此以發明虞夏同科之義，由於政教相因，而其道如一矣。至於三正文質之變，關乎五德之運，又不在此數也。」〔註153〕宋翔鳳以堯法天所得之道為「大道」，堯以「大道」來達到天下平，故曰：「大道之行也」，所以堯以「大道」開創為太平世，故無救弊之政，因此舜禹相繼為政而不損益堯之道，以此來延續太平世，所以孔子在《尚書》中將虞夏兩朝列為

〔註150〕劉逢祿：《書序述聞》，《續四庫全書》經部・書類，第48冊，頁351～352。
〔註151〕宋翔鳳：《尚書譜》，《過庭錄》，卷6，北京：中華書局，1986年，頁101。
〔註152〕劉逢祿：《書序述聞》，《續四庫全書》經部・書類，第48冊，頁377～378。
〔註153〕宋翔鳳：《尚書譜》，《過庭錄》，頁99～100。

同科，以此來體現太平世之治道。之後三代時期被歸為升平世，此時為政者如能「刑仁講讓，示民有常」，則天命在一姓，反之，「如有不由此者，在埶者去，眾以為殃」，結果就是改朝換代，此即五德之運，三正文質之變，以示天命不常，有德者居之。宋翔鳳以治道之常與變將堯舜禹之世與三代作一本質性劃分，即太平世與升平世之分。

最後對於《尚書》中有關據亂世的部分，宋翔鳳主要是以莊述祖論孔子序《周書》中所蘊含的微言來論說：「孔子序《周書》，自《大誓》訖《冏命》皆《書》之正經，以世次以年紀。其末序《蔡仲之命》、《柴誓》、《呂刑》、《文侯之命》、《秦誓》五篇者。幼嘗受其義於葆琛先生，儱曉占畢，未能詳紀。犇走燕、豫，留滯梁、荊，函丈斯隔，七年於茲，茲譜《尚書》，細繹所聞而識之。《尚書》者，述五帝、三王、五伯之事，蠻夷滑夏，王降為霸，君子病之，時之所極，有無如何者也。蔡之建國，東臨淮、徐，南近江、漢；伯禽封魯，淮夷蠻貊及彼南夷，莫不率從。不意蔡侯一虜，熊貲始大，楚之霸業，先於五邦，《呂命》、《穆王》實作。自呂征彼九伯，浸及齊桓、晉、秦之興，復在其後，霸者之業，相循而作，帝王之統，由此一變。」〔註154〕即春秋時期，蠻夷滑夏，王道衰落，禮崩樂壞，五霸相繼而起，霸道代替王道，帝王之統，由此一變，孔子據此而序《蔡仲之命》、《柴誓》、《呂刑》、《文侯之命》、《秦誓》五篇，故宋翔鳳以為這五篇乃是孔子闡述據亂世之所由生。

其實從劉逢祿、宋翔鳳二人關於《尚書》的著作中可以很明顯的瞭解到他們將《公羊》理論融入《尚書》研究中主要是受到莊述祖的啟發和影響。所以莊存與在《尚書既見》中以隱微不顯的方式開啟了以《公羊》論《尚書》的研究方法，後經莊述祖、劉逢祿、宋翔鳳三人的闡釋與擴充，最終成為常州學派研究經學的核心內涵與方法，並由此開啟晚清今文經學的復興與發展。

六、結論

乾隆中期以後，在漢學風潮的席捲下，考據學對科舉的學術表達模式（辭章之學）與經典解釋方式（程朱理學）的否定，對非漢學家造成強大的學術壓力，如章學誠、桐城派的姚鼐、常州學派的莊存與等人，他們對抗的方式，或是建構「六經皆史」的史統，或是建構「文以載道」文統，然而莊存與則欲

〔註154〕宋翔鳳：《尚書譜》，《過庭錄》，頁 121。

建構一套超越漢宋、以策論方式直接闡述微言大義的學統，而將莊存與治學的目的表露最清晰的是龔自珍。

嘉慶二十四年，龔自珍受莊綬甲之托在北京為莊存與作的神道碑銘，他參考宋翔鳳對莊存與志向和治學的分析，作《資政大夫禮部侍郎武進莊公神道碑銘》一文，文中將莊存與一生的學術研究分成兩個階段，其曰：「卿大夫能以學術開帝者，下究乎群士，俾知今古之故，其澤五世。學足以開天下，為有所權緩急輕重，以求其實之陰濟天下，其澤將不惟十世。以學術自任，開天下古籍之故，百年一人而已矣，若乃受不學之名，為有所權以求濟天下，其人之難，或百年而一有，或千載而不一有，亦或百年數數有，雖有矣，史氏不能推其跡，門生、學徒、愚子孫不能宣其道，若是，謂之史之大隱。」〔註155〕龔自珍以為莊存與前半生因其深厚的經學功底受到乾隆的重用而成為上書房師傅和經筵講官，所以此時莊存與是以「能以學術開帝者」自居，以培養一位符合儒家理想的統治者作為其奮鬥的目標，此目標具體呈現在《春秋正辭》之中，故此時他偏重於大義的發揮。

然而乾隆中期偽《古文尚書》存廢之爭已凸顯出漢學成為學術的主流，而漢學多推崇荀子之學，因漢「儒林之興，多自孫卿」，「故漢之儒其未能盡醇者，孫卿之儒也。」〔註156〕荀子言性惡，而「以性為惡，或曰性可以為不善，或曰有性不善，皆紂之遺教。」〔註157〕漢學的流行使得莊存與憂心以性善論為基礎的堯舜孔孟之道不彰，學術正統將為「誣聖畔經」之學所奪，再加上乾隆重用和珅，導致政局急轉直下，所以莊存與轉變治學的目標，要「以學開天下」，欲「以六藝之名，正天下之析言亂名者」，〔註158〕希望將士人治經的方向由以荀學為基礎的漢學回歸到以孔孟為正統，而《尚書既見》則成為莊存與為完成此目標所撰寫的經學代表作，他將《尚書》中的「二帝三王之微言大指」與公羊《春秋》中的「張三世」之說融合為一，因此莊存與撰寫《尚書既見》的真正目的即是為了使「張三世」之微言在相對隱密下「其辭可訪」。而李兆洛於《莊方耕先生〈尚書既見〉序》中稱此書的作用如「欲問日於羲和、容成，而以靈

〔註155〕龔自珍：《資政大夫禮部侍郎武進莊公神道碑銘》，《龔自珍全集》，上海：上海古籍出版社，1999年，頁141。

〔註156〕莊述祖：《與趙億生司馬書》，《珍蓻宦文鈔》，《續四庫全書》集部・第1475冊，頁110。

〔註157〕莊存與：《尚書既見》，《續四庫全書》經部・書類，第44冊，頁229。

〔註158〕莊存與：《四書說》，頁75。

臺疇人為之導也」，﹝註159﹞即他以聖人之道喻作日，而以羲和、容成喻作莊存
與，而以靈台疇人喻作《尚書既見》，將庸夫、孺子喻作當時隨風逐流之士子，
強調莊存與欲以此書來導引士子回歸至孔孟之道，這就是莊存與「以學開天下」
之志，故此書出版後最受漢學家的批評，但此書也由此開啟常州學派以《春秋》
之義貫五經的先風。但因時代條件的限制，莊存與自晦其學，「為有所權緩亞輕
重，以求其實之陰濟天下」，成為史之大隱以俟來者，用「以學開天下」之志來
開創常州學派，並將此志寄託於《尚書既見》一書之微言中，故龔自珍接下來
在銘文中以近半的篇幅敘述《尚書既見》撰寫的前因後果，以此顯示《尚書既
見》在莊存與和常州學派的學術思想中具有重要特殊的地位。

　　《味經齋遺書》是莊存與以一生窮研聖人經教所得的微言大義，在教育
皇子的講義和經筵講章的基礎上整理而成，其中不論是對聖王理想的發揮，
或對盛世長日將盡的感傷，皆體現莊存與的學術理想與其經世致用的抱負，
並以此為基礎形成所謂的常州學派，並成為清代今文經學復興的源頭。

第二節　莊述祖的經學——「以漢學求根株」

一、莊述祖的學術背景

　　莊述祖，字葆琛，生於乾隆十五年，﹝註160﹞因其父莊培因於乾隆二十四年
病逝，故他早年主要是跟隨莊存與為學，並繼承伯父的經學思想，宋翔鳳在《莊
先生述祖行狀》上提到：「時伯父侍郎公於五經皆有論說，彭恭人之季弟二林先
生為文精深，先生皆取法焉。」﹝註161﹞而李兆洛在《珍蓺宦遺書序》中更是明
確點出：「莊氏學者，少宗伯養恬先生（莊存與）啟之，猶子大令葆琛先生（莊
述祖）賡之者也。」﹝註162﹞所以莊述祖是繼莊存與之後成為常州學派第二代主

﹝註159﹞ 李兆洛：《莊方耕先生〈尚書既見〉序》，《養一齋文集》卷二，《續四庫全書》
　　　　 集部第 1495 冊，上海：上海古籍出版社，2003 年，頁 24。

﹝註160﹞ 《莊先生述祖行狀》言莊述祖「生於乾隆十五年十二月十三日午時」（宋翔
　　　　 鳳：《莊先生述祖行狀》，《樸學齋文錄》，《浮溪精舍叢書》，桃園：聖環圖書
　　　　 股份有限公司，1998 年，頁 156。），而《莊存與年譜》誤將莊述祖的生年
　　　　 寫成乾隆 13 年。（湯志鈞：《莊存與年譜》，臺灣學生書局，2000 年，頁 16。）

﹝註161﹞ 宋翔鳳：《莊先生述祖行狀》，《樸學齋文錄》，《浮溪精舍叢書》，桃園：聖環
　　　　 圖書股份有限公司，1998 年，頁 153。

﹝註162﹞ 李兆洛：《珍蓺宦遺書序》，《養一齋文集》，卷 3，《續四庫全書》，集部，第
　　　　 1495 冊，頁 33。

要學者。乾隆四十五年，莊述祖考中進士，但因政治派系的鬥爭，他無法進入翰林院，喪失在中央擔任官職的機會，之後在仕途上又一直受到打壓，他自歎：「余屢見黜於有司，及成進士，又退歸，輒為之氣沮」，〔註163〕故「三十後成進士歸，孜孜者近十年，疾病憂患，時擾阻之。四十後，始歷仕途，無所樹立，終身抱媿。」〔註164〕這時莊述祖只能擔任地方基層官員，如山東昌樂縣和濰縣等地知縣，由於無法在官場上伸展自己的抱負，最後莊述祖於嘉慶二年奉母歸常州，直至嘉慶二十一年去世為止，再也未擔任過任何官職。莊述祖在舉業及官場的經歷體現出常州莊氏家族已喪失了政治上的權力與地位，所以為了延續家族的聲望，莊述祖將目光由官場轉向學術。

　　常州莊氏家族是以科舉起家的世家，其家族以董仲舒、賈誼的經術文章作為家學的底蘊，但隨著漢學風潮的興起導致傳統的科舉之學逐漸失去學術舞臺之際，莊述祖憑藉著對文字學與金石學之嫻熟及地利之便，從乾隆晚期開始進行學術轉型，其曰：「述祖少失學，長習進士業，及舉於禮部，歸後，乃求所以窺古人之學，莫得其階，不能自已，始從事於漢人所謂小學家者」，他一改莊存與不重視漢學的立場，開始展開與當代漢學家的對話，如江聲、王鳴盛、段玉裁、孫星衍等人，而他與漢學家之間的書信，如《答錢竹初辨說文柢字書》、《與張茗柯編修書》、《答張茗柯編修書》、《答王伯申問梓材書》、《答丁若士說毛詩書》等，主要在論說經學中有關字義、音讀及考證的部分，並從中吸收吳派的漢學研究方法，〔註165〕然後再將莊存與的經學研究型態重新改造，改以「家法」治經，並拓展經學論述的範圍，以此完成常州學派的轉型，使之能與乾嘉漢學接軌。

　　對於莊述祖如何轉變經學研究方法，可從莊氏二代治學之差異去作進一

〔註163〕莊述祖：《亡妻倪孺人家傳》，《珍藝宦文鈔》，《續四庫全書》集部・第1475冊，頁132。

〔註164〕宋翔鳳：《莊先生述祖行狀》，《樸學齋文錄》，頁156。

〔註165〕錢穆指出常州莊氏之學源於蘇州惠棟之學，他說：「莊氏為學，既不屑屑於考據，故不能如乾、嘉之篤實，又不能效宋、明先儒尋求義理於語言文字之表，而徒牽綴古經籍以為說，又往往比附以漢儒之迂，故其學乃有蘇州惠氏好誕之風而益肆，其實則清代漢學考據之旁衍歧趨，不足為達道。」論莊述祖則曰：「方耕有姪曰述祖，字葆琛，所著曰《珍藝宦叢書》，頗究明堂陰陽，亦蘇州惠學也。」最後總結曰：「要之常州公羊學與蘇州惠氏學，實以家法之觀念一脈相承，則彰然可見也。」錢穆：《中國近三百年學術史》，臺北：臺灣商務印書館，1990年，頁525～529。

步的瞭解，如劉逢祿於《歲暮懷人雜詩》中比較二人學術風格：「吾鄉大儒宗，好古竟忘耄。味經善識大（味經，外王父齋名——莊存與），珍藝益精眇（珍藝，從母舅葆琛先生齋名——莊述祖）。」〔註166〕劉逢祿以「識大」、「精眇」來概括二人學術研究的特色。對此，李兆洛作更詳細的說明，他於《莊珍藝先生傳》中提到：「侍郎公高朗闊達，於聖人微言奧義能深探而擴言之；先生淵源既邃，研求精密，於世儒所忽不經意者，蹈閑覃思，獨闢天地」〔註167〕即莊存與所識之大乃因其能深探擴言聖人的微言奧義，而莊述祖所求之精密乃因立足於莊存與經學之上而又獨闢一天地，而這一「獨闢天地」即是指以考據學改裝過的常州莊氏經學。此外，李兆洛又在《珍藝宦遺書序》中進一步論述莊述祖對於莊存與之學的繼承、擴展並變通曰：「宗伯如泰山洪河，經緯大地，而龍虎出沒，風雲自從；大令如窮島極徼，宙合未通，而奇險所辟，蹴步皆實，蓋有積精緻神之詣焉。」即莊存與之學著眼於對經學義理的整合與論說，故「由宗伯之書，足以窺聖人之學、聖人之慮有如此者。」而莊述祖之學則以漢學的治經之法來另闢途徑，當中主要以《夏小正》和《歸藏》等「奇險所辟」之學入手，對莊存與之經說作更精益求精的補充與闡釋，最後李兆洛對莊述祖之學下評語曰：「信而從，在乎擇；擇而求，貴乎敏。擇焉者必非聖賢之志不敢存，敏焉者必深造自得，資深而逢其源，大令則可為擇而敏者矣。」〔註168〕故莊述祖所「擇」乃是為了實現莊存與「以學開天下」之志，其「敏」則在於以「漢學求根株」〔註169〕的形式來保留並發揚常州莊氏經學的核心價值觀，因此張舜徽在《清人文集別錄》卷九《珍藝宦文鈔七卷》條中總結莊氏二代的學術言：「其世父存與，嘗官禮部侍郎，博通六藝，洞究古人微言大義，開常州今文學派。而述祖承其緒，研究精密，於世儒所忽不經意者，覃思獨僻，推見本原。」

〔註166〕劉逢祿：《歲暮懷人雜詩十六章》之十二，《劉禮部集》卷11，頁13。

〔註167〕李兆洛：《珍蓺先生傳》，《養一齋文集》，卷15，《續四庫全書》，集部，第1495冊，頁240。

〔註168〕李兆洛：《珍蓺宦遺書序》，《養一齋文集》，卷3，《續四庫全書》，集部，第1495冊，頁33～34。

〔註169〕「東京一喪亂，六籍咸榛蕪；鄉壁誤後生，師心皆俗儒。寂寥過千載，昌明由聖謨；四經及三禮，漢學求根株。碩儒生應運，接跡遵斯途；莊子宦不達，解經得其腴。聲音文字原，畢生托奇脈；求是從實事，精意追亡逋。」見宋翔鳳：《撰舅氏莊葆琛先生行狀竟繫之以詩即呈孫淵如觀察三首》，《洞簫樓詩紀》，《浮溪精舍叢書》，頁239。

二、莊述祖的經學研究方式

　　莊述祖引進漢學的治學方法來重新演繹常州學派經學的論述模式，他採取先融合、後突破的方式，為宋翔鳳、劉逢祿等第三代弟子的治學理論及框架奠定下基礎。

（一）莊述祖與漢學的關係

　　乾嘉漢學以研究東漢古文經學為主，尤以許慎、鄭玄二人之學為研究之大宗，故細考莊述祖的著作中，有關許、鄭之學的研究亦占其主要的部份，如宋翔鳳於《莊先生述祖行狀》中提及：（莊述祖）「先是於經學之外，制詩賦詞章甚富。以不入翰林遂棄去，從事小學，治許氏書，以先求識字，謂六書之義，轉注、諧聲最繁而無定說，用《爾雅》之例，編《說文》轉注；用《廣韻》例，又博考三代秦漢有韻之文，編《說文諧聲》，《說文》之學以是遂明，而周秦之書無不可讀者，遂校《逸周書》，解《夏小正》，《詩》《書》次第，皆有譔箸。」〔註170〕當中《說文古籀疏證》及《毛詩考證》就是對許慎《說文解字》及鄭玄《毛詩傳箋》加以考證訓詁的成果，這顯示出莊述祖對漢代經學作大量相關研究，其中對於《詩》、《書》、《禮》等經所下功夫尤多，故《清儒學案》在綜論其學術時說：「五經皆有撰述，而於《尚書》、《毛詩》、《夏小正》考證尤勤，並校訂《尚書大傳》、《逸周書》、《白虎通義》諸書，凡舛句訛字，佚文脫簡，易次換第，草薙腋補，咸有證據。又深通六書之學，於古籀文字，轉注諧聲，及《說文》偏旁條例，亦皆疏通而證明之。晚年嘗為口號曰：『貫看模黏字，端攻穿鑿文。』蓋紀實也。」〔註171〕其中所謂「考證尤勤」、「校訂諸書」、「深通六書之學」與「疏證《說文》偏旁條例」等治經之法，即顯示出莊述祖是以考證、校讎、訓詁等漢學治學方法來呈現他經學研究的成果，相對於莊存與的貶低，莊述祖十分肯定漢學的重要性：「漢學之存於今者，苟有一字一句之異同，要當珍若拱璧也」，〔註172〕這與吳派「凡古必真，凡漢必好」的精神一致，故錢穆以為莊述祖的學術與吳派考據學有相當深的淵源關係，故在《中國近三百年學術

〔註170〕錢儀吉／繆荃孫／閔爾昌／汪兆鏞：《清代碑傳全集》，卷109，上海：上海古籍出版社，1987年，頁534～535。

〔註171〕徐世昌等編纂，沈芝盈、梁運華點校：《清儒學案》卷七十四，北京：中華書局，2008年，頁2827。

〔註172〕莊述祖：《與臧在東說虞庠四郊西郊異同》，《珍蓺宜文鈔》，《續四庫全書》集部・第1475冊，頁115。

史》中提到：「所著曰《珍藝宧叢書》，頗究明堂陰陽，亦蘇州惠學也。」〔註173〕

對於漢學的研究，莊述祖從識別漢代今古文經學家法之異同入手，當中以《尚書》研究最具代表性，其著作直接以《尚書今古文考證》為名，即可見其著作旨趣之所在，劉逢祿在《尚書今古文集解序》中更進一步細言：「《尚書今古文集解》何為而作也？所以述舅氏莊先生一家之學……嘉慶初，先生歸自沔南，余始從問《尚書》今文、古文家法及二十八篇敘義……所恨紀錄過疏，引而不發，亦有親承口授或反缺，然緒論微言不著竹帛，傳而不習……援推舅氏未竟之志，綴為是編，其例凡五：一曰正文字。……段氏旁徵蔓衍，煩瀆為患。……二曰征古義。馬、鄭、王注，採自《後案》，……其差繆過甚，如以夏侯等書轉為古文，孔壁本轉為今文之類，悉為釐正，嚴家法也。三曰祛門戶。孫《疏》好古，雖《史記》周公奔楚，揃爪沉河之說，必篤信不疑。……偽孔《傳》於導渭條，漆沮亦曰洛水……致為精確，不可以人而廢言，集眾思，廣公益也。四曰崇正義。……五曰述師說。凡聞自莊先生及外王父莊宗伯公者，皆別出之；獨下己意者，以『謹案』別之。」〔註174〕劉氏此《序》詳細敘說莊述祖從五個方面對漢代今古文《尚書》加以訓詁考證，以漢代今古文《尚書》各派家法作為相關討論的基礎，以此開創出常州學派治經之家法，當中特別提出段玉裁及孫星衍在研究上的缺失，這就有與當代漢學家較勁的意味。

（二）莊述祖治經的方式：「以漢學求根株」

相對於宋學，莊述祖更注重漢學的理由是認為孔子的微言大義是寄託在六經之上，所以愈接近六經成書年代的注解，愈有可能保留孔子的真義，所以通過文獻的訓詁考證更能詮釋儒家經典的真義，另一原因是他認為莊存與之學也屬於漢學的一支，魏源對此有所評論：「清之有天下，百餘年間，以經學名家者數十輩，獨先生未嘗支離釽析，如韓、董、班、徐四子所譏，是以世之為漢學者罕稱道之。烏虖！公所為真漢學者，庶其在是！所異於世之漢學者，庶其在是！」〔註175〕受到漢學洗禮後，莊述祖在「故訓明則古經明，古經明則賢人聖人之理義明」的思想指導下提出：「兩漢經學所以當尊行者，為

〔註173〕錢穆：《中國近三百年學術史》，北京：商務印書館，1997年，頁583。
〔註174〕劉逢祿：《尚書今古文集解》，頁1～3。
〔註175〕魏源：《武進莊少宗伯遺書序》，《魏源集》上冊，北京：中華書局，2009年，頁238。

其去聖賢最近，而二氏之說尚未起也。」〔註176〕而這種以復古為尚的學潮，
也正是他希望超越漢學的突破口。莊述祖以漢代經學為起點，欲以考據學的
方式將常州學派經學思想的根源向上追溯至上古三代聖王相傳之學，其目的
是為了給常州莊氏經學找尋比漢代經學更早且更接近上古聖賢之學的學術依
據，戴望對此深有體悟，故在論及莊述祖傳人宋翔鳳之學時提到：「由西漢之
微言上窺三代教學成法，殆師淑常州莊氏者與！」〔註177〕莊述祖希望以此得
到當時學界的話語權，實現莊存與以學開天下之志，因此莊述祖以尋求經學
之「根柢」作為他經學研究中最重要的部分。

　　為此，莊述祖從《禮記》及《說文解字》等漢代著作中開始整理解釋《夏
時》與《歸藏》兩部分，他在《答宋甥于庭書》中提到：「近撰《說文古籀疏
證》，頗有新得，竊謂《連山》亡而有《夏小正》，《歸藏》亡而有《倉頡古文》。
今就許氏偏旁條例以干支別為敘次，亦始一終亥，名曰《黃帝歸藏甲乙經記
字正讀》，意欲以此書，與《夏小正等例》為夏商之《易》補亡，未知能竟其
業否？」〔註178〕其中《黃帝歸藏甲乙經記字正讀》一書即是《說文古籀疏證》，
他主要是透過對《說文解字》偏旁條例的研究來解釋《歸藏》的坤乾之義；而
《夏小正等例》即後來的《夏小正經傳考釋》的一部分，《夏小正經傳考釋》
是莊述祖以訓詁考證的方式來校正還原《夏小正經傳》，並探討《夏時》背後
的微言大義，其次子莊又朔以為莊述祖「生平學業萃於《夏時》」。〔註179〕莊
述祖以《夏時》與《倉頡古文》中還保留部分夏、商之《易》，並可與五經中
的微言大義互通，因此他認為這兩部書與五經具有相同或相似的地位，故他
最終目的即在恢復《夏時》與《歸藏》之原意，以此印證常州經學的義理思
想，這就成為莊述祖著力最深之處，對此劉逢祿總結其學曰：「廿年正《夏時》，
絕學三代表；晚歲窮古籀，匪許到秋秒。」〔註180〕即《夏時》和《歸藏》之
學是莊述祖經學研究最主要的部份。

〔註176〕阮元：《國朝漢學師承記序》，《國朝漢學師承記》，北京：中華書局，2011年，
　　　　頁1。
〔註177〕戴望：《謫麐堂遺集》，《續修四庫全書》，第1561冊，頁146～147。
〔註178〕莊述祖：《答宋甥于庭書》，《珍埶宧文鈔》，卷6，《續四庫全書・集部》1475
　　　　冊，頁117。
〔註179〕莊又朔：《珍藝先生象文》，《珍藝宧遺書》卷首，清嘉慶道光間武進莊氏脊
　　　　令舫藏版。
〔註180〕劉逢祿：《歲暮懷人雜詩十六章》之十二，《劉禮部集》卷11，頁13。

所以下面將探討莊述祖對今古文《尚書》異同的論說及他對《夏時》和《歸藏》的研究，由此分析其經學之特色。

三、對漢代今古文經異同的討論——莊述祖的《尚書》研究

對於漢代今古文經學的重視程度，莊述祖基本上是一視同仁的，他認為二者均是漢代經師「以意屬讀」先秦典籍的產物，故今古文經學中有失有得，不能偏廢偏信，必須以實事求是的考證來驗證各種文本中每段經文或每個字的真假，考察各家家法之源流，方能從中斷定各文本的真假對錯，對此莊述祖於《尚書今古文序略》中有概略性的說明，他首言今文《尚書》之源流：「《尚書》今文，伏生所傳，《藝文志》云：『經二十九卷，大小夏侯兩家；歐陽，經二十九卷，傳四十一篇。』鄭康成云：『元始詮次為八十三篇。』伏生以其學授張生、歐陽生，數子各論所聞於章句外，特撰大義，名之曰《傳》。《五行傳》伏生本法，今存。歐陽、大小夏侯之學盛於兩漢，儒林寖衰，下逮晉之永嘉，三家《尚書》並佚，先儒舊學略盡矣。」即漢代今文《尚書》源自於伏生所傳，之後進一步論述今文《尚書》的來源及流傳經過，莊述祖於《〈古文甲乙篇〉偏旁條例謄稿序》中對伏生所傳之《尚書》作更詳細的介紹：「古文自嬴秦滅學之後，久絕師傳，當時初除挾書之律，閭裡書師，各以意指授，皆小篆也。相傳孔子壁中書藏於秘府，謂之中古文，能讀者尠。《尚書》家言今文者，皆自伏生。伏生為秦博士，不得私習古文，至老而求得壁藏書，諒亦以意屬讀而已。張懷瓘云：『漢文帝時，秦博士伏勝獻《古文尚書》。』是伏生亦以今文讀古文，與孔安國同。」〔註181〕莊述祖以為伏生所傳之今文《尚書》是伏生以今文讀壁中所藏之先秦《古文尚書》的產物，正如孔安國以今文譯寫孔壁《古文尚書》一樣，於此可推論莊述祖認為伏生所傳的今文《尚書》與孔安國所傳古文《尚書》均出自於孔壁《古文尚書》，只是二人以意屬讀的結果有些許不同而已，故其曰：「不知今文出屋壁，《太常移書》《班志》云，況伏所傳即脫簡，中書校後經討論。」〔註182〕所以莊述祖以西漢今古文《尚書》的文本來源皆相同，此說得到孫星衍的認同，且他又以經義驗證「太史公從

〔註181〕莊述祖：《〈古文甲乙篇〉偏旁條例謄稿序》，《珍藝宮文鈔》，《續四庫全書》集部・第 1475 冊，頁 91～92。
〔註182〕莊述祖：《尚書古今文題辭》，《珍藝宮詩鈔》，《續四庫全書》第 1475 冊，頁 149。

孔安國問者，亦同今文矣」，〔註183〕視今古文經所本原同，故今古文之義皆可通，〔註184〕兩者均源於七十子之學，故莊述祖認為西漢今古文經的地位是不分軒輊的重要。

莊述祖又將《古文尚書》的版本細分為「孔壁」、「杜林」、「梅賾」三種，並論述三者的差異：「《古文尚書》有三，一藏於孔壁，一傳於杜林，一奏於梅賾。孔壁古文，《藝文志》云：『古文經四十六卷，為五十七篇，孔安國得其書以考今文，多十六篇。獻之，遭巫蠱事，未列學官，書藏於秘府。』盛漢時，名儒師傅既不見中古文，惟司馬遷從孔安國問故，而劉向及子歆校中秘書，故《太史公書》載堯、舜、禹、湯、武王、周公之事，微子去殷，箕子之《鴻範》，皆古文。其十六篇中則有《湯征》、《湯誥》，而《大誓》三篇同三家經。永始，中書奏錄，以後值漢中微，王莽之誅，逸《書‧嘉禾》佞邪傅會，文其奸言，《五紀論》、《三統曆譜》出於向歆父子，載古文《月采》、《伊訓》、《武成》。《武成》，今文，蓋《周書‧世俘篇》也，或曰亡於建武之際；《月采》即《周書‧月令》，今逸。中興初，杜林傳《漆書》以授徐巡、衛宏，於是賈逵作訓，馬融作傳，康成注焉，而古文始行於世，與今文同二十九篇，惟辭義與析合為異。隋以前鄭、孔並列，至唐而馬、鄭之學絕矣。東晉時，梅賾獻孔氏《古文尚書》及《傳》，校今文經多二十五篇，闕《舜典》。齊建武中，姚方興得之大桁市，奏上，又校馬、鄭多二十八字，遂列國學。宋、元、明以來，學者多疑之，竟莫得其要領。《五代史》云：『晉世秘府《古文尚書》經，今無有傳者。漢以中書校張霸《百兩篇》，能辨其真偽。永嘉板蕩，典籍散亡，學官所傳，亡可征信。故孔氏古文出，歷五代，及唐乃盛行，訖諸家廢而其書獨傳，非人力所能致也。』存其大體，略枝辭。考異同以求其長義，在好學者深思而自得之。謹記。」〔註185〕第一種《古文尚書》出於孔壁，後經孔安國、司馬遷等人加以傳授與記載，但因未立於學官而藏於宮中密府，導致傳習者希少，終至流失散佚。第二種《古文尚書》起源於杜林所得的《漆書》，之後他授予徐巡、衛宏，再加上賈逵作訓，馬融作傳，鄭玄作注，所以在東漢後期開始流通於世，但此版本因受到劉歆竄改的影響，其可信度已不如第一種，故莊述祖將孔壁古文與杜林漆書視為異源

〔註183〕莊述祖：《尚書今古文考證》卷4，頁10b，《珍埶宦文鈔》，《續修四庫全書》
　　　　　第1475冊，上海：上海古籍出版社，1995年，總頁446。
〔註184〕莊述祖：《尚書今古文考證》卷2，頁6a～b，總頁425。
〔註185〕莊述祖：《尚書今古文序略》，《珍埶宦文鈔》，頁9。

傳本，他在《嘉禾序說》中提到：「鄭氏《漆書》古文增多篇目無《嘉禾》而《王莽傳》引《書・逸嘉禾篇》，《漆書》無《畢命》而《三統》引《畢命》、《豐刑》，不知孔安國所獻、劉歆所論、王莽所立、杜林所得何儳互不齊若是？是惟劉向以中古文校歐陽、大小夏侯三家經，凡《酒誥》、《召誥》之脫簡皆具焉，是《漆書》古文之信而可征者亦僅二十八篇而已，《舜典》以下二十四篇之目固不足盡據也。」〔註186〕即《漆書》可信者亦只有二十八篇，與《今文尚書》之篇數相同，其他篇目則不如「孔壁古文說」可信。第三種《古文尚書》始於魏晉南北朝時期，至唐時孔穎達編註成《尚書正義》一書，以此成為唐以後官方《尚書》的正式定本，並成為後來歷朝《尚書》之科考版本，由此定於一尊。

雖然莊存與以「辨古籍真偽，為術淺且近也」，但在莊述祖轉變治學方式後，也加入當時的辨偽風潮之中。他以為導致經學產生變異的開端始西漢末年，導因於劉歆為附和王莽篡政，藉校書於中秘的機會竄改經書原文所導致，〔註187〕所以他將漢代經學分為二大類，以劉歆改經前後作一分界點：第一類為「以意屬讀」所得的西漢今文經與古文經；第二類為遭劉歆竄改過後的東漢古文經，莊述祖認為東漢以後各家所傳授的古文經傳，已經受到劉歆作偽的影響，在經義上已有所不純，如「馬鄭說經，承王莽、劉歆，毀壞師法」，〔註188〕

〔註186〕莊述祖：《嘉禾序說》，《珍蓺宦文鈔》，《續四庫全書》集部・第1475冊，頁45。

〔註187〕莊述祖對劉歆於《尚書》作偽經過的說明：「謹按：《世俘》文頗闕略，成帝時詔校書，劉向等以為《周史記》傳《尚書》家言，值漢中微，王莽專政，向子歆作聰明，以亂舊章，自謂古文畢發；揚雄見之於符命，欲以媚偽新、誣當世，而古文之藏於秘府者，一時不能盡通，雜取他書充數，以是篇有武王伐紂時語，文又闕略，世罕知，乃傅會《武成序》所云：『武王伐殷，往伐，歸獸，識其政事』者羼入篇中，又恐與《周書》不類，句刊字絕，倒置前後，與舊文相亂，意後世有能讀之者，見其適與《書序》相應，必共信為真古文，無復疑議，其用心亦良苦矣。其言武王狩與《太史公書・周本紀》言西歸行狩合，猶愈於東晉古文剌《樂記》『馬散之華山之陽，牛散之桃林之野』為歸獸者。至文意淺陋，特張霸百二篇之流，固無足深論。然歆雖改《世俘》為《武成》，其《三統》、《世經》所載，皆《世俘》舊文，僅是正其月日，目為《周書・武成》，以別於《書經・湯誓》之等。……俾覽者知侈辭佹義，不得雜六藝之科，更由此而推劉歆所欲立學之《書》十六篇，未必皆出於孔壁，而古文之藏秘府者，應毀於新莽之時，不待至永嘉之亂矣。歆之顛倒五經，其弊可勝言哉？」見莊述祖：《書校對〈逸周書・世俘〉後》，《珍蓺宦文鈔》，頁98。

〔註188〕莊述祖：《周頌口義》，《皇清經解續編》，第一冊，卷232，上海：上海書店，1988年，頁1100。

故「章句之學，自漢之東，古法漸失，況魏晉以下乎！學者慎無鹵莽於其七十子所傳之大義也。」〔註189〕如有關箕子朝周之事，莊述祖批評劉歆曰：「《大傳》曰：『箕子既受周之封，不得無臣禮，故於十三祀來朝。』劉歆乃謂武王伐殷以箕子歸，誣聖之甚者也。」〔註190〕此外，還批評劉歆對《左傳》的竄改，曰：「劉歆未受《左》，古字古言多，妄意開經例，沿訛轉益訛……劉歆《三統》傳，四分辰當歲，古法遂全捐，誤又重滋誤。」〔註191〕劉歆開此先例後，以假亂真的現象在歷朝歷代屢見不鮮，當中尤以《尚書》被竄改的最為嚴重。莊述祖的漢學研究基本上是以第一類經書作為立論的基礎，他認為西漢初年所傳的今古文經傳大體上承自於七十子之學，其中聖人真義還未被有意曲解，是「真古文說」，如伏生及孔安國以今文讀孔壁古文經所得的今古文《尚書》，或《史記》中司馬遷從孔安國所問的古文經，或《毛詩》等，並以此來修正第二類經書中的錯誤。為重整復原被劉歆及後世學者所篡改混淆的經學典籍，莊述祖從恢復漢代今古文家法入手來區分出今古文之異同，以明確漢代今古文經學傳授之淵源，欲以此還原出未受劉歆等人竄改前的漢代經傳的原貌，如他考證「於繹思」時曰：「《釋文》『於繹思』，《毛詩》無此句，《齊》《魯》《韓》詩有之。今《毛詩》有者，衍文也。《崔集注本》有，是採三家之本，崔因有故解之。《正義》云：『此篇末，俗本有於繹思三字。』誤也。」〔註192〕

　　以《毛詩》為例，莊述祖以「《毛詩》最為近古」，〔註193〕「雖出於孫卿以後，其傳自子夏，故視三家為最醇」，〔註194〕且在新朝劉歆所立有關古文經的官學中，「《毛詩》以不立學官，其書最完」，〔註195〕故為《詩》學之正宗，故他作《毛詩考證》及《周頌口義》等有關《毛詩》的研究著作，主要是為了延續並完善莊存與在《毛詩說》中對鄭玄《毛詩箋》的駁斥與修正，希望

〔註189〕莊述祖：《周頌口義》，頁1103。

〔註190〕莊述祖：《洪範序說》，《珍蓺宜文鈔》，頁37。

〔註191〕莊述祖：《讀〈左〉雜詠》，《珍蓺宜詩鈔》，《續四庫全書》集部・第1475冊，頁156。

〔註192〕莊述祖：《毛詩考證》，《皇清經解續編》，第一冊，卷232，上海：上海書店，1988年，頁1097。

〔註193〕莊述祖：《周頌口義》，頁1090。

〔註194〕莊述祖：《微子之命序說》，《珍蓺宜文鈔》，《續四庫全書》集部・第1475冊，頁50。

〔註195〕莊述祖：《周頌口義》，《皇清經解續編》，第一冊，卷232，上海：上海書店，1988年，頁1103。

藉此還原《毛詩》的原貌，如在《毛詩考證》一書中，莊述祖發現「《毛詩》多古文假借」，〔註196〕並以文字訓詁與古籀文之研究來反推《詩經》中假借字的本義，並從中對齊、魯、韓三家今文《詩》學與馬、鄭之注疏多有批評。此外他也考證出如「《箋》從三家說，謂鳦遺卵，娀氏之女簡狄吞之而生契，以《易傳》、《史傳》言簡狄、姜嫄之事皆與《毛詩》不同，姜嫄事尤多歧互說」，〔註197〕故「鄭（玄）之違《（毛）傳》既失之，王（肅）之述《傳》亦未為得也。」〔註198〕莊述祖還在《周頌口義》中駁正《鄭箋》之誤，並專門闡述《毛詩》中的聖人微言，如「《周頌》三十一篇本皆祭祀之樂歌，……夫子反魯正樂，以《三象》為《頌》之始，每什以《武志》為《頌》之終，而以周公相成王繼序文武之道者經緯其間，則周之所以成王業、致太平者，如指諸掌矣。」〔註199〕故「《周頌》與《書》相表裡」。〔註200〕因此《周頌口義》亦可與莊述祖的《尚書》研究相互呼應。由此可知，莊述祖對《毛詩》的研究是以漢學的研究方式在延續並深化莊存與的看法。

由上可知，莊述祖對這三種《古文尚書》的文本，最為重視是《史記》所記載的「孔壁古文」，他在《尚書今古文考證・盤庚上》中提到：「漢石經盤作般，《盤庚》、《高宗肜日》、《高宗之訓》，《太史公書》真古文說也。」〔註201〕，又說：「古文說在《太史公書》」，〔註202〕他以《史記》中所載的「孔壁古文」《尚書》經文為真「古文」，是三種版本中比較可信的，因此莊述祖的《尚書》研究多以「孔壁古文」為依據，如在《武成序說》中提到：「本皆作歸獸，以歸馬放牛當之，而《周書・世俘》又言『武王狩，禽虎貓犀犛熊羆麋鹿之屬』，其篇首亦有『子征伐紂』之文，劉歆以為《周書・武成》，未知鄭氏所謂非百篇之舊，今從《史記》作歸狩，言西歸行狩也。」〔註203〕

不過清代漢學家對《尚書》的研究是以馬、鄭所傳的「杜林《漆書》」為基礎，故在與漢學接軌的過程中，莊述祖亦以第二種經傳注疏作為研究《尚書》的主要基礎之一，他在《答蔣松如問〈夏時說義〉書》中提到：「近

〔註196〕莊述祖：《周頌口義》，頁1100。
〔註197〕莊述祖：《玄鳥篇說》，《珍藝宧文鈔》，頁81。
〔註198〕莊述祖：《既醉篇說三》，《珍藝宧文鈔》，頁74。
〔註199〕莊述祖：《周頌口義》，頁1116。
〔註200〕莊述祖：《立政序說》，《珍藝宧文鈔》，頁53。
〔註201〕莊述祖：《尚書今古文考證・盤庚上》，《尚書今古文考證》，卷2，頁3。
〔註202〕莊述祖：《大誥序說》，《珍藝宧文鈔》，頁42。
〔註203〕莊述祖：《武成序說》，《珍藝宧文鈔》，頁36。

欲撰《尚書今古文集解》，僅載馬、鄭、王三家注及《史》、《漢》所引異同，亦不能遽定其是非」，〔註204〕即他未完成的《尚書今古文集解》起先也是以東漢古文家馬融、鄭玄與王肅三家注與《史記》、《漢書》所引《尚書》經文作為最開始的研究基礎，由此可知莊述祖對於「杜林《漆書》」的重視其實不比「孔壁古文」差多少，因為他除了借重馬、鄭之注作為其考證的資料外，〔註205〕最主要的目的是要批評改正鄭玄之說法，他以為「鄭氏本《周官》……與《尚書》不必盡合」，〔註206〕當中主要是批評馬、鄭對於周公之事的見解，如在《金縢序說》中，他即批評鄭玄對於周公居東的解釋：「周公居東即東征也，伏生《書傳》、《毛公詩》故訓、《太史公書》皆同，而鄭氏乃謂居東待罪以須君之察己，又謂罪人為周公之屬黨，此固不辨而之其謬者……謂周公傷其屬黨，愚且誣矣。」〔註207〕又批評：「說者謂『武王克殷，徙微子於宋』（鄭氏《樂記注》，又謂『周公攝政六年，制禮作樂，封殷之後，稱公於宋』（鄭氏《發墨守》），皆非也。武王伐紂之時，微子已去殷，無所謂徙；《樂記》：『黃帝、堯、舜、夏後之後皆曰封，而殷之後獨曰投』，武庚不當封者也，降王者之後為殷侯，故武庚之立，投也，非封也，微子之命，代也，非投也……烏有二年黜殷，六年始封微子哉？故曰：『不知聖人之心也。』」〔註208〕莊述祖認為東漢古文家鄭玄、王肅、譙周等人對經文的曲解主要是因「皆傅會傳記而不本諸經」所導致，〔註209〕因漢代經師多承自荀子之後學，故莊述祖以為漢人所做的傳記在經義上的認知已有所偏差，再歷經劉歆對古文經的篡改，是以「杜林古文說」為代表的東漢古文經已不如西漢經學純正。

　　此外，莊存與以偽古文《尚書》中亦蘊含上古三代聖王之大法與聖人之理，因此他站在經世致用的立場上強調偽古文《尚書》不可偏廢，這和當時強調以文獻資料為基礎來專務探求真偽的反偽古文《尚書》的學術潮流相違

〔註204〕 莊述祖：《答蔣松如問〈夏時說義〉書》，《珍藝宧文鈔》，《續四庫全書》集部・第1475冊，頁114。

〔註205〕 如「我其發出狂」，「《史記》狂作往。《鄭注》：『發，起也。紂禍敗如此，我其起作出往也。』是漆書古文亦作往，狂作往是。」見莊述祖：《尚書今古文考證》，《續四庫全書》經部・書類，第46冊，頁429。

〔註206〕 莊述祖：《答孫季逑觀察第三書》，《珍藝宧文鈔》，頁107。

〔註207〕 莊述祖：《金縢序說》，《珍藝宧文鈔》，頁40。

〔註208〕 莊述祖：《微子之命序說》，《珍藝宧文鈔》，頁43～44。

〔註209〕 莊述祖：《歸禾序說》，《珍藝宧文鈔》，頁44。

逆。莊述祖繼承莊存與之學，對偽古文《尚書》中相關的義理亦十分重視，不因是偽造而完全忽略，故在《珍埶宧文鈔》中，他也對偽古文《尚書》中《武成》、《旅獒》、《微子之命》等篇之序作相關的論說，但與莊存與不同之處在於他又以考據的角度與標準來衡量偽古文《尚書》的內容。首先，莊述祖雖不像漢學家對偽古文《尚書》棄之不用，但他仍不得忽略當時對東晉古文《尚書》已被判定為偽書的學術事實，故他也從中去考證偽古文《尚書》中的錯誤，並與辨偽相結合，間接貶低偽古文《尚書》的地位，如在《洪範序說》中提到：「《漢書・五行志》云：『周既克殷，以其子歸，武王親虛己而問焉。』其說本劉歆《三統》，謂即在伐紂之歲，故梅賾所獻古文在《分器》前，此誣亂聖經之一端也。今文《尚書傳》、《太史公書》、《周本紀》皆以為在克殷後二年，《漢書・儒林傳》以遷書《洪範》為古文說，是孔安國及歐陽、大小夏侯皆無異義。倡自劉歆一人之臆說，而班固、鄭氏、王肅皆以為十三年伐紂，是不可不辨者也。」〔註210〕莊述祖即以班固、鄭玄、王肅等東漢古文家與偽古文《尚書》均受到劉歆作偽的影響。其次他考證出梅賾所獻《古文尚書》與《漆書》有密切關係，曰：「劉子政以中古文補其脫簡。枚賾所獻即馬鄭《漆書》，杜林得之於西州者也……至馬鄭傳杜林《漆書》本與今文迥別，故鄭注《周官・太宰》引《書》作『王啟監，厥亂為民』同《隸古定本》，蓋《隸古定本》多據《漆書》本耳。」〔註211〕《隸古定本》即梅賾所獻的《古文尚書》，莊述祖認為此版本乃承「杜林《漆書》」而作，又再加上從它處拼湊出所謂逸《書》二十五篇，以合孔安國所獻之篇數。由此，莊述祖將偽《古文尚書》視為出於「杜林古文」之支脈。

　　關於漢代今文經的部分，由於是劉歆所立古文經的對立面，所以其經傳並未受到劉歆等人的篡改，故莊述祖以為今文經傳比東漢古文經傳保留更多的聖人真義，以《春秋》為例，「《春秋》之義以三傳而明，而三傳之中，又以《公羊》家法為可說，其所以可得而說者，實以董大中（仲舒）綜其大義，胡母生析其條例，後進遵守不失家法，至何邵公作《解詁》，悉隱括就繩墨，而後《春秋》非常異義可怪之論皆得其正。凡學《春秋》者，莫不知《公羊》家，誠非《穀梁》所能及，況《左氏》不傳《春秋》者哉！假設無諸儒之句剖字析，冥心孤詣以求聖人筆削之旨，則緣隙奮筆者皆紛紛籍籍

〔註210〕莊述祖：《洪範序說》，《珍埶宧文鈔》，頁38。
〔註211〕莊述祖：《尚書今古文考證》，《續四庫全書》第46冊，頁440～441。

以為《左氏》可興，《公羊》可奪矣。」〔註212〕莊述祖以為在《春秋》三傳中，唯有今文之《公羊傳》和《穀梁傳》傳《春秋》之學，當中尤以《公羊傳》最為正宗，而屬於古文經範疇的《左傳》並不傳《春秋》之學，這種觀點與莊存與以為《左傳》亦傳《春秋》的立場不同，這顯示出莊存與治經不分家法的方式與莊述祖以今古文之分來治經的家法有所不同；其次，莊述祖又考證出《左傳》本文遭到劉歆的竄改與杜預的誤寫，其曰：「《左氏春秋》經劉歆私改者如『壹戎殷』，改『壹』為『殪』，經杜預誤寫者如『不飧』讀為『不夕食』，此皆不明古義。劉之逞臆虛造，杜之襲陋訛，其失一也。」〔註213〕又曰：「《左傳》以多劉歆等所私改，皆當闕疑。」〔註214〕莊述祖對於《左傳》的看法後來成為劉逢祿作《左氏春秋考證》的思想源頭，亦深刻地影響了宋翔鳳對於《左傳》與劉歆的看法，由此為後來的晚清今古文之爭開啟了一扇大門。

　　在上述所論說的基礎上，可以對莊述祖《尚書》研究的特點進行分析。首先莊述祖延續常州學派對《尚書》的研究，以《書序》作為研究的立基。常州莊氏家族對於經學的累積性研究，除了《春秋》之外，莊存與著力最深者就是《詩》、《書》之學，因「漢初大儒所傳，多為漢季魏晉人所改易，加以為撰，其存者，在《書》則《序》，《詩》有《毛傳》耳」，〔註215〕當中《詩》學研究以《毛傳》為主，《尚書》的研究則以《書序》作為治《尚書》的綱領，以「《序》如今之第者，以事類敘，不以時先後敘也」，來「繹《書序》而遜心求之」，希望藉由《書序》重整恢復《尚書》的原意。因此蔡長林先生總結：「劉逢祿《書序述聞》、《尚書今古文集解》的根本立場，即來自於存與、述祖之見，然述祖之見實承襲自存與。述祖《珍藝宦文鈔》卷三所載，即劉逢祿《尚書今古文集解序》所言《書序說義》者，是編皆據存與《尚書既見》、《尚書說》之論，而存與所論，則據《書序》為說者。」〔註216〕由

〔註212〕莊述祖：《夏小正經傳考釋三》，《珍藝宦文鈔》，《續四庫全書》集部‧第1475冊，頁85。

〔註213〕莊述祖：《珍藝宦文鈔》（清嘉慶道光間武進莊氏脊令舫刊本），第5卷，頁25。

〔註214〕莊述祖：《周頌口義》，《皇清經解續編》，第一冊，卷232，上海：上海書店，1988年，頁1117。

〔註215〕莊存與：《四書說》（光緒八年重刊陽湖莊氏藏板），頁48。

〔註216〕蔡長林：《常州莊氏學術新論》，頁225～226。

上可知，莊述祖承莊存與餘緒，以《書序》為作為判定《尚書》經義之標準，他以為《尚書》被漢儒誣之於前，宋儒亂之於後，故曰：「述祖嘗學《尚書》，病其無可依據，《偽孔傳》又陋且略，求之於《伏生大傳》，馬、鄭、王諸家《注》，時亦有所去就，而一折衷於《書序》。《書序》所有，《傳》《注》不同，則從《書序》」，〔註217〕所以莊述祖特地撰寫《書序說義》來專門闡述《書序》中的義理，而劉逢祿的《書序述聞》及宋翔鳳的《尚書譜》均是在此書的基礎上對《書序》作進一步論說，故宋翔鳳在《尚書記跋》為莊述祖的《尚書》研究作一總結：「葆琛先生於《尚書》學推本《書序》，錯綜論定，如見遠古，曾採《逸周書》、《太史公》為《尚書記》，申以己說，蓋非近代考據家所能及也。」〔註218〕

此外，莊存與以「疏通知遠」的方式來論說《尚書》中的微言大義，希望改正其中被荀子誤導的部分，如周公「攝天子位、假王號」的說法，曰：「司馬遷嘗讀百篇之序，而不知成王、周公之事為荀卿、蒙恬所汩亂。漢居秦故地，世習野人之言，於是有《周公輔成王朝諸侯圖》賜霍光者。成王幼，不能蒞阼，遂記於《大小戴》而列於學官矣。」〔註219〕莊存與以此說源於荀子，流傳於秦國，而後經司馬遷、戴勝、戴德之傳播，最後成為漢朝學官之說，對後世產生極大的影響，所以莊存與在《尚書既見》中以大篇幅論述來反駁此「畔經誣聖」的說法，將周公建構還原成「至聖而臣」的形象。莊述祖延續莊存與批判荀子之學的基調，以考據的研究方法來釐清荀子之學對漢學的影響，〔註220〕尤其是對《尚書》的曲解，其曰：「儒林之興多自孫卿，其學先製作趨時，尚雜功利，矜智能，所謂王道禮樂者特以矯揉人性而為之弔詭，以致其隆盛焉耳。大賢君子間有獨見大義合於六藝之微言，如賈

〔註217〕莊述祖：《答孫季逑觀察第一書》，《珍藝宧文鈔》，《續四庫全書》第1475冊，頁106。

〔註218〕宋翔鳳：《尚書記跋》，《尚書記》，《雲自在龕叢書》第一冊，光緒中江陰繆氏刊本，卷首。

〔註219〕莊存與：《尚書既見》，《續四庫全書》經部·書類，第44冊，頁232。

〔註220〕莊述祖欲改正受荀子之學影響的經書中，不只有《尚書》，還有在《春秋》、《詩經》、《禮經》等，其曰：「董生言《春秋》亦以為損周之文、用夏之質，《韓詩外傳》獨明性善之旨，而賈生簾遠堂高之喻見三代忠厚之遺，《大戴記》錄之，今佚，傳記中如此類者意欲輯為一書，於孫卿以後諸儒稍微區別，明其得失，以傳六藝之末。」見莊述祖：《與趙億生司馬書》，《珍藝宧文鈔》，頁110。

生、毛公、董相、韓太傅之倫，其餘專門名家能出其範圍者鮮矣，故漢之儒其未能盡醇者。孫卿子之儒也，至謂周公屏成王而及武王尤誖亂，《尚書》家據以說經」，〔註221〕故「說者謂：『成王幼，周公攝正當國踐阼，召公疑之，故作《君奭》。』（《太史公・魯世家》、《漢書・王莽傳》同）其說固起於孫卿之後，又謂：『周公既攝政，不宜復列臣位，故召公不悅。』（馬鄭《尚書》注、徐乾《中論》同）即前說而小變之，皆不明君臣之義、聖賢之心、疏通知遠之教也。」〔註222〕因此莊述祖研究《尚書》的目的之一是延續莊存與改正荀子及大多數漢儒對《尚書》的誤讀，以此還原孔子之本義，故曰：「《尚書》疏通知遠之教，三代帝王大經大法畧具，竊不自量，欲採集西漢以前諸儒傳記為一書，以留微言大義於萬分一。」〔註223〕所以莊述祖作《尚書今古文考證》是有意與乾嘉時期《尚書》的代表作──孫星衍的《尚書今古文注疏》在《尚書》研究上作一抗衡，但最終並未成書，不過莊述祖將《尚書》今古文異同的研究歸納總結為常州學派的家法。之後劉逢祿依其手稿，完成《尚書今古文集解》，可見常州學派後學基本上是繼續遵循莊存與治經之大旨。

此外莊述祖也將《公羊》與《毛詩》中的微言大義融入他的《尚書》研究之中，並在莊存與研究的基礎上進一步延伸。以周公為例，莊存與著重論證周公繼文武之志使其成為輔佐成王達到致太平的不二人選，而莊述祖則焦聚申論周公所製作的禮樂制度在致太平的過程中所發揮的作用，二者相輔相成，均將《尚書》視為治國平天下的重要經典。

乾嘉漢學對於經學的辨偽考證以《尚書》最為熱烈，從朱熹時已懷疑《孔傳》可能是偽造的，所以蔡沈在朱熹授意下所疏解的《書集傳》開始標示今古文之有無，以此開啟後人對《尚書》之辨偽及對今古文《尚書》異同研究的濫觴。至清代漢學家研究《尚書》，則從版本篇章的真偽之辨入手，徹底推翻偽古文《尚書》及《孔傳》的學術地位，並藉由歷代典籍及前人之見解來仔細區分今、古文經說之異同，之後對《尚書》研究的新疏接踵著成，然而在某些議題上，仍是眾說紛紜，如孫星衍在《尚書今古文注疏》中提出「五家三科」

〔註221〕莊述祖：《與趙億生司馬書》，《珍藝宧文鈔》，頁110。
〔註222〕莊述祖：《微子之命序說》，《珍藝宧文鈔》，頁50。
〔註223〕莊述祖：《答孫季逑觀察第二書》，《珍藝宧文鈔》，頁107。

的說法則頗受後人爭議。〔註224〕莊存與亦以《尚書》見長，著有《尚書既見》，書中對上古三代聖王大法及微言大義的闡釋成為常州學派經學研究的核心思想，但他不重視經文的疏證，如在論述周公之事時並沒有將《金縢》前後文的內容脈絡作嚴謹的考證，所以此書後來引發漢學家的強烈反彈。在當時的學術大環境下，莊述祖以漢學家考據的方法及嫻熟的學術語言來重新包裝莊存與對「疏通知遠」之教的闡述。

莊述祖轉變莊存與只著重於《尚書》微言大義闡釋的寫作方式，改以考證訓詁的方式來重新完善莊存與的觀點，如莊述祖在考證的過程中發現莊存與的解釋與自己論證有所差異時，他會在不違背家學大旨的前提下做出修正，這可從《金縢序說》中得到印證：「觀《逸書‧度邑》，知周公自以為功代武王之說，而《鴟鴞》之詩在『罪人斯得』之後，所謂『無以告我先王』也。《序》曰：『武王有疾，周公作《金縢》』，文約而旨明矣！『周公居東』即東征也，……周公未嘗辟也，……周公始終不離成王，……豈有救亂之時，乃居東以待罪乎？是誣成王且誣周公也。故不讀《度邑》不知《金縢》；《金縢》者，周公之書首篇也。」〔註225〕莊述祖依《史記》之記載修正莊存與所認為的「避居待罪」說，將周公「我之弗辟」用於「居東」的解釋，以此辯證周公在天下大亂之時並未因流言而避居東方以待罪之事，將莊存與的「避東」說，改為符合多數學者看法的「東征」說，並廣泛援引乾嘉時期各家漢學的注疏成果，如江聲《尚書集注音疏》、王鳴盛《尚書後案》、段玉裁《古文尚書撰異》、孫星衍《尚書今古文注疏》及王念孫、王引之父子之《讀書雜誌》、《經義述聞》等

〔註224〕孫星衍在《尚書今古文注疏‧凡例》提出「五家三科」之說：「《尚書》古注散佚，今刺取書傳升為注者，五家三科之說。一、司馬遷從孔安國問故，是古文說。一、《書大傳》伏生所傳歐陽高、大夏侯勝、小夏侯建，是今文說。一、馬氏融、鄭氏康成雖有異同，多本衛氏宏、賈氏逵，是孔壁古文說。皆疏明出典。其先秦諸子所引古《書》說，及緯書、《白虎通》等漢魏諸儒今文說，許氏《說文》所載孔壁古文，注中存其異文異字，其說則附疏中。《大傳》於章句之外，別撰大義，故擇取其文，不能全錄。」而皮錫瑞對此批評曰：「孫星衍《尚書今古文注疏》於今古說搜羅略備，分析亦明，但誤植《史記》皆古文，致今古文家法大亂（原注：如《論衡》明引《金縢》古文說，孫以其與《史記》不合，乃曰：『王氏充以為古者，今文亦古說也。』豈非遁詞）。」見皮錫瑞：《治〈尚書〉當先看孫星衍〈尚書今古文注疏〉、陳喬樅〈今文尚書經說考〉》，《經學通論》，臺北：河洛圖書出版社，1974年，頁103～104。

〔註225〕莊述祖：《金縢序說》，《珍藝宦文鈔》，頁40～41。

《尚書》研究的成果，尤其是關於兩漢《尚書》今古文之分的部分，再加上自己對於古文、古義、古音的研究，〔註226〕以此著成漢學形式的注疏體著作，所以李慈銘在讀完《味經齋遺書》後比較莊存與和莊述祖的學術差異時提到：「至其從子葆琛氏，始究心於許鄭，所著如《五經小學述》、《弟子職集解》諸書，不可謂非漢學專門也。其《尚書今古文考證》亦絕不同其世父之言。」〔註227〕在轉變的過程中，莊述祖也以區分《尚書》今古文之異同，對兩漢《尚書》的經傳作一整理與甄別，以此釐清《尚書》的原貌，作為莊存與在《尚書既見》與《尚書說》中以疏通知遠的方式所得出之微言大義的學術根據，由此體現出莊述祖對於莊存與《尚書》學的繼承、修正與轉型，並形成常州學派研究《尚書》的特有家法，所以蔡長林先生說：「莊述祖治經襲取吳派家法，其交涉之重心，乃在《尚書》之學，而非錢穆所言的『明堂陰陽』。述祖的漢學家法，蓋有取於江聲、王鳴盛、段玉裁、孫星衍論《尚書》今、古文字而得者，此可由述祖所著《尚書今古文考證》中求得證據。」〔註228〕

　　莊述祖作《尚書今古文考證》，遍採《史記》、伏生《尚書大傳》、偽《古文尚書》經傳等書以為注疏，不拘門戶，書中主要從區分《尚書》中各家今古文之異同入手，在偽古文《尚書》辨偽的基礎上，繼續深化對《尚書》的去偽存真，再加上對古字、古音的研究，莊述祖欲將家族的《尚書》研究以漢學的模式呈現至當時的學術界中，此種研究方式最終成為劉逢祿、宋翔鳳、莊綬甲等常州學派成員研究《尚書》的基礎。

四、以《說文》求《歸藏》之義──莊述祖的《易》學研究

　　莊述祖對文字學的研究十分專精，「同時王給事念孫作《廣雅疏證》、段大

〔註226〕「《尚書》今古文並傳，而攻古文者始自吳棫，朱子繼之，明梅鷟大發其覆。而閻若璩之《疏證》，惠棟之《古文尚書考》，宋鑒之考辨，眾證確鑿，無可諱言。至江聲之《集注》，孫星衍之《注疏》，匯羣儒之大成，示後學之良矩，固已至精至粹也。陳壽祺《大傳輯說》，較盧見曾為優，朱右尊《逸書校釋》，較盧文弨為精。莊述祖心精力果，以古義古音疏通精確，惜止刻行九篇，全書未能徧傳也。」見徐珂：《經術類》，《清稗類鈔》，第八冊，「書經之精義」條。

〔註227〕李慈銘：《越縵堂讀書記》，北京：商務印書館，1959 年，頁 1169，「《味經齋遺書》」條。

〔註228〕蔡長林：《論常州學派的學術淵源》，《從文士到經生──考據學據風潮下的常州學派》，臺北：中央研究院中國文哲研究所，2010 年，頁 74。

令玉裁作《說文正義》，每採先生之說，歎為精到」，〔註229〕其相關著作有《說文古籀疏證目》一卷、《石鼓然疑》一卷、《古文甲乙篇》、《說文古籀疏證》二十五卷、《說文諧聲考》一卷、《說文轉注》一卷、《鐘鼎彝器釋文》一卷、《聲字類苑》一卷，當中《說文古籀疏證》是他在小學領域中最重要的經學著作。

首先《說文古籀疏證》先論述《歸藏》與黃帝、老子、孔子之間的關係。莊述祖將黃帝造字作為中國文字的起源，其曰：「文字之興始於黃帝正名三十二言之教，以明人倫庶物。」黃帝透過造字作為正名萬事萬物的工具，由此體現出他治國理政之法，〔註230〕並成為中國文化的開端。關於中國文化的核心思想，莊述祖在《說文古籀疏證序》中明言：「黃帝造甲子以通八卦之氣而文字興，文字之於六書，猶月之於日也……執文字而即以為道，不知道者也；習文字而終身不知道，不知文字者也。由文字以求甲子，由甲子以求八卦，知《歸藏》納甲之義與《周易》相輔而行。八卦非文字，而八卦之名有不能不假文字以明之者。余嘗致商周彝器文，如震兌巽艮，其字皆取象於月，是殷人《歸藏》之卦，亦流傳於吉金銘勒，推而廣之，一名一物，一動一植，有文字者悉寓至道於其中。」〔註231〕黃帝以納甲之義作為造字的原則，故「始一終亥乃文字之所由起」，〔註232〕所以「始一終亥」的納甲之義成為中國文化的起源及中心思想。後來納甲之義發展成殷商《歸藏》的坤乾之義，老子道家思想即源於此。後來孔子至宋國得到《歸藏》以觀之，藉此推衍出《易經》的乾坤之義，因此《歸藏》成為《易經》思想的源頭之一，與八卦的原理相通。所以莊述祖的《易》學研究主要是藉由造字原則推出「納甲」之義，如殷周青銅器的銘文有震、兌、巽、艮等古字，其部首皆取象於月，由此來探索殷人《歸藏》之卦的遺留，並藉此推尋《易經》本原。

所以莊述祖撰寫《說文古籀疏證》的目的就是為了重建《歸藏》之義理。「《歸藏》，黃帝《易》也，古籀條例皆由此出。」〔註233〕所以《歸藏》中「始一終亥」之義已蘊藏於古籀文的造字系統中，因此莊述祖對《歸藏》的研究

〔註229〕宋翔鳳：《莊先生述祖行狀》，《樸學齋文錄》，《浮溪精舍叢書》，頁155。

〔註230〕莊述祖：《臧和貴〈小徐說文纂補敘〉》，《珍藝宦文鈔》，《續四庫全書》集部‧第1475冊，頁95。

〔註231〕莊述祖：《說文古籀疏證序》，《說文古籀疏證》，《續四庫全書》經部‧小學類，第243冊，頁257。

〔註232〕莊述祖：《說文古籀疏證序》，頁258。

〔註233〕宋翔鳳：《莊先生述祖行狀》，《樸學齋文錄》，《浮溪精舍叢書》，頁155。

主要是透過他對古籀文的整理與研究而得，希望由對古籀文的研究來探索造字之原理及其背後所蘊含的微言大義，並由此來復原《歸藏》的坤乾之義。但古籀文在秦漢文字改革之後已被隸書和楷書所取代，因此長期被人所遺忘並逐漸散缺不全，莊述祖以為唯有《說文解字》尚保留古籀文的造字原則，他說：「黃帝正名百物，命其史倉頡造字，古者曰名，今世曰字。孔子言：『必也正名。』亦名，黃帝之法。文字造而《歸藏》出，漢許慎得正名之傳，為《說文解字》，始一終亥。」〔註234〕即黃帝以「始一終亥」之法創造出古籀文的造字系統，而此造字系統的原則後來主要保留於許慎的《說文解字》中，因「許氏始作偏旁條例，以序文字，始於一，終於十，曰十二辰，此六書之條例所從出，合於《爾雅》歲陽歲名以明十二支藏遁之法，有《歸藏》之義焉。」〔註235〕即《說文》的「六書之條例」源自於「始一終亥」的造字系統，許慎以偏旁部首來將文字系統化分類，以古籀文系統中自甲至亥的造字原則將漢代文字分為二十二部，偏旁部首以篆文為主，古籀從之，故書中保留了部分古籀條例，並由此形成六書的造字原則，因此莊述祖以為《歸藏》之義藏於《說文》部首偏旁之例中，並推崇此書曰：「察古籀、篆、隸之升降，亦可見許氏之功尤在存古文於既絕之後。」〔註236〕

　　但是莊述祖認為《說文解字》仍有不足之處，如「《說文》所收九千三百五十三字，有轉寫之訛，無虛造之妄，惟分析偏旁，以篆文為主，古籀從之，或有古籀為部首者，亦必篆文所從之字。」〔註237〕《說文》中所載以小篆為主，古文為輔，這裡的古文是指周朝與東方六國所通行的文字，非指秦國的大篆，且《說文》有轉寫之訛，如解釋《詩經》「如月之恒」的恒字時，「按緪字是，定本作恒，假借字也。《說文》誤以古文緪為古文恒，亦以假借為正字也。」〔註238〕莊述祖又於「曾我暬御」中提到：「《說文》云：『暬，日狎習相慢也。』皆誤從執。按《說文》，褻，私服，從衣，執聲。褺，重衣也，從衣，執聲。褻不從執，《說文》暬從執，以俗字轉寫而誤。」

〔註234〕宋翔鳳：《老子》，《過庭錄》，北京：中華書局，2006 年，頁 216。

〔註235〕宋翔鳳：《莊先生述祖行狀》，《樸學齋文錄》，《浮溪精舍叢書》，頁 155。

〔註236〕莊述祖：《任子田〈小學鉤沉序〉》，《珍蓺宦文鈔》，《續四庫全書》集部．第1475 冊，頁 94。

〔註237〕莊述祖：《說文古籀疏證序》，《說文古籀疏證》頁 257～258。

〔註238〕莊述祖：《毛詩考證》，《皇清經解續編》，第一冊，卷232，上海：上海書店，1988 年，頁 1090。

〔註239〕因此莊述祖用鐘鼎古文來補《說文》的不足，如他在解釋「四國是皇」時曰：「按鐘鼎古文，匡從貝，皇省聲，匡，正也。《經典》借皇作匡，《釋言》曰：『皇，匡正也。』此《傳》曰：『皇，匡也。』皆古文假借例。」〔註240〕但他利用鐘鼎古文與《說文》兩相配合來研究經學的方法引起後世學者褒貶不一的評價，贊成者如丁寶銓說：「本朝莊氏葆琛、吳氏荷屋為用金文證經之鉅子，畢氏秋帆、阮氏文達公為用文考史之大宗。」〔註241〕反對者如李慈銘則批評《說文古籀疏證》曰：「鐘鼎多贗物，又傳模多失真，讀者亦多以意說，莊氏條例中亦自言之，而據此欲正秦篆之失，追頡史之遺，大率支離謬悠鑿空可笑。」〔註242〕

莊述祖研究《說文》以觸類引申到古籀文，並進一步去闡釋「始一終亥之次弟」。〔註243〕由此可知，莊述祖撰寫《說文古籀疏證》的目的是先透過闡明《說文》六書條例以彰顯《歸藏》「始一終亥」之義，後以「始一終亥」之義來探討經學的根源，藉此證明常州學派經學思想最符合上古聖王之大法及孔孟之微言大義，並「冀以通古今之變，窮天工之奧，辨萬類之情，成一家之言。」〔註244〕所以他將《說文古籀疏證》又名為《黃帝歸藏甲乙經記字正讀》，此即李兆洛論莊述祖之學之所以為「奇險所辟」之因。此《歸藏》之學最後由宋翔鳳吸收至其《老子》與《論語》的研究之中，並進一步完善成為「孔老同源說」，〔註245〕最後成為宋氏經學研究的基礎思想之一。

〔註239〕莊述祖：《毛詩考證》，頁1091。

〔註240〕莊述祖：《毛詩考證》，《皇清經解續編》，第一冊，卷232，上海：上海書店，1988年，頁1089。

〔註241〕丁寶銓：《序傅山霜紅龕集》，臺北：漢華文化事業股份有限公司，1971年，頁1。

〔註242〕李慈銘：《越縵堂日記》，臺北：世界書局，1975年，頁518。

〔註243〕莊述祖：《復從子卿珊詢古文大小篆書》，《珍蓺宦文鈔》，《續四庫全書》集部‧第1475冊，頁118。

〔註244〕莊述祖：《說文古籀疏證序》，《說文古籀疏證》，《續四庫全書》經部‧小學類，第243冊，頁257～258。

〔註245〕宋翔鳳於曰：「老子所述，為黃帝《歸藏》之義。」又曰：「《論語》稱『為政以德』，又言：『道之以德，齊之以禮，有恥且格。道之以政，齊之以刑，民免而無恥。』又言：『無為而治者，其舜也與。夫何為哉？恭己正南面而已矣。』皆同於老氏之恉。」故曰：「蓋孔子得坤乾之後，述黃帝之易，行不言之教矣。」（宋翔鳳：《老子》，《過庭錄》，北京：中華書局，2006年，頁220／215／220。）譚獻曰：「宋先生（翔鳳）欲為《老子章義》，未成，存十餘則於《過庭錄》，皆推究《歸藏》之旨。」（譚獻：《復堂日記》，卷一，頁4。）

此外，莊述祖研究古文字的另一目的是「欲以古文籀篆參校五經」，〔註246〕因「學者讀六藝三代之文而不通隸古之變，則不能正其字，不能正其字而其義之亡而晦者亦有矣。」〔註247〕因此他要以通過追溯字音的源頭來探求先秦經典的原意，然而莊述祖並不似漢學家純以《說文》治小學為限，他批評漢學家「抱殘守缺」，在以《說文》釋經時「以為不可增損一字」，〔註248〕因為他以為《說文》所列的小篆與先秦古文仍有相當的差異，曰：「蓋古文自嬴秦滅學之後，久絕師傳，當時初除挾書之律，閭裡書師，各以意指授，皆小篆也。相傳孔子壁中書藏於秘府，謂之中古文，能讀者尟。《尚書》家言今文者皆自伏生，伏生為秦博士，不得私習古文，至老而求得壁藏書，諒亦以意屬讀而已。張懷瓘云：『漢文帝時，秦博士伏勝獻《古文尚書》。』是伏生亦以今文讀古文，與孔安國同。」〔註249〕莊述祖以為漢代所傳下來的今古文經均是經師以小篆讀先秦古文經所得，因對古文知之甚少，故只能「以意屬讀」而已，故漢代經師所傳的經文與先秦原典已有所差異，如「佞邪傅會，乃謂周公假王者之號是所云十六篇者，歆等以意屬讀，非復古文舊書。」〔註250〕故漢學以小篆解經仍然無法完全正確地還原以先秦文字所撰寫的經書之原文，尤其是以古文所撰寫的西漢古文經——「壁中書」。莊述祖以為壁中書是當時最接近五經原貌的典籍，而《說文解字》是研究先秦文字的最佳入門途徑，故他的治經方法是「先治許氏《說文解字》，稍稍識所附古文」，之後「用《爾雅》之例編《說文》，轉注用《廣韻》例，又博考三代秦漢有韻之文編《說文》諧聲，《說文》之學以是遂明，而周秦之書無不可讀者」，故他盛讚《說文》曰：「述祖於許氏書亦嘗稍窺一二，其有功於六藝甚巨。」〔註251〕

宋翔鳳最後繼承了莊述祖的古籀文研究，成為他後期文字訓詁的重心，如他在道光元年作《石鼓文》一詩曰：「別偽見真幾人到，非今是古何時無」，〔註252〕他採莊述祖《石鼓然疑》之說，認定石鼓文作於西魏宇文泰時蘇綽

〔註246〕莊述祖：《校薛氏〈書古文訓〉古文序》，《珍藝宦文鈔》，頁91。
〔註247〕莊述祖：《焦山周鼎銘後跋》，《珍藝宦文鈔》，頁97。
〔註248〕莊述祖：《任子田〈小學鉤沉序〉》，《珍藝宦文鈔》，頁94。
〔註249〕莊述祖：《說文古籀疏證序》，《說文古籀疏證》，《續四庫全書》經部‧小學類，第243冊，頁257～258。
〔註250〕莊述祖：《嘉禾序說》，《珍藝宦文鈔》，頁45。
〔註251〕莊述祖：《答族孫大久論許氏《說文》書》，《珍藝宦文鈔》，《續四庫全書》集部‧第1475冊，頁118。
〔註252〕宋翔鳳：《石鼓文》，《洞簫樓詩紀》，卷3，《浮溪精舍叢書》，頁256。

之手，並批評王肅、韓愈、張籍等人，錯認此文是周宣王史籀所書。另外在道光四年與眾人討論洪瞻墉所摹的泰山刻石殘字字樣時，洪瞻墉認為此殘字為秦時所刻，但宋翔鳳並不認同，曰：「羣公議論久紛紜，竊疑莒國留殘字，難信秦人尚舊文，八體屬書精點畫，一家考古識權斤，早從金石添新釋。」〔註253〕宋翔鳳同樣依莊述祖的古籀文研究，判斷此帖之字可能為春秋戰國時莒國時所遺留下來的古文，而非秦代的篆體，並對秦泰山刻石作一考證，其曰：「余疑明許口所得泰山刻石殘字為宋代重摹之本，至江鄰幾、劉跂所見者，已剝蝕殆盡，即今嶽頂之無字碑。案今存秦琅邪刻石，其形制與無字碑相類，《宋文鑑》載劉跂《泰山篆譜序》言石之尺度、形制亦略同。蓋自秦至宋已約略有字，自宋至明剝蝕殆盡，且《集古錄》言：『石頑不可鑿。』今傳舊拓本泰山刻石二十九字後有許口跋，語數行，字尚工整，非不可鑿者，之非元石矣。」〔註254〕由此顯示宋翔鳳在金石學與文字學的功力。

五、重新整理《夏時》經傳——莊述祖的《春秋》學研究

據《隋書・經籍志》紀載，《夏小正》一卷為戴德所撰，與《大戴禮記》別行，但莊述祖以為《夏時》是孔子求夏代所遺留的典章制度時所得並重新整理的典籍，其在《夏小正經傳考釋序》中提到：「《禮運記》曰：『孔子曰：「我欲觀夏道，是故之杞，而不足徵也，吾得《夏時》焉；我欲觀殷道，是故之宋，而不足徵也，吾得《坤》《乾》焉。《坤》《乾》之義、《夏時》之等，吾以是觀之。鄭康成以為其書存者有《小正》、《歸藏》。」』蓋孔子得夏四時之書而正之，是為《夏時》，其傳為《夏小正》。」〔註255〕因此莊述祖以為《夏時》乃孔子觀夏道而正之的著作，當中蘊含聖人的微言大義，故此書的地位應該不在六經之下，而《夏小正》則是由孔子弟子所撰寫以解釋《夏時》的等序，以明聖人之教，故成為傳，故曰：「《夏時》亦孔子所正，《夏時》之取夏時之書，猶《春秋》之取魯史也，聖人之旨，於是乎在。其以大正、小正、王事，科為三等，蓋出於游、夏之徒，高、赤之等。兩漢時猶有能言之者，故蔡中郎以為有陰陽生物之候、王事之次，然呂不韋造《月令》，亂《夏時》之等，並

〔註253〕宋翔鳳：《洪小筠瞻墉一秦泰山刻石殘字字樣摹絳帖所載全文重刻索詩》，《洞簫樓詩紀》，卷7，《浮溪精舍叢書》，頁285～286。
〔註254〕宋翔鳳：《洪小筠瞻墉一秦泰山刻石殘字字樣摹絳帖所載全文重刻索詩》，《洞簫樓詩紀》，卷7，《浮溪精舍叢書》，頁286。
〔註255〕莊述祖：《夏小正經傳考釋序一》，《珍藝宦文鈔》，頁83。

滅其書，其藏於民間者，簡斷字脫，不可句度。」〔註256〕秦漢之以後，《夏時》的經文大部分已亡佚而不可讀，至唐宋時期，收入《大戴禮記》中的《夏小正》亦有所散佚，後由宋代的傅崧卿彙集集賢本之《大戴禮記》及關澮本之《夏小正》而成今日所殘存之《夏小正》，但傅氏本經傳不分，使《夏時》經傳失其本旨而後世學者不明其義，以為此書乃《月令》、《時訓》之流，故《夏時》成為絕學。

為此，莊述祖對《夏時》經傳進行一系列的整理。首先，因《夏小正》中多古文，而漢代經師以今文讀之，故文中字句不易理解，如君讀為丹、民讀為卵、內馬讀為白鳥等等，因此莊述祖分別以古文、大小篆來校正傅氏本中之經文，先刪除後世學者所添補於經文上的部分，以此還原經文的原貌，最後《夏時》經傳只保留463字，之後再將所還原的經文區分出經與傳兩部分。接下來則對經文進行補缺，列其等次（夏時之等），再求其條例，如有不通者則尋繹其次序，解剖其句讀，並訓詁當中的古字、古音，以此來闡釋《夏時》經傳之義例，以此莊述祖作《夏小正經傳考釋》十卷，當中包括《夏時說義》三卷、《夏小正音讀考》四卷、《夏小正等例》一卷及《注補夏小正等例》二卷，另有《夏時雜義》一書則未及完成。

對於《夏時》與五經的關係，莊述祖以為《夏時》與五經均出自孔子之手，彼此的義理均能一以貫之，如《夏時說義》中提到：「《易》非卜筮也，《春秋》非記事也，《夏時》非記時也，聖人筆之於經，所以觀三代之道也，天地之德也，聖人之心也。《易》之卦也，《春秋》之義也，《夏時》之等也，一也。」〔註257〕所以《夏時》之等與《易》之卦、《春秋》之義均是孔子的微言大義，都是為萬世立永恆不變的治國理政之法，故又曰：「《易》象本《春秋》義，推闡《詩》、《書》，考諸《禮》，以列明堂之法、陰陽之位、經緯之行、數法之常、五行之用、四時之紀、十有二月之正，明其等，究王道之終始焉。」〔註258〕《夏時》之等與《易》之象、《春秋》之義、《詩》、《書》、《禮》均在探討王道之終始，當中關於王道之「始」的部分，莊述祖進一步論述，「《易》基乾坤；《關雎》為《風》始，昏禮下達；《書》美釐降；《春

〔註256〕莊述祖：《夏小正經傳考釋序三》，《珍藝宦文鈔》，頁85。

〔註257〕莊述祖：《夏時說義下》，《明堂陰陽夏小正經傳考釋》之三，《珍藝宦遺書》，清嘉慶道光間武進莊氏脊令舫藏版，頁1b。

〔註258〕莊述祖：《夏時說義下》，《明堂陰陽夏小正經傳考釋》之三，《珍藝宦遺書》，清嘉慶道光間武進莊氏脊令舫藏版，頁17a。

秋》譏不親迎；《夏時》本綏多女士，皆慎始之義也。」〔註259〕關於「終」的部分則提出：「《易》終《未濟》，《書》終《秦誓》，《詩》終《商頌》，《春秋》終於西狩獲麟，《夏時》終於隕麋角，戒之哉，戒之哉！」〔註260〕由此可以瞭解莊述祖將《夏時》的地位提升到幾乎與《易》、《春秋》不相上下，並可與五經互通有無，其中，《夏時》和《禮》、《春秋》的關係更為密切。

莊述祖認為《夏時》與《禮經》的關係尤為密切，他說：「《盛德記》云：『明堂，天法也；禮度，德法也。』《夏時》與《禮經》相表裡，故《禮》家合而記之。竊以為夏禮所存、孔子所正，一王之大法；先聖之微言皆百姓之所日用，而天道箸其文、約其恉、明其等，粲然可觀，謹校定為《明堂陰陽經》，宜與《曲禮》之正篇並錄焉。」〔註261〕所以莊述祖在論述《夏時》之義時，主要是將此義放在明堂制度的框架下加以闡釋，並與《禮記》中的《明堂》、《大學》等篇相互印證，因此他又將《夏時》命名為《夏時明堂陰陽經》，而他也以為被載於《大戴禮記》中《夏小正》應屬於《漢書‧藝文志》中所載的《明堂陰陽》三十二篇中的一篇。〔註262〕莊述祖以明堂之禮來體現《夏時》之義的研究後來被宋翔鳳所繼承，為《大學古義說》及《論語說義》中有關明堂的述說奠定下基礎，尤其《大學古義說》可以說是對莊述祖《夏時說義》的延伸與補充。

此外，《春秋》又被稱為禮義之大宗，所以莊述祖格外注重《夏時》與《春秋》的關係，他以《春秋》的義例來比附解釋《夏時》之等，認為二者所蘊含的義理是互相契合的，如他提到：「《春秋》書北斗，據人事也；《夏時》記斗柄，明天道也，其義一也。」〔註263〕又曰：「《春秋》書雩記旱也，《夏時》書

〔註259〕莊述祖：《夏時說義上》，《明堂陰陽夏小正經傳考釋》之二，《珍蓺宧遺書》，頁 8a。

〔註260〕莊述祖：《夏時說義下》，《明堂陰陽夏小正經傳考釋》之三，《珍蓺宧遺書》，頁 19a。

〔註261〕莊述祖：《夏時明堂陰陽經》，《明堂陰陽夏小正經傳考釋》之一，《珍蓺宧遺書》，頁 2b～3a。

〔註262〕「漢《藝文志》：『《明堂陰陽》，三十二篇。』古明堂之遺事。今其存者，《小戴》所記有《月令》、《明堂位》二篇，鄭目錄以為於《別錄》，皆屬《明堂陰陽》，則《大戴》所記《夏小正》、《盛德》二篇，以類求之，亦屬《明堂陰陽》。」見莊述祖：《夏時說義下》，《明堂陰陽夏小正經傳考釋》之三，《珍蓺宧遺書》，頁 2b。

〔註263〕莊述祖：《夏時說義上》，《明堂陰陽夏小正經傳考釋》之二，《珍蓺宧遺書》頁 6b。

旱記雩也;《春秋》事後而正之,《夏時》先事而憂之,繼治撥亂,其義一也。」
〔註264〕所以莊述祖對《夏時》的研究其實是對於莊存與《春秋》學另闢途徑
的延續。當中莊述祖主要是將《公羊》思想納入他的《夏時》研究中,如他提
到:「偶憶《夏小正》『納卵蒜』,卵字與古文民字相近,蒜即《說文》祘,數
字之訛,由以知納民祘即《周官禮》司民之獻民數是也。周正建子,故以孟
冬,夏正建寅,故以季冬,其事正合。」〔註265〕他以《夏小正》所言之時事
正合於《公羊》的三正說,所以莊述祖以《公羊》三統之說來解釋《夏時》中
的曆法:「曷謂王十有一月?通三統也。周以十一月為正天統也,殷以十二月
為正地統也,夏以十三月為正人統也。《記》曰:『正朔三而改,文質再而復,
三統建興天地之始。』故《春秋》三微之月皆書王,以是見承天統者不可不慎
也。」〔註266〕即《夏時》所用乃是三統中的夏正,這也正印證此經為孔子於
杞國觀夏道所得之書,也呼應《公羊》家所言《春秋》以夏正為正朔的說法。

　　最後莊述祖下定論:「《夏時》之等,文約而旨無窮,與《春秋》相表裡。」
〔註267〕又說:「竊以為《夏時》之等猶《春秋》之義也,故准何氏《公羊春
秋》條例。」〔註268〕因此,莊述祖用何休為《公羊》所作的條例作為闡述
《夏時》之等的基礎,故曰:「積思已二十餘季,於夏數、夏禮頗見端緒大
恉,以大正、小正、王事三等為五科而條析其例,世無胡母生、何邵公,顧
末學膚受欲鑿空以發其憤悱」,〔註269〕所以他「庶幾或坿任城(何休)之後
塵」,〔註270〕因此莊又朔稱莊述祖的《夏時》之學「櫽栝董、胡,規模等
差」。〔註271〕莊述祖在他的研究中認為孔子賦予《夏時》相當崇高的地位,
其曰:「《易》興於中古,《春秋》撥亂世反之正,《夏時》明三聖相繼,順天

〔註264〕莊述祖:《夏時說義上》,《明堂陰陽夏小正經傳考釋》之二,《珍藝宧遺書》,
　　　　頁13a。
〔註265〕莊述祖:《夏小正經傳考釋序》,《珍藝宧文鈔》卷5,《續四庫全書》集部·
　　　　第1475冊,頁8。
〔註266〕莊述祖:《夏時說義下》,《夏小正經傳考釋》,卷3,頁15~16。
〔註267〕劉逢祿:《夏時等列說序》,《劉禮部集》,卷5,頁7。
〔註268〕莊述祖:《夏時明堂陰陽經》,《明堂陰陽夏小正經傳考釋》之一,《珍藝宧遺
　　　　書》,清嘉慶道光間武進莊氏脊令舫藏版,頁14b。
〔註269〕莊述祖:《畣呂叔訥書》,《珍藝宧文鈔》,《續四庫全書》集部·第1475冊,
　　　　頁113。
〔註270〕莊述祖:《夏小正經傳考釋序》,《珍藝宧文鈔》,頁8。
〔註271〕莊又朔:《珍藝先生像文》,《珍藝宧遺書》卷首,清嘉慶道光間武進莊氏脊
　　　　令舫藏版。

道，法陰陽，修五行，紀四時，計十有二月，序王事之次，繼治世，太平之正經。」〔註 272〕他將《春秋》、《易》、《夏時》並列，認為這三者分別是治理據亂世、升平世、太平世之經，尤其莊述祖將《夏時》當成是孔子為太平世所製作的「太平之正經」，正是《公羊春秋》三世說中的治「太平世」之法。

六、結語

莊述祖以漢學求經學之根株的研究方法成為常州學派一次非常關鍵性的轉折點，他將莊存與的經學研究作出結構性的改變。重塑後的常州經學為劉逢祿與宋翔鳳治經提供一套可以與漢學並存且競爭的研究理論與方法，如他以「存大體，略枝辭，考異同以求其長義」來做為研究《尚書》的原則，從考證論述今古文《尚書》傳授之源流作為開端，並綜合今古文各家之說為基礎，運用其古籀文的研究，由此來建構還原先秦《尚書》的原貌，最後透過《尚書今古文考證》奠定下常州學派對《尚書》研究的基礎與典範。此外，莊述祖最重要的研究是有關《歸藏》與《夏時》的部分，這是他希望超越漢學的突破口，以此來推進莊存與「以學開天下」的遺志。所以他經學研究的範圍，不只遠超過漢代，也越過孔子，直接上溯至商、夏、黃帝等上古聖王的時代，故莊綏甲扼要總結其學術輪廓為：「生平學業，萃於《夏時》，櫽括董、何，規模等差；文辨壁書，義窮聲詩，官禮通貫，古籀心知，源探甲乙，倉史克追。」〔註 273〕最終他將經學的「根株」追溯到黃帝造字的時代，以黃帝「正名」之學作為經學或中國文化的起源，但這似乎與西漢初年的黃老之學有相當之關係。

莊述祖雖然是常州學派承上啟下的一大關鍵，但因他的著作至死後方才出版，故他在常州學派及晚清今文經學的學術地位並不被後人所重視，因此近現代學者多視劉逢祿為「治今文學者不祧之祖」。〔註 274〕但常州學派的經

〔註 272〕莊述祖：《夏時說義上》，《明堂陰陽夏小正經傳考釋》之二，《珍藝宧遺書》，頁 7b～8a。莊述祖又於頁 17a 對太平之正經作更詳細的說明：「三聖相繼，樂備禮具，飛隼命其類而和氣協應，淵魚樂其性而萬物眾多，王民皞皞皆以仁，遂純德精物交於神明，持盈守成為萬世則，故曰太平之正經。」

〔註 273〕莊綏甲：《珍藝先生像贊》，《珍藝宧遺書》，卷首。

〔註 274〕梁啟超：《中國學術思想變遷之大勢》（臺北：臺灣中華書局，1977 年），頁 96。

學發展由莊存與至莊述祖有一轉折，由莊述祖至劉逢祿、宋翔鳳又經一轉折，劉宋二人又身為龔自珍、魏源、戴望等晚清今文經學復興者的師友或啟蒙者，所以雖可說晚清今文經學之興起實由劉宋二人大力推動所致，但劉宋二人治經以今文經學作為其經學研究之核心乃是深受莊述祖的影響，所以清代今文經學的傳承與興起中，莊述祖其實占相當重要的地位。

第三節　結論

宋翔鳳經學的核心思想源自於常州學派，所以探明常州學派的經學研究成為瞭解宋翔鳳經學思想背後演變脈絡的必要途徑。常州學派最主要的代表是莊存與和莊述祖二人，所以本章對二人的經學研究進行考察。

本章先就莊存與的學術背景加以說明。莊存與以上書房師傅的身份開創了常州學派，所以文中先探討了清代上書房教育的發展過程及其教育內容，以此鋪墊莊存與經學研究的背景。接下來討論莊存與自晦其學的原因，其因主要有二，一是莊存與的經學研究理念與當時漢學的學術價值標準有所衝突，二是乾隆朝的文字獄最盛。所以《味經齋遺書》在莊存與生前並未刊佈，其經學思想也只傳與家族子孫和少數弟子。之後對《味經齋遺書》的性質與內容加以討論，得出《味經齋遺書》主要是依據莊存與在上書房的教學講義和經筵講章改編而成。《遺書》以議論經義為主，講求通經致用，不採訓詁考證，亦有別於制藝中之程朱理學。莊存與論經的目的是要抒發微言大義，以啟人君王道之治，故被稱為「經制之學」。微言大義是莊存與經學研究的核心，貫穿經術、政事、文章為一體，其中《春秋正辭》和《尚書既見》最能體現莊存與對微言大義的解釋。《春秋正辭》使莊存與成為清代今文公羊學研究的始祖，但《尚書既見》導致漢學家對他有強烈的批評，有如此正反兩極的評價，正可反映出莊存與經學研究之特色，所以文中以這兩本書來分析莊存與對微言與大義的論述。

《春秋正辭》將《春秋》之微言大義分為十項，書中主要是對大義的部份加以解釋，尤其是莊存與解釋《春秋》如何以別嫌疑、定是非的筆法來彰顯王道最為深切著明，這與上書房師傅的身份有密切相關。但書中對以「張三世」為主的微言部份只作概要性的說明，基本上是隱而不論，主要是為了避免乾隆朝的文字獄的迫害，所以莊存與在《春秋正辭》中並沒有對「張三

世」展開論述，造成後來的學者認為莊存與的經學研究主要以大義為主。不過本章論證其實莊存與對「張三世」等微言的討論其實是放在《尚書既見》之中，所以本文從撰寫《尚書既見》的背景與動機入手，並比較莊存與和閻若璩二人在《尚書》研究中的差異，莊存與著重義理，閻若璩重視辨偽。之後分析《尚書既見》對於「張三世」的討論，本文認為《尚書既見》的全書結構是依「張三世」分為三部分，依次論說盤庚、周公、大舜，並將此三人視為據亂世、升平世、太平世中的典範人物。《尚書既見》也由此開啟常州學派以《春秋》之義貫五經的先風。

文中最後依龔自珍《資政大夫禮部侍郎武進莊公神道碑銘》的解析將莊存與一生的學術研究分成兩個階段：前期是莊存與以皇家帝師的身份「以學術開帝」，其論學著重於《春秋》誅討亂賊以戒後世之大義，故以《春秋正辭》為代表。後期在乾隆重用和珅及漢學成為學術的主流的背景下，莊存與改「以學開天下」之志開創出常州學派，並以蘊藏微言的《尚書既見》為代表。

有關莊述祖經學研究的部分，首先透過劉逢祿、李兆洛之言比較莊述祖和莊存與二人治學之差異，並論及在莊述祖的時代，常州莊氏家族已在官場上沒落，所以莊述祖只好轉向學術界發展。莊述祖一邊吸收漢學的治學方法，一邊則與漢學家相互競爭，希望「以漢學求根株」的治經方法來達成莊存與以學開天下之志。所以莊述祖以漢學的模式將莊存與經學進行轉型改造。以漢代經學為治經起點，莊述祖以識別漢代今古文經學家法之異同入手，其中以《尚書》研究最具代表性，希望以此參與當時學界的討論。對於西漢今古文經學的看法，莊述祖基本上是一視同仁的，他認為今古文經學均是漢代經師「以意屬讀」先秦典籍的產物，如伏生所傳之今文《尚書》是以今文讀先秦《古文尚書》的產物，與孔安國以今文譯寫孔壁《古文尚書》一樣，故不能偏廢偏信，需以訓詁考證來檢驗每段經文或每個字，並考察各家家法之源流，方能從中斷定各文本的對錯。

此外莊述祖由辨真偽來區分今古文經之間的價值，除肯定今文經學外，對兩漢的古文經傳作區別，以劉歆改經作一分界點。整體而言，莊述祖認為西漢古文經較為純正，其中最重視的是《史記》所記載的「孔壁古文」與《毛詩》。對於以「杜林古文說」為代表的東漢古文經，莊述祖認為這部份經文已經受到劉歆對古文經纂改的影響，已不如西漢古文經學純正。最後莊述祖對《尚書》今古文異同的考證成為常州學派的家法，並成為劉逢祿、宋翔鳳、

莊綬甲等常州學派成員研究《尚書》的基礎。

在漢學的基礎上，莊述祖向上追溯經學的「根柢」至上古三代聖王相傳之學。他從《禮記》及《說文解字》等漢代著作入手開始整理《夏時》與《歸藏》，之後分別完成《夏小正經傳考釋》及《說文古籀疏證》，這使得對《夏時》和《歸藏》的研究成為莊述祖經學研究中最具特色的部份，所以本文由此兩部份來考察莊述祖的《易》學及《春秋》學之研究。

關於《易》學部份，莊述祖從《說文》求《歸藏》之義入手。他認為《說文解字》的「六書之條例」蘊含「始一終亥」之義，此義可上溯至黃帝正名之學，之後此義納入殷人《歸藏》之中，並成為《老子》的核心思想。後來孔子至宋國得《歸藏》坤乾之義以觀之，以此推衍出《易經》的乾坤之義，使得《歸藏》與《易經》成為相輔互通的關係。後來宋翔鳳將其《歸藏》研究吸收至經學研究中，並進一步發展成為「孔老同源說」。有關《夏時》經傳整理的部份，莊述祖先對《夏時》經傳之源流進行梳理。他以為《夏時》是孔子所作之「經」，內含微言大義，而《夏小正》是孔子弟子為解釋《夏時》等序所撰寫之「傳」。因此莊述祖以古籀文、大小篆來校讎宋代傅崧卿所彙集《大戴禮記》集賢本中之經文，先刪除後世學者所添補的部分，以還原《夏時》經傳的原貌，其中《夏時》經傳只保留 463 字，最後再將所還原的經文區分出經與傳兩部分。接下來莊述祖對經文進行補缺、列等、求條例，如有不通則尋繹其次序，解剝其句讀，並訓詁文中的古字、古音，以此來重整《夏時》經傳之義例，並論述《夏時》經傳與五經互通有無的關係，其中《夏時》和《禮》、《春秋》的關係尤為密切。

莊述祖認為《夏時》與《禮經》相表裡，故在論述《夏時》時，主要在闡釋明堂制度，並與《禮記》中的《明堂》、《大學》等篇相互印證，因此他將《夏時》又稱為《夏時明堂陰陽經》。《春秋》被稱為禮義之大宗，所以《夏時》與《春秋》的關係更是互相契合，所以莊述祖將《公羊》思想與他的《夏時》研究相結合，用何休為《公羊》所作的條例作為論說《夏時》之等的基礎。最後莊述祖認為《春秋》、《易》、《夏時》分別是治理據亂世、升平世、太平世之經，而《夏時》是「太平之正經」。

第三章　乾隆晚期至嘉慶後期的
　　　　考據學研究

　　宋翔鳳的治學方式以考據為主，其主因有二：一是受到當時大環境的影響，二是為因應科舉考試的需要。清代初期，顧炎武、閻若璩等人特別重視實事求是、無徵不信的治經方法，力圖改變明末心學流於空疏的弊端，主張「學必源於經術，而後不為蹈虛；必明於史籍，而後足以應務」。凡立一義，必廣徵博引，以訓詁考證作為通經明史的入門，由此開樸學風氣之先。乾嘉年間，吳、皖、揚州等漢學流派相繼而起，考據學之風大盛，當時漢學家莫不推崇許慎、鄭玄等古文家的經說，導致「家家許鄭，人人賈馬，東漢學爛然如日中天矣。」張舜徽在《揚州學記·序》中提到：「余嘗考論清代學術，以為吳學最專，徽學最精，揚州之學最通。無吳、皖專精，則清學不能盛；無揚州之通學，則清學不能大。」由是漢學興起，極盛於乾隆，益精於嘉慶。

　　宋翔鳳生長於乾隆末年，正是乾嘉漢學最興盛的時代，他的治經受到當時大環境的影響，以考據學作為其學術研究的主要論述方式。當時的學術環境正如梁啟超所言：「乾隆、嘉慶兩朝，漢學思想正達於最高潮，學術界全部幾乎都被他佔領。」〔註1〕再加上宋翔鳳早年周遭師長大多以研究漢學為主，如宋簡、汪元亮、徐承慶等人，所以在宋翔鳳二十三歲隨母歸寧以前，對他影響最大的，除了八股文的習作之外，就是當時的顯學——漢學。因此宋翔鳳早期主要的研究以搜羅漢學古義、校讎學術源流為主，如他在《憶山堂詩

〔註1〕梁啟超：《中國近三百年學術史》，《梁啟超論清學史二種》，上海：復旦大學
　　　　出版社，1985 年，頁 115。

錄序》中提到：「余十許歲，裡門耆宿方談古文訓故之學，聞而竊慕」，〔註2〕故「余初事篇什，風氣已降，為者空疏無事，學問可率意而成，遂不甚致力，乃學為考據」。〔註3〕此外，宋翔鳳於嘉慶四年隨母歸寧常州而受教於莊述祖，「先生教以讀書稽古之道，家法緒論得聞其略」，所以早年宋翔鳳所學，除了「學為古文詞」〔註4〕以準備下一年的順天鄉試外，又學得莊氏經學的家法，尤其是莊述祖以「漢學求根株」〔註5〕的治經方法。

其後宋翔鳳遊學四方，與當代學者交往，除了與常州莊氏家族關係密切的文士，如趙懷玉、張惠言、李兆洛、丁履恒、陸繼輅、周伯恬等有所來往外，主要是向漢學家求教論學，如張惠言、錢大昕、段玉裁、王引之、阮元、陳壽祺、臧庸等人。因此，考據學對於宋翔鳳而言，不僅成為其研究經學的主要方法，他內心對考據學的重視已形成他早期內在的價值追求，並對其一生治學產生不可抹滅的影響，這可以從其命名自己的文集、劄記為《樸學齋文錄》和《樸學齋劄記》中得到證明。所以討論宋翔鳳的經學研究宜從其早期對考據學研究談起。

此外，傳統士子讀書大多與科舉有關，因此考試命題的趨向會極有力的影響士子治學的取向。在考試引領學術風氣下，因制科尚古義之風越演越烈，導致不少士子治學之風氣競轉向漢學，其中尤以江南地區為盛。艾爾曼曾針對清代鄉會試題目來分析漢學在科考中的影響，據其統計，至遲到 1766 年（乾隆三十一年），會試中已有漢學所關注的考題；1793 年（乾隆五十八年）到 1823 年（道光三年），漢學影響考試之程度逐漸顯現，〔註6〕如宋簡依漢學

〔註2〕宋翔鳳：《憶山堂詩錄序》，《憶山堂詩錄》，卷首，《浮溪精舍叢書》，頁159。
　　　（嘉慶23年所作）

〔註3〕宋翔鳳：《憶山堂詩錄序》，《憶山堂詩錄》，《續修四庫全書》1504冊，頁245。
　　　（嘉慶25年所作）

〔註4〕「府君年二十，娶先妣莊孺人，日侍重親之養，晚則一燈相伴，攻苦達旦。
　　　時場屋騖為聲華炳烺之文，府君則從妻兄莊葆琛先生學為古文詞。」見宋翔
　　　鳳《先府君事述》，《樸學齋文錄》，卷4，頁31b。

〔註5〕「東京一喪亂，六籍咸榛蕪；鄉壁誤後生，師心皆俗儒。寂寥過千載，昌明
　　　由聖謨；四經及三禮，漢學求根株。碩儒生應運，接跡遵斯途；莊子官不達，
　　　解經得其腴。聲音文字原，畢生托奇脈；求是從實事，精意追亡逋。」見宋
　　　翔鳳：《撰舅氏莊葆琛先生行狀竟繫之以詩即呈孫淵如觀察三首》，《洞簫樓詩
　　　紀》，《浮溪精舍叢書》，頁239。

〔註6〕艾爾曼：《清代科舉與經學的關係》，收入《清代經學國際研討會論文集》，臺
　　　北：中央研究院中國文哲研究所籌備處，1994年，頁15～21。

知識考中進士即是一例。〔註7〕宋簡既憑漢學晉身，故對宋翔鳳的教導也必依
循漢學的訓練，希望達到「學識所到，悉融合為科舉之文」，故宋翔鳳於嘉慶
十六年參與會試時，也以漢學古經義答題。

　　清代經學在清初「理學即經學」的思潮下向前推進，到惠棟確立「漢學」
以輯佚、辨偽、注釋為治經方法後，清儒相繼致力於考據漢儒古訓，研究的
範圍更多關注於經傳、注疏中文字、音韻、訓詁等內容，故「考據學」成為乾
嘉時期解釋經學的最主要類型。清代漢學家在輯佚漢唐先儒舊注的基礎上，
據此校勘、訓詁、考證後演述新疏，在乾隆、嘉慶年間盛行開來，此學術表達
方式成為清代經學的主流趨勢，並進一步影響到科舉的命題與取士。在此影
響下，宋翔鳳早期的經學研究亦是循此路徑而展開，故在此章中，將先藉由
《答段若膺大令書》對宋翔鳳早期的經學思想作一總體性的分析，提綱挈領
地瞭解其早期經學研究，之後再分別從輯佚、訓詁、校勘、考證等方面來對
乾嘉時期的宋翔鳳經學作一分析並對他前期學術成果作整理。

第一節　宋翔鳳早期的經學思想

　　宋翔鳳認為漢代以來經學紛爭不斷的主因是「師儒或局於章句，承學則
拘於門戶」，各方互不通氣，各守其門戶家法，不知「微言之存非一事可該，
大義所著非一端足竟」，導致眾說紛紜、疑論無歸。尤其等到漢代博士官一廢，
魏晉學者放棄漢代之家法，各憑己義解讀經傳，導致鄉壁虛造之說雜出其間，
此後「學少家法，笑古人之因循，喜晚出之新義，小則訓詁不涉於《爾雅》，
大則性命或岐為二學（佛、道）。以末師之口耳斷前聖之法制，據野人之胸臆

<hr/>

〔註7〕「乾隆五十一年（1786年），侍郎大興朱文正公珪、編修大庾戴公心亨來主江南
　　　鄉試，以《鄉黨》篇「過位」二節發題，府君解過位為路寢之庭，升堂為路寢
　　　之堂，士子通是解者皆中式，府君與焉。五十五年（1790年），會試主試為相國
　　　韓城王文端公傑、朱文正公侍郎、無錫鄒公奕孝，同考編修余姚俞公廷掄得府
　　　君卷，力薦，得舉進士。」乾隆五十一年江南鄉試的主考官者大多為支持漢學
　　　的官僚，因以《鄉黨》篇「過位」二節發題，按照官方的解釋，應以朱子的注
　　　釋作為闡述之依據。然而此次的主考官卻以江永的《鄉黨圖考》作為標準答案，
　　　如朱珪以朱子的注釋為今解，而江永之說為古注，並以「以位為外朝之虛位，
　　　以治朝廷立之處為有堂」的今解是錯誤的，而江永所依據包咸等人的古義方為
　　　正解。故此科如張惠言、宋簡、阮元、汪中、孫星衍等能以古義作答者皆中式。
　　　而乾隆五十五年的會試主考中又有支持漢學的朱珪在內，故宋簡可以中舉，因
　　　與其能以漢學答卷有關。見宋翔鳳《先府君行述》，《樸學齋文錄》，卷4，頁31b。

議先王之禮樂。誣聖亂經，悖議失例，未有逾於此者矣。」〔註8〕這導致魏晉南北朝以後作偽之書層出不窮，宋翔鳳以「誣聖亂經，悖議失例」來嚴厲批評魏晉以後這些學者，並稱之為「俗儒」。〔註9〕因此宋翔鳳以為經學興衰之轉折點在於漢代博士之學的興廢，博士存則微言在，博士廢則大義乖，故曰：「自無博士官，破壞各便私，從此微言絕，失守增支離。」〔註10〕所以恢復漢學成為宋翔鳳早期經學研究的核心，此時宋翔鳳與當代漢學家尊漢的觀念並無二致，如阮元於《國朝漢學師承記序》中言：「兩漢經學所以當尊行者，為其去聖賢最近，而兩氏之說尚未起也。」〔註11〕

因此在早期對經學的探索中，宋翔鳳對「經」下一明確的定義，曰：「經者，常也。恒久而不已，終古而不變，謂之曰常。故聖人之言曰微言，傳記所述曰大義。微者，至微無不入也；大者，至大無不包也。原其體類，皆號為經，是則象數之說，無非《易》也；古文、今文，無非《書》也；《齊》、《魯》、《韓》、《毛》，無非《詩》也；《公羊》、《穀梁》、《左氏》，無非《春秋》也；《儀禮》經傳雖出於一塗，而其恉意所周遍，可以盡法制之變，浹人事之紀。」〔註12〕宋翔鳳將堯、舜、禹、湯、文、武、周公、孔子、孟子等聖人之言及漢代今古文經傳均納入「經」的範圍之中，不過經學之研究起於漢代，故「經學之興，基於漢氏。」〔註13〕因漢代去古最近，漢人能多見古書，識古字，通古語，所言皆有根據，而漢儒所傳經義皆有師承家法，所以漢代的經義最純。因此在漢學「學皆准古」的標準下，宋翔鳳以為有志於經學研究者應先明大義而後通微言，從漢代經學入手，「宜理兩漢之遺業，追群師之緒論」，在「推本於漢學」下〔註14〕，方能明白聖人之微言。

〔註8〕宋翔鳳：《經問自序》，《樸學齋文錄》，卷2，《浮溪精舍叢書》，頁136～137。

〔註9〕宋翔鳳批評俗儒不知家法、訓詁，曰：「按舳艫雙聲字，當依漢律舳艫連言為正。當代俗儒強為分析，故說各參差，如窈窕亦雙聲字，《毛傳》訓為幽閒，而《方言》云：『美狀為窕，美心為窈』，此皆俗儒之說，家法之所不取也。」見宋翔鳳：《小爾雅訓纂》，卷4，《浮溪精舍叢書》，頁111。

〔註10〕宋翔鳳：《讀〈揅經室集〉呈雲臺先生》，《洞簫樓詩紀》，卷6，《浮溪精舍叢書》，頁284。

〔註11〕阮元：《國朝漢學師承記序》，《國朝漢學師承記》，北京：中華書局，1983年，頁1。

〔註12〕宋翔鳳：《經問自序》，《樸學齋文錄》，卷2，《浮溪精舍叢書》，頁136。

〔註13〕宋翔鳳：《論語纂言並補遺序》，《論語纂言》卷首，《無求備齋論語集成》第二十四函，臺北：藝文印書館1966年。

〔註14〕宋翔鳳：《經問自序》，《樸學齋文錄》，卷2，《浮溪精舍叢書》，頁136。

　　其次，宋翔鳳設定「經」的內涵是「道德之統紀，治亂之條貫」〔註15〕的亙古不變之道，而漢代經學的論述都是圍繞著「經」而展開，所以今古文經在本質上並無分別，甚至連偽《古文尚書》亦有可參考之處，他說：「東晉造古文偽傳，今尋二十八篇之傳，多與《毛詩》故訓相近，亦有西京古文家舊說也。馬鄭之注或據今文《書》，或據緯候以改古學，遂有不同。非必馬鄭為真古文，而《孔傳》盡出偽手也。」〔註16〕這應該是受到莊存與觀點的影響。宋翔鳳早期經學研究在莊述祖、張惠言所傳授如何分辨今古文經學異同的家法上，用「旨莫正於六經，說莫詳於前疏」的原則上來疏通漢代今古文各家家法，以「大通其條例，細別其訓故」，合異為同，「循陳跡以求一。」〔註17〕宋翔鳳希望藉此釐清漢代今古文之爭所造成的紛爭與疑論，以求同存異的原則，「使當世之人知家法之不可以相亂而足以兩存。」〔註18〕

　　異於常州莊氏對鄭氏之學的嚴厲批評，〔註19〕宋翔鳳認為兼採漢代今古文各家經說之所長的最佳典範莫若以鄭玄為代表。以《論語》為例，他在《論語師法表》中提到：「康成雖就《魯論》，實兼通《齊》、《古》，而於《古論》尤多徵信」，〔註20〕又曰：「陸氏敘《論語》三家最明晰，當悉本於鄭氏」，〔註21〕故鄭玄治經「體大思精」〔註22〕，是集漢學之大成者，故宋翔鳳早期經學研究以研究鄭玄之學為主，並自期能繼承鄭玄之絕學，他在嘉慶十四年

〔註15〕宋翔鳳曰：「蓋道德統紀、治亂條貫，六藝之本也。」《經問自序》，《樸學齋文錄》，卷2，《浮溪精舍叢書》，頁136。
〔註16〕宋翔鳳：《小爾雅訓纂》，卷3，《浮溪精舍叢書》，頁102。
〔註17〕宋翔鳳：《經問自序》，《樸學齋文錄》，卷2，《浮溪精舍叢書》，頁136～137。
〔註18〕宋翔鳳：《答雷竹卿書》，《浮溪精舍叢書》，頁59。
〔註19〕「新聲代變，古樂所以亡，新說代興，古經不幾於喪乎！雖然，孔子曰：『天之未喪斯文也』，則凡漢季魏晉唐元和以後文士，宋進士科出身人，其好為新說者，亦如孔子之六藝何……彼非聖人而作經，若揚子雲、王仲淹，妄人也；新說自鄭康成始，莫巧於魏晉人。《五經正義》所篤信，實非《儒林傳》諸老先生古義也。若《正義》之變為新經，萌芽於元和，波濤於北宋熙、豐、元祐。大抵南人倡之，北人從而和之，卒成於南宋孝光寧之世。朱子之學，宋之鄭公也，皆非七十子所受之大義，況微言乎？」莊存與：《四書說》，陽湖：陽湖莊氏藏版，光緒8年，頁48～50。莊述祖亦繼承莊存與批評鄭玄之學的思想，在其著作中比比皆是，其中《毛詩考證》正是針對鄭氏《毛詩箋》中的問題而作。
〔註20〕宋翔鳳：《論語師法表》，《浮溪精舍叢書》，頁34。
〔註21〕宋翔鳳：《論語鄭氏注》，卷10，《浮溪精舍叢書》，頁30。
〔註22〕宋翔鳳：「康成注經與他書違異」條，《過庭錄》，頁147。

給莊綬甲的詩中表明希望「絳帷同拜鄭康成」。〔註23〕此外在《答雷竹卿書》中也提到：「鄙著湯都一條繫壬戌歲（嘉慶七年）所定。曩時惟以鄭君為宗，十年以來持而未改。」〔註24〕

由上可總結宋翔鳳早期經學研究可分為兩個層次：第一層是「守一師之言，以教授弟子，俾家法之毋墜，故生則官以博士，歿則傳以儒林。」他強調治經必須回歸遵守漢代經學之家法。第二層是「會通眾家，自闢蹊徑，議論足以開世務者，著作可以緯萬物者」，如先秦之孟子、荀子，或西漢之賈誼、董仲舒、劉向、揚雄，或東漢之鄭玄、賈逵，〔註25〕治經必須會通各家經說方能明白經書中的真義，當中宋翔鳳以鄭玄為宗，所以其早期經學研究基本上都與鄭玄相關。宋翔鳳藉由輯佚、訓詁、考證等方法，嘗試將今古文經學中不同門派的學術成果、方法整合為一體，並融入自身的學術研究中，正如陳壽祺所言：「治經之道，當實事求是，不可黨同妒真。漢儒學近古，其家法出七十子之徒；宋後學者好非古，其肊斷千百載之下，故不能不舍彼而取此。」〔註26〕

《答段若膺大令書》是宋翔鳳向段玉裁陳述關於編纂《十三經注疏》的個人看法，信中呈現出宋翔鳳早期經學思想。在研究宋翔鳳的相關研究中，因材料有限，宋翔鳳與段玉裁的關係往往都被一筆帶過，大都只強調宋翔鳳對許、鄭之學的重視與其受業於段玉裁有關，但對於宋翔鳳何時入段玉裁之門卻語焉不詳，且對《答段若膺大令書》的成文年代、撰寫目的和內容分析均無相關研究，故對此文在宋翔鳳早期經學研究中所占的重要性有所忽略，為此下面將針對以上問題加以論證並對宋翔鳳早期經學思想作更具體的分析。

一、宋翔鳳入段玉裁之門的年代考證

宋翔鳳拜段玉裁為師的記載，首見於《答段若膺大令書》。宋翔鳳於信中提到：「翔鳳在弟子之列，而事先生之業。」〔註27〕桂文燦的《經學博採錄》中也提到：「長州宋於廷大令翔鳳，金壇段茂堂大令弟子也。」〔註28〕

〔註23〕宋翔鳳：《秋日懷人詩·莊卿山外兄綬甲》，《憶山堂詩錄》，卷4，《浮溪精舍叢書》，頁194。
〔註24〕宋翔鳳：《答雷竹卿書》，《浮溪精舍叢書》，頁59。
〔註25〕宋翔鳳：《與臧西成書》，《樸學齋文錄》，卷1，《浮溪精舍叢書》，頁129。
〔註26〕陳壽祺：《答翁覃溪學士書》，《左海文集》卷4，頁147。
〔註27〕宋翔鳳：《答段大令若膺書》，《樸學齋文錄》，卷1，《浮溪精舍叢書》，中壢：聖環圖書股份有限公司，1998年，頁127。
〔註28〕桂文燦：《經學博採錄》，卷4，上海：華東師範大學出版社，2010年，頁102。

孫海波在《莊方耕學記》亦云：「于庭亦莊氏之外孫，嘗隨母歸寧，因留常州，從述祖受業，遂通莊氏之學。比長，更遊段懋堂之門，兼治東漢許、鄭之業。」〔註29〕由上所述三段資料可知，宋翔鳳入段氏之門應無疑義，然而，其入門的時間則未見明確的記載，只知宋翔鳳因祖父母之喪於嘉慶四年正月隨父母回蘇州，並於八月將其祖父母合葬，之後宋翔鳳跟隨母親回常州歸寧。按孫海波的說法，宋翔鳳應是先隨其母歸寧常州並受業於莊述祖，之後方遊於段玉裁之門下。只是宋翔鳳於嘉慶五年春即北上赴京應順天鄉試，至當年除夕方回蘇州守母喪，至嘉慶八年十月離開蘇州至貴州投奔父親，所以宋翔鳳在蘇州的時間應該只有嘉慶四年一至八月及嘉慶六年至嘉慶八年十月為母喪守孝期間這兩個時段，他才有機會去拜段玉裁為師。

　　對於拜師的時間，蔡長林《訓詁與微言──宋翔鳳二重性經說考論》一文中斷定嘉慶四年是宋翔鳳與段玉裁初次見面並拜師之時，〔註30〕但本人認為宋翔鳳拜於段玉裁門下應在嘉慶六年以後的事，其原因主要有二：一為宋翔鳳在其所撰寫的《徐謝山先生家傳》中提到：「因憶嘉慶初年，始見段君，已過七十。」〔註31〕按《段玉裁先生年譜》中所記：段玉裁於乾隆五十七年「十月，避橫逆，移家居蘇州。」〔註32〕之後，段玉裁長住於蘇州，直至嘉慶二十年去世為止。根據《年譜》所記，段玉裁在嘉慶九年剛好七十歲，而宋翔鳳於嘉慶八年十月離開蘇州，之後他一直在其父為官的雲貴地區與北京間往返，直至嘉慶十七年方重回蘇州，而此時已是嘉慶後期，且段玉裁已經是七十九或八十歲，故宋翔鳳與段玉裁始遇應在嘉慶八年十月之前。在上述兩個時段中，根據《年譜》的紀載，嘉慶四年時段玉裁方六十五歲，但到了嘉慶六年至八年之間，他則已經是六十七至六十九歲，但嘉慶九年夏段玉裁在《與王石臞第一書》中提到「弟七十餘耳」，〔註33〕顯示他在嘉慶九年對外宣稱他

〔註29〕孫海波：《莊方耕學記》，收入周康燮主編：《中國近三百年學術思想論集》，香港：存粹學社，1975 年，頁 135。

〔註30〕蔡長林：《訓詁與微言──宋翔鳳二重性經說考論》，《從文士到經生──考據學風潮下的常州學派》（《中國文哲專刊39》），臺北：中央研究院中國文哲研究所，2010 年，頁 399。

〔註31〕宋翔鳳：《徐謝山先生家傳》，收入徐承慶：《說文解字注匡謬》，卷首，《續修四庫全書》第 214 冊，上海：上海古籍出版社，2002 年，頁 217。

〔註32〕劉盼遂：《段玉裁先生年譜》，《叢書集成三編》第 085 冊，臺北：新文豐出版公司，1997 年，頁 755。

〔註33〕劉盼遂：《段玉裁先生年譜》，頁 762。

的年齡已經七十多歲了。以此類推，相較嘉慶四年他才六十五歲，嘉慶六至八年之間段玉裁比較可能對外稱自己已七十歲，這也比較吻合宋翔鳳在《徐謝山先生家傳》中所提「始見段君，已過七十」之敘述。

其二，孫海波在《莊方耕學記》中以「比長」來形容宋翔鳳先後受業於莊述祖與段玉裁之間的時間差，而「比長」的意思為「等到他更年長」，這至少也要一年以上方說得通。所以如果宋翔鳳在嘉慶四年同時受教於莊、段兩位先生的話，孫海波用「比長」二字即不恰當，但宋翔鳳如在嘉慶六年以後拜段玉裁為師的話，用「比長」二字則是順理成章。再加上宋翔鳳於嘉慶五年除夕夜方回到蘇州奔母喪，等宋翔鳳處理完喪事應是嘉慶六年上半年，段玉裁則在當年五月去杭州，九月之前返回蘇州，所以宋翔鳳前去拜段玉裁為師的時間應在嘉慶六年（辛酉）下半年，而《憶山堂詩錄》曰：「辛酉（嘉慶六年）九月，自白下與玉山（馬瑞圖）結伴至吳門。」〔註34〕吳門正是段玉裁所居住之處，故此次出行或許正是要去拜訪段玉裁，此或可為旁證。

二、《荅段若膺大令書》撰寫年代與緣由的考證

在《樸學齋文錄》中，宋翔鳳雖無標示《荅段若膺大令書》的寫作時間，但如分析其內容，則可以推敲出此文撰寫的大概時間。首先，文中提到「昨奉手教，具稔萬福。中丞於某未嘗見，知辱荷見，推俾助萬一，齒牙非素，姓氏不達，將分筆札之費，以償賃舂之直（報酬），宜其意之中更也。然中丞之所為，非翔鳳所願望。」「手教」是親自教育的意思，即宋翔鳳作此文的前一天曾與段玉裁見過面，並因協助某中丞（巡撫）而分得筆札之費，但宋翔鳳對此巡撫所推行之事有所看法，故此文接下去針對此事提出「三弊二要」之說以供段玉裁參考，並希望藉此間接影響這位巡撫。因此，獲知此巡撫為何人並推行何事就成為斷定此文寫作時間的關鍵。

文中提到：「閣下（段玉裁）學追前賢，識開來者，中丞之推服，自非一日，亦當道以有用之學無為恐泥之談。蓋風尚所趣，由乎在位，故公孫入相而儒雅遂興，子孟不學而俗流易進；今之當路，通經致用固不乏人，至於中丞，良未易覯。如失精氣於占畢，誤諸生以句讀，斷斷之言雖聞於耳，其於大義亦已遠矣。翔鳳在弟子之列而事先生之業，居賤者之位而論君子之

〔註34〕宋翔鳳：《正月十七日觀音門守風與馬玉山瑞圖同登燕子磯作》，《憶山堂詩錄》，卷6，《浮溪精舍叢書》，頁204。

失，誠自儕於闕黨，望見採於匠門。」由上可知，段玉裁此時深受此巡撫的
賞識且已相識一段時間，由《段玉裁先生年譜》中所記載來看，段玉裁在嘉
慶四至八年之間來往最為密切的巡撫就是阮元。阮元任浙江巡撫是從嘉慶
四年十一月十五日至嘉慶十年閏六月其父逝世為止，而嘉慶五年阮元正式
邀請段玉裁主持校勘整理《十三經注疏》，〔註35〕故在嘉慶六至八年三年間，
段、阮二人有相當頻繁的學術互動，當中段玉裁曾於嘉慶六、七年夏天特地
赴杭州處理校勘事務。〔註36〕故由此可推斷《荅段若膺大令書》中的中丞
就是阮元。

　　關於宋翔鳳所得的筆札之費，文中提到是那位中丞所給，也就是阮元所
給，那阮元為何要給這筆錢？最有可能的原因應該是為了答謝宋翔鳳協助段
玉裁校勘《十三經注疏》。主要的依據是宋翔鳳在嘉慶十七年於江西布政使陳
預的幕府中曾言道：「余別西湖十年矣。」〔註37〕由此可以推斷宋翔鳳曾於嘉
慶七年到過西湖。嘉慶七年六月，段玉裁「至杭州與嚴久能元熙同居西湖」，
〔註38〕或許宋翔鳳於嘉慶六年九月拜師後，曾於嘉慶七年夏陪同段玉裁赴杭
州，或者稍後宋翔鳳至杭州拜訪段玉裁也未可知。在杭州期間，因為宋翔鳳
早年對校勘之學用力頗深，所以宋氏可能協助段玉裁校勘《十三經注疏》，故
阮元事後才會給予宋翔鳳「筆札之費」。但宋翔鳳在杭州未獲阮元接見，可能
心中有所遺憾，故於文中反復提到「中丞於某未嘗見」、「至於中丞，良未易
覯」。宋、阮兩人直到嘉慶十六年宋翔鳳赴京趕考時方在北京初次見面。

　　由此即可推斷，《荅段若膺大令書》應作於嘉慶七年宋翔鳳在杭州之時或
之後，寫作此文的目的即是要抒發此次校勘後的心得。

三、「三弊二要」之說與宋翔鳳經學研究之關係

　　由上文考證可知，宋翔鳳作《荅段若膺大令書》的目的乃是針對阮元主
持校勘《十三經注疏》之事而發。此次校勘始於嘉慶五年實授浙江巡撫之後，

〔註35〕王章濤：《阮元年譜》，合肥：黃山書社，2003 年，頁 262。此事亦可參考唐
　　　　光榮的《阮元、段玉裁與〈十三經注疏校勘記〉》一文，載於《楚雄師範學院
　　　　學報》2004 年第 4 期。
〔註36〕劉盼遂：《段玉裁先生年譜》，頁 760～761。
〔註37〕宋翔鳳：《墨卿太守次韻見荅因用所示六如亭詩元韻謝兼呈笠甄方伯》，《憶山
　　　　堂詩錄》，卷 6，《浮溪精舍叢書》，頁 204。
〔註38〕劉盼遂：《段玉裁先生年譜》，頁 761。

由阮元總領其政，以嚴傑、李銳、徐養原、顧廣圻、臧庸、洪震煊、孫同元等七人負責具體的考校，並以其所藏十一種宋十行本注疏與《爾雅》、《儀禮》單疏本為基礎，參以《經典釋文》、石經、元明舊刻、宋人舊注，與惠棟、盧文弨等人的校勘成果，以及日人山井鼎的《七經孟子考文》、《考文毛詩》六冊和物觀的《補遺》，用眾本互勘其異同，正其是非。宋翔鳳於文中提出「三弊二要」之說即是針對此校勘中的「弊病」而發，並提供自己的建議給段玉裁。下面將對「三弊二要」作一分析，並從中探討宋翔鳳早期的經學思想。

首先，宋翔鳳於文中提出「三弊」，曰：「蓋旨莫正於六經，說莫詳於前疏，仲遠（孔穎達）所述猶存漢晉之遺學，叔明（邢昺）之疏徒為唐人之剿說。至經分十三，亦非古制，如准經之體，則二戴同為《禮類》；按子之例，《孟子》別入儒家，邵武偽書何容校勘。揆之鄙肊，《詩》、三《禮》及三《傳》宜兼賈、孔、徐、楊之疏，《論語》、《孟子》、《孝經》、《爾雅》祇列漢魏晉唐之注，則業不徒勞，學皆准古。今既不然，其弊一也。且君子之傳，詞繁者深其悄，誼顯者略其說，存其本根則刪其枝葉，而後功倍於前人，事益於來學。觀諸《正義》，複詞重言，秦延說書，見譏前哲，章句為小字，畫益微，如天脫為大，人別為八，其誤大顯，何俟引申而編纂，諸生概加標識。儻采弱蕘，舉其總要，剖厥既省，卷袠易藏，既不能行，其弊二也。夫古文多叚藉之字，故文省於小篆。經典盛通行之體，則例別於汝南，所以偏旁隨形點畫，任便要能，不謬於文理，亦可無俟乎！正定乃於饑饉之殊義、亨言（古同「享」）之別說，一卷之中，多詳此辨。既不明乎叚藉，複何益於通經，其弊三也。」宋翔鳳以為此次校勘的第一個弊端是「學不准古」。他從根本上反對仿宋人將經分為十三部，認為應回歸漢代經子分類之體例，以六經和子學來概括儒學經典。這種觀點顯示宋翔鳳早期的經學研究深受漢學的影響，這也正與他在同年所作的《經問序》相呼應，《經問序》中提到「象數之說，無非《易》也；古文、今文，無非《書》也；《齊》、《魯》、《韓》、《毛》，無非《詩》也；《公羊》、《穀梁》、《左氏》，無非《春秋》也；《儀禮》經傳雖出於一塗，而其悄意所周遍，可以盡法制之變，浹人事之紀。」〔註39〕此時宋翔鳳論經只局限在五經的範圍。其次對於《十三經注疏》所採用的注疏，宋翔鳳建議《詩》、三《禮》及三《傳》應該兼收唐朝賈公彥、孔穎達、徐彥疏、楊士勳之疏，邢昺

〔註39〕宋翔鳳：《經問自序》，《樸學齋文錄》，卷2，《浮溪精舍叢書》，頁136。

等宋人之注疏則沒有太大價值，尤其是《孝經》、《論語》、《爾雅》、《孟子》這四部書，「祇列漢魏晉唐之注」即可。由以可看出宋翔鳳反對阮元在《十三經注疏》中採用宋人的注疏，這也反映出他尊漢的傾向。第二項弊病是這次編纂所採用的注疏沒有做到「存本根、刪枝葉」，去蕪存菁，還將前人的問題延續下來，如《正義》之複詞重言，或字有訛誤。第三項弊病則是校勘者對於古文字的瞭解有限，尤其是假借字，如此在校勘時容易有所謬誤。這時宋翔鳳在宋簡、莊述祖及段玉裁的指導下，小學功底已有所積累，尤其受到莊述祖以古籀文參校五經的影響下，〔註40〕提出必須辨明先秦文字之假借，方能通達經典的原意。

　　緊接著，宋翔鳳提出「二要」，曰：「蓋六經雖炳，故訓則隱。苟宗馬鄭，易逐逐於章句；不窺漢唐，徒冥冥於元理，學失統紀，遂成支離。有志之士宜理兩漢之遺業，追羣師之緒論，則唐賢《正義》寔為階梯。前書雖佚，徵引略具，順文之繁，宜從乎刊落；同異既見，乃得而參合，標厥門類，厺（去）其複重，匯寫一編，題曰《要義》，就掇拾而已，足皆寔事而求是，其要一也。卮言日出，大道多岐，師儒代興，心思益變。自近世之學者殆漸異乎鑿空，故一朝之論宜合聖言，積久之疑多成後定；然按彼眾家亦滋門戶，綜其述作，幾衍篋笥。集前人之菁英，亦後死之深責，董生有言：『尊其所聞，則高明矣』。考其駁之文，如聽一堂之議，可以據今而驗古，覯指而知歸，其要二也。」〔註41〕宋翔鳳認為整理經學注疏須在以「宜理兩漢之遺業，追群師之緒論，則唐賢《正義》，實為階梯」為基礎下，用「寔事而求是」的方法，以《五經正義》為階梯，向上統合兩漢今古文經學之師說，將其合為一編。如此既能避免漢學「苟宗馬鄭，易逐逐於章句」之失，更可防止宋學「不窺漢唐，徒冥冥於元理，學失統紀，遂成支離」之弊。表面上宋翔鳳希望在經學研究上可以同時避免掉漢學和宋學之失，但綜合前後文之義，其實在乾嘉「漢宋之爭」中，宋翔鳳是更傾向漢學的。這在同一年他所作的《論語鄭注後序》表現得更明顯：「嘗念五代以來，經師道微，訓詁時絕，拘學則陋，徒見尺咫；偽學則私，又恐見破，以故里巷，鄉壁耳聾；

〔註40〕「學者讀六藝三代之文而不通隸古之變，則不能正其字，不能正其字而其義之亡而晦者亦有矣。」見莊述祖：《焦山周鼎銘後跋》，《珍藝宦文鈔》，《續四庫全書》第 1475 冊，頁 97。

〔註41〕宋翔鳳：《答段大令若膺書》，《樸學齋文錄》，卷 1，《浮溪精舍叢書》，頁 126 ～127。

俗師之瞽說，估畢章句，口昧先儒之遺義。」〔註42〕他認為宋明理學不重漢唐師說之訓詁，不辨劉歆以來所竄改之偽學，所以這些注疏不足以去正解經文之真義，這表明此時的宋翔鳳在漢學復古的大旗下，基本上是不認同宋明理學的學術價值。

在與宋學相較下，宋翔鳳認為清代漢學家因善於考證訓詁之學，故「異乎鑿空」，其經學著作直可上接漢代，如《四書古今訓釋序》所言：「我國家稽古右文，名儒輩出，而六經之業大昌，如昆山顧氏、山陽閻氏、長州惠氏、武進莊氏、嘉定錢氏、休甯戴氏之所著書於周秦兩漢之間，確有所見，推明典章制度，抉發訓故精微，遙遙與古人相接，旁皇周浹；自六藝以及四子書，悉舉而通之，操觚之家承其後，皆言之有物，炳炳烺烺，固足以揚其粃糠，埽其塵垢者也。」〔註43〕其中，宋翔鳳尤以清人所作的經學新疏遠勝於前代，對於解釋四書五經「悉舉而通之」，「遙遙與古人相接」。宋翔鳳建議編纂的《要義》除了要將漢唐注疏收錄外，也需納入清人所作之新疏，即以「大恉則推本於漢學，博採於近儒」〔註44〕的形式來「集前人之菁華」，使後學者可以「據今而驗古，覩指而知歸」，其實這正是他所編的《經問》一書所採用的原則，所以《要義》是以《經問》為原型。

宋翔鳳這種看法反映出當時這種新趨勢正在流行，並成為清代中晚期經學研究的主流。有「晚清經學後殿」之稱的孫詒讓對此也呼應曰：「近儒新疏，則扶微擴佚，必以漢詁為宗，且義證宏通，注有回穴，輒為理董，斯皆非六朝、唐人所能及；叔明疏陋，邵武誣偽，尤不足論。然則言經學者，莫盛於義疏；為義疏者，尤莫善於乾、嘉諸儒。」〔註45〕總體而言，宋翔鳳認為阮元正在編修的《十三經注疏》所取的注疏不夠專精且有不少問題，故在文中最後他勸段玉裁「亦當道以有用之學無為恐泥之談」，建議段玉裁退出此次校勘之事，專力於《說文解字注》一書的撰寫，而這也正與段玉裁的想法不謀而合。〔註46〕

〔註42〕宋翔鳳：《論語鄭注後序》，《樸學齋文錄》，卷2，《浮溪精舍叢書》，頁135。

〔註43〕宋翔鳳：《四書古今訓釋序》，《浮溪草堂叢書》，第4冊，頁1。

〔註44〕宋翔鳳：《經問自序》，《樸學齋文錄》，卷2，《浮溪精舍叢書》，頁136。

〔註45〕孫詒讓：《劉恭甫墓表》，《籀膏述林》，清光緒五年（1879）初刻本，卷9，頁500。

〔註46〕段玉裁在《與劉端臨第二十八書》中提到：「今年一年，《說文》僅成三頁，故雖阮公盛意，而辭不敷文。初心欲看完《注疏考證》，自顧精力萬萬不能，近日亦薦顧千里、徐心田二君而辭之。」見於劉盼遂：《段玉裁先生年譜》，頁761。

第二節　從《大誓》的討論來看宋翔鳳如何辨別今古文經的家法

　　清朝初年，部分學人認為理學空言心性與空疏無用背離了儒學之真義，因此學界興起「棄虛蹈實」之風，其中「辨偽」成為當時經學研究的主要方式之一，梅賾所獻上的《古文尚書》與《孔安國傳》成為當時辨偽的焦點。之後閻若璩的《尚書古文疏證》與惠棟的《古文尚書考》一出則為梅本《古文尚書》及《孔傳》之偽定案。乾隆中葉以後，研究《尚書》主要的學者有江聲的《尚書集注音疏》、王鳴盛的《尚書後案》、段玉裁的《古文尚書撰異》、及孫星衍的《尚書今古文注疏》等，他們的研究在閻、惠之學的基礎上更進一步。

　　漢學家治《尚書》的方法是對漢代《尚書》二十九篇的殘缺經文與漢儒的注解加以搜集整理，並據《說文解字》來校訂復原《尚書》之原文與漢注，再由各版本文字之異同來辨別今古文經各家家法，最後折衷於馬、鄭之說，正如黃彰健所說：「在閻若璩著《尚書古文疏證》、惠棟著《古文尚書考》，證明東晉梅賾所獻《尚書孔安國傳》及《孔傳》本所增古文《尚書》二十五篇系偽作以後，清乾隆朝的學者治《尚書》……鉤稽東漢馬融、鄭玄所作《尚書注》，並據兩漢、三國時人著作引用《尚書》處，推測《尚書》文句，真古文《尚書》作某，今文作某，並分辨那些是漢代古文《尚書》經師的解說，那些是今文《尚書》的解說。」〔註47〕此時《尚書》研究以輯佚東漢古文《尚書》和馬、鄭注為主，對於西漢古文《尚書》及今文《尚書》則尚未得到重視。嘉慶以後，對於漢代今古文《尚書》家法的整理提上了日程表。學者以東漢古文《尚書》的研究為基礎，溯源而上，進窺今文《尚書》的經說家法，遂而重新檢討今古文《尚書》之異同的爭執舊案。其中，今古文《尚書》的篇數與《大誓》的來源成為此時討論《尚書》的主要議題之一。

　　宋翔鳳對《尚書》研究的基礎主要來自莊述祖的傳授，莊述祖研究《尚書》上承於莊存與。莊存與以疏通知遠之角度來論述《尚書》中有關唐虞三代之治，並以此來闡述孔子刪《書》之本義。莊述祖則以理清《尚書》今古文各派家法之異同與以今古文字之訓詁來還原《尚書》的原貌，藉此來證明莊

〔註47〕黃彰健：《經今古文學問題新論》，臺北：中央研究院歷史語言研究所，1982年，頁1。

存與之說更合孔、孟之真義。劉逢祿是直接繼承莊述祖的《尚書》研究，如《尚書今古文集解》和《書序述聞》二書是劉逢祿在莊述祖未完稿的基礎上加以補完。宋翔鳳則在這三人的基礎上以考據的方式進一步完善《尚書》中一些具有爭議的問題。因此本節將先透過《尚書譜》來瞭解宋翔鳳對於《尚書》今古文之分的研究，之後將透過陳壽祺、王引之與宋翔鳳之間的通信與其相關著作來探討他和清代漢學界關於《大誓》的學術討論。

一、由《尚書譜》來看宋翔鳳對《尚書》今古文之分的看法

嘉慶十一年，宋翔鳳於貴州完成《尚書譜》，他於譜中提到：「幼嘗受其義於葆琛先生，饖曉占畢，未能詳紀。犇走燕、豫，留滯梁、荊，函丈斯隔，七年於茲，茲譜《尚書》，細繹所聞而識之。」〔註48〕故此譜是宋翔鳳在莊述祖所授與的《尚書》學家法之基礎上所完成，以三科之條將《尚書》分為《虞夏書》、《商書》和《周書》三部分，各書之首則以表格行式將《書序》中所提的百篇篇目按今古文之有無依序加以編排，之後再針對相關議題一一加以討論。

在《虞夏書》二十篇中，今古文並傳於世的有《堯典》、《皋陶謨》、《禹貢》、《甘誓》4篇，古文中有錄無書的有《舜典》、《汩作》、《九共》9篇、《大禹》、《益稷》、《五子之歌》、《允徵》共15篇，今古文均無的是《槀飫》1篇。宋翔鳳沿用莊述祖的觀點來對「曰若稽古」進行解釋，譜中提到今文家認為「曰若稽古」蘊含著微言，是孔子在《尚書》中運用存三統之筆法來記錄唐虞之事。《尚書》以周朝為當代，夏商為二王后，故紬堯舜為帝，所以在敘述唐虞時事前會加上「曰若稽古」以跟三代區別，所以漢代今文學家認為《堯典》為孔子所作，如《論衡・書須篇》云：「問說《書》者，欽明文思以下誰所言也？曰：『篇家也。』篇家誰也？孔子也。」最後宋翔鳳還引莊述祖的說法：「《堯典》，記事之首，《皋陶謨》，記言之首，故並加之曰「曰若稽古」，若順稽考也，謂順考古道以錄之云爾。」〔註49〕莊、宋的主張以今文經學的說法為依據，但東漢古文家並不認同此義，如馬融就懷疑此義出於緯書，且以《史記・五帝本紀》中無「曰若稽古」為證。〔註50〕魏晉以後，古文興，今文衰，直接導致「曰若稽古」之義不再為人所接受，直至常州學派以《公羊》

〔註48〕宋翔鳳：《尚書譜》，《過庭錄》，卷6，北京：中華書局，1986年，頁121。
〔註49〕宋翔鳳：《尚書譜》，頁100～101。
〔註50〕宋翔鳳認為司馬遷曾從孔安國學古文，因此《史記》中不少地方採古文說，而非今文說。

解釋《尚書》後才重新找回此義。

在《商書》四十篇中，今文傳《湯誓》、《盤庚》、《高宗肜日》、《西伯戡黎》、《微子》五篇。古文則將《盤庚》分為三篇，再加上述其他四篇共七篇，另外有錄無書的篇名有《湯誥》、《咸有一德》、《典寶》、《伊訓》、《肆命》、《原命》6篇。其餘27篇則今古文皆無。宋翔鳳對《商書》主要的討論有兩部分：一為《湯誓》中「余一人有罪，無以萬夫；萬夫有罪，在余一人」是湯何時所說。韋昭及孔安國認為是湯伐桀時的誓文，《墨子》及《呂氏春秋》則認為是伐桀後，湯因旱禱天之誓文，宋翔鳳認同後一種說法。二是《盤庚》成書的時間。《史記·殷本紀》曰：「小辛立，殷復衰，百姓思盤庚，乃作《盤庚》三篇。」司馬遷以為《盤庚》三篇是後人在盤庚去世後集錄而成，但司馬貞的觀點與《史記》相反，《索隱》曰：「盤庚將治亳，殷民諮胥怨，作《盤庚》。」他認為《盤庚》作於盤庚生前，並以司馬遷未見過古文《尚書》為由而否定他的見解。不過宋翔鳳支持《史記》的看法，因「《史記》之言與《序》不違」。〔註51〕他認為司馬貞有此看法是因為唐人受偽古文《尚書》的影響以至於「全不識今文、古文之別」，這導致司馬貞不知道司馬遷受古文經於孔安國之事，故以偽古文《尚書》為古文經，將東漢代古文經和今文經同視為今文經。

《周書》40篇中，今文傳《牧誓》、《洪範》、《金縢》、《大誥》、《康誥》、《酒誥》、《梓材》、《召誥》、《洛誥》、《多士》、《無逸》、《君奭》、《多方》、《立政》、《顧命》、《誓》、《呂刑》、《文侯之命》、《秦誓》19篇。古文則多《大誓》3篇，又從《顧命》中分出《康王之誥》，所以總共23篇，另外有錄無書的是《武成》、《旅獒》、《畢命》3篇。今古文均無的有16篇。宋翔鳳在這部分主要討論二件事：一是對《大誓》源流進行論證，文中收錄《與陳編修壽祺書》，此信是嘉慶16年宋翔鳳在北京期間寫於陳壽祺，信中的內容主要是闡述「《大誓》後得」說。二是繼續完善常州莊氏對於周公之事的論說。這中間批評劉歆作偽，由此誤導東漢古文家，〔註52〕並成為偽古文《尚書》的起源。〔註53〕此外他也針對今文《尚書》中一些看法提出異議，如武王去世的年紀，古文

〔註51〕宋翔鳳：《尚書譜》，《過庭錄》，卷6，北京：中華書局，1986年，頁108。

〔註52〕「劉歆擭假王隸政之逸文，傅會周公攝政稱王，又以七年歸政之後，成王始稱元年，康成亦惑於其說，遷就不經之談，疑誤後來，不可不正。」宋翔鳳：《尚書譜》，頁119。

〔註53〕「劉歆亦謂文王受命九年而崩，此偽古文之所由出也。」宋翔鳳：《尚書譜》，頁115。

家以為是六十內外，今文家則認為是九十三歲，宋翔鳳以「案之事理，多有離齬」為由主張今文家說法「不如古文家之為當也。」此外對於「罪人斯得」的解釋，鄭玄以為「罪人，周公之屬黨與知居攝者」，宋翔鳳指出「此蓋出今文家博士相傳之誤」，罪人應是管叔、蔡叔，此說「與《史記》同為古文說」，此古文乃是指西漢古文經。

最後宋翔鳳講述孔子在《蔡仲之命》等 5 篇所體現的微言，即「霸者之業，相循而作，帝王之統，由此一變」，他認為最後這 5 篇是在述說霸政取代王政，代表春秋已進入據亂世時代，所以宋翔鳳以為「《尚書》者，述五帝、三王、五霸之事」，〔註54〕這剛好對應《公羊春秋》之太平世、升平世、據亂世。

二、宋翔鳳對《大誓》的看法

（一）歷代對《大誓》的討論

自漢以來，《尚書》真假是非最為糾結難辨，是歷代經學爭論的重點，其中，對於伏生《尚書》的篇章存有爭議。《史記・儒林傳》曰：「漢定，伏生求其書，亡數十篇，獨得二十九篇。」伏生所傳《尚書》二十九篇的篇目自西漢以來就頗多異說，導致眾說紛紜的關鍵主要是因為「《大誓》後得說」的出現。伏生《尚書》二十九篇篇目的說法主要分成四種：一是《尚書》本經僅二十八篇，再加上《書序》一篇以成二十九篇之數，持其說者有朱彝尊、陳壽祺與宋翔鳳等人。二是孔穎達的「史總之之說」，其曰：「言二十九篇者，以司馬遷在武帝之世，見《大誓》出而得行，入於伏生所傳內，故為史總之，並云伏生所出，不復曲別分析。」〔註55〕此說出於陸德明的《經典釋文》，文中提到：「《泰誓》本非伏《書》，司馬遷以武帝之世見《泰誓》之出而得行，因入於伏生所傳之內。」三是二十九篇中無《書序》而有《顧命》與《康王之誥》兩篇，在《大誓》加入後，將《顧命》與《康王之誥》兩篇合為一篇，以合《史記》所講二十九篇之數，江聲、王鳴盛和皮錫瑞均持此說。四是二十九篇中有《大誓》而無《書序》，王引之在《伏生尚書二十九篇說》中主張此說法。

因此可知，《大誓》的來源成為確定伏生《尚書》篇數與篇目的關鍵。《大

〔註54〕宋翔鳳：《尚書譜》，頁 121。
〔註55〕孔穎達：《尚書序》，《尚書正義》卷一，吳興劉氏嘉善堂所刊，頁 18a。

誓》的來源主要有三種說法：一是文帝時伏生所傳。二是武帝末年得於民間，劉向《別錄》云：「武帝末，民間有得《大誓》於壁內，獻之。」而劉歆於《讓太常博士說》中也說到：「孝武時，《大誓》後得，博士集而讀之。」三是王充《論衡・正說篇》所提：「至孝宣皇帝之時，河內女子發老屋，得逸《易》、《禮》、《尚書》各一篇，奏之，宣帝下示博士，然後《易》、《禮》、《尚書》各益一篇，而《尚書》二十九篇始定矣。」東漢以後，「《大誓》後得說」漸成為學界主要共識。西晉永嘉之禍後，今古文《尚書》均遭亡佚，僅存馬融、鄭玄、王肅等人所注的《尚書》文本。東晉以後，偽《古文尚書》與《孔傳》興盛，唐以後成為官學，當中梅賾以原本《大誓》來源不足信而另創偽《大誓》三篇來替代之。至清初，閻若璩以《春秋》、《國語》、《孟子》、《禮記》、《墨子》等書所引之《大誓》來論證偽《古文尚書》二十五篇中的《大誓》是偽造的。〔註56〕由上可知，《大誓》來源的不確定是引起後代學者爭議今古文《尚書》篇數有所差異的主因之一。因此《大誓》成為當時討論《尚書》今古文之分的關鍵問題，這自然也引起宋翔鳳的注意。

（二）陳壽祺對於《大誓》的看法

有清一代，學者之間常常藉由書信互通來解答疑惑，或對不同意見展開辯論，或抒發個人研究之心得。嘉慶十五年，陳壽祺在北京準備校正《尚書大傳》一書，為此他與多人通信討論《尚書》中一些問題，如與王引之商討《毋逸篇》中的逸句等。〔註57〕此時陳壽祺也與宋翔鳳通信，「據考，該年宋翔鳳有函致陳壽祺與之討論《尚書大傳》，次年五月九日亦有信與之討論該書。」〔註58〕嘉慶十六年的第二封信即是《與陳恭甫編修書》，信中宋翔鳳提到「大著精博，膏肓多起，茲錄副奉還，而區區獻疑有此數事，如蒙採擇而教之，則幸甚。」〔註59〕由此可知先前陳壽祺曾將其著作寄給宋翔鳳，而《與

〔註56〕閻若璩還以馬融所舉的五事指出偽《大誓》的破綻，並本朱熹古史例不書時說來證明偽《大誓》上篇首句：「惟十有三年春」的春字與古書例不合。此外他指出偽《大誓》所引之文的來源，如「趙岐注《孟子》於「天視自我民視」云：《泰誓》，《尚書》篇名；於「我武惟揚」云：《泰誓》，古《尚書》百二十篇之時《泰誓》也，與今《泰誓》不同，則偽《泰誓》所剽竊有「天視自我民視」二語，而無「我武惟揚」五語可知矣。」見閻若璩：《古文尚書疏證》，卷1，上海：上海古籍出版社，1987年，第83～84頁。

〔註57〕陳壽祺：《致王引之書（七）》，《昭代經師手簡》，頁327。

〔註58〕王章濤：《王念孫・王引之年譜》，揚州：廣陵書舍，2006年6月，頁176。

〔註59〕宋翔鳳：《與陳恭甫編修書》，《樸學齋文錄》，卷1，《續四庫全書》，頁337。

陳恭甫編修書》即宋翔鳳針對陳壽祺的觀點所作之回信。所以在討論宋翔鳳的回信前，可從《左海經辨》中先瞭解陳壽祺對《大誓》的看法。

陳壽祺在《今文〈尚書‧大誓〉後得說》一文中提到：「伏生《尚書》……凡二十八篇，其一《大誓》非伏生所得也。」〔註60〕他認為漢代所傳的《大誓》有兩種，一是武帝末年由民間所獻併入於學官的今文《大誓》，二為孔安國所獻的孔壁古文《大誓》，但因巫蠱之禍未被採納，並於王莽末年亂事中亡佚。馬融、孔穎達所提出的後得《大誓》為古文一說，陳壽祺則舉《別錄》、《七略》、《移太常博士書》、《論衡‧正說篇》及趙歧《孟子章句》所引《大誓》之文來反駁之，曰：「後得《大誓》為古文則不可信，向、歆、充、歧皆無是言，其曰：『博士讀說』，曰：『博士集而讀之』，曰：『下示博士』，曰：『以充學』，則是今文無疑。故《七略》云：『今《大誓》篇』，《孟子注》云：『今之《尚書‧大誓》篇』，言今以別於古也。」〔註61〕所以他在與宋翔鳳通信中應會否定宋翔鳳的《大誓》後得說。其次陳壽祺也提出與宋翔鳳所論證《大誓》源流的不同看法。魯共王壞壁得古文《尚書》、《論語》、《孝經》一事，宋翔鳳根據《漢書‧景十三王傳》以為在景帝初年，陳壽祺則以為在武帝年間，陳壽祺說：「《藝文志》述共王得古文系之武帝末，劉歆《移書太常博士》、袁宏《後漢紀‧建初八年》（卷十二）皆云武帝世，《論衡‧佚文篇》云：『孝武皇帝封弟為魯共王，共王壞孔子宅以為宮，得佚《尚書》百篇』，其言封魯之時及百篇之數雖乖，而亦言得書在武帝世，《漢書‧景十三王傳》……約略追述之詞。近論古文者以詞害意，遂謂共王初即景帝初，轉摘《藝文志》為誤，非也。」〔註62〕第三部分是對於孔安國獻古文經與民間獻《大誓》是否為同一事的討論。宋翔鳳以為是同一件事，陳壽祺則認為此二事雖同在武帝年間，但絕非「一時一事」，即孔安國非武帝末年獻《大誓》者，曰：「如欲並歸安國所得，則《志》當言安國得逸《書》十七篇，何以只言十六也。《藝文志》即本《七略》，《七略》何以一事歧出也？安國所獻古文合二十九篇及逸十六篇，遭巫蠱之難皆未施行，何以《大誓》獨得充學也？」〔註63〕第四部分是

〔註60〕陳壽祺：《今文〈尚書‧大誓〉後得說》，《左海經辨》，《皇清經解》，卷1251，頁1a。

〔註61〕陳壽祺：《今文《尚書》《大誓》後得說》，《左海經辨》，《皇清經解》，卷1251，頁1b～2a。

〔註62〕陳壽祺：《今文《尚書》《大誓》後得說》，頁7b～8a。

〔註63〕陳壽祺：《今文《尚書》《大誓》後得說》，頁8b。

兒寬是否從孔安國處習得古文《大誓》的問題。宋翔鳳支持兒寬跟隨孔安國習得古文《大誓》的看法，但陳壽祺推算兒寬的經歷後卻得出不同的看法，他認為兒寬從博士孔安國受業後，以射策當上掌故一職，後又因功補上廷尉文學卒史，此時為元朔三年。陳壽祺此以反推孔安國擔任博士應在武帝初年，而《大誓》得於武帝末年，故推定兒寬在武帝初年不能從孔安國處習得古文《大誓》，因此「不得謂歐陽經有《大誓》，由兒寬以所受於安國錄入也。」

　　最終陳壽祺提出一套有別於宋翔鳳的「《大誓》後得說」。他以《史記‧儒林傳》為依據，將伏生《尚書》二十九篇定為二十八篇經文與《書序》一篇所組成，而「《大誓》之合於伏生《尚書》，其始於歐陽氏」，因武帝末年民間有人獻今文《大誓》三篇，武帝將此《大誓》交付博士讀說之。「武帝世《尚書》博士見於史者有孔安國、歐陽高，考兒寬詣博士受業孔安國，後授歐陽生子，世世相傳至曾孫高為博士，則高為博士在安國後也。高，伏生六傳弟子；夏侯勝，伏生五傳弟子，勝為博士在昭帝世，則向、歆所言武帝末之《尚書》博士得非歐陽子陽（高）乎！」〔註64〕故陳壽祺推定當時讀說《大誓》之《尚書》博士為歐陽高，後將《大誓》立於學官，並錄入伏生《尚書》中，所以「歐陽經獨三十二卷，今文家《顧命》不分，《般庚》亦不異卷，其三十二卷是於伏生經文及《序》二十九篇外，增以後出之《大誓》明矣。」夏侯勝則「從歐陽氏問」，夏侯建則「師事歐陽高」，因此大小夏侯亦跟從歐陽氏將《大誓》「增入其書，特並《大誓》為一篇，而除《序》不數，故仍為二十九篇，以合伏書篇數之舊。」〔註65〕《漢書》、《論衡》所言之今文《尚書》二十九篇則皆指增《大誓》後的大小夏侯經而言。

（三）《與陳恭甫編修書》：《書》今古文之異即在《大誓》一篇

　　《與陳恭甫編修書》是宋翔鳳辨別《尚書》今古文之分的代表作，此信是宋翔鳳在嘉慶十六年五月於北京寫給陳壽祺，主要是對陳壽祺關於「古文《大誓》後得」的疑慮加以解釋。宋翔鳳在信中提到：「大著證今文無《大誓》而有《序》，確不可移。謂古文有《大誓》，乃由後羼入，疑未審矣。」〔註66〕為此，宋翔鳳專門撰寫此信來論述自己的「《大誓》後得說」，他從古文《大

〔註64〕陳壽祺：《今文《尚書》《大誓》後得說》，頁 6b～7a。
〔註65〕陳壽祺：《今文《尚書》《大誓》後得說》，頁 7a～7b。
〔註66〕宋翔鳳：《與陳恭甫編修書》，《樸學齋文錄》，卷 1，《續四庫全書》，頁 337。

誓》出處、獻書及入學官三方面來證明「《尚書》今古文之異即在《大誓》一篇。」〔註67〕宋翔鳳認為今古文《尚書》中二十八篇的經文基本上並無多少差異，僅在一些文字或文句上的解讀有不同之處，二者最大的差別在於今文《尚書》中無《大誓》，而古文《尚書》則多《大誓》一篇。

關於《大誓》的出處，宋翔鳳據《漢書‧景十三王傳》記載，認為《大誓》是漢景帝初年「魯恭王治宮室，壞壁得書」中所得古文《尚書》中的一篇，而此批古文經由孔安國家所得，故《儒林傳》言：「孔氏有古文《尚書》，而安國以今文讀之，因以起其家，逸《書》得十餘篇，蓋《尚書》茲多於是矣。」孔安國的古文《尚書》來源於壞宅所得之孔壁書，後得《大誓》亦在其中。《漢書‧藝文志》說《大誓》得於武帝末年，宋翔鳳以為是記述孔安國在天漢年間獻書而追述得書之事，而《後漢書》言宣帝本始年間方得《大誓》之說則為傳聞之誤。〔註68〕有關獻書之事，宋翔鳳以為《藝文志》所載「天漢時孔安國獻書」與《七略》所記「武帝末年民間獻《大誓》」，「正是一時一事，緣古文但較今文多《大誓》一篇，故云爾也。」對於陳壽祺所懷疑：「孔氏古文果有《大誓》？《別錄》、《七略》何獨以歸之武帝末民獻，而無一語及孔壁書？」宋翔鳳回答：「《別錄》已明云：『武帝末，民間有得《大誓》於壁內，獻之。』此正指壞宅得書，不得云無一語及孔壁也。其云武帝末者，亦指獻書時，與《藝文志》同。」〔註69〕然而因巫蠱之禍的影響，此次所獻的古文經並未列於學官。

對於為何只有《大誓》列於學官一事，宋翔鳳以為是孔安國所獻的古文《尚書》中，「唯《大誓》一篇易讀，其餘十六篇乃無師」，〔註70〕故《別錄》曰：「與博士使讀說之數月，皆起傳以教人。」此博士即指歐陽博士。因歐陽博士受業於兒寬，而兒寬又受業於孔安國，孔安國曾將古文《尚書》私授與兒寬，其中包括《大誓》，故歐陽博士讀說後，「以寬以所受於安國之《大誓》三篇錄入」於歐陽《尚書》中以教人，即歐陽博士將古文《大誓》三篇列入學官，所以歐陽《尚書》也因多《大誓》三篇而成三十二卷。對於陳壽祺提到「大小夏侯亦有《大誓》」一說，宋翔鳳則反駁：「大、小夏侯之學出於張生，張生未嘗就安國讀古文，故大、小夏侯經二十九卷，與伏生所傳同，與歐陽

〔註67〕宋翔鳳：《與王伯申學士書》，《樸學齋文錄》，卷1，《續四庫全書》，頁338。
〔註68〕《後漢書》記載獻帝建安十四年黃門侍郎房宏等人云：「宣帝本始元年，河內女子有壞老屋，得古文《大誓》三篇。」
〔註69〕宋翔鳳：《與陳恭甫編修書》，《樸學齋文錄》，卷1，《續四庫全書》，頁337。
〔註70〕宋翔鳳：《與陳恭甫編修書》，《樸學齋文錄》，卷1，《續四庫全書》，頁337。

異。此三家卷數皆並《序》計之，唯歐陽經多《大誓》三篇。」〔註71〕由上可知陳壽祺以為三家今文《尚書》均有今文《大誓》，但宋翔鳳認為只有歐陽《尚書》才有古文《大誓》，大小夏侯則無。

（四）王引之對宋翔鳳論點之反駁

在寫成《與陳恭甫編修書》後，宋翔鳳於同年五月九日拜訪以研究《尚書》聞名的王引之，並將「頗自喜其說」的《與陳恭甫編修書》一文呈與王引之指正。〔註72〕對於《與陳恭甫編修書》中所提出的《尚書》今古文之分即在《大誓》一篇之有無的說法，王引之不表認同，他與陳壽祺一樣以為《大誓》有今古文之分別，其理由有三：一是「今文《大誓》流為鳥，《書》說以為孝鳥，古文《大誓》鳥作雕，馬融以為摯鳥。」〔註73〕即今文《大誓》將流字寫為鳥字，而古文《大誓》則寫成雕字，以漢朝經師之嚴守家法，歐陽博士如將古文《大誓》錄入今文《尚書》中，其篇中的鳥字應作為雕，而非寫鳥字。二是關於《史記》記載伏生所傳《尚書》二十九篇之內容。宋翔鳳以為是今文《尚書》二十八篇再加《書序》一篇，王引之則以為二十九篇中無《書序》而有《大誓》，他說：「《漢書·藝文志》曰：『孔安邦得古文，以考二十九篇，得多十六篇。』為十六篇為今文所無，二十九篇則今古文皆有之也。若《大誓》亦伏書所無，則伏書但有二十八篇，孔書多於伏書者又多加一篇而為十七篇，《志》何不云以考二十八篇，得多十七篇乎？《志》又曰：『孔安邦獻《古文尚書》，遭巫蠱事，未列於學官。』此謂古文四十五篇皆未列於學官也。若歐陽取古文《大誓》入於已立學官之伏生書內，則古文《大誓》列於學官矣，其未列於學官者但有四十四篇，班氏何以不加分析而總謂之未列學官乎，反復求之，殆不可通。」〔註74〕所以今古文《尚書》均有《大誓》，為更完整的論述這個觀點，王引之還撰寫《伏生尚書二十九篇》一文。三則針對兒寬是否從孔安國學習古文經一事進行辨證。王引之引用《史記·儒林傳》云：「孔安邦為武帝博士，時古文《尚書》未立於學官，其所為博士乃今文《尚

〔註71〕宋翔鳳：《與陳恭甫編修書》，《樸學齋文錄》，卷1，《續四庫全書》，頁338。
〔註72〕王章濤：《王念孫·王引之年譜》，揚州：廣陵書舍，2006年6月，頁184。
〔註73〕王引之：《附某孝廉書》，《經義述聞》卷四，47a頁，《皇清經解》，光緒十四年南菁書院本。
〔註74〕王引之：《附某孝廉書》，《經義述聞》卷四，47b頁，《皇清經解》，光緒十四年南菁書院本。

書》博士也。兒寬受業於孔安邦，亦但受今文之說，未嘗受古文也。」所以孔安國只將今文《尚書》傳授給兒寬。王引之又引《漢書·儒林傳》來敘述古文《尚書》之傳承：「孔安邦授都尉朝，司馬遷亦從安邦問。」其中未提到兒寬，「則寬非傳古文者甚明，歐陽生之子何由得古文《大誓》於兒寬之手乎！」所以王引之斷定兒寬並未習得古文《大誓》。王引之以此三個理由將宋翔鳳對於《尚書》今古文之分的論點基礎完全推翻，無怪乎宋翔鳳在見面之後不滿地表示王引之所論「或有所詭乎」，於當晚立即查閱王引之的著作並在隔日（五月十日）馬上撰寫《與王伯申學士書》來反駁王引之的觀點。

（五）《與王伯申學士書》中宋翔鳳提出七事與王引之爭辨

宋翔鳳在《與王伯申學士書》中強調：「反復來說，欲附和而有不設附和者，豈私心蔽固，不能及此乎！」這表現出宋翔鳳對於自己的論點相當有信心。為反駁王引之的說法，宋翔鳳在信中從六個方面來補強「今古文《尚書》之分即在《大誓》一篇」的論點。王引之接信後，對於宋翔鳳的意見仍不表同意，最後在回信中委婉提到：「拙著不信向、歆，頗嫌武斷，欲依竹垞說，以《序》當廿九篇之一，則又多所抵梧，無已，則姑仍孔仲遠為「史總之」之說，以俟將來細考，或亦不知蓋闕之義乎！」〔註75〕但王引之對「史總之」之說其實也是不認同的。但王引之對《與王伯申學士書》相當重視，因為宋翔鳳的「《大誓》後得說」作為與其針鋒相對的代表性說法，恰可為他提供一闡述其觀點的良好平臺，故他將此信經細部修改與詳加按語後，將此函題為《某孝廉書》收入《經義述聞》卷四中。因此正可以將《與王伯申學士書》與《附某孝廉書》中的按語作一比較，以此顯示宋翔鳳與王引之之間在相關問題上的交鋒。

在《與王伯申學士書》中，宋翔鳳先為劉向、劉歆父子的「《大誓》後得之說」進行辯護。他認為劉向《別錄》所言是可信的，其理由有二：一是根據《漢書·藝文志》所云：「劉向校經傳、諸子、詩賦。」而「每一書已，向輒條其篇目，撮其指意，錄而奏之。」宋翔鳳由此斷定劉向校遍群書時必不敢馬虎，所以劉向「雖不傳《尚書》學，而其篇目必素所究審。」二是據「《藝文志》又言：『劉向以中古文校歐陽、大小夏侯經文。』則三家篇第，孰多孰少，孰存孰佚，皆以目驗，不得有傳聞之誤。況《別錄》云：『民間獻《大誓》』，

〔註75〕宋翔鳳：《與王伯申學士書》，《樸學齋文錄》，卷1，《續四庫全書》，頁339。

即指壞壁得書；云：『博士讀說之』，即指歐陽博士，與篇第、時事靡不符合。」即「《大誓》後得說」並非王引之所言的「傳聞之誤」，而是劉向在密府中親自以孔壁古文《尚書》校驗三家今文《尚書》所得出的結論，此結論與史事是相符合的，而劉歆《七略》的說法是繼承劉向《別錄》。但王引之在《附某孝廉書》中針對宋翔鳳這部份的論證加以反駁，即《別錄》中民間所獻的《大誓》非出於孔安國所獻的孔壁古文《尚書》，因「《別錄》所謂民間獻《大誓》者唯獻《大誓》一篇，魯共王壞宅得書共五十八篇，而《大誓》在其內，二者多寡相懸，不得合為一事，且壞宅得書者，魯共王，非民間也……遂以壁為孔壁，則伏生書出於屋壁，亦將以為孔壁乎！」〔註76〕其次，《劉歆傳》中先提到「《大誓》後得，博士集而讀之」，之後說魯共王壞壁得書之事，王引之由此推斷「歆所為後得之《大誓》，非由孔壁出矣！」以此，王引之將宋翔鳳第一個說法給否定。

　　第二事是宋翔鳳認為《漢書‧儒林傳》中提到漢成帝時張霸所拆解的今文《尚書》二十九篇中已有《大誓》，這篇《大誓》即是劉向校書時所見的古文《大誓》三篇，只是班固當時所見到的《大誓》已經殘缺不全，因此將《大誓》由三篇「總為　篇以合於廿八篇」，故《漢書‧儒林傳》記載「張霸分析合二十九篇以為數十」。與之相呼應的有《尚書正義》所提到：「伏生二十九篇，而《序》在外」，及《經典釋文‧序錄》也言：「《大誓》一篇與伏生所誦合三十篇。」對宋翔鳳的說法王引之不表認同，他以《漢書‧儒林傳》中張霸所分析的《尚書》二十九篇應「承上文『伏生求得二十九篇』言之」，即王引之認為班固是將張霸的二十九篇等同於伏生的二十九篇，當中就內含《大誓》一篇，「豈得謂班固總為一篇以合於二十八篇乎！」

　　第三事為宋翔鳳解釋歐陽博士將《大誓》三篇加入今文《尚書》中是為了「彌縫」伏生《尚書》之所闕，此作法正如《玉海》引鄭玄《尚書大傳序》中所言：「（伏）生沒後，數子各論所聞，以己意彌縫其闕，別作章句，又特撰大義，因經屬指，名之曰《傳》。」即歐陽補錄《大誓》與歐陽生、張生等人作章句、《大傳》的目的相同，都是為了彌縫伏生所傳之闕。但王引之從文字訓詁來解釋「闕」字，曰：「案闕，為聲音之訛，先後之差，篆隸之失，非謂有闕篇也。」以此來反駁宋翔鳳「牽合」誤解《玉海》引《尚書大傳序》之原意。

〔註76〕王引之：《附某孝廉書》，《經義述聞》卷四，48a 頁。

　　第四事是漢儒解經時有傳不釋序的慣例，如「《毛詩序》乃毛氏一家之序，齊魯韓則別有序，序與傳一人之作，故不為序作傳。」〔註77〕但宋翔鳳承常州學派的家法，以為《書序》是孔子所作，與其他經傳之《序》不同。《史記・孔子世家》言孔子「贊《易》序《書》」，而《漢書・藝文志》亦言：「《書》之起遠矣，至孔子纂焉，上斷於堯，下訖嬴秦，凡百篇而為之序。」漢代經師基本上只為孔子所作的經書作傳，故《書序》也有漢儒作傳來解釋，如他以《尚書大傳》為例，曰：「《書序》云：『遂踐奄，作成王政。』《音義》引《大傳》云：『踐，藉也。』《詩・豳風・正義》亦引《書傳》云：『遂踐奄，踐之者，藉之也。』此《傳》釋《序》踐奄之文也。」另又舉《尚書大傳》解釋《亳姑序》中周公葬畢之文為例。所以宋翔鳳總結「大小夏侯《章句》各二十九卷，大小夏侯《解故》二十九篇，正並《序》數之。」「歐陽《章句》三十一卷，似不數《序》，要是脫畫，一當作二。」即歐陽《章句》應為三十二卷，其中一卷解釋《書序》。此外，宋翔鳳以《藝文志》關於三家《尚書》卷數之說法與《大誓》後得之說同出於劉向，並以此批評王引之「信此而疑彼，未見其然也。」對此王引之則反駁說：「《別錄》，《尚書》二十九卷，同於《史記》，則有《大誓》矣。而又以為民間獻《大誓》，與前說自相抵牾，且非事實。」因此班固在《儒林傳》與《藝文志》中並不提《大誓》後得之說，由此更證明此說之不可信，因此張霸所分析之《尚書》二十九篇就是夏侯《尚書》二十九篇，其中有《大誓》而無《書序》，故「《藝文志》言劉向以中古文校歐陽、大小夏侯經文，《酒誥》、《召誥》皆脫簡，而不言闕《大誓》，則夏侯有《大誓》矣。」所以王引之的結論是夏侯解經之《章句》、《解故》二十九卷中各有一卷為《大誓》作注，但無一篇一卷專門為《書序》解經，只有當《大傳》討論到相關經文內容時，才會引《書序》並解釋之而已，所以漢儒並無作專門解釋《書序》的傳，也有此證明王引之並不認同《書序》是孔子所作。

　　第五事為宋翔鳳以「法斗四七宿」之說來應證伏生《尚書》二十九篇中有《書序》而無《大誓》之說法。他引《論衡・正說篇》云：「或說《尚書》二十九篇者，法斗四七宿也。四七，二十八篇，其一曰斗矣，故二十九。」故宋翔鳳言：「此以四七宿當二十八篇，以《序》當斗，言《序》之櫽括廿八篇，猶斗之臨制四鄉。若《大誓》，不足當斗矣。」宋翔鳳引用漢人以斗總括二十八星宿為譬喻，認為《大誓》僅為一時一事之篇章，不足以當斗，惟有孔子所

〔註77〕宋翔鳳：《與王伯申學士書》，《樸學齋文錄》卷1，頁339。

作的百篇之《書序》方能如斗一般將二十八篇之義涵蓋其中。宋翔鳳以此證明伏生所傳二十九篇中有《書序》一篇，而《大誓》乃後得。但《論衡》又說：「孔子更選二十九篇，二十九篇獨有法也。」在這裡《論衡》又以為二十九篇中有《大誓》而無《書序》，此說法與「法斗四七宿」之說互相矛盾。對此，宋翔鳳認為兩種說法互相矛盾的原因是《論衡》針對不同情形所作的敘述，「法斗四七宿」是敘述伏生所傳《尚書》為二十八篇經文與一篇《書序》，而後一種說法則是「王仲任（充）在東漢世，久見《大誓》在《尚書》中，故並數為廿九。」但王引之認為這兩種說法是一致的，他提出「『二十九篇獨有法』即是指『法斗四七宿』而言，不得分以為二」，因《尚書》百篇中，孔子獨為其中二十九篇立法，其中不含《書序》，「其一曰斗，非指《大誓》言之，四七二十八篇亦非除《大誓》計之，特合斗與宿以當二十九篇之數耳。」即斗宿只是在表達數目，並沒有特殊意涵，所以伏生《尚書》二十九篇中有《大誓》而無《書序》。

第六事是王引之對宋翔鳳《大誓》分篇的說法提出質疑：「以今文如《般庚》、《顧命》、《康王之誥》不分篇，何歐陽錄《大誓》獨分篇？」宋翔鳳認為《大誓》分篇與《顧命》、《康王之誥》不同的原因主要是今古文家法不同所導致，因「《般庚》等不分篇，此今文之家法。《大誓》分篇，自是古文之家法。錄《大誓》者，所以補今文之闕，仍分篇者，不亂今文之真，此傳經之大要也。」宋翔鳳認為《大誓》分篇的主因是歐陽博士錄古文《大誓》入今文《尚書》時，為了不混淆今文《尚書》的原貌，故保留古文《大誓》分為三篇的形式，以此體現今古文《尚書》家法之別。對此說明，王引之仍不贊同，他分別以今古文《書序》來說明分篇與否並不涉及今古文之家法。以古文《書序》而言：「《大誓》三篇同為《大誓》，可分者未嘗不可合，故《藝文志》言：『孔氏得古文，以考二十九篇，得多十六篇』，則以《般庚》三篇、《大誓》三篇、《九共》九篇各合為一篇，即合《大誓》三篇為一亦不背古文家法。」就今文《書序》而論：「《般庚》亦是三篇，可合者未嘗不可分。」他又舉漢石經殘字的《般庚》中篇之最後一字與下篇最前一字之間有空一格，以此證明今文《般庚》在漢代也分為三篇。〔註78〕王引之由此證明分篇與否與家法無關，所以「若於《般庚》則

〔註78〕宋翔鳳的看法則相反，他於之後其所著的《尚書譜》提到：「《隸釋》載《熹平石經》殘字，《般庚》下篇與上連接，知今文合為一篇，古文乃分為三。」見《過庭錄》卷六，頁105。

合為一，於《大誓》則分為三，前後自相刺謬，則無是理也。」因此王引之認為此項理由亦無法證明歐陽《尚書》中之《大誓》為後得之古文。

最後宋翔鳳提到：「《大傳》記孔子之言，即七十子之大義，知治《尚書》者可無待於外矣。」《尚書大傳》是伏生今文《尚書》的傳注，宋翔鳳以《大傳》承七十子之大義而上接孔子，這表明他以今文《尚書》為孔門《尚書》之真傳，故宋翔鳳謂：「孔子序《書》以存百篇之號，錄廿八篇可以明刪《書》之旨，故《大傳》引孔子曰：『六《誓》可以觀義，五《誥》可以觀仁，《甫刑》可以觀戒，《洪範》可以觀度，《禹貢》可以觀事，《皋陶謨》可以觀治，《堯典》可以觀美。』皆就廿八篇之文，餘更不及。」即伏生所傳的二十八篇《尚書》經文是孔子從百篇中所挑選出具有特定意涵的篇章，而古文《大誓》與逸《書》十六篇均被孔子所刪除，所以不屬於《尚書》的一部分。宋翔鳳承襲自莊述祖的觀點後來成為晚清今文家對於《尚書》篇章的主要看法。不過王引之認為六《誓》中包含《大誓》，並認定宋翔鳳以為「六《誓》疑當作五《誓》，歐陽家改為六」的說法只是個人推測，因在其它書籍中並無提到「歐陽家改《大傳》者，不得謂歐陽家改五為六」一事。所以他說：「信《大誓》後得之說，則必謂伏生本無《大誓》；信伏生求得二十九篇之說，則漢初已得《大誓》，而後得為傳聞之訛。夫綴學之士，所聞異辭，而古人與稽，必從其朔，與其信後出之《別錄》，不如信在先之《史記》矣。知此者其為班固乎！孔氏穎達、朱氏彝尊不知辨《大誓》後得之訛，而反疑伏生之二十九篇無《大誓》，或以為民間所得，入於伏生所傳內，或欲以《序》當其一篇，所謂大道以多歧亡羊者也。」〔註79〕由此王引之徹底否定掉「《大誓》後得說」，並得出最後結論是伏生《尚書》二十九篇與古文《尚書》二十九篇的內容基本相同，兩者都有《大誓》，以此全盤否定宋翔鳳的看法。

三、結論

以《與陳恭甫編修書》及《與王伯申學士書》兩封信件為契機，宋翔鳳與王引之二人針對《大誓》與今古文《尚書》之間的關係展開激烈的辯論。整體而言，王引之的考據功力與對資料的掌握能力比宋翔鳳更勝一籌，如對《論衡》「法斗四七宿」與「二十九篇獨有法」的說法，在邏輯上宋翔鳳將之分為兩種不同說法，其說服力就不如王引之將二者合一的解釋，但這種辯論正反

映出清代學者論學所展示出來的「實事求是」的精神，正如梁啟超所說：「所見不合，則相辯詰，雖弟子駁難本師，亦所不避，受之者從不以為忤」，且「辯詰以本問題為範圍，詞旨務篤實溫厚，雖不肯枉自己意見，同時仍尊重別人意見。」〔註80〕如對《大誓》問題的看法，陳壽祺與王引之的結論就有極大差異，陳壽祺認為今文《尚書》無《大誓》而有《書序》，又認為古文《尚書》有《大誓》乃來後竄入。王引之則謂今文《尚書》二十九篇有《大誓》而無《序》，而向、歆父子的「《大誓》後得之說」為傳聞之誤。對陳、王二人的說法，宋翔鳳一一致書辨難，詳其宗旨。透過陳、王、宋三人之間的論學過程，正可對乾嘉學風作一最佳的寫照。

第三節　宋翔鳳對輯佚方面的研究——《論語鄭氏注》的介紹

漢學家研究經學的主要目的之一就是要恢復漢代經學的原貌，因此首要之務就是輯佚漢代的經學著作。隨著惠棟輯佚漢注以求恢復《易》、《書》等經傳原貌的治經方式在乾隆、嘉慶年間盛行開來以後，輯佚之學成為從事漢學者主要研究工作之一。當時漢學家從五經入手，輯述原文、古義，之後遍及群經、諸子及史書。

宋翔鳳早年亦深受輯佚盛行的影響，其中他最早的輯佚著作之一是《帝王世紀輯校》。〔註81〕當時《帝王世紀》因為受到偽古文《尚書》和劉炫偽造的《連

〔註80〕梁啟超著，朱維錚注：《梁啟超論清學史兩種》，39頁。
〔註81〕《帝王世紀》為西晉皇甫謐所撰，原書已佚，現存十卷為後世輯本。該書在自序中說明撰修的凡例：「自天地開設，人皇以來，迄魏咸熙二年，凡二百七十二代，積二百七十六萬七百四十五年，分為十紀」，記述自三皇至漢魏歷代帝王世系、年譜及其事蹟的史學專著。此書為司馬遷《史記》後，第二部系統記述歷代帝王世系的史書。該書對三皇（伏羲、神農、黃帝）有較系統的整理，對上古、三代以及春秋戰國時期各國君主世系、姓名亦有相當詳細的考證，可補《史記》、《漢書》之缺失。皇甫謐在編撰該書過程中，旁徵博引，多採經傳圖緯與諸子雜書，同時也為後世留下了大量第一手研究成果。如三皇五帝時期史料匱乏，先有先秦諸子散見於各自著作之中的零星史料，後有司馬遷作《五帝本紀》，作者在前人基礎上，廣泛搜集數據，系統考證了三皇五帝時代的一些重大歷史事件；再如其對上迄三皇，下至漢魏時期歷史地名變更之研究，澄清了許多由此引起的歷史疑難問題。該書現存版本主要有宋翔鳳、錢保塘、張澍等輯本。

山易》引用其文的影響，故有「謂作偽之由，發於皇甫」之譏。但宋翔鳳認為《帝王世紀》並非偽書，此書被後人所譏是因為曾遭竄改所致，故現在所見的版本已非原書。他以惠棟之言作依據：「惠定宇按《晉書》謂：『謐之外弟天水梁柳傳古文《尚書》，謐嘗見之，故《五子之歌》等採入《世紀》。孔穎達《尚書正義序》云：「晉世皇甫謐獨得其書，載於《帝紀》，其後傳授始可詳焉。」』翔鳳案：士安於古書真偽最為詳慎，如王肅《家語》、束皙所得之《竹書記年》未始苟且雷同，豈有反引後出之書，絕無是理，正是梁柳輩所附益矣。」〔註82〕所以宋翔鳳以《帝王世紀》「亦本於宣聖（孔子）之成典」，書中內容「旁推秘緯，鉤探九流，其義博而正」，與《史記》一樣，「怪異之錄、不經之談，兩家之書俱無斯累。」〔註83〕而且西晉之時稍近於古，故可補唐虞以前史事之不足。此外書中錄有漢代皇帝的姓名以備考察，所以宋翔鳳認為《帝王世紀》的學術價值遭到嚴重低估，所以他對「後儒之譏，未敢遽同也。」為了重新體現《帝王世紀》應有的地位，宋翔鳳對此書加以輯佚並對有疑義處予以考證。所以當今有關《帝王世紀》輯本中，《帝王世紀輯校》是質量比較佳的版本。

除此之外，關於漢代經學著作的輯佚更是宋翔鳳下功夫之所在，其相關著作有《論語鄭氏注》、《孟子劉注》、《論語孔子弟子目錄》、《漢甘露石渠禮議》、《五經通義》〔註84〕、《五經要義》〔註85〕等書。其中《論語鄭氏注》尤其是宋翔鳳早期輯佚的代表作，也是他經學研究的起始點。這與宋翔鳳早期經學研究以鄭玄為宗有關，以下將對《論語鄭氏注》作一詳細考察。

一、鄭玄《論語注》的介紹

經過秦火之禍後，《論語》在漢代出現《古論語》、《齊論語》、《魯論語》、

〔註82〕宋翔鳳：《帝王世紀輯校》，卷3，頁76，《浮溪草堂叢書》，第1冊，清嘉慶道光間善本。

〔註83〕宋翔鳳：《帝王世紀輯存序》，《樸學齋文錄》，卷2，《浮溪精舍叢書》，頁140。

〔註84〕劉向所著，王應麟於《玉海·藝文擬序》中曰：「劉向辨章舊聞，則有《五經通義》。通義者，漢五經課試之學也。」

〔註85〕據《隋書·經籍志》載，原書共5卷；《舊唐書·經籍志》與《新唐書·藝文志》在載明五卷外，並載明作者為西漢劉向。宋以後，該書書目不再見於史志，內容也散佚。清代出現輯本多種，如王謨輯本（見《漢魏遺書鈔》），馬國翰輯本（見《玉函山房輯佚書》），黃奭輯本見《黃氏逸書考》、《漢學堂經解》），而宋翔鳳此輯本最為著名。宋氏據《隋志》、《唐志》記載，翻檢漢魏以後經史典籍，撮輯佚文，有些條目注明出處，大部分條目出處從略。該輯本現收入《玉函山房輯佚書續編》。

《張侯論》四派師傳，四種版本文字有別，章句也有差異。宋翔鳳為此在《論語師法表》中考察疏理這四派《論語》學的傳承譜系與學術流變：一、《古論語》，此版本出自壁中書，共有二十一篇，分《堯曰》下章『子張問』為一篇，故有兩章《子張》篇。在師承方面，「《論語集解·序》云：『《古論》唯博士孔安國為之訓解，而世不傳，至順帝時，南郡太守馬融亦為之訓釋。』《釋文·序錄》云：『《古論語》，孔安國為傳，後漢馬融亦注之。』按此知馬所注為《古論》」〔註86〕即孔安國為《古論語》作傳，馬融為之作注。二、《魯論語》，此版本有二十篇，與通行本的篇目相同。傳《魯論語》者有龔奮、夏侯勝、韋賢、韋元成、魯扶卿、夏侯建、蕭望之等人。三、《齊論語》，此版本比《魯論語》多《問王》、《知道》二篇，共二十二篇，「《漢志》：『《齊》二十二篇，多《問王》、《知道》。』如淳曰：『《問王》、《知道》，皆篇名也。』按：《問王》謂《春秋》素王之事，備其問答；《知道》，知率性之道，故能知人知天。《論語·堯曰》篇記唐、虞、夏、商、周至子張問從政，為孔子素王之事；其記知命、知禮、知言，皆以知道貫之。傳《齊論》者，於二十篇之後，又作此二篇以發揮其蘊，蓋出於內學。漢時齊地最盛，故《齊詩》明五際六情，《公羊春秋》亦出於齊人，胡毋生有孔子受命之事，《齊論》此二篇亦是秘書之流，故《古論》、《魯論》俱不傳此義，亦非淺學所窺，故張侯不以教授。」〔註87〕傳《齊論語》者有王卿、王吉、宋畸、貢禹、五鹿充宗、庸生等人。四、《張侯論》：此版本是張禹以《魯論》為主，合《齊論》、《古論》兩家之學而成，但不傳《問王》與《知道》兩篇，其篇章與《魯論》相同，因此後人多以《張侯論》為《魯論》。由於張禹身為漢成帝之師，由此導致《張侯論》大行於世，後由包咸、周氏為之章句，至東漢時被立於學官。

　　《論語注》是鄭玄晚年之作，以《張侯論》為底本，校之《古論》、《齊論》而成。宋翔鳳以為《論語鄭氏注》的重要性在於鄭玄兼通《古論語》、《齊論語》和《魯論語》，在融合《論語》三論的基礎上，保留了《論語》之微言與三家家法，「使當世之人知家法之不可以相亂而足以兩存」，故在《鈔書自題·論語鄭注》中提到：「微言元不絕，魯論廿篇留（子夏六十四人共撰仲尼微言，以當素王，見《論語崇爵讖》）；中是春秋法，君能惢緯搜」。〔註88〕

〔註86〕宋翔鳳：《論語師法表》，《浮溪精舍叢書》，頁33～34。
〔註87〕宋翔鳳：《論語師法表》，《浮溪精舍叢書》，頁33。
〔註88〕宋翔鳳：《鈔書自題》，《憶山堂詩錄》，卷1，《浮溪精舍叢書》，頁161～162。

晉朝時，鄭玄《論語注》被立於學官，成為當時的通行本。但到南北朝時，鄭學只盛行於北方，不被南朝學者所重視，《隋書·經籍志》記載：「梁、陳之時，唯鄭玄、何晏立於國學，而鄭氏甚微。周、齊，鄭學獨立。至隋，何、鄭並行，鄭氏盛於人間。」唐代受到「尚古」思潮的影響，鄭注一度成為唐代官學《論語》的教材及經義對策的文本，深受唐人的重視，在當時的著作中多被引用，如《五經正義》、《經典釋文》、《初學記》、李善所注的《昭明文選》、章懷太子李賢所注的《後漢書》、《北堂書鈔》等，但至唐文宗開成年間於國子學刻十二經時，《論語》鄭注已不入唐代官修注疏中，故於五代後亡佚。自宋迄清，雖有輯本，但已十不存一，為恢復鄭玄《論語注》的原貌，惠棟在南宋王應麟輯成鄭玄《論語注》的基礎上，補成《論語古義》兩卷，之後丁傑、孔廣林、王謨等人又先後博採而增益之。

二、宋翔鳳輯佚《論語鄭氏注》的經過、緣由

乾隆五十八年，宋翔鳳開始輯錄校讎《論語鄭注》，之後《論語鄭氏注》分兩階段完成：第一階段在嘉慶七年完成二卷本初稿並作《論語鄭注後序》，此外宋翔鳳又作《論語鄭注輯本自序》，收入於《清儒學案》第七十五卷《方耕學案下》。序中針對輯佚二卷本所收集的資料作一說明，曰：「乃就何氏《集解》、皇氏《義疏》、陸氏《音義》，旁及他經注疏編類之書，先後採獲反若干條，編為（《論語鄭注》）二卷。《隋書·經籍志》載《孔子弟子目錄》一卷，鄭玄撰，書亦不傳，然《史記·仲尼弟子傳》注頗引其文，今具采出，以其同科，亦附斯編。」由此表明宋翔鳳《論語鄭注》二卷本所輯的鄭注主要來自於何晏的《論語集解》、皇侃的《論語義疏》及陸德明的《經典釋文·論語音義》。序中還言：「書中之義，唯存鄭訓，其所闕略，不為坿益。」〔註89〕此外，宋翔鳳還從《史記·仲尼弟子傳》的漢人批註中輯出鄭玄撰作的《孔子弟子目錄》，並附於《論語鄭注》二卷本之後。

第二階段又歷經十多年不斷增輯，最終於嘉慶二十三年完成《論語鄭氏注》十卷本，收藏於宋氏家刻《浮溪精舍叢書》中。由嘉慶二十五年所作《論語鄭注序》中可知，《論語鄭氏注》十卷本是在惠棟、孔廣林、丁傑、臧庸等人所輯出《論語》鄭注的基礎上擴充而成，並「引申其辭，更拓眾說，為之羽

〔註89〕宋翔鳳：《論語鄭注輯本自序》，《方耕學案下》，《清儒學案》，第 75 卷，北京：中華書局，2008 年，頁 2903～2904。

翼」，〔註90〕即廣引經史子集，如《五經正義》、《史記》、《漢書》、《荀子》、《昭明文選》及《世說新語》等古籍，和清代漢學家之說，如惠士奇、惠棟、丁傑、臧庸、戴震、莊述祖、錢大昕等人著作，來為鄭注注釋，具體表現出「推本於漢學，博採於近儒」的治經方式。

宋翔鳳輯錄鄭玄《論語注》的緣由可從《論語鄭注後序》中得知，其序曰：「余覽宋深寧叟之集《易》注，遂有事於斯編。解聖人之微言，尋康成之墜緒。張侯有可正之讀，則校以《齊》、《古》；傳注有不易之訓，則採自包、周；若哀而不傷，揖讓升下，時與箋詩複多同異，知兩通之並存，亦柀文而互見也。然考其裒次，離全書則已遠，存十一於千百。凡精言聆義，往往可尋其塗蓋廣。至於故實，矗加旁證，殆有數端，如老彭二人之殊、泰伯三讓之事、雅言有正音之訓、朱張有朱伥之讀、過位本《曲禮》之文、及門為仕進之路、命席可數難終。其物為之考校，蓋已卓絕矣。又若束修即童子摯、私朝非季氏家、縕之為絮、於之訓往、字沿訛於亥豕說、取譏於賣櫝，當其未明，家各聚訟，為之疏通，因而易曉。蓋嘗泛觀書林，從事鄭注頗有其人，然其捃拓群籍，多取疑似，如大夫死葬之禮誤自《家語》，孔子圖事之文當為逸論；或者貪多引為鄭注，則又加以區別，為之裁省。《集解》一書訂自平叔，前代國學刊行白久。今有好奇之人，宗海外之異文，略成均之所剟日本義疏，增益語助，去此取彼，率改正經。茲正其例，皆從監本；文或稍勝，注於旁行。」〔註91〕首先，宋翔鳳輯佚此書是欲仿效王應麟的《周易鄭康成注》，因王氏此書輯錄了南宋以前各種典籍中關於鄭注《易經》的內容，使後世學者賴此書得以瞭解漢《易》的基本面貌，為清代學者恢復漢《易》奠定下基礎，如惠棟考訂漢《易》即在王應麟研究基礎上更進一步。鄭注《論語》在當時亦有人加以輯佚，宋翔鳳曾於清代多處藏書之書林中比較過他人的相關著作，從中發現不少問題，如貪多錯引，如「片言可折獄者」中引鄭注有兩條，第一條引自《音義》，宋翔鳳以為此條為真；另一條則引自《御覽六百三十九》，宋翔鳳曰：「按此條疑非鄭注，然輯錄家多採其文，散佚之餘，姑從賅博，在考古義者所分別焉。」〔註92〕；或訓詁不明，如「字沿訛於亥豕說」；或者對於鄭注之真偽考證不實，以假亂真，

〔註90〕宋翔鳳：《論語鄭注序》，《論語鄭注》，臺北：藝文印書館，1966年《無求備齋論語集成》，第29函影印《漢魏遺書鈔本》），卷首，頁1a。

〔註91〕宋翔鳳：《論語鄭注後序》，《樸學齋文錄》，卷2，《浮溪精舍叢書》，頁135。

〔註92〕宋翔鳳：《論語鄭氏注》，卷6，《浮溪精舍叢書》，頁21。

「如大夫死葬之禮誤自《家語》」等。其《自題〈論語鄭注〉》云：「我獨千載下，頗知抱其疑。搜集零落義，拾掇斷碎詞。雖為窺其全，猶能測其蠡。磋哉宋元後，學問道日衰。空張道學幟，無乃多偏詖。程宋有實學，誰能啜其體。可憐講學人，膚淺徒相欺。坐使鄭孔注，缺廢不可知。」〔註93〕又曰：「遺文輯唐代，古讀注張侯；如此衰微極，精心待校讎。」〔註94〕在「精心待校讎」的發願下，宋翔鳳以《論語鄭氏注》作為其研究《論語》的正式開端，希望以《論語鄭氏注》來作為進一步分析論述《古論》、《齊論》、《魯論》三家的基礎。

三、從《論語鄭氏注》來分析《古論》、《齊論》、《魯論》

對於《論語》的三個版本中，宋翔鳳以為「三家唯《魯論》最為淺率，禹本碌碌庸人，徒以名位得傳其學，致誤後來，幸得鄭君為之釐正，微言所在，可以尋求。」〔註95〕鄭玄「釐正」之法多以《古論語》訂正以《魯論語》為主的《張侯論》，如「《音義》所載『讀正五十事』，多謂脫漏未全。今《音義》可考者，云：『《魯》讀某字為某，今從《古》』，合計得二十三事，皆從《古》讀。其從《齊》讀正者，多不可得見。然《音義》又載『鄭本作某者』，又二十七事，亦異於《張論》者也。以合二十三事，正有五十。私意推之，此或有從《齊》所讀。」〔註96〕宋翔鳳認為《齊論》已「多不可得見」，唯有《古論》中多藏有微言，其曰：「康成雖就《魯論》，實兼通《齊》、《古》，而於《古論》尤多徵信，故注中從《古》讀正《魯論》者不一而足，其從《齊》讀已不可考，然尋兩家之學可以得其一二，具所錄本中。又鄭作《論語序》云：『書以八寸策』，此指壁中古文《論語》。鄭君出於馬氏，馬專用古文，故鄭多從之。古文分『子張問從政』以下為一篇，而校《魯論》多《知命》一章，亦具孔子受命之義。」〔註97〕宋翔鳳認為《古論語》中的微言與今文經學有相同之處，如二者皆強調孔子受命之說，這是孔子素王說的基礎。

〔註93〕宋翔鳳：《自題論語鄭注》，收錄於檀萃的《滇南詩話》卷6，其中還收錄宋翔鳳的《秋聲八首》、《記事二首》及《送窮日》。宋翔鳳於道光五年為《憶山堂詩錄》所作的附記中曰：「丁巳以前詩，在滇實京望江潭大令點定，並為作序。今並失去，惟見檀氏《滇南詩話》載有數篇，皆淺弱不足補入。」

〔註94〕宋翔鳳：《鈔書自題》，《憶山堂詩錄》，卷1，《浮溪精舍叢書》，頁161～162。

〔註95〕宋翔鳳：《論語師法表》，《浮溪精舍叢書》，頁34。

〔註96〕宋翔鳳：《論語鄭注輯本自序》，《方耕學案下》，《清儒學案》，第75卷，北京：中華書局，2008年，頁2903。

〔註97〕宋翔鳳：《論語師法表》，《浮溪精舍叢書》，頁34。

　　宋翔鳳與鄭玄一樣十分重視《古論》，這與莊述祖肯定壁中書有關。莊述
祖以為孔壁所得的古文經上承七十子之學，故稱孔安國所傳的古文經為真「古
文」，此外司馬遷從孔安國學古文經並將部分經文載於《史記》中，故他也稱
「漢《太史公書》，真古文說也。」〔註98〕《論語鄭氏注》十卷本編成之時正
是宋翔鳳以莊述祖傳人自居來進行經學轉型的時期，所以他對經學的見解深
受莊述祖的影響，導致在《論語鄭氏注》中，宋翔鳳對《古論》的重視程度高
於《齊》、《魯》二論，故書中多輯《古論》以備參考，如「哀公問社於宰我」
一條，《音義》作社，鄭本作主，《音義》所錄鄭《注》曰：「主田，主謂社也。」
宋翔鳳注釋曰：「案《古論語》及孔、鄭皆以為社主，社為木主者。《古論》不
行於世，且社主《周禮》謂之田主，無單稱主者。以張、包、周等並為廟主，
故杜所依用。又按《公羊》文二年傳：『練主用栗。』注：『夏後氏以松』云
云。《疏》云：『《論語鄭注》云：「謂社主」，正以《古文論語》作問社故也。
《今文論語》無社字，故何氏以為廟主耳。』……今《春秋公羊》說：『祭有
主者，孝子之主繫心。夏後氏以松，殷人以柏，周人以栗。』《周禮》說：『虞
主用桑，練主用栗』，無夏後氏以松為主之事。謹案從《周禮》說。」〔註99〕
又如「子之迂也」條，《音義》曰：「於，狂也。」宋翔鳳解釋曰：「《音義》迂，
鄭本作於。」又曰：「丁授經（傑）曰：『狂當作往，與《佛肸章》「子之往也」
語氣正同。』於訓往，見《詩毛傳》及《鄭箋》。迂無往訓，故鄭作於，蓋從
《古論》也。《音義》舊作狂，校宋本作杅，於於義皆無當。」〔註100〕另外宋
翔鳳亦會比較《齊》、《古》二論之差異，如「異乎三子者之撰」條中，引《音
義》曰：「撰，鄭本作僎。」又曰：「僎讀曰詮，詮之言善也。」宋翔鳳接著解
釋：「《說文》：僎，具也。從人，巽聲。《說文》無撰字，《集解》引孔曰：撰，
具也。則孔氏古文亦當作僎。作撰者，隸書之別。鄭讀為詮，當據《齊論》。」
〔註101〕又如「廢中權」條，《音義》廢，鄭作發，宋翔鳳釋曰：「按馬解廢為
廢棄，是《古論》亦作廢，以《齊論》讀發也。」〔註102〕從此可知，宋翔鳳
以廣輯古注來作為辨明漢人治經家法並探討聖人微言的方式是繼承莊述祖
「以漢學求根株」的發揮。

〔註98〕莊述祖：《尚書今古文考證‧盤庚上》，《尚書今古文考證》，卷2，頁3。
〔註99〕宋翔鳳：《論語鄭氏注》，卷1，《浮溪精舍叢書》，頁5～6。
〔註100〕宋翔鳳：《論語鄭氏注》，卷7，頁21。
〔註101〕宋翔鳳：《論語鄭氏注》，卷6，頁19。
〔註102〕宋翔鳳：《論語鄭氏注》，卷9，頁29。

最後可以用宋翔鳳對「性與天道」的解釋來更清楚地展現其《論語》學研究的脈絡。首先他引錢大昕的說法將之解釋為「性與天合」，錢氏曰：「《經典》言天道者，皆以吉凶禍福言」，又曰：「性與天道猶言性與天合也……乃知性與天道不可得而聞也。」不過宋翔鳳以為錢大昕對「性與天道」的解釋仍未盡夫子微言之意，其曰：「按鄭意，性有賢愚吉凶，唯聖人之性合乎天道，故能傳微言。與猶言合也，少詹先生解為性與天合，是語有未盡。後言利與命與仁，語亦是合義。」〔註103〕如何更完整的闡述《論語》中聖人之微言，則將成為宋翔鳳今後《論語》研究的核心。

第四節　宋翔鳳對訓詁方面的研究：以《小爾雅訓纂》為例

乾嘉年間，經學考據之風大盛，當時經師莫不推崇賈逵、馬融、許慎、鄭玄等古文家的經說，其中尤為重視訓詁方面的研究，故時人有「訓詁明，六經乃可明」之言。傳統的訓詁是隨文釋義，以傳、注、疏、箋等方式對經文加以解釋，但因漢代以後的文字與先秦文字有較大的差異，故訓詁學中衍生出專門針對文字音義的訓釋，出現類似字辭典的文字訓詁專書，如《爾雅》、《小爾雅》和《說文》等書。自顧炎武提出「讀經自考文始，考文自知音始」的觀點後，音韻學與訓詁學逐漸發展起來，清代學者即順此理路逐漸形成一套以通過字音以求字義的小學方法，而段玉裁則在《廣雅疏證序》中提出了「聲義同源說」曰：「小學有形、有音、有義，三者互相求，舉一可得其二。……聖人之製字，有義而後有音，有音而後有形。學者之考字，因形以得其音，因音以得其義。治經莫重於得義，得義莫重於得音。」〔註104〕

因此，清代漢學家治經皆由文字訓詁入手，這使得小學研究蔚為主流大宗。徐珂對清代的小學研究作一概論曰：「魁儒之說經鏗鏗者，莫不由《說文》以辨形聲，由《爾雅》以通訓詁，故其撰著皆卓然名家。《爾雅》則邵晉涵之《正義》，特出《邢疏》之右；郝懿行之《義疏》，訓詁精確，草木歸諸實驗；《小爾雅》則有胡承珙之《義證》，宋翔鳳之《訓纂》。《廣雅》則有王念孫之

〔註103〕宋翔鳳：《論語鄭氏注》，卷3，《浮溪精舍叢書》，頁8。
〔註104〕段玉裁：《廣雅疏證序》，《廣雅疏證》，《續修四庫全書》第191冊，上海：上海古籍出版社，2002年，頁1。

《疏證》，旁搜博考，足與經訓互相發明。精《說文》者，始於惠棟之《讀說文記》，其後則推。駿聲之《說文通訓定聲》，發明轉注假借，其書似因而實創。筠之《釋例》，多引鐘鼎古籀，以證《說文》字，而又為之句讀，故皆服其精審。玉裁《說文注》，實為叔重功臣，而不免武斷。以《玉篇》校《說文》者，始於鈕樹玉，玉裁採其說，不著其名，樹玉憾之，作《段注訂》八卷。徐承慶又為《段注匡謬》，亦以玉裁名太重耳。至姚文田、嚴可均同撰《說文校議》，分條考訂，人亦稱為精確也。」〔註105〕《小爾雅》一書在清儒重視小學研究的風潮下，也逐漸成為學者注目的焦點，故有清一代，針對此書撰成專書或專文者，不下一二十家，如胡承珙《小爾雅義證》、胡世琦《小爾雅義證》、王煦《小爾雅疏》、葛其仁《小爾雅疏證》、朱駿聲《小爾雅約注》、王貞《小爾雅補義》等，當中宋翔鳳的《小爾雅訓纂》亦是其中之一。

一、《小爾雅》源流之概況及清儒對《小爾雅》真偽的看法

　　《小爾雅》，又名《小雅》。《小爾雅》成書較早，《漢書‧藝文志》載有「《小爾雅》一篇」，並將其與《爾雅》同列入《六藝略》中的《孝經》家。《漢書‧藝文志》是根據劉向《七略》而寫成，以此推測，則《小爾雅》成書不應晚於西漢末年。此外因《小爾雅》的作者不明，故在漢代被視為「俗學」，但乃受到漢儒的重視，如馬融、許慎等均援引注經。魏晉時，王肅將《小爾雅》併入《孔叢子》之中。東晉時，李軌首先為《小爾雅》作批註，著有《小爾雅略解》一書。至隋唐，因音義注疏學的興起，《小爾雅略解》大為流行，如司馬貞的《史記索引》、章懷太子的《後漢書注》、陸德明的《經典釋文》、李善的《文選注》等，皆引之以為批註，故《隋書‧經籍志》、《舊唐書‧經籍志》與《新唐書‧藝文志》均載有《小爾雅略解》一卷，然此書於唐末五代以後已不可見。

　　北宋真宗年間，朱昂、杜鎬等人在校理三館秘閣舊籍時，將《小爾雅》從《孔叢子》中抽離錄成單行本，但仍以孔鮒署名為作者。至仁宗嘉佑年間，宋咸為《孔叢子》作注，並及書中所錄之《小爾雅》，成為第二位替作《小爾雅》注之人。孝宗淳熙年間，王蘭匯總當時各種《小爾雅》的版本並加以編排校勘，其書刪去宋咸之注並以單行本形式出版。後來所流傳的《小爾雅》其它版本主要出於《孔叢子》中的宋咸注本和王蘭所集校的單行本，這兩個版

〔註105〕徐珂：《經術類》，《清稗類鈔》第 8 冊，北京：中華書局，1984 年，「小學之精義」一條，頁 3848。

本的來源均是《孔叢子》的第十一篇。《小爾雅》全書不足兩千字,收詞有六百餘條,分為十三篇,分別是《廣詁》、《廣言》、《廣訓》、《廣義》、《廣名》、《廣服》、《廣器》、《廣物》、《廣鳥》、《廣獸》、《廣度》、《廣量》、《廣衡》,所涉及的名物,共有三百七十四件。與《爾雅》相比,《小爾雅》全書篇幅只有約《爾雅》的七分之一,加之成書於《爾雅》之後,所以長期以來未受到人們的重視,故在清代以前,有關《小爾雅》的注釋只有李軌與宋咸二人而已。李軌所注已亡於唐末五代之時,而宋咸則是因注釋《孔叢子》才附帶對書中附錄的《小爾雅》加以解釋。

　　《小爾雅》至清代開始備受重視,實得益於辨偽之風的盛行,尤其是戴震《書〈小爾雅〉後》對《小爾雅》駁難的提出,由此引起當時學者廣泛的關注。戴震認為「《小爾雅》一卷,大致後人皮傅掇拾而成,非古小學遺書,如云『鵲中者謂之正』,則正、鵠之分未之考矣;『四尺謂之初,則築宮初有三尺,不為一丈,而為及肩之牆矣;『僋深二初』,無異恤深八尺矣。其解釋字義不勝枚數,以為之駁正,故漢世大儒不取以說經,獨王肅、杜預及東晉梅賾奏上之《古文尚書》、《孔傳》頗涉乎此。……或曰:『《小爾雅》者,後人採王肅、杜預之說為之也。』」〔註106〕戴震以今本《小爾雅》已非《漢書‧藝文志》中所言之舊本,應只是王肅、杜預之說的選輯且和偽《古文尚書》有所關聯,故對《小爾雅》的價值作一否定的評價,段玉裁、孫志祖、臧庸、謝啟昆、黃爽、康有為等人基本上認可戴氏之說,認定《小爾雅》的作者或為王肅,或為梅賾,或為劉歆,故其學術價值不高。但也有學者對於戴震的說法持反對的態度,認為今本《小爾雅》乃《漢書‧藝文志》中所言之舊本,是古代小學遺書,是為補充《爾雅》而作,如錢大昕於《漢書拾遺》中提到:「此書依附《爾雅》而作,本名《小雅》,後人偽造《孔叢》,以此篇竄入。」〔註107〕而章學誠也說:「《小爾雅》在《孔叢子》之外,而《孔叢子》合之,則小學而入於子矣。」〔註108〕此外還有胡世琦、葛其仁、王煦、王貞、胡承珙、朱駿聲、梁啟超等人與錢氏持相同看法,宋翔鳳曾受業於錢大昕,故可能也受其影響而持相同看法,此派學者成為研究《小爾雅》並為其作新注

〔註106〕戴震:《書〈小爾雅〉後》,《戴震文集》,北京:中華書局,1980年,頁64～65。

〔註107〕錢大昕:《廿二史考異》,上海:上海古籍出版社,2004年,第1426頁。

〔註108〕章學誠:《校讎通義》,《續四庫全書》第930冊,頁771。

疏的主力。認可《小爾雅》價值的說法被當今大多數學者所認可，如黃懷信的《小爾雅匯校集釋》和楊琳的《小爾雅今注》。

二、宋翔鳳的訓詁學研究

　　《小爾雅訓纂》是宋翔鳳隨父宦遊雲貴時用力最勤的著作之一，這可從宋翔鳳嘉慶十一年所撰的《上大興朱相國箋》中得知，其云：「況翔鳳箸錄十年，遠遊萬里，雖違口講，每結心旌。……維於晨昏餘暇，考訂前編，《小疋》則五卷初成，《趙注》則七篇思補。」〔註109〕即宋翔鳳於嘉慶元年至雲南後就開始著手纂輯《小爾雅》一書，這應是受到其父親宋簡重視文字訓詁的影響。

　　宋簡考上進士後，「乃專治許氏重叔書，丹黃校勘，幾滿已而成《說文諧聲》一書。」〔註110〕由此可知，宋簡在雲貴任官時用力之所在即是研究《說文》之學，這顯示宋簡專精於文字訓詁之學，這對宋翔鳳早年在文字訓詁的學習上起到一關鍵性的引導作用。宋翔鳳在宋簡身邊生活學習的時間主要有兩段：一是十三歲以前，宋簡開始給宋翔鳳啟蒙教育，宋翔鳳提到這時「大人授以章句，數年之間，九經差能成誦」。〔註111〕另一段是十九歲至三十六歲之間，除了赴京應考、隨母歸寧及為母守喪外，宋翔鳳基本上是隨父宦居雲、貴等地，跟隨父親學習。宋簡所傳授的內容主要是制舉詩文的習作與漢學的知識，而宋翔鳳欲仿效其父親將漢學融入科舉文章之中，故在其詩文中不斷出現「過庭」、「趨庭」、「隨侍」等字眼，如《秋日懷人詩·序》云：「余以上章之歲（二十四歲），至古羅甸之國，過庭之餘，每托謠詠，望遠之頃，彌增永懷。」〔註112〕在二十六歲作《經問自序》中又提到：「志學之年，九經畢誦，未知臧否，章句略辨，揚舲三湘，驅馬六詔，羸滕履屬，卷軸未去。過庭之餘，勉以問學，念欲矗立條例，以存大體。」〔註113〕至三十歲上書朱珪的信中仍言「隔中原之徒侶，作邊徼之旅人，雖願慰趨庭，而學同鄉壁，每思贈別之篇，殊有投荒之意。」〔註114〕到了三十四歲致書徐景

〔註109〕宋翔鳳：《上大興朱相國箋》，《樸學齋文錄》，卷1，《浮溪精舍叢書》，桃園：聖環圖書股份有限公司，1998年，頁126。
〔註110〕宋翔鳳：《先府君行述》，《樸學齋文錄》，卷4，《續修四庫全書》，頁398／401。
〔註111〕宋翔鳳：《讀書日程自序》，《樸學齋文錄》，卷2，《浮溪精舍叢書》，頁134。
〔註112〕宋翔鳳：《秋日懷人詩》，《憶山堂詩錄》，卷4，《浮溪精舍叢書》，頁192。
〔註113〕宋翔鳳：《經問自序》，《樸學齋文錄》，卷2，《浮溪精舍叢書》，頁136。
〔註114〕宋翔鳳：《上大興朱相國箋丙寅》，《樸學齋文錄》，卷1，《浮溪精舍叢書》，頁126。

唐時，文中仍提到「隨侍官所」〔註115〕。直至嘉慶17年，因平遠州有斬立決要犯在監獄中自縊，宋簡受到牽連而被部議降調，免去現職。為此，宋簡已無法負擔一家之所需，故「府君以官舍清苦，命遊學四方。嗣官泰州，隨侍之日益少。」〔註116〕宋翔鳳這時才離開父親身邊，開始獨力生活。由此可知，宋翔鳳早期的學習與宋簡息息相關，合以宋翔鳳晚年仍以《過庭錄》之名作為其生平所彙集的讀書筆記，可以推見宋簡在文字訓詁學上的研究應對宋翔鳳的治經產生決定性的影響。

此外宋翔鳳也拜段玉裁為師，並與莊述祖學習古籀文，使其在小學的研究上具備相當專業的能力，更使得訓詁之學在宋翔鳳的經學研究中佔有相當重要的地位。嘉慶十年宋翔鳳就館於北京朱珪住處以準備來年科考時，莊述祖寄書信予宋翔鳳曰：「今就許氏偏旁條例以干支別為敘次，亦始一終亥，名《黃帝歸藏甲乙經記字正讀》（《說文古籀疏證》），意欲以此書和《夏小正等例》為夏商之《易》補亡，未知其竟其業否，如精力不繼而中輟，尚望吾甥與卿珊續成之。」〔註117〕由此顯示出宋翔鳳的小學功底已獲得莊述祖的認可，希望他能接續《說文古籀疏證》的研究。此外郝懿行也請宋翔鳳為其《爾雅義疏》作序，亦是肯定宋翔鳳在文字訓詁上的實力。

在《書鐘鼎字源後》一文中，宋翔鳳提到：「夫《三倉》既作（李斯作《倉頡篇》，趙高作《爰曆篇》，胡毋敬作《博學篇》），古文滅絕。近工徒隸之書，遠昧形聲之怡，八體攸分，號為奇字。《爾雅》之士，尋其偏旁，辨其通假，六書之義宜亦粲然，未可奇矣。」〔註118〕此詩顯示出宋翔鳳在繼承莊述祖古籀文研究的同時，也是位精通《爾雅》之學者。宋翔鳳從古文經學家之說，以為《爾雅》是論述「雅言」之書。在《論語說義》中宋翔鳳進行清楚的闡述：「《大戴禮記》曰：『《爾雅》以觀於古，足以辨言矣。』詁者，古言，《詩》、《書》、《禮》皆有古言，《爾雅》二十篇首以《釋詁》、《釋言》、《釋訓》三篇，其餘皆由是推之，所謂雅言也。此《爾雅》出於周公、孔子之明證。」又曰：「《爾雅·釋詁》一篇蓋周公所作，《釋言》以下或言仲尼所增，子夏所足，叔孫通所益，梁文所

〔註115〕宋翔鳳：《平遠州寄妹婿徐景唐書庚午》，卷1，《浮溪精舍叢書》，頁130。
〔註116〕宋翔鳳：《先府君行述》，《樸學齋文錄》，卷4，《續修四庫全書》，頁398／401。
〔註117〕莊述祖：《答宋甥于庭書》，《珍埶宦文鈔》，卷6，《續四庫全書》1475冊，頁117。
〔註118〕宋翔鳳：《書鐘鼎字源後》，《樸學齋文錄》，《浮溪精舍叢書》，卷2，頁144。

補，張揖論之詳矣。（本《釋文·序》錄）此就《詩》、《書》、《禮》之言而通之以《爾雅》之義，所謂文章得聞者也」，故「《爾雅》一書，為聲形訓詁之原，雅言之所在也。」〔註119〕宋翔鳳將《爾雅》視為聖人為明《詩》、《書》、《禮》、《樂》中之古文所製作的訓詁典籍，以此抬高了《爾雅》的地位，並點出文字訓詁在治經中所佔有的關鍵性地位，故他在《爾雅義疏序》中談到：「學者有志治經，必先明古字、古言。古字者，倉頡古文及籀文也；古言者，三代秦漢所讀之音，與今不同也。」又曰：「迨嘉慶間，……其時南北學者知求於古字、古言，於是通貫融會諧聲、轉注、假籍，引端竟委，觸類旁通，豁然盡見，且薈萃古今一字之異、一義之偏，罔不搜羅，分別是非，必及根原，鮮逞胸肊。」〔註120〕宋翔鳳以區分今古文字之異同來作為主要經學研究的方式之一，所以他的著作中以《爾雅》、《說文》來考辨古文之處比比皆是，因此《吳縣志·宋翔鳳傳》特地強調宋翔鳳「平生精治小學」。〔註121〕

三、宋翔鳳撰著《小爾雅訓纂》的動機

宋翔鳳訓纂《小爾雅》與輯校《帝王世紀》的動機是相似的，均是在辨偽古書的風潮下，力圖為此二書正名。宋翔鳳認為《帝王世紀》受到偽古文《尚書》和劉炫偽造《連山易》引用其文的影響，故遭「謂作偽之由，發於皇甫」之譏，因此作《帝王世紀集校》為其辯證。《小爾雅》一書同樣也受到偽書的影響，今本《小爾雅》出於偽書《孔叢子》，故受戴震等學者的質疑，如臧庸持其高祖臧琳之說，認為王肅為駁難鄭學，故竄改《毛傳》等經傳，並偽造《孔叢子》等書，而《小爾雅》既從《孔叢子》錄出，故臧庸以為《小爾雅》亦是王肅所偽造。但宋翔鳳以為《小爾雅》「出西京之初，儒者相傳，以求占畢之正名，輔奇觚之絕誼，則其來已古矣」，〔註122〕且著錄於《七略》，是「《爾雅》之流別，經學之餘裔」，而非他人所偽造，因此宋翔鳳特撰《與臧西成論〈小爾雅〉書》一文來反駁臧庸，文中提出：「玉林先生在康熙間，焯知《孔

〔註119〕宋翔鳳：《論語說義》，卷4，頁5b、6b，《皇清經解續編》，卷392，光緒14年江陰南菁書院板。

〔註120〕宋翔鳳：《爾雅義疏序》，《爾雅郭注義疏》，卷首，《續修四庫全書》第187冊，頁355。

〔註121〕吳秀之、曹允源等修：《吳縣志》，卷68，臺北：成文出版社，1970年，頁29b。

〔註122〕宋翔鳳：《小爾雅訓纂序》，《樸學齋文錄》，卷2，《浮溪精舍叢書》，頁138。

叢》之偽，僉人害正，既多牽引。良吏決獄，未免株連，平反之功，正在今日。夏侯建，勝之從子，其傳《尚書》，各名一家。小同，康成之孫也，其注《孝經》，即立異說。即康成注書，前後自變，非徒一事。而足下必以墨守為君子，以片言為定論，愚竊以為過矣。」〔註123〕宣示他要為《小爾雅》平反，並勸臧庸不應墨守其高祖之成論。

此外宋翔鳳在《小爾雅訓纂序》中提到：「今之為康成學者，恒謗譏此書，以為不合鄭君，同乎俗說。然還按《詩》、《禮》，乃鄭君之改易古文，非《小爾雅》之牴違經義。據其後以疑其前，明者之所不取也。漢之經師，咸有家法，唯有小學，義在博通。就今所傳楊子雲、劉成國、張稚讓諸家之作，多資旁採，慁獲所宗，比之墨守，殆有殊塗。……余少識故訓，略求津逮，見此書之傳，獨遭厚誣，趨庭黔中，居多暇日，疏通證明，遂未敢後。」〔註124〕宋翔鳳此文更是將批評的矛頭指向當時治鄭玄之學者，以《小爾雅》中有不合鄭玄之說者，即譏謗其非，如「就《小雅》而論，知正鵠之訓在鄭君前絕無畫布、樓皮之別，而戴東原以難《小雅》，已不免貽譏於目睫。」〔註125〕所以序中所謂「今之為康成學者」即是指否定《小爾雅》的戴震、段玉裁、臧庸等學者。對於《小爾雅》與鄭玄注中所引經文有所出入時，宋翔鳳更是直指是「康成推闡內學，以變師說」，即鄭玄以今文經文來改易古文經中《詩》和《禮》的文字，故與專以訓詁古文經的《小爾雅》所引的經文有所不合，所以非《小爾雅》本身的問題，而是鄭玄改經所致。所以宋翔鳳訓纂《小爾雅》的動機即是因此書遭到厚誣，故為其疏通以證明其真。

《小爾雅訓纂》六卷是宋翔鳳花費十年之功的著作，是其早期有關文字訓詁方面的代表作。卷一至卷五是對《小爾雅》十三篇分別加以注釋與考證，卷六則是考歷代史志之著錄情況，以明《小爾雅》之流傳，篇末則附錄《小爾雅訓纂序》、佚文與《爾雅·釋器》中關於釋鼎的部分。〔註126〕黃懷信說此書

〔註123〕宋翔鳳：《與臧西成論〈小爾雅〉書》，《樸學齋文錄》，卷 1，《浮溪精舍叢書》，頁 129。

〔註124〕宋翔鳳：《小爾雅訓纂序》，《樸學齋文錄》，卷 2，《浮溪精舍叢書》，頁 138～139。

〔註125〕宋翔鳳：《與臧西成論〈小爾雅〉書》，《樸學齋文錄》，卷 1，《浮溪精舍叢書》，頁 129。

〔註126〕宋翔鳳附錄《爾雅·釋器》中關於釋鼎的部分是為了補《小爾雅·廣器》所脫落有關解釋鼎的缺文。

「有繁亂之嫌」〔註127〕，這是因為書中包含訓詁、輯佚、校讎、考證、論述等不同方面的內容，非單一的文字訓詁之作，這或許導致給人「繁亂」之感。但如將此書放在乾嘉漢學所重視的辨偽、考證及治經分今古文的學風下來分析，即可對宋翔鳳於書中所引諸例和所下斷語條分縷析，並從中瞭解《小爾雅訓纂》一書的特色。

四、宋翔鳳疏通證明今本《小爾雅》為西漢古文經之流

最初六經中所記載的人名、物名、典章制度等的文字均是先秦古文，後經秦漢的文字改革，隸書成為漢代通用的文字，古文已不再為漢人所熟知。皮錫瑞在《經學歷史》中提到兩漢經學今古文之分，「其先由於文字之異」。〔註128〕即在西漢中期以前，所謂的今文經指的是經師將師傳的經典以隸書撰寫成書並得到朝廷的認可，成為官學的教材；而古文經則是「出自屋壁，傳於民間者，謂之古文」，〔註129〕起先並無師傳，至西漢中期以後方在民間流傳。

當時為解讀先秦經典，小學在漢代應運而起。小學是經學研究的基礎，其範圍包括文字學、音韻學和訓詁學三個部分，在漢代主要用以解釋先秦古籍中之古詞、古義，故以博通為主，不專守一家之言，與他經不同。但《漢書·藝文志》不將《小爾雅》列為小學家而當成《孝經》家，這表明《小爾雅》非一般小學著作，宋翔鳳於《小爾雅訓纂序》中對此有所解釋曰：「漢之經師，咸有家法，唯有小學，義在博通。……至於此書，則依循古文，罕見淩雜，櫽括以就，源流合一，故中壘之《錄》，蘭臺之《志》，入於《孝經》一家，而不從小學之例，斯其足以貴寶者矣。」〔註130〕

首先《漢書·藝文志》將《爾雅》、《小爾雅》及《古今字》列為《孝經》家，主要是因為孝經與六藝的性質不同，《孝經鉤命決》云：「孔子曰：『吾志在《春秋》，行在《孝經》。」孝是儒家思想的基礎，漢代亦號稱以孝治天下，故「孝」成為漢代上至天子、下至庶民的行為準則，亦是一切禮儀、制

〔註127〕 黃懷信：《〈小爾雅〉的源流》，《小爾雅匯校集釋》，西安：三秦出版社，2003年，頁52。

〔註128〕 皮錫瑞：《經學歷史》，臺北：藝文印書館，1974年，頁82。

〔註129〕 宋翔鳳：《過庭錄》，卷10，北京：中華書局，2006年，「逸經」一條，頁178。

〔註130〕 宋翔鳳：《小爾雅訓纂序》，《樸學齋文錄》，卷2，《浮溪精舍叢書》，頁138。

度的核心精神。因此在《孝經》中，根據不同人的身份制定了行「孝」的不同規定，並搭配相應的禮儀及相關用品，故鄭玄《六藝論》曰：「孔子以六藝題目不同，指意殊別，恐道離散，莫知根源，故作《孝經》以總會之。」即漢人以為《孝經》、《爾雅》和《小爾雅》等《孝經》家的典籍同為釋經總會之書。

此外，宋翔鳳以為《小爾雅》與不分今古文之小學家不同的重要原因是《小爾雅》是依循古文而作，不參雜今文。此「古文」包含兩種意思，一為先秦古文字，二為古文經，宋翔鳳認為《小爾雅》應如《爾雅》一樣，均是為訓詁如《詩》、《書》、《禮》、《孝經古孔氏》等古文經之古字、古義，故《小爾雅》與西漢古文經「源流合一」，所以與漢代的古文經學家如「說《詩》者毛氏，說《禮》者鄭仲師氏（鄭眾〔註131〕）、馬季長氏（馬融），往往合焉。」〔註132〕因此宋翔鳳在《小爾雅訓纂》中雖廣引眾家之說，但主要是引毛、鄭、馬三家經說來證明《小爾雅》之說，如在「遐不黃耇言壽考也；公孫碩膚，德音不瑕道，成王大美聲，稱遠也。」一條中，宋翔鳳即引《毛傳》曰：「《毛詩‧豳風》：『公孫碩膚，赤舄几几』，《傳》：『公孫，成王也，豳公之孫也，碩大膚美也；赤舄，人君之盛屨也；几几，絢貌』」，《毛傳》以公孫之公為豳公，鄭玄、王肅與孫毓則以為是周公，而宋翔鳳以為「《豳風》推本於公劉，周自後稷至諸公皆稱先公，故《豳詩》稱成王為公孫也。即此可以推毛學之微，而孫氏顧以去豳公以遠為嫌，無乃陋乎！」故曰：「《毛傳》多與《小尒疋》（《小爾雅》）傅合。」〔註133〕又曰：「《小爾雅》與毛學正同。」〔註134〕顯示宋翔鳳將《小爾雅》與《毛傳》同歸於古文經之列。

在書中，宋翔鳳主要從兩方面來證明《小爾雅》屬於西漢古文經之流，一是宋翔鳳又以今古文經文字之別來判別《小爾雅》為古文經之流，如在「承、贊、涼、助，佐也」一條中，宋翔鳳即引《毛詩》與《韓詩》作對比，曰：「《毛

〔註131〕《後漢書‧鄭范陳賈張列傳第二十六》：「眾字仲師。年十二，從父受《左氏春秋》，精力於學，明《三統曆》，作《春秋難記條例》，兼通《易》、《詩》，知名於世。」鄭眾為東漢經學家，後世習稱先鄭、鄭司農，以區別於宦官鄭眾。漢明帝時為給事中，漢章帝時為大司農，以清正著稱。

〔註132〕宋翔鳳：《小爾雅訓纂序》，《樸學齋文錄》，卷2，頁10a。

〔註133〕宋翔鳳：《小爾雅訓纂》，卷3，《浮溪精舍叢書》，頁100。

〔註134〕宋翔鳳：《小爾雅訓纂》，卷4，頁107。

詩》：『涼彼武王』，《傳》：『涼，佐也。』《音義》：『涼本亦作諒，佐也。』《韓詩》作亮，雲相也。按《說文》無亮字，從諒為正，涼又叚藉字也。《毛氏傳》，古文，故作涼；《魯》《韓》詩，今文，故從俗作亮。」〔註135〕又於「埋柩謂之殔；殔坎謂之池；壙謂之窆；下棺謂之窆；填窆謂之封；宰，塚也；壟，塋也」一條中，宋翔鳳引《周禮·小宗柏》、《說文》、《周禮·太僕》之鄭司農注及《儀禮》等來證明「下棺謂之窆」中「窆」字為古文，並引《禮記》曰：「謂之封皆葬，葬下棺也。」即分別窆、封為今古文字之異，並曰：「《禮記》作封，今文字；《儀禮》、《周禮》作窆，並古文也。」〔註136〕

　　二是《小爾雅》中對辭義的解釋基本上都與古文經傳相吻合，如「烏呼，籲嗟也；籲嗟，鳴呼也，有所歎美，有所傷痛，隨事有義也」一條中，曰：「《周頌》：『於穆清廟』，《傳》：『於，歎辭也。』《正義》曰：『於乎、於戲皆古鳴呼字。』顏師古《匡謬正俗》云：『《今文尚書》悉為於戲字，《古文尚書》悉為鳴呼字，而《詩》皆於乎字。中古以來，文籍皆為鳴呼字。』按洪適《隸釋》引漢石經《尚書》殘碑《盤庚》、《無逸》並作於戲，漢石經乃今《尚書》也，今本《匡謬正俗》作《古文尚書》悉為於戲，《今文尚書》悉為鳴呼者，誤也。《毛詩》：『於乎，前王不忘』，《禮記·大學篇》引作於戲。《毛詩》，古文，《禮記》，今學，故戲、乎字異，《小爾雅》亦古文之流，故不言於戲矣。」〔註137〕此外還有「妾婦之賤者，謂之屬婦；屬，逮也；逮婦之名，言其微也」一條，宋翔鳳曰：「《書·梓材》：『至於敬寡，至於屬婦』，《某氏傳》云：『敬養寡弱，存恤妾婦』，《正義》曰：『以妾屬於人，故名屬婦。』《說文》：『屬，連也，連、逮義同。』按《小尒疋》與《某氏書傳》同出於《書》古文說，夏侯等書作嫋婦，《說文》：『嫋婦，人妊身也，從女冢聲。』《周書》曰：『至於嫋婦，嫋，屬聲之轉。』許君所引正是今文。」〔註138〕

五、改正王肅竄改之處並輯佚它書中的佚文

　　清儒對於《小爾雅》一書的完整性是有不同看法，如戴震認為《小爾雅》應是後人皮傳掇拾而成，而《四庫全書總目提要》亦認為「《小爾雅》漢末

〔註135〕宋翔鳳：《小爾雅訓纂》，卷1，頁85。
〔註136〕宋翔鳳：《小爾雅訓纂》，卷3，頁103～104。
〔註137〕宋翔鳳：《小爾雅訓纂》，卷3，頁99。
〔註138〕宋翔鳳：《小爾雅訓纂》，卷3，《浮溪精舍叢書》，頁101。

晚出，至晉始行，非《漢志》所稱之舊本。」但胡承珙以為「《孔叢》本多
刺取古籍，而所取之《小爾雅》猶繫完書，未必多所竄亂也。」〔註139〕對
於這兩種說法，宋翔鳳均不表認同，其曰：「唐代以前之元本不可復見。今
既採自偽書，定多竄亂」，〔註140〕又曰：「但此篇本出《孔叢》，不免有王氏
之私定，以其竄改《毛傳》之技竄改《小雅》，誠所不難。弟於疏證，略一
發明。」〔註141〕宋翔鳳雖然認為《小爾雅》出自西漢早期而非偽書，但《藝
文志》中所記載的原本已經散佚，而現存所流傳之版本是出自王肅之《孔叢
子》，依王肅曾改《毛傳》之前例，宋翔鳳推定現存的《小爾雅》應該已遭
王肅竄改刪減，所以已非原樣，所以宋翔鳳作《小爾雅訓纂》的另一目的即
是要改正王肅所竄改的部分，並校讎、輯佚殘留於它書的原文。

　　宋翔鳳以為《小爾雅》雖非王肅所偽造，但也非原書，故為最大程度恢
復原文，他在《小爾雅訓纂》中針對王肅可能竄改的地方一一加以校讎考證，
並參照它書，試圖將其還原，如在「射有張皮謂之侯」一條中，宋翔鳳曰：
「今本《小爾雅》作『張布』者誤，此據王肅所引改。」〔註142〕。像這種有
明確錯誤的部分，宋翔鳳就會在《訓纂》中對原文加以改字，像「張布」改為
「張皮」。此外，如有疑義者，宋翔鳳則不改字，但會在注釋中加以說明，如
「侯中者謂之鵠，鵠中者謂之正，正方二尺，正中者謂之之槷，槷方六寸」一
條中，宋翔鳳曰：「《小雅》：『發彼有的』，《傳》：『的，質也。』《正義》云：
『毛氏於射侯之事，正鵠不明，惟猗嗟。』《傳》云：『二尺曰正』，亦不言正
之所施。《周禮》鄭眾、馬融注皆云：『十尺曰侯，四尺曰鵠，二尺曰正，四寸
曰質。』則以為侯皆一丈，鵠及正、質於一侯之中，為此等級，則亦以此質四
寸也。王肅亦云：『二尺曰正，四寸曰質。』又引《爾雅》云：『射，張皮謂之
侯，侯中謂之鵠，鵠中謂之正，正方二尺；正中謂之槷，槷方六寸。槷則質
也。舊云方四寸，今云方六寸，《爾雅》說之明，宜從之。』此肅意唯改質為
六寸，其餘同鄭、馬也。……按鄭眾、馬融作質方四寸，王肅先作方四寸，後
改從《小爾雅》作方六寸，六四字相近而誤。又安知非子雍私定以立異前儒。

〔註139〕 胡承珙：《小爾雅義證自序》，《小爾雅義證》，卷首，《續修四庫全書》第189
　　　　 冊，頁407。
〔註140〕 宋翔鳳：《小爾雅訓纂》，卷6，頁121。
〔註141〕 宋翔鳳：《與臧西成論〈小爾雅〉書》，《樸學齋文錄》，卷1，《浮溪精舍叢
　　　　 書》，頁129。
〔註142〕 宋翔鳳：《小爾雅訓纂》，卷4，頁108。

由今校之，當從眾，作方四寸為是。」〔註143〕又於「四尺謂之仞，倍仞謂之尋。尋，舒兩肱也；倍尋謂之常。」一條中，其曰：「東晉《旅獒傳》、王肅《家語・致思篇》注並云：『八尺曰仞』，兩家皆用《小爾雅》，而不言四尺，疑《小爾雅》本以八尺為仞，王肅於《考工記》獨欲立異訓，故竄易其文，當作八尺謂之仞，仞謂之尋。」〔註144〕另外，宋翔鳳還會比對李軌本與《孔叢》本之差異，如「一手之盛謂之溢，兩手謂之掬。」一條中，其曰：「《周禮・考工記》陶氏疏引《小爾雅》『匊，二升，二匊為豆；豆，四升，四豆為區，四區為釜，二釜有半謂之庾。』按所引與此本不同者，疑彼所據為李軌本，此則《孔叢》本也。」〔註145〕

另外，宋翔鳳也對《小爾雅》進行輯佚，並廣泛收集從其它典籍輯佚而來的佚文，以兩種方式增添入書中，一是此佚文明確記載於它書，故將之附錄於書後，只寫出引處而不加注釋，如「《小爾雅》固亦故也。《眾經音義》廿四卷」，「《小雅》曰：『都，盛也。』《文選・上林賦》注」等等。另一種則是因《小爾雅》非先秦古籍，又無師授，故漢儒以俗學視之，所以漢儒在援引證經時，或未標示書名，或者誤歸《爾雅》，宋翔鳳則隨文考釋，以注釋的方式補充至《小爾雅訓纂》中，如在「槁謂之稈，稈謂之芻，生曰生芻。」一條中，宋翔鳳校讎出「（《眾經音義》）十七卷引《小尒疋》云：『稈謂之芻，所以飼獸曰芻，生曰生芻。』按今本無，所以『所以飼獸曰芻』六字當補入。」〔註146〕此外，古人引書時往往將《小爾雅》與《爾雅》二者混為一談，宋翔鳳為此也詳加考證，如在「整，願也。愁，強也。」一條中，宋翔鳳曰：「《小雅》：『不愁遺一老。』《音義》：『愁，魚覲反。《爾雅》云：「願也，強也，且也。」』按《爾雅》無此文。兒，陸德明《音義》、孔穎達《正義》引《爾雅》而不在《爾雅》者，如『賓之初筵』，《正義》引『射張皮之謂侯』云云；『小弁』，《音義》引『小而腹下白』云云；並《小爾雅》文。」〔註147〕即宋翔鳳歸納出《眾經音義》與《五經正義》中所引的《爾雅》之文如不在今本《爾雅》中，則此文應是出於《小爾雅》之中，這在「治絲曰織；織，繒也。麻、紵、葛曰布；布，通名也。纊，綿也；絮之細者曰纊，繒之精者

〔註143〕宋翔鳳：《小爾雅訓纂》，卷4，頁109。
〔註144〕宋翔鳳：《小爾雅訓纂》，卷5，頁118。
〔註145〕宋翔鳳：《小爾雅訓纂》，卷5，《浮溪精舍叢書》，頁118。
〔註146〕宋翔鳳：《小爾雅訓纂》，卷5，頁115。
〔註147〕宋翔鳳：《小爾雅訓纂》，卷2，頁97。

曰縞，縞之麤者曰素，葛之精者曰絺，麤者曰綌。」一條中，宋翔鳳又考證
一例曰：「《眾經音義》六云：『《爾雅》：「通五色皆曰繢」，《三蒼》：「雜帛曰
繢是也。」』又云：『纊，綿也；絮之細者曰纊也。』按『通五色曰繢』，今
《爾雅》無此文，據文義當是《小爾雅》脫文，故又引『纊，綿也』以下十
字，正在此篇也。」〔註 148〕在它書中亦有相同的情形出現，如「經、屑、
省，過也。」中，宋翔鳳曰：「經當作淫。《文選・七發》注引《爾雅》曰：
『淫，過也。』今《爾雅》無此文，當是《小爾雅》。」〔註 149〕還有在「狃，
伏也。」一條中，宋氏又曰：「《史記・漢興以來諸侯年表》：『忨邪臣計謀』，
《索隱》曰：『忨音誓；忨訓習，言習於邪臣之計謀。《爾雅》云：「忨，猶
狃也。」』按《爾雅》無此文，當即是《小爾雅》。」〔註 150〕

　　《小爾雅訓纂》六卷是宋翔鳳花費十年之功所完成的著作，從嘉慶元年至
雲南後就開始著手纂輯，至嘉慶十二年完成。宋翔鳳在第一至五卷中對《小爾
雅》十三篇加以注釋與考證，第六卷則是考察歷代史志中有關《小爾雅》著錄
的情況，以此說明《小爾雅》之流傳存佚，篇末則附錄《小爾雅訓纂序》、佚文
與《爾雅・釋器》中關於釋鼎的部分。宋翔鳳認為《小爾雅》應如《爾雅》一
樣，均是為訓詁如《詩》、《書》、《禮》、《孝經古孔氏》等古文經之古字、古義
所作的詞典。書中從兩方面來證明《小爾雅》屬於西漢古文經之流，即以今古
文經文字之別和對辭義的解釋來證明《小爾雅》基本上都與西漢古文經傳相吻
合。此外宋翔鳳也校讎各家版本來改正王肅所竄改的部分，並校讎、輯佚殘留
於它書的原文，最大程度恢復《小爾雅》的原貌，使得《小爾雅訓纂》一書成
為清代《小爾雅》學系列新疏之一，亦是宋翔鳳精通訓詁之學的最佳證據。

第五節　宋翔鳳對地理考證的研究──以《四書釋地辨證》為例

　　宋翔鳳對於歷史地理學的重視與常州學派強調經世致用之學有關，再加
上他大半生奔波於大江南北，有「九州我已歷其八」〔註 151〕之歎，這使得宋

〔註 148〕宋翔鳳：《小爾雅訓纂》，卷 4，頁 104。
〔註 149〕宋翔鳳：《小爾雅訓纂》，卷 1，頁 86。
〔註 150〕宋翔鳳：《小爾雅訓纂》，卷 2，頁 98。
〔註 151〕宋翔鳳：《贈高樗仙願兼寄張魯江中鵠》，《憶山堂詩錄》，《浮溪精舍叢書》，
　　　　卷 7，頁 220。

翔鳳格外欣賞顧炎武的治學方式，所以他外出至各地時亦如顧炎武一樣皆帶大量書籍隨行以備隨時查詢印證，其謂：「涉江不知遠，蓬底積卷軸，皆留有用書，枯坐自反復」，〔註152〕所到之處，宋翔鳳均會「勾留片刻，問訊多方」，並經常考證當地之地名、山川、人物等，如嘉慶二十一年他對泰州天目山進行考證，〔註153〕再加上當時他剛於嘉慶十八年編成《四書古今訓釋》一書，對《四書》中相關地理、人物及制度等考證已有相當的積累，故他在「奔走荊、梁、燕、豫之間」得到閻若璩的《四書釋地》時如獲至寶。作為清朝考據學主要開創者之一，閻若璩有感於過去學者在批註《四書》時，因昧於地理知識的不足，所作的注疏往往與事實有所矛盾，因此他專門考證《四書》所涉及的地名、人物、物類、訓詁、典制和經義等問題，校正了不少前人對《四書》古地名的誤解，為後來治《四書》學者廣徵博引，故《四書釋地》六卷可稱為清代歷史地理學中的代表作。《四書釋地》包含四個部分，第一部分為《四書釋地》一卷，所考證者有 57 條；第二部分為《釋地續》一卷，所釋地名及人物共有 80 條；第三部分為《四書釋地又續》二卷，其所釋的地名、人物及典制共有 163 條；第四部分為《四書釋地三編》二卷，所釋經義共 126 條。閻若璩將此四書合為一書，統稱《四書釋地》，全書計釋 421 條。《四庫全書總目提要》評價此書為「大抵事必求其根柢，言必求其依據，旁參互證，多所貫通。雖其中過執己意，如以鄒君假館謂曹國為復封，以南蠻鴃舌指許行為永州人者，亦間有之。然四百二十一條之中，可據者十之七八。」宋翔鳳隨後也對《四書釋地》作一些補充與修正，而《四書釋地辨證》就在此背景下誕生。

一、《四書釋地辨證》成書的時間與撰寫的目

有關《四書釋地辨證》成書時間，宋翔鳳在其序中並無明言，因此只能從書中及宋氏其他著作中去推斷大概完成的年代。首先，書中寫到「王伯申通政據外國本等語」，〔註154〕而王引之任通政使司副使的時間為嘉慶十七年五月至嘉慶十八年八月，故《四書釋地辨證》成書在嘉慶十七年五月之後。其次，嘉慶十八年編成的《四書古今訓釋》所引用的書目中並無《四書釋地辨證》，但

〔註152〕宋翔鳳：《舟中讀顧亭林詩集》，《洞簫樓詩紀》，卷10，《浮溪精舍叢書》，頁308。
〔註153〕宋翔鳳：《題〈泰州舊志〉八首》之六，《洞簫樓詩紀》，卷10，頁239。
〔註154〕宋翔鳳：《四書釋地辨證》，卷上，《浮溪精舍叢書》，頁39。

《四書纂言》則有引用，由此也可以間接印證《辯證》成書應晚於嘉慶十八年。最後宋翔鳳在序中提到撰寫此書始於他「奔走荊、梁、燕、豫之間」，而宋翔鳳所指的荊、梁是指《禹貢》中的荊州和梁州，其中，梁州指的是關中之地，他只在嘉慶十九年去過一次，故他發篋得《釋地》的時間應是在嘉慶十八年隨陳預由江西赴長沙任幕府文書至嘉慶十九年因應甘肅盛方伯之聘而待在關中的期間，故又可把成書時間推至嘉慶十九年以後數年，這段期間正是宋翔鳳著作的高峰期。嘉慶二十年以後，宋翔鳳相繼任職於山東的興魯書院與泰州學正，這是他生活比較安定且學術研究轉型的時期，此時他開始逐漸提升對今文經學的重視，而《四書釋地辨證》中，宋翔鳳引不少與《公羊》學相關的注疏來作為其考證的依據，這正與他思想的轉變相契合，故應可推斷《四書釋地辨證》完成於嘉慶二十年至嘉慶二十三年寫成《大學古義說》之間。

雖然《四書釋地》是部經典之作，但當中仍有十之二三存在爭議，這引發其他學者的討論和續補，如馮山公就針對書中十事與閻若璩反復爭論，而樊廷枚的《四書釋地補》及《四書釋地續補》、《四書釋地又續補》、《四書釋地三續補》對於《四書釋地》也多所匡正補益。宋翔鳳在編纂《四書古今訓釋》及相關著作的過程中，也發現《四書釋地》中仍有不少疏誤之處，其曰：「嗣以奔走荊、梁、燕、豫之間，發篋得《釋地》，其精核自多，而龘粗間出，恐彼震乎盛名，不求夫實事，乃為之辨證，復婁編削以質通。」〔註155〕由此瞭解，宋翔鳳作《四書釋地辨證》的目的在於辨證《四書釋地》的疏漏之處。

《四書釋地辨證》中，宋翔鳳共立目五十條，每條先舉《四書釋地》的原文，然後博引群書來作為論證《四書釋地》中對於人物、地理、事蹟及典章制度等考證有所錯誤的證據，最後再斷以己意來匡正閻若璩的說法，如《四書釋地》中對「墦閒之祭」的解釋為「《趙注》：『墦閒，郭外塚閒也。』以為此古墓祭之切證。」宋翔鳳以為墓祭與此無關，其辨證曰「按曾子問：『宗子去，在他國庶子無爵而居者，可以祭乎？』孔子曰：『祭哉！』『請問其祭如之何？』孔子曰：『向墓而為壇，以時祭。』若宗子死，告於墓而後祭於家，此禮無墓祭。墓祭，變禮也，戰國無世祿，宗子多在他國，故墓祭遂盛，浸成風俗耳。豈據此遂可謂古有墓祭乎？」〔註156〕如此直指閻若璩錯誤的例子在書

〔註155〕宋翔鳳：《四書釋地辨證序》，《四書釋地辨證》，卷下，《浮溪精舍叢書》，頁57。

〔註156〕宋翔鳳：《四書釋地辨證》，卷上，頁41。

中為數不少，如「闕里」一條中，批評「閻氏本《水經注》謂：『闕里以雙闕得名者。』穿鑿之說也。」〔註157〕在「邦畿千里」之條中提到「閻氏又襲《括（地）志》悠謬，因仍可置不論也。」〔註158〕在「耿城」條說道：「閻作縣東南恐誤。」又曰：「閻即本此，然作外城內恐非。」〔註159〕又在「天覆地載」條中駁正閻氏以《舜本紀》「北發息慎，南撫交址」為對文，而宋翔鳳引《史記·五帝本紀》、《大戴禮·五帝德篇》、《大戴禮·少間篇》、《尚書大傳》、《周書》、《管子·輕重篇》、《漢書·武帝紀》來證實「北發」是國名而非南撫北發相對之詞，故曰閻氏此文乃「行文偶誤，不足據信也。」〔註160〕而這種辯證方式則形成《辯證》一書的撰寫模式。

　　此外，宋翔鳳在書中亦順帶對《尚書古文疏證》中的錯誤亦予以糾正，如「君陳」條中，閻氏以為「『孝乎惟孝，友于兄弟，施於有政』，孔子所引《書》之辭。」宋翔鳳則以文字訓詁的方式來區分《論語》中關於「于」、「於」二字使用之情況，即孔子引經時會用「于」字，而孔子自己說話時則用「於」字，故他斷定「孝乎惟孝，友于兄弟」是引自《尚書》，「施於有政」則是孔子所言，故其曰：「閻氏極駁東晉古文《書》，此文乃為《君陳篇》所誤，亦千慮一失也。」〔註161〕此外在「桐，湯墓所在。」一條中，閻若璩主張虞縣之桐地、桐亭為太甲被放逐地。宋翔鳳先針對此說加以批評：「此系閻氏護前說，遂強斷桐在虞城縣。其實虞縣之桐地、桐亭非必是放太甲之桐也。」並引《史記·殷本紀》、《尚書正義》來斷定太甲被放逐地在屍鄉，即偃師。最後又次強調：「不必以空桐、桐宮同字遂附會在虞城也。」之後，宋翔鳳將辨證引申至《尚書古文疏證》中關於太甲被伊尹放逐的時間長短的討論上，閻氏根據對《孟子》中「太甲顛覆湯之典刑，伊尹放之于桐。三年，太甲悔過，自怨自艾，于桐處仁遷義；三年，以聽伊尹之訓己也，復歸于亳。」之文判定太甲被伊尹流放六年之久，但宋認為「閻此說亦未是」，並根據《史記》和《書序》判斷太甲只被放逐三年。〔註162〕

〔註157〕宋翔鳳：《四書釋地辨證》，卷上，頁39。
〔註158〕宋翔鳳：《四書釋地辨證》，卷上，頁43。
〔註159〕宋翔鳳：《四書釋地辨證》，卷上，頁43。
〔註160〕宋翔鳳：《四書釋地辨證》，卷上，頁46。
〔註161〕宋翔鳳：《四書釋地辨證》，卷下，頁50。
〔註162〕宋翔鳳：《四書釋地辨證》，卷下，頁53。

二、考據與《公羊》結合的開端

　　《四書釋地辨證》一書作為宋翔鳳經學研究轉型期的著作，其主要內容雖以考證為主，但在辯證的過程中，他已將《公羊》傳作為主要的參考經典之一，甚至開始以《公羊》學中的微言大義來與考據相結合，這形成此書最主要的特點。例如在解釋「闕里」之名的由來中，《四書釋地》依《漢書梅福傳》解釋為「緣魯恭王徙魯於孔子所居裡，造宮室有雙闕焉，人因名孔子居曰闕里。」但宋翔鳳引何休的《春秋公羊傳解詁》來駁斥之，其曰：「禮，天子外闕兩闕，諸侯內闕一闕。」〔註163〕即只有天子的宮殿方可有兩闕，而如魯恭王等諸侯之宮室則只能有一闕，故「闕里」之名非魯恭王之宮室而得名。像在「轉附朝儛」之條中，關於齊桓公在伐楚後歸國路線的選擇是否聽從轅濤塗之說的問題上，《四書釋地》舉《左傳》為依據認為桓公並未聽從轅濤塗之建議，但宋翔鳳則引用莊述祖據《公羊傳》的評斷來反駁《左傳》的說法，曰：「《公羊傳》曰：『濤塗謂桓公曰：「君既服南夷矣，何不還師濱海，而東服東夷且歸。」桓公曰：「諾。」於是還師濱海，而東大陷於沛澤之中，故而執濤塗。』則《公羊》為得其實也。下師行糧食及為諸侯憂，即《公羊》師不正之義，此解確不可易。」〔註164〕此外，在「曹交」、「曲防」諸條中，宋翔鳳也引有《公羊傳》為例。

　　其中在「有宋存」一條中，宋翔鳳使用《公羊傳》的義理來作為其反駁閻若璩的根據。在《四書釋地》中，閻若璩以為「聖人之言述於賢人口中，便不如聖人之確，如《論語》：『杞宋並不足徵』，《中庸》易其文曰：『有宋存。』」孔子於《論語》中提出宋國所存的文獻不足以完整描述殷商的典章制度，但子思卻在《中庸》中說宋國保留著殷商制度的相關記載，閻若璩認為兩者是矛盾的原因是：「《孔子世家》末言：『子思嘗困於宋，作《中庸》。』《中庸》既作於宋，易其文殆為宋諱乎！」他以為「有宋存」即「為宋諱」之意，故《論語》的可信度是高於《中庸》。對於閻氏的推論，宋翔鳳並不以為然，他認為《論語》和《中庸》均非孔子所作，其曰：「歷按諸文，知《論語》為弟子所述，非孔子親撰，與子思述孔子之意作《中庸》無異，安得云賢人口中不如聖人之確乎！」〔註165〕但二書都傳孔子之微言大義，故重要性是不分軒輊

〔註163〕宋翔鳳：《四書釋地辨證》，卷上，頁39。
〔註164〕宋翔鳳：《四書釋地辨證》，卷上，頁41。
〔註165〕宋翔鳳：《四書釋地辨證》，卷下，頁49。

且相互貫通。在《辨證》中宋翔鳳引《論語崇爵讖》來為《論語》的性質定調，曰：「子夏六十四人共撰仲尼微言，以當素王。」即《論語》是為了闡述「素王」之業而作，這當中就是以《公羊》釋《論語》的表現。緊接著宋翔鳳以為「有宋存」一言是「子思作《中庸》，又在後遂抉發《春秋》之恉，申明王魯之誼，微言始得而聞焉。」所以「有宋存」是子思在闡述通三統之義，他引董仲舒的《春秋繁露・三代改制質文篇》與何休的《春秋公羊傳解詁》來論述「《春秋》應天作新王」之說及「《春秋》具存二王、通三統之法」，以此為基礎開始論說「有宋存」非「為宋諱」，而是通三統之說，其曰：「《孔子世家》云：『因《史記》作《春秋》，據魯、親周、故殷，運之三代。』殷即宋也，而不及杞，故云：『杞不足徵。』蓋王者之後稱公，《春秋》既紬夏，杞不得為二王后，故貶稱子，下存周宋為二王后，故曰：『有宋存』、『吾從周也』。孔子作《春秋》，多刺譏、褒諱、抑損之詞，故當時弟子述《論語》，子遊作《禮運》，皆云杞宋據不足徵，蓋深沒其詞。」〔註166〕宋翔鳳將「有宋存」釋為「故宋」，「吾從周」釋為「親周」，故「《中庸》一篇明《春秋》之義也。」這是宋翔鳳以《公羊》釋《中庸》。

　　以《公羊》學的微言大義來作為其治經的依據，在宋翔鳳早期專以考據為主的著作中並不多見，但在《辯證》完成前後數年，如嘉慶十八年所作的《論語微言》一卷，或嘉慶二十年《策問課興魯書院諸生》中論及《史記》中稱夏、殷為帝是取法於《公羊春秋》中存三統之義等文中，開始出現宋翔鳳以《公羊》釋經史的現象，這體現出宋翔鳳由漢學的治學方式轉向常州學派的具體例證之一。《續四庫全書總目提要》評斷《四書釋地辨證》「於閻若璩《釋地》之說多所匡正」，故「足為閻氏諍友。」〔註167〕這使得《四書釋地辨證》成為《四書釋地》的訂正與延續，這充分展示出乾嘉考據學精益求精的精神，無怪乎考據學成為清代最具代表性的學術方法。除此之外，《提要》提到：「翔鳳既屬以《春秋》說《論語》」，又批評他謂「子思作《中庸》，抉發《春秋》之恉，申明王魯之誼」乃「於義難通」，這也體現出《四書釋地辨證》一書代表著宋翔鳳正在突破乾嘉漢學的治經軌道，再加上之前的《四書古今訓釋》中出現以《公羊》釋《論語》的《論語微言》一篇，這在在表現出宋翔

〔註166〕宋翔鳳：《四書釋地辨證》，卷下，頁49～50。
〔註167〕中國科學院圖書館整理：《續四庫全書總目提要》，第1冊，濟南市：齊魯書社，1996年，頁737。

鳳嘗試著將《公羊》學等今文家義理納入他的經學研究中，這顯示出他已開始朝向以《春秋》之義貫於群經的治經途徑轉型。

第六節　結論

乾嘉年間，考據學之風大盛，當時漢學家莫不推崇許慎、鄭玄等古文經家的經說，「家家許鄭，人人賈馬，東漢學爛然如日中天矣。」宋翔鳳少年啟蒙時期主要的教導者有宋簡、汪元亮、徐承慶等人，他們的學術研究領域主要是放在考據學方面，如宋簡著有《說文龤聲》、徐承慶著有《說文解字注匡謬》、汪元亮「究心經義及六書之學」，之後他又拜張惠言、段玉裁、錢大昕等漢學家為師，這使得在嘉慶十七年脫離寄居父親生活以前的宋翔鳳融入當時以漢學為主流的學術氛圍中，宋翔鳳的治經受到當時大環境的影響，以考據學作為其學術研究的主要架構。

本章先對《荅段若膺大令書》中「三弊二要」之說加以分析。藉由考察文中對阮元主持校勘的《十三經注疏》中三項弊病的批評及兩項建議的提出，可以明顯看出宋翔鳳早期經學研究的重心是跟隨乾嘉漢學的腳步，因此他主張治經的正途必須「推本於漢學」，而研究方法則須由輯佚、訓詁、考證等考據方法來「理兩漢之遺業，追群師之緒論」，與漢學家尊漢學、貶宋學的觀念相互呼應，由此可以總結出宋翔鳳早期經學思想主張治經一方面必須分別漢代今古文經學之家法，另一方面則需統合貫通各家經說，所以這時他以鄭玄之學作為主要研究對象，其著作也大多與鄭學有關。

《荅段若膺大令書》一文充分顯示出宋翔鳳欲搜羅漢唐注疏及兼採清儒眾家經說，希望藉此統合經傳之新舊注疏。這種想法成為他未來編纂其解經之作的主要方式，尤其體現在其集大成之作──《四書纂言》這本經學著作上。宋翔鳳編輯此書始於嘉慶七年，即此文撰寫之年，在歷經 40 多年的努力下，最終於道光二十六年完成。〔註168〕因此可以這麼說，《荅段若膺大令書》中所提出的「三弊二要」之說成為他後來治經方式的圭臬。

清代漢學的發展和漢代今古文經異同之討論與經書「辨偽」息息相關，尤其梅賾所獻上的《古文尚書》與《孔安國傳》成為當時辨偽的焦點，由此《尚書》今古文之分成為清代經學討論的重點，宋翔鳳對這項議題也下了頗

〔註168〕宋翔鳳：《四書纂言序》，《浮溪草堂叢書》，第 9 冊，頁 1。

深的功夫，其中今古文《尚書》的篇數與《大誓》的來源是他討論《尚書》的主要議題。

因此本章首先透過《尚書譜》的考察來瞭解宋翔鳳對於《尚書》今古文之分的看法。他以莊述祖所授與的《尚書》家法為基礎，用三科之條將《尚書》分為《虞夏書》、《商書》和《周書》三部分，並以表格行式將《書序》中所提的百篇篇目按今古文之有無依序加以編排。譜中承襲常州學派以《公羊》論《尚書》的家法，認為《尚書》的內容也是在闡述孔子的微言，如《堯典》使用「曰若稽古」的用詞。宋翔鳳沿用莊述祖的觀點，以為《堯典》是孔子所作，而孔子在《尚書》中運用存三統之方式來紐堯舜為帝，故在敘述唐虞時事前會加上「曰若稽古」以跟三代作區別。此外《蔡仲之命》等最後這 5 篇是在描述春秋霸政時期，宋翔鳳以為這 5 篇是在述說據亂世之事，而在《尚書》中論三王、五帝則分別是在論說升平世、太平世之事。

在《尚書》的相關研究中，宋翔鳳對《大誓》下過一番功夫，他以為伏生所傳《尚書》二十九篇是二十八篇本文再加《書序》一篇，《大誓》是從孔壁古文《尚書》中所擷取，最後由歐陽博士放入學官之中，所以他提出「《大誓》後得說」。宋翔鳳從古文《大誓》出處、獻書及入學官三方面來論證「《尚書》今古文之異即在《大誓》一篇。」之後他分別與陳壽祺、王引之討論《大誓》的來源和《尚書》的篇數問題。首先，宋翔鳳分別在嘉慶十五、十六年和陳壽祺通信，《與陳恭甫編修書》是嘉慶十六年宋翔鳳針對陳壽祺之觀點所作之回信，信中陳壽祺認為三家今文《尚書》均有今文《大誓》，但宋翔鳳以為只有歐陽《尚書》才有古文《大誓》，大小夏侯《尚書》則無。之後宋翔鳳以《與陳恭甫編修書》的觀點來與王引之交流，但遭王引之全面否定，王引之認為《尚書》二十九篇中無《書序》而有《大誓》，並與陳壽祺一樣以為《大誓》有今古文之分別。宋翔鳳為此撰寫《與王伯申學士書》予以反駁，信中提出七事與王引之爭辨。王引之為與宋翔鳳抗辯，特地將《與王伯申學士書》改名為《某孝廉書》並放入《經義述聞》之中，在《某孝廉書》中王引之特地作按語將宋翔鳳所提七事一一予以反駁。

正當宋翔鳳在北京與王引之論戰之時，劉逢祿也暫住在阮元的京師府邸中，而宋翔鳳亦時常與之討論學術。這時宋翔鳳向劉逢祿提及與王引之討論關於今古文《尚書》的分歧，並得到劉逢祿對其觀點的肯定，這乃是因二人

同受業於莊述祖，並得到常州學派《尚書》今古文異同之家法。〔註169〕此時因自己的觀點未得到王引之的認同，使得宋翔鳳作詩自歎曰：「漆書非散佚，北斗宿當中。王肅（王引之）詞難合，劉歆（劉逢祿）說已通。古文真朽蠹，大義付冥鴻，寥落塵寰裡，何人識宋（翔鳳）衷。」〔註170〕但是宋翔鳳還是堅持自己的主張：「伏生《尚書》二十八篇，帝王之事已備，孔子雖為百篇之序，或虛存其目，或併合其文，條例明白，子夏之言《書》有七觀，莫逾於此。近聞得多十六篇，亦微文碎詞而已。」〔註171〕他以伏生所傳的《尚書》二十八篇已包含孔子的微言大義，其餘篇章只是「微文碎詞」，所以均被孔子所刪，這也意謂著他並不認同《大誓》的學術地位。由此可以看出宋翔鳳此時的《尚書》研究還是以考據為主，但因深受莊述祖的影響而開始進行學術轉型，所以在他的思想上已經明顯可以看出偏向今文經學的傾向，由此可知他的治經軌道將逐步地轉向常州學派經學研究的方向。

不過宋翔鳳最主要的經學研究對象是四書，尤其對《論語》用力尤深。他早期對《論語》的研究也是從考證訓詁來著手，如在《論語師法表》中疏理《古論語》、《齊論語》、《魯論語》、《張侯論》這四派的學術傳衍變化，最後鄭玄的《論語注》以《張侯論》為底本，兼通《古論語》、《齊論語》和《魯論語》，成為漢代《論語》學中集大成者。但《論語鄭注》在五代後已經亡佚，十不存一，惠棟在王應麟輯成鄭玄《論語注》的基礎上補成《論語古義》兩卷，成為清代輯佚《論語鄭注》的開端。

本文對宋翔鳳輯佚《論語鄭氏注》十卷本的經過加以說明，從乾隆58年開始輯錄至嘉慶二十三年完成《論語鄭氏注》十卷本。期間宋翔鳳分兩階段完成，以嘉慶7年完成《論語鄭氏注》二卷本初稿作為分界點。書中分析《古論》、《齊論》、《魯論》三者之優缺點，最後結論是他對《古論》的重視程度高於《齊》、《魯》二論，因為《魯論》最為淺率，《齊論》已多不可得見，唯有《古論》中多藏有微言。宋翔鳳的結論除了與鄭玄重視《古論》外，

〔註169〕劉逢祿：《左氏春秋考證》，《皇清經解》卷1294，頁1。

〔註170〕見《與王伯申學士書》曰：「《論衡‧正說篇》云：‘或說《尚書》二十九篇者，法斗四七宿也。四七二十八篇，其一曰斗矣。’故二十九案此，以四七宿當廿八篇，以《序》當斗，言《序》之櫽括廿八篇，猶斗之臨制四鄉。」即以《書序》為北斗之意。見宋翔鳳：《虎坊橋雜詩之九》，《憶山堂詩錄》，《浮溪精舍叢書》，卷5，頁199。

〔註171〕宋翔鳳：《擬太常博士答劉歆書》，《樸學齋文錄》，《浮溪精舍叢書》，卷1，頁133。

也和莊述祖肯定壁中書有關，因《論語鄭氏注》十卷本編成之時正是宋翔鳳以莊述祖傳人的身份進行學術轉型的時期，書中已有引莊述祖《論語別記》來駁斥鄭玄之說的例子，如「禘自既灌而往者」一條，這正為我們指出宋翔鳳未來經學研究的走向，即以訓詁考證的治經方法去闡釋常州學派所主張的微言大義。

嘉慶 23 年出版《論語鄭氏注》十卷本時，宋翔鳳的經學研究進入以考據輔佐義理闡釋的階段。以「竊比於我老彭」一條為例，宋翔鳳於書中先引《史記》、《漢書》去反駁《世本》中以彭祖、老聃為一人，並考證老、彭二人為商、周之史官；在解釋《論語》將老聃、彭祖排位的問題，宋翔鳳以孔子於老子有親炙之義，且以尊周史所致，故將老聃排在彭祖之前。最後在前面的考證的基礎上闡述此章的義理，為「太史主傳述舊聞，此言當為修《春秋》而發」，即彭祖與老聃以商周太史的身分傳述上古聖王相傳的治平大法，而孔子自言「竊比於我老、彭」，其竊比之義即指孔子修《春秋》是上承此大法，所謂「其文則史，其義則某竊取之矣」。〔註172〕孔子將「治國平天下」的微言融入《春秋》之中。

宋翔鳳將今文經解釋「孔子作《春秋》」的微言與此章相連接，凸顯出他將考據之學與《公羊》之說相結合的企圖心，這顯示出常州莊氏之學對其影響日益顯著，尤其是宋翔鳳自比為莊述祖的傳人，這使得莊述祖的經學研究不斷湧現在宋翔鳳諸多著作中。其中在《論語鄭氏注》亦有所呈現，如在「禘自既灌而往者」一條中，鄭注曰：「禘祭之禮，自血腥始。」宋翔鳳即全引莊述祖《論語別記》來駁斥鄭玄之說，曰：「謹按葆琛先生晚論郊、禘，多砭鄭學，鄭君此注復不完，難以尋繹，故全載《別記》之文，竊比鄭君箋毛之意焉。」在《論語別記》中，莊述祖首先批評鄭玄郊、禘不分導致對灌的說法有所矛盾，曰：「按鄭注《周禮・小宰》云：『祼之言灌也』，明不為飲，主以祭祀。唯人道宗廟有祼，天地、大神、至尊不祼，莫稱焉。是宗廟以灌鬯為始，而言自血腥始，當指降神以後、正祭之始。不則所謂禘祭，或指郊祭而言，則郊不當有灌。譏魯失禮，然《疏》所引鄭《注》不盡，又皆主祭宗廟言，宜從區蓋也」，且「鄭注《禮（記）・喪服小記》及《大傳》，以禘為郊祭」，故「鄭康成不正的道灌地，或云灌屍，或云灌神。」〔註173〕而鄭玄解釋郊、禘致誤

〔註172〕宋翔鳳：《論語鄭氏注》，卷 4，頁 10。
〔註173〕宋翔鳳：《論語鄭氏注》，卷 2，《浮溪精舍叢書》，頁 4。

的原因源於先儒論灌法不同，導致郊祀與禘祫，歷代紛紜，未有定說。因此莊述祖引《禮記‧明堂位》對郊、禘在灌的使用上作一番區分，「《明堂位》曰：『魯君孟春乘大輅，載弧韣，旂十有二旒，日月之意，祀帝於郊，配以後稷』，又曰：『季夏六月，以禘禮祀周公於大廟，牲用白牡，尊用犧、象山罍鬱，尊用黃目，灌用玉瓚大圭。』明魯禘有灌，魯郊無灌矣。」最後，莊述祖針對《春秋》中在不同時間、不同場合屢屢書寫禘禮加以解釋，曰：「蓋自魯以禘禮祀周公，故殷祭謂之禘，由是而時祭亦謂之禘；大廟謂之禘，由是而群廟亦謂之禘；魯謂之禘，由是而諸侯皆謂之禘。習而不察，故於魯禘之灌，節取其禮之正，又問禘之說，以正其名之不正也。《春秋》書禘於大廟，又書大事於大廟、有事於大廟；書吉禘於莊公，又書有事於武宮；殷祭曰大事，時祭曰有事。於其始，書禘以著其名之不正，又書大事、有事以著其實非禘。觀此而微言大義可以互相發明矣。」〔註174〕莊述祖以為《春秋》屢書禘禮是為了譏魯之失禮，以此凸顯孔子的微言大義，而《論語別記》這整段話正是充份表現出莊述祖「以許、鄭為薪蒸，既汲取其疏釋典章制度的方法，又就所詮解之內涵作更深層次的發揮之意。」〔註175〕此時宋翔鳳以莊氏之說來修正鄭玄之學正代表他今後學術的走向，由立足許鄭之業開始朝向以常州學派經學來調和各家學說，以考證經傳所載之名物、制度的治經方法去闡釋蘊藏於其間的微言大義。

　　閻若璩的《四書釋地》是清代歷史地理學中的代表作，此書考證了《四書》中所涉及的地名、人物、物類、典制等問題，並改正不少前人對《四書》上有關古地名的誤解，成為後世治《四書》者廣泛徵引的一本有關古代地理考證的書籍。但書中仍有不少疏誤之處，宋翔鳳對此書加以討論和續補，並作《四書釋地辨證》來辨別改正《四書釋地》疏漏之處。本文先考證《四書釋地辨證》成書時間，最後推估應是嘉慶二十年至二十三年之間。書中宋翔鳳

〔註174〕宋翔鳳：《論語鄭氏注》，卷2，頁4a。按：其下翔鳳又引述祖之言曰：「子入大廟每事問。按：魯用禘禮，始自周公廟，其後群公廟皆有禘。子入大廟，凡禮樂、犧牲、服器之等，每事問焉，蓋簿正祭器之時也。雖為之兆，未能遽革，而或人有執謂知禮之譏。……言問是禮者，欲魯之君臣知其非禮而革之也。上章子曰：『周監於二代，鬱鬱乎文哉，吾從周！』則取禘灌之義可知矣。」

〔註175〕蔡長林：《訓詁與微言——宋翔鳳二重性經說考論》，《從文士到經生——考據學風潮下的常州學派》（《中國文哲專刊 39》），臺北：中央研究院中國文哲研究所，2010年，p405。

共立目五十條，對《四書釋地》中關於人物、地理、事蹟及典章制度等考證有所錯誤的部分加以匡正，並順帶對《尚書古文疏證》中的錯誤也予以糾正。然而《四書釋地辨證》作為宋翔鳳經學研究轉型期的著作，宋翔鳳也以《公羊》學的說法來考證《四書釋地》的相關內容，這部分成為此書最主要的特點，這也體現出宋翔鳳的經學研究的立場已開始由漢學轉向常州學派。

清代漢學家治經主要是由文字訓詁入手，這使得《說文》、《爾雅》、《廣雅》及《小爾雅》等小學研究蔚為主流，其中，《小爾雅》在漢學家重視訓詁研究的風潮下，逐漸成為學者注目的焦點。對於現存《小爾雅》之真偽，清儒基本上分兩種說法，以戴震為首的學者，如段玉裁、臧庸、康有為等人認定《小爾雅》或為劉歆、王肅、梅賾三人之中的一人所偽造，所以書中內容並不可信；另一種說法則認為《小爾雅》是古代小學遺書，是為補充《爾雅》而作，所以有相當高的研究價值，如錢大昕、胡承珙、朱駿聲、梁啟超及宋翔鳳等人。因此《小爾雅》一書的真偽在清中葉成為當時學界討論的焦點之一，在正反意見中，雙方書信互有往來，反復申論各自觀點，其中主要著重於書名、作者、成書時代與版本的流傳，並論及今本與古本之間的異同，還探討《小爾雅》與《漢書・藝文志》、《孔叢子》之間的關係。認可《小爾雅》是古代小學遺書的說法得到不少學者的認同，所以在有清一代，為此書注疏者已不下一二十家，宋翔鳳的《小爾雅訓纂》則是其中之一。當時，宋翔鳳亦與臧庸針對《小爾雅》之真偽有書信討論，臧庸以為《小爾雅》出於《孔叢子》，而《孔叢子》相傳是王肅偽造以駁鄭玄，故臧庸認為《小爾雅》已遭王肅竄改而成駁鄭之書，因而懷疑《小爾雅》不可信。為此，宋翔鳳特地作了《與臧西成論〈小爾雅〉書》為之反駁。信中雖承認《小爾雅》遭王肅竄改一事，但他認為此書整體而言乃是古小學遺書，與西漢古文經說相合，並對戴震、臧庸以片言而疑全書不以為然，故宋翔鳳在信中稱其撰《小爾雅訓纂》即是為了去偽存真，因此廣搜古今典籍，將凡涉及《小爾雅》相關之引文、考證等均彙集整理並考鏡源流，試圖證明《小爾雅》為「出西京之初，儒者相傳，以求占畢之正名，輔奇觚之絕誼，則其來已古矣」，〔註176〕而非後人所作的偽書，所以宋翔鳳訓纂《小爾雅》的目的是要為遭到厚誣為偽書的《小爾雅》平反。

由上可知，宋翔鳳早期經學研究的方式主要是輯佚、校讎、考證、訓詁

〔註176〕宋翔鳳：《小爾雅訓纂》，卷6，《浮溪精舍叢書》，頁127。

等方面，對經學的理解與討論基本上也在漢學的範疇中，所以以早期宋翔鳳
的學術屬性來說，他應該可以說是一位乾嘉時期的漢學家。

第四章　嘉慶後期至咸豐朝的
考據學研究

　　宋翔鳳對今古文經異同的看法有一變化的過程。早期他治經效仿鄭玄兼容今古文之學為基礎而提出「微言之存，非一事可該；大義所著，非一端足竟」的原則，即「古文、今文，無非《書》也；《齊》、《魯》、《韓》、《毛》，無非《詩》也；《公羊》、《穀梁》、《左氏》，無非《春秋》也。」嘉慶後期學術轉型以後，宋翔鳳基本上已經承襲莊述祖「以漢學求根株」的治經方法及其經學思想，逐漸將經學研究的重點由考據轉移至義理的闡釋，以考據之所得作為論述義理之依據。在訓詁考證的部分，宋翔鳳延續之前兼採今古文注疏的學風，但在義理方面則以今文經學為主，這在《擬太常博士答劉歆書》中明顯表示出來，其曰：「昔孝武皇帝表彰六經而置博士，俾各守其家法以相授受。誠以去聖日遠，將有曲學虛造，變亂是非，以疑觀聽也。如伏生《尚書》二十八篇，帝王之事已備，孔子雖為百篇之序，或虛存其目，或併合其文，條例明白，子夏之言《書》有七觀，莫逾於此；近聞得多十六篇，亦微文碎詞而已。《禮經》十七篇，五常之道包括靡遺，不必推《士禮》以致於天子也。《春秋》，先師之說得孔子竊取之義，左氏所傳其文則史，烏賭《春秋》之法乎！三代歲月謂之疑年，《春秋》歲名未有定測，聞君頗離合古文以自就其秭數，世有明者，難使盡信，且國家有大事，採博士議，務存大體，斷事決疑，以經合權也。何用張皇眾說，馳騁浮詞，以炫朝廷哉！先帝怒博士改師法者，蓋防其

流也。君顧欲迫以相從，勿乃非先帝之意乎！」〔註1〕由此可知，就今古文經而言，宋翔鳳以為伏生所傳二十八篇即可涵蓋《尚書》中之大義，《儀禮》十七篇則已全面規範人倫之禮節，而《春秋》三傳中，《左傳》為史書，傳《春秋》之義只有《公羊傳》與《穀梁傳》，而伏生所傳《尚書》、《儀禮》、《公羊》、《穀梁》均屬於今文經學的範疇。

所以嘉慶後期以後，宋翔鳳的考據學相關著作都蘊藏著濃厚常州學派的經學思想，尤其是莊述祖與劉逢祿的影響特別深刻，所以此時期宋翔鳳的考據學研究其實是融合漢學與常州學派於一體的產物，這在《孟子趙注補正》與《過庭錄》這兩本著作中表現的最明顯，所以下面將對這兩本著作進行考察。

第一節　宋翔鳳的《孟子》學研究——以《孟子趙注補正》為主要討論的對象

一、清代孟學研究概況

據李暢然《清代孟子學大綱》的統計，其所收集到並可考定的清代《孟子》學著作數目達 784 種，其中考據類與義理類的比例約 7 比 10。〔註2〕與元明相比，清代的孟學研究已不再局限於以朱熹《孟子集注》為代表的理學著作，舉凡義理、考據、辭章諸門類均有涉及，如義理方面，雖然官方高舉尊朱的大旗，但批判程朱並闡釋新義者亦為數不少，如清初黃宗羲的《孟子師說》、乾嘉時戴震的《原善》及《孟子字義疏證》、莊存與的《四書說》、阮元的《孟子論仁論》等書。但清代孟學的最大特色乃是全方位翔實地考證《孟子》中的名物、制度、地理、史實，如考證孟子的生卒年與活動情況就以戰國史實和《孟子》書中相關記載互對照，相關著述就有閻若璩的《孟子生卒年月考》、任兆麟的《孟子時事錄》、魏源的《孟子編年》等，而宋翔鳳在《過庭錄》中亦有「孟子事蹟考」一文。此外，清代相關著作也對歷代《孟子》版本及注疏中所涉及到的字詞、字音、字義等進行訓詁，對漢代孟注的輯佚工作也在清代達到鼎盛，這使得我們今天得以窺見這些已亡佚注本的部分樣貌，

〔註1〕宋翔鳳：《擬太常博士答劉歆書》，《樸學齋文錄》卷1，《浮溪精舍叢書》，頁133。
〔註2〕李暢然：《清代孟子學大綱》，北京：北京大學出版社，2011年，頁108。

如余蕭客《古經解鈎沉》中之《孟子古解鈎沉》、宋翔鳳的《孟子劉注》、黃奭《黃氏逸書考》中之《孟子注》及王仁俊《十三經注漢注》中輯有《孟子劉中壘注》、《孟子鄭氏注》、《孟子劉氏注》、《孟子古注》等書。校勘《十三經注疏》中的《孟子》在清代也是一項重要的工作，如阮元在《十三經注疏校勘記》中有《孟子注疏校勘記》及《孟子音義校勘記》二文，孫詒讓有《十三經注疏校記》等。其中，焦循的《孟子正義》以趙岐《孟子章句》為底本，突破唐人「疏不破注」的成法，以博採眾家精義和精審的考證，成為集歷代孟學之大成之作，是清代孟學研究的代表作。

在「復古」的旗幟下，乾嘉以後的孟學研究回歸至《孟子》本文的研究，且把注意力轉移至漢注的輯佚、考證。漢代開了注解《孟子》之先河，據《後漢書・儒林傳》所載，東漢章帝時人程曾作《孟子章句》，是有歷史記載中最早的一部《孟子》注，而《隋書・經籍志》中則有著錄鄭玄《孟子注》、劉熙《孟子注》各七卷；此外，高誘在《呂氏春秋・序》中亦自言其「正《孟子章句》」。故漢代有史可證的《孟子》注解至少有五本，有程曾的《孟子章句》、高誘的《孟子章句》、鄭玄的《孟子注》、劉熙的《孟子注》、及趙岐《孟子章句》，前四本已經亡佚，僅有趙岐的《孟子章句》流傳下來，是至今最早一部保存完整的漢代《孟子》注，故清代漢學家對《孟子》的研究均繞不開《孟子章句》一書。

趙岐的《孟子章句》保存了大量的先秦兩漢古注，對並《孟子》中的名物、思想提出個人的解讀，其內容雖以古文經學家的經說為主，但也反映出漢末今古文經學走向融合的學術氛圍，為後人瞭解漢代《孟子》學提供一寶貴資產，故《四庫全書總目提要》評價《孟子章句》曰：「蓋其說雖不及後來之精密，而開闢荒蕪，俾後來得循途而深造，其功要不可泯也。」〔註3〕阮元在《孟子注疏校勘記序》中亦言：「趙岐之學，以較馬、鄭、許、服諸儒稍為固陋，然屬書離辭，指事類情，於訓詁無所戾。七篇之微言大義，藉是可推，且章別為指令，學者可分章尋求，於漢傳注別開一例，功亦勤矣！」〔註4〕故清代對趙岐《孟子章句》的研究就出現了不少專著，如薩玉衡的《趙氏孟子

〔註3〕《欽定四庫全書總目・〈孟子正義〉十四卷》，《孟子注疏》，卷首，《十三經注疏》嘉慶二十年江西南昌府學板，臺中：藍燈文化事業公司，頁1。

〔註4〕阮元：《孟子注疏校勘記序》，《孟子注疏》，《十三經注疏》，嘉慶二十年江西南昌府學板，臺中：藍燈文化事業公司，1990年，頁15。

章指復編》、宋翔鳳的《孟子趙注補正》、焦循的《孟子正義》及桂文燦的《孟子趙注考證》等，主要是對趙注正誤補缺，完善《孟子》注疏的可靠性。

二、宋翔鳳的《孟子》研究及其相關著作

宋翔鳳對《孟子》研究的起源甚早，從目前有關資料來看，至少在嘉慶四年時已經有所成果。《孟子趙注補正序》曰：「余少習《孟子》，得『轉赴朝儛』之說，方從學於伯舅葆琛先生，先生極以為然。至京師，王石渠先生聞其解『西喪地於秦七百里』而是之；又獲交臧鏞堂君西成，與論孟子年、事蹟，深致往復。」〔註5〕宋翔鳳至常州跟從莊述祖學習是在嘉慶四年，此時他所考證「轉赴朝儛」的內容得到莊述祖的肯定；至嘉慶十年第一次赴京參加會試期間，王念孫對他所考證的「西喪地於秦七百里」之說亦予以認同，同時他又與臧庸討論有關孟子的年紀與其相關事蹟，最後宋翔鳳將所舉這三例考證均收錄在《孟子趙注補正》中。

宋翔鳳有關《孟子》學的專著主要有四本。最早一本是嘉慶十六年的《孟子劉注》一卷，此書以輯佚劉熙所批注的《孟子》殘文為主，而宋翔鳳輯此書主要的目的有二：一是他認為劉熙的《孟子注》優於趙岐的《孟子章句》，其曰：「史言趙岐逃難四方，臧跡復壁，既無諮問，復少遊覽，故其著書往往疏陋，就所存劉君『南河牛山』諸注，考其地形，並勝於趙。歲在星紀，見臧君庸於京師，共論孟子事實，確然定『先梁後齊』之說，按之《劉注》亦同斯恉。讀劉君所纂《釋名》，其於訓詁、天文、輿地之學靡不綜涉，則《孟子》之注當亦博學精思而成，如其人佚尤可惜已。」二是他認為劉熙之學源於鄭玄，曰：「《蜀志・許慈傳》云：『慈師事劉熙，善鄭氏學。』蓋劉君之學正出於鄭，而以授慈，則此注之作或者原本於鄭氏，故其家法為最正。」〔註6〕此時宋翔鳳正以恢復鄭玄之學為己任，而鄭玄所注之《孟子》已亡佚，劉熙的《孟子注》又沒有全書流傳，只在《史記索隱》、《漢書》顏師古注和《文選》李善注中有所徵引，故宋翔鳳特搜羅其說，以存其意。

第二本是完成於嘉慶十八年的《四書古今訓釋》中之《孟子》七卷。在書中，宋翔鳳主要是以趙岐的《孟子章句》來整合朱熹的《孟子集注》，並輯

〔註5〕宋翔鳳：《孟子趙注補正序》，《孟子趙注補正》，《續四庫全書》第159冊，頁1。

〔註6〕宋翔鳳：《孟子劉注序》，《孟子劉注》，《浮溪精舍叢書》，頁35。

錄清代經學家的著作以證之，如李光地的《孟子剳記》、顧炎武的《日知錄》、江永的《群經補義》、惠棟的《九經古義》、莊存與的《四書說》、臧庸的《拜經日記》及宋翔鳳的《經問》、《過庭錄》等數十本著作，但此書仍以考據為主，並為學子制藝而作。

第三本是《孟子趙注補正》，此書集宋翔鳳數十年研究而成。宋翔鳳欲撰寫此書可追溯至嘉慶十一年，他在《上大興朱相國箋》中云：「《趙注》則七篇思補」，〔註7〕但他真正開始著手撰寫此書則在嘉慶十五年，《孟子趙注補正序》中提到：「當歲庚午（嘉慶十五年），隨侍先君子於水城通判官廨，即欲取邠卿之注而注之，奔走四方，三十餘年間，時時有獲，……以年暮無子，恐一旦徂謝，則平生所得將就放失，乃於簿書之暇，精事寫定，以行世焉。」〔註8〕經過30多年的研究積累，宋翔鳳最終在道光二十年完成《孟子趙注補正》。上述宋翔鳳所舉之三例與《孟子劉注》中的大部分內容均被收錄《孟子趙注補正》一書中，這是他《孟子》學中最主要的一部代表作。

趙岐的《孟子章句》共分三個部分。開頭的《孟子題辭》是本書的「序言」，主要在敘述孟子的生平事蹟，簡要概述《孟子》之概況、七篇的來歷和流傳及述說趙岐注《孟子》的動機。書中主體部分是《孟子章句》，包括兩個方面：一是對《孟子》本文分章逐句的注釋，二是在每章的末尾附有《章指》，以概說本章「閎遠微妙，縕奧難見」的微言大義。書末附《孟子篇敘》以論說《孟子》七篇之要旨，即「篇所以七者，天以七紀，璿璣運度，七政分離，聖以布耀，故法之也。章所以二百六十有九者，三時之日數也，不敢比《易》當期之數，故取其三時。三時者，成歲之要時，故法之也。三萬四千六百八十五字者，可以行五常之道，施七政之紀，故法五七之數而不敢盈也。」〔註9〕《孟子篇敘》明顯帶有漢儒天人感應之說。

不過，《孟子章句》在訓詁、考證上的疏漏常為清儒所詬病，如《四庫全書總目提要》批評曰：「至岐注好用古事為比疏，多不得其根據，如注謂：『非禮之禮，若陳質娶妻而長拜之；非義之義，若藉交報讎』，此誠不得其出典。至於『單豹養其內，而虎食其外』事出《莊子》，亦不能舉，則弇陋太甚。」

〔註7〕宋翔鳳：《上大興朱相國箋》，《樸學齋文錄》，《浮溪精舍叢書》，卷1，頁126。

〔註8〕宋翔鳳：《孟子趙注補正序》，《孟子趙注補正》，《續四庫全書》第159冊，頁1。

〔註9〕焦循：《孟子篇敘》，《孟子正義》，卷30，北京：中華書局，1987年，頁1043～1044。

〔註10〕焦循也指出:「趙氏訓詁,每迭於句中,故語似蔓衍而辭多佶聱。」又曰:「《孟子》本文,見於古書所引者既有異同,而趙氏注各本非一,執誤文訛字,其趣遂舛。」〔註11〕宋翔鳳亦覺得趙岐「其著書往往疏陋」,故作《孟子趙注補正》以補《趙注》之缺及正《趙注》之誤。

《孟子趙注補正》以趙岐的《孟子章句》為底本,全書共有六卷,並依據《孟子》篇目次序對《趙注》進行補正,依次為第 1 卷:《梁惠王章句》(上、下,含《孟子題辭》);第 2 卷:《公孫丑章句》(上、下);第 3 卷:《滕文公章句》(上、下);第 4 卷:《離婁章句》(上、下);第 5 卷:《萬章章句》(上、下);第 6 卷則是將《告子章句》與《盡心章句》合二為一。《孟子趙注補正》有兩種版本:一種是《皇清經解續編》本,南菁書院出版,無序文;另一種是《廣雅叢書》本,廣雅書局出版,此版本亦收入《續修四庫全書》,有序文。除了是否有序文外,這兩種版本的內容並無差別。

宋翔鳳《孟子趙注補正》所補正的部分並不只限於《孟子章句》中所言,其實此書更像宋翔鳳《孟子》研究成果的積累,其涵蓋的範圍其實包含《孟子》全書中的字音、詞義、史實、思想、地理、制度、風俗等方面,以博證訓詁來闡發《孟子》,體現出清代孟學考據研究的主要特點。書中凡釋一義,往往徵引諸家之書,如各家持論有所分歧時,宋翔鳳在考據訓釋後,「決之於吾心」,寄望達到《孟子》「知人論世」的要求,〔註12〕這使《補正》一書對於孟學研究具有廣泛的參考研究價值,並在清代孟學史上有佔有相當的學術地位。故下面將從「補缺」和「正誤」的框架下去整理、討論《孟子趙注補正》關於考證、訓詁方面的研究。

第四本是道光二十六年完成的《四書纂言》中的《孟子纂言》,此書是在《四書古今訓釋》的《孟子》七卷之基礎上進一步擴充完善,故這兩部書的體例及撰寫目的基本上一致,只是《孟子纂言》所引之書目更為廣泛,其中包括《孟子趙注補正》一書。

對宋翔鳳而言,《四書古今訓釋》中《孟子》七卷與《孟子纂言》二書雖有引自身的著作,但主要還是輯錄歷代對《孟子》的注疏與清代漢學家的訓

〔註10〕《欽定四庫全書總目·〈孟子正義〉十四卷》,《孟子注疏》,卷首,《十三經注疏》,嘉慶 20 年江西南昌府學板,臺中:藍燈文化事業公司 1990 年,頁 2。
〔註11〕焦循:《孟子篇敘》,《孟子正義》,卷 30,北京:中華書局,1987 年,頁 1051。
〔註12〕《孟子·萬章下》:「頌其詩,讀其書,不知其人,可乎?是以論其世也。」

詁、考證，而《孟子劉注》一書則為輯佚之作，篇幅甚小，且大部分已納入《孟子趙注補正》之中，只有《孟子趙注補正》最能體現他在《孟子》研究上的學術成果，所以本節主要就《孟子趙注補正》一書來進行討論。

三、《孟子趙注補正》中「補缺」的部分

由於時代的轉變，先秦、兩漢的字音、詞義、地名、典章制度、名物風俗等均與清代有著極大的差別，這些差異對清代學者研究《孟子》產生很多阻礙，尤其是《孟子》和《孟子章句》分別完成於戰國、東漢時期，距離清代已有一兩千多年之久，為了填補兩書與清人之間認識的差距，宋翔鳳從各方面來改善《趙注》之簡略及補充《趙注》之所缺，以求《孟子》一書更具有可讀性。書中從兩部分來探討《孟子趙注補正》中「補缺」的部分，一從考證方面，二從訓詁方面。

（一）考證方面

在考證方面，《孟子章句》中對《孟子》的注解，有些部分過於簡略，甚至缺而不注，使得後代學者在理解《孟子》原文時可能無法解讀，或者產生誤解，為此宋翔鳳分別從史實、典章制度、人物、地理四方面以考證的方式來增補《趙注》之不足。

1. 史實的考證補充

《孟子》中常舉上古的史實作為論證的基礎，其中有些史事對身在東漢時期的趙岐可能是一種常識，但到了清代則因時間久遠而產生不少異說，尤其牽涉到不同學派的經說時，更易引起爭議。為此宋翔鳳以旁徵博引的方式來補充考證《趙注》中的某些史實，如「堯老而舜攝也」，趙岐只注「《孟子》言舜攝行事耳，未為天子也。」宋翔鳳則展開對此事的考證與論述，曰：「《孟子》言：『堯老而舜攝』，又言：『舜相堯二十有八載』。《詩》：『既醉朋友，攸攝攝以威儀』，《傳》曰：『言相、攝，佐者以威儀也。』攝為佐助之義，相亦助也，則舜攝天子即是舜之相。《堯書》言：『汝陟帝位』，堯之辭也，『舜讓於德，弗辭。』堯不敢稱天子之意也。《虞書》終堯之世，舜未嘗稱帝，以未為天子也。《尚書大傳》：『維元祀』，《鄭注》：『祀，年也』，元年謂月正元日，舜受終於文祖之年，是謂堯崩喪畢後，舜乃改正（堯建丑，舜建子），故曰：『月正』；乃稱元年，故曰：『元日』，與『上日』之文不同。《大傳》又言：『維十有三祀，帝乃稱王。入唐郊，猶以丹朱為尸。』《鄭注》：『舜承堯，猶子臣父，雖已改正易樂，猶祭

天於唐郊，以丹朱為尸，至十三年，天下既知己受堯位之意矣，將自止郊而以丹朱為王者後，欲天下昭然知之，然後為之，故稱王也。」據此則舜之稱王且遲之又久，與《孟子》言舜避堯之子事正相合。周秦間人則謂堯存而舜為天子，故有咸蒙所聞之語及韓非、呂不韋之謬說，惟孟子稱說《詩》《書》折中至當，故其後齊魯諸儒能傳斯義也。《大戴禮・五帝德》言：『帝堯舉舜，彭祖而任之，四時先民治之。流共工於幽州，以變北狄；放驩兜於崇山，以變南蠻；殺三苗於三危，以變西戎；殛鯀於羽山，以變東夷。其言不貳，其德不回，四海之內，舟輿所至，莫不說夷。』《莊子・在宥篇》：『放驩兜於崇山，投三苗於三峗，流共工於幽都』，皆以舜相堯事系之於堯，以堯為天子也。大戴為《禮》家，莊出於老，老聃為周史，孔子所問禮者，故並得其傳也。」〔註13〕趙注的疏陋經宋翔鳳詳盡補充後，使後人可以對堯舜禪讓之事有更透徹的瞭解，而宋翔鳳對於禪讓的看法源自於莊存與的《尚書既見》，這是常州學派關於《尚書》研究的重點之一，故宋翔鳳於此不惜以大篇幅的引證、敘述以論說堯舜之間的關係，以明君臣之分際不可違之大義，並將《趙注》所言的史實闡述的更加完善。堯舜禪讓之事先由莊存與闡發其中的微言大義，經莊述祖補充改造後，再傳授給宋翔鳳，如宋翔鳳分別引《大戴禮・五帝德》及《莊子・在宥篇》來解釋堯舜禪讓的經過，並提到「大戴為《禮》家，莊出於老，老聃為周史，孔子所問禮者，故並得其傳也」，這個看法即是源自於莊述祖的《歸藏》研究，這正可以與《孟子趙注補正》同年完成的《論語說義》中之「孔老同源說」相互印證。

另一方面，有些史實未得到趙岐的注解，這可能是因時代比較接近漢代，故在當時是普遍的常識，或是趙岐作注時因手邊無相關資料而省略之，如「南辱於楚」一條，《趙注》就沒有解釋，但宋翔鳳則緊接著在前面「西喪地於秦七百里」大篇幅考證後，繼續補強此條的歷史內容，其曰：「按《魏世家》：『惠王十九年，諸侯圍我襄陵。』《六國表》同，《秦本紀》他世家皆無是年圍襄陵事。襄陵，《漢志》屬河東郡，為今平陽府襄陵縣，北為趙，西為秦，南為楚。次年，衛鞅圍固陽，故知有秦、魏歸趙邯鄲，故知有趙。據《孟子》惠王言：「南辱於楚」，後楚破魏復在襄陵，故知有楚，此諸侯圍襄陵，當是秦、趙、楚三國，而楚為謀主，但圍城而未取邑，故云辱，不云喪地也，與後『襄王十二年破襄陵，得八邑』為二事。」〔註14〕由此宋翔鳳考證出「南辱於楚」

〔註13〕宋翔鳳：《孟子趙注補正》，卷5，《皇清經解續編》卷399，頁6a～7a。
〔註14〕宋翔鳳：《孟子趙注補正》，卷5，頁8a～8b。

即是魏惠王十九年秦、趙、楚圍襄陵之事，將此條歷史事實具體補缺出來，使人在閱讀《孟子》時更能知其世以明其理。

2. 典章制度的考證補充

有關典章制度的考證補充，可以「齊宣王見孟子於雪宮」一條為例證。《趙注》只批註雪宮為離宮之名，宋翔鳳為更凸顯此條的歷史背景以讓人對背後的經義有更深入的瞭解，就針對離宮的性質加以考證以補充《趙注》之簡略，其補曰：「按劉熙云：『雪宮，離宮之名也。』《偽疏》云：『宣王在雪宮之中，而孟子來至從前。』注《孟》未有謂孟子館而宣王就見者，其說出流俗講書，然熟思疑未謬。古人所居皆可云宮，離宮乃別築宮館以居遊士，非指王宮。孟子之滕，館於上宮。又《燕世家》：『昭王為郭隗築宮』，此宮不專謂王宮之證。《史記・孟荀傳》云：『齊自如淳於髡以下皆命曰列大夫，為開第康莊之衢、高門大屋，尊寵之。』孟子遊齊，當亦爾矣。《公孫丑篇》：『孟子將朝王，王使人來曰：「寡人如就見者也。」』此必嘗就見，故云：『然。』況使孟子住王所，宜云：『孟子見齊宣王於雪宮』，此自作王見孟子。若讀為『從者見之』之見，頓易全書之例，亦不然矣。《元和郡縣志》引《晏子春秋》：『齊侯見晏子於雪宮』，今《晏子》無此文，蓋涉下文有晏子語，故以孟子為晏子爾。《曾子問篇》：『公館與公所為曰公館。』《正義》注：『公館若今縣官舍也。』鮑遺問曰：『注此云公所為君所命，使舍己者。注《雜記》云：「公所為若今離宮、別館也。」是二說異，何？』張逸答曰：『公館若今停待者也，離宮是也。』《聘禮》曰：『卿館於大夫，大夫館於士，公命人使館客，亦公所為也。』按此知宣王所命以館孟子者，正可謂之離宮。《趙注》所言與《鄭志》合。」〔註15〕宋翔鳳引《孟子劉注》、《史記》、《孟子・公孫丑篇》、《元和郡縣志》、《禮記・曾子問篇》、《五經正義》等書來證明齊宣王所築以館孟子的住處也是離宮的一種，並將其命名為雪宮，而齊宣王親赴雪宮向孟子討教治國之道，以此彰顯君王應以求賢作為理政的第一優先，這也是宋翔鳳在轉型後的著作中不斷強調的要點之一，且此條亦見於《四書釋地辯證》中。

此外，宋翔鳳也會以《趙注》中所解釋的相關典章制度來與其他注疏作比較，以此間接地補充《趙注》之所言，如針對井田制內容的討論，宋翔鳳將

〔註15〕宋翔鳳：《孟子趙注補正》，卷1，《皇清經解續編》卷399，頁10b～11a。

井田制的解釋整理成兩種說法：一是以趙岐、《韓詩外傳》、班固與何休之說法為主，《趙注》曰：「方一里者，九百畝之地也，為一井，八家各私得百畝，同共養公田之苗稼，公田八十畝，其餘二十畝以為盧宅園圃，家二畝半也。先公後私，遂及我私之義也。」書中再以何休之說作為補充，何休《公羊傳》注（宣十五年）曰：「聖人制井田之法而口分之，一夫一婦受田百畝以養父母、妻子，五口為一家，公田十畝，即所謂十一而稅也。盧舍二畝半，凡為田一頃十二畝半。八家而九頃，共為一井，故曰井田。盧舍在內，貴人也；公田次之，重公也；私田在外，賤私也。」又曰：「多於五口名曰餘夫，以率受田二十五畝。十井共出兵車一乘。」又曰：「在田曰盧，在邑曰裡。」另一種說法則以鄭玄、孔穎達為主，二者的差異主要是對公田的解釋有所不同，第二種說法認為「無家別公田十畝及二畝半為盧舍之事」。在這兩種意見中，宋翔鳳以第一種意見來反駁第二種，其曰：「所謂同養公田者，謂一家分治公田十畝，合計功力，即可為同，非必八家之人紛紜於百畝之中也。況既有百畝之私田，又加十畝之公田，亦是什一，而取一與徹法正通，若並二十畝而耕之，則什一之法不平。知二畝半為盧舍，不在所耕之內，雖為民居，亦由官予，故不嫌在公田百畝中也。」即各家均分 10 畝公田及二畝半為盧舍。最後他總結曰：「井田一廢，渺無遺規可見，而至今誦班固、何休之言，若恍親三代之治，則為烏可指為謬戾乎？」〔註16〕宋翔鳳在書中以《趙注》、班固與何休之說法來反駁鄭玄、孔穎達所作的注疏，以此使後來的學者可以對井田制度有正反兩種資料來比較，如此亦是在延伸《趙注》的解釋範圍。

3. 人物方面的考證補充

對於《孟子》中人物的注解，趙岐大多只是簡要說明其基本訊息，甚至沒有注解，這導致後世學者往往對書中人物的身分有所猜疑，如「段干木」一條中，趙岐即省略無注，故宋翔鳳引閻若璩、臧庸、左太沖、劉淵林等人的著作來說明段干木的背景，曰：「閻曰：『段干木，史稱受業於子夏之倫。段干木與子夏皆客魏，為子夏弟子可知。』臧庸《拜經日記》曰：『《廣韻·二十九換》：「段姓出武威，本自鄭共叔段之後。」《風俗通》云：「段干木之後。」《史記·老子韓非傳》：「老子之子名宗，為魏將軍，封於段干。」《集解》此云：「封於段干」，段干應是魏邑名。而《魏世家》有段干木、段干子，

〔註16〕宋翔鳳：《孟子趙注補正》，卷3，頁 6a～8a。

《田完世家》有段干朋（《索引》：『段干，姓，朋，名。』《戰國策》作段干倫。）疑此三人是姓段干也，蓋因邑為姓，《左傳》所謂邑亦如之是也。《風俗通・氏姓》注云：「姓段，名幹木。」恐或失之矣，天下自別有段姓，何必段干木邪！庸考之《風俗通・十反》云：「幹木息偃以藩魏，包胥重繭而存郢。」亦以幹木為名。」左太沖《魏都賦》：『幹木之德，自解紛也。』劉淵林注《呂氏春秋》曰：『段干木者，魏文侯敬之，過其廬而軾之。其僕曰：「幹木布衣耳，而君軾其廬，不亦過乎？」文侯曰：「幹木不趨俗役，懷君子之道，隱處窮巷，聲馳千里之外，未肯以己易寡人。寡人光乎勢，幹木富於義。」』此先秦古書，非漢魏後文人割裂可擬，而首連其姓，後稱其名，與應氏合。《水經注．河水四》云：『有段干木塚。幹木，晉之賢人也，亦以幹木為名。』《顏氏家訓・音辭篇》載梁元帝云：『段非幹木。』以段姓，惟幹木為最著也。蓋段干出老子後，段出幹木後。其段干子、段干朋皆老子後，與幹木譜系無涉，且鄭共叔段之後為段氏，則幹木之前先有有段氏，魏亦何妨並有段氏、段干氏乎！」〔註17〕宋翔鳳於此條廣徵博採以析論段姓和段干姓之由來，他以段干木為段姓後人，段干子與段干朋為段干氏的後代，由此可以避免這三人因其姓氏之相似而使人混淆他們之間的關係。另外在「申詳」一條中，《趙注》只說「申詳，亦賢者也。」宋翔鳳則補充曰：「《檀弓》：『子張病，召申祥而語之。』注云：『申祥，子張子。』又云：『《太史公・傳》曰：「子張姓顓孫。」』今曰申祥，周秦之聲，二者相近，未聞孰是。按顓孫，合言為申祥，詳字通。」〔註18〕由此可得知申詳為子張之子。

4. 地理方面的考證補充

　　有關地理方面的考證補充，因《趙注》對於《孟子》中地名的介紹，有些是以東漢時的地名加以解釋，其餘則未予以注釋，然因時代的變遷，有些地方也改變其地名，與《孟子》或《趙注》中所言已大不相同，故後世學者在研讀時，有時會不明書中所指，以致造成理解上的錯誤。對此問題，宋翔鳳在《孟子趙注補正》中對相關的地理知識加以補注，欲使清代之人可以明確知道書中所指的確實地點，如「引而置之莊岳之間」，《趙注》曰：「莊岳，齊街里名也。」宋翔鳳則引《炳燭齋隨筆》補之曰：「《左傳》：『襄廿八年，得慶氏之木百車於莊。』『昭十年，又敗諸莊。』『哀六年，戰於莊。』即此

〔註17〕宋翔鳳：《孟子趙注補正》，卷3，《皇清經解續編》卷399，頁17a～18a。
〔註18〕宋翔鳳：《孟子趙注補正》，卷2，頁10b～11a。

莊也。『襄廿八年，慶封反陳於岳。』即此岳也。蓋皆齊城內街里之名。」〔註19〕宋翔鳳將莊、岳的具體位置縮小至齊國都城內的街里之中。

其次，宋翔鳳也會注解被趙岐忽略的地名，如「湯居亳」一條中之「亳」，宋翔鳳廣引《尚書》、《地理志》等書來補證曰：「《書》序云：『自契至於成湯八遷，湯始居亳。』又云：『盤庚五遷，將治亳殷。』於湯言居亳，於盤庚言亳殷，則殷是亳地之小地名，故知湯是亳之殷地而受命者也。自契至湯八遷者，皇甫謐云：『史失其傳，故不得詳。』是八遷地名不可知也。其亳地在河、洛之間，《書序》注云：『今屬河南偃師。』《地理志》：『河南郡有偃師縣有尸鄉，殷湯所都也。』皇甫謐云：『學者咸以為亳在河、洛之間，今河南偃師西二十里有尸鄉亭是也。』謐考之事實，失其正也。《孟子》稱湯居亳，與葛為鄰，按《地理志》，葛，今梁國寧陵之葛鄉是也。湯地七十里耳，葛不祀，湯使亳眾為之耕，有童子餉食，葛伯奪而殺之。古文《仲虺之誥》曰：『湯征自葛始。』計寧陵去偃師八百里，而使亳眾為耕，有童子餉食，非其理也。今梁國自有二亳也，南亳在穀熟之地，北亳在蒙地，非偃師也。《書序》曰：『盤庚五遷，將治亳殷。』即偃師是也。然則殷有三亳，二在梁國，一在河、洛之間。穀熟為南亳，即湯都也；蒙為北亳，即景亳，是湯所受命也；偃師為西亳，即盤庚所徙者也，《立政》之篇曰『三亳阪尹』是也。如謐之言，非無理矣。鄭必以亳為尸鄉者，以《地理志》言尸鄉為殷湯所都，是舊說為然，故從之也。且《中侯格予命》云：『天乙在亳，東觀於洛。』若亳在梁國，則居於洛東，不得東觀於洛也。所言三亳，阪尹謂其尹在阪，謐之所言三亳，其地非皆有阪，故《立政》注云：『三亳者，湯舊都之民分為三邑，其長居險，故云阪尹，蓋東成皋、南軒轅、西降穀也。』是鄭以三亳為分亳民於三處，有亳地也。杜預以景亳為周地，河南鞏縣西南有湯亭，或說即偃師也。《漢書音義》曰：『「臣瓚案：湯居亳，今濟陰薄縣是也。今薄有湯塚，已氏有伊尹塚，皆相近。」又以亳為濟陰薄縣，以其經無正文，故各為異說。地名變易，難得而詳也。」最後他依據《正義》來做結論曰：「按漢之梁國，於春秋為宋地，蒙、穀熟、寧陵、薄縣皆在其境，宋為殷後，故臣瓚、皇甫謐傅會為湯所都，孟康則更傅會甯陵為葛伯之國，其實《漢書》但有「偃師尸鄉，殷湯所都」一語，故康成獨所據信，《正義》雖申鄭說而未駁去眾家，為未暢也。」

<hr>

〔註19〕宋翔鳳：《孟子趙注補正》，卷3，頁17。

〔註20〕宋翔鳳雖藉由《正義》舉出《帝王世紀》、《漢書・地理志》、《中候格予命》、臣瓚之說等各家觀點，但最後他贊同《漢書・地理志》所言，即亳在河南郡有偃師縣有尸鄉，這是因為宋翔鳳在考證漢代以前的地理知識基本上是以《漢書》為基礎，他在《答雷竹卿書》中已明白表示：「惟向治經籍輒據《班志》，以為其書近古，故府圖籍確有參稽，故他書所稱而《志》無，可按概不涉，及康成注經即持此例，區區抱殘守缺之心，亦將竊附乎此。」〔註21〕即在地理考證部分，宋翔鳳仿鄭玄以《漢書》為准。

（二）訓詁方面

在訓詁方面，因清儒治經，受到顧炎武「讀九經自考文始，考文自知音始」的治學方法啟發，再加上戴震提倡「訓詁明而後義理明」之主張，使得訓詁成為漢學家研究經學的大宗。在《孟子趙注補正》中，宋翔鳳亦對《趙注》中所提到的字義、字音來訓詁補充說明。由於趙岐距離清代已過千年以上，導致《孟子章句》所使用的字、詞有些因時代的變遷而導致字形、字音、字義、詞意與清代已有所不同，使得後世的讀者要完全理解《孟子》有一定困難，若不加申釋，容易使人費解或引起誤解，所以宋翔鳳也從詞意、文字、音義的訓詁及引文、版本、脫漏上的校勘來彌補《趙注》之不足。

1. 詞意上的訓詁補充

《孟子》因成書於戰國時期，故有些詞意因時代、地域的差異，使得漢人在解讀《孟子》時可能會所誤解，所以《趙注》解釋了部分詞意，但漢朝距清朝也有千餘年之久，導致趙岐所注之詞意也必須再被更加詳細的闡釋，如「子為長者慮」一條中，《趙注》曰：「長者，老者也。孟子年老，故自稱長者。」即長者為老者之稱，宋翔鳳在此基礎上又對「長者」作更具體解釋：「按《曲禮》，大夫七十致事，自稱曰老夫，長者即老夫之稱。孟子致為臣時已過七十矣。」〔註22〕即上古時以 70 歲作為是否為老者的分界，這使人知道此時的孟子已年過 70。此外，在《孟子》中亦有《趙注》未注解到的詞意，如「左右皆曰賢」中，《趙注》即無注釋何謂「左右」，而宋翔鳳引丁傑之說來補之，丁傑曰：「《尚書大傳》：『堯為天子，舜稱左右。』《鄭注》：『左右，助

〔註20〕宋翔鳳：《孟子趙注補正》，卷3，《皇清經解續編》卷399，頁 13b～15a。
〔註21〕宋翔鳳：《答雷竹卿書》，《浮溪精舍叢書》，頁 59。
〔註22〕宋翔鳳：《孟子趙注補正》，卷2，頁 11a。

也。』若周塚宰典國事。《書序》：『召公為保，周公為師，相成王為左右。』
左右指大臣輔佐，故先於諸大夫。」〔註 23〕另外，宋翔鳳也會為《趙注》所
作的句讀作補充，如「聞文王作興」一條中，《趙注》解為「聞文王興起王道」。
宋翔鳳引翟灝之言補充曰：「翟曰：『《詩酌正義》：「孟子說伯夷居北海之濱，
太公居東海之濱，聞文王作興而歸之。」』《中論・亾國篇》：『昔伊尹在田畝
之中，聞成湯作興，而自夏如商；太公避紂之惡，居東海之濱，聞文王作興，
亦自商如周王。』逸《楚辭章句》：『太公避紂，居東海之濱，聞文王作興，盍
往歸之。』俱同《趙注》，以『作興』連讀。」〔註 24〕宋翔鳳對所聞者加以訓
釋出為姜太公「聞文王興起王道」。

2. 文字、音義上的訓詁補充

文字的變遷導致先秦、兩漢文字的寫法與讀法均和清代已有不小的差別，
因此清代學者特別重視小學的研究，並認為對古字、古音不瞭解就無法正確解
讀經書的內容，如錢大昕提出「六經皆載於文字者也，非聲音則經之文不正，
非訓詁則經之義不明」，又說「有文字而後有訓詁，有訓詁而後有義理，訓詁者，
義理之所有出」，強調訓詁對闡明義理的重要性。受此影響下，宋翔鳳於《補正》
中對通行本《孟子》與《趙注》中的文字都上溯至上古或漢代時的寫法與讀法，
以求其文字的原型、原意及原音，如「二女果」一條中之「果」字，《趙注》以
果為侍，宋翔鳳補充曰：「《說文》：『娽，娿也，一曰女侍。曰娽，讀若騧，或
若委從女，果聲。《孟子》曰：「舜為天子，二女娽。」』按娽是正字，隸叚果為
之。」〔註 25〕此外，也有《趙注》無注而宋翔鳳代注者，如「不能成方員」一
條，趙岐無注，宋翔鳳注曰：「按《說文》：『圜，天體也，從囗，睘聲。』『圓，
圜，全也，從囗，員聲。』『員，物數也，從貝，口聲。』則方員之員，或作圜，
或作圓，作員者，假借字。」〔註 26〕即圓或圜是本義之字，《孟子》中使用「員」
字則是假借字，這是宋翔鳳以文字訓詁的方法來補充《趙注》之所缺。

3. 引文、版本、脫漏上的校勘補充

除了文字訓詁外，宋翔鳳也對《孟子》進行校勘，從中發現《孟子》原
文中有一些字被趙岐所改，為此宋氏從不同版本與其他書中的引文中將原字

〔註 23〕宋翔鳳：《孟子趙注補正》，卷 1，頁 15b。
〔註 24〕宋翔鳳：《孟子趙注補正》，卷 4，頁 4b。
〔註 25〕宋翔鳳：《孟子趙注補正》，卷 6，頁 16a。
〔註 26〕宋翔鳳：《孟子趙注補正》，卷，頁 1a。

找出並補上，以供讀者比對，如「曾西蹵然」中之「蹵」字，《趙注》曰：「蹵然，猶蹵踖也。」宋翔鳳則曰：「《說文》：『歃，怒然也，從欠，未聲。』《孟子》曰：『曾西歃然』，則《孟子》本作歃，作蹵者，趙所改爾。」〔註27〕即宋翔鳳校勘出趙岐將《孟子》原文中的歃字改為蹵字。另外也有《孟子》所引《尚書》原文屬於何種版本的校勘，如《孟子》中引「《書》曰：『湯一征，自葛始。天下信之。東面而征，西夷怨；南面而征，北狄怨。曰：「奚為後我？」』民望之，若大旱之望雲霓也。歸市者不止，耕者不變。誅其君而吊其民，若時雨降，民大悅。《書》曰：『徯我後，後來其蘇。』」《趙注》曰：「此二篇皆《尚書》逸篇之文也。」《趙注》認為這兩段引文的出處屬於孔壁古文《尚書》中多出來的 16 篇，但經宋翔鳳比對後發現，此條所引之文並非全是古文《尚書》原文，當中也有孟子自己的論說，曰：「按《書序·湯征》：『諸侯葛伯不祀，湯始征之，作《湯征》。』又按『民望之』以下皆孟子之說《書》也。後《滕文公篇》『湯始征』云云亦是說《書》，故文少異而不加《書》曰也。」〔註28〕其實這種校勘《孟子》所引《尚書》是否屬於孔壁《尚書》之逸篇，在《補正》中不乏多見，又如「《書》曰：『葛伯仇餉』」一條中，趙岐以為此文屬於「《尚書》逸篇」，宋翔鳳則具體指出此文出自「此逸《書·湯征》文」。〔註29〕而「舜往于田，號泣於旻天」一條中，他也提到：「按此二語是逸《書》文。」〔註30〕除此之外，今本《孟子章句》中也有脫落之處，故宋翔鳳也會從他書校補入《補正》一書中，如「公侯皆方百里」一條即是。〔註31〕

四、《孟子趙注補正》中「正誤」的部分

　　《孟子章句》中有不少錯誤是顯而易見的，其中某些注釋過於隨意，甚至有望文生義之嫌，這已被歷代治《孟子》的學者屢次提起，但因唐宋以來治經有「疏不破注」的傳統，故清代以前的注疏不會直接改正《趙注》中的錯誤。打破這項傳統，直接駁破規正《趙注》者首推焦循。道光五年，焦循首次出版《孟子正義》，書中未墨守唐宋舊疏的成法，反而「於趙氏之說或有所疑，

〔註27〕宋翔鳳：《孟子趙注補正》，卷 2，頁 1a。
〔註28〕宋翔鳳：《孟子趙注補正》，卷 1，頁 18b。
〔註29〕宋翔鳳：《孟子趙注補正》，卷 3，頁 15a。
〔註30〕宋翔鳳：《孟子趙注補正》，卷 5，頁 1a。
〔註31〕宋翔鳳：《孟子趙注補正》，卷 5，頁 25a。

不惜駁破以相規正」，〔註32〕他所採取的方法是「疏亦破注」的疏證方式。焦循駁破《趙注》的領域涉及到文字訓詁及名物、制度等部分的考證，如《告子下》「此則滑釐所不識也」一條中，《趙注》解滑釐為慎子之名，焦循則通過考辨「釐」字與「來」字為古通用字，指出滑釐與慎子並非同一人，其曰：「《正義》曰：『趙氏以慎子自稱滑釐不識，則滑釐是慎子之名。慎子名滑釐，故不以為到也。』按釐與來通，《詩·周頌·思文》：『貽我來牟』，《漢書·劉向傳》作『貽我釐麰』是也，《爾雅·釋詁》云：『到，至也。』《禮記·樂記》云：『物至知知』，注云：『至，來也。』到與來為義同，然則慎子名滑釐，其字為到與？與墨子之徒禽滑釐同名，或以慎子即禽滑盆，或以慎子師事禽滑釐，稱其師滑釐不識，皆非是。」〔註33〕

焦循勇於對以趙岐注釋的改正突破了唐儒「疏不破注」成法，充分體現出清代漢學家實事求是的學術精神，也顯示清代經學研究在訓詁、考證上已超越前代，為之後的漢學家立下一個典範。宋翔鳳繼焦循之後也對《趙注》繼續予以糾錯，甚至對於通行本《孟子》原文及注疏的錯誤也予以改正，其糾正的方式也以考證、訓詁來進行，故以下亦分成這兩部分來論說之。

（一）考證的部分
1. 人物類注解的改正

在考證的部分，《孟子章句》對《孟子》中有關人物部分的注解引起後世學者的疑義，宋翔鳳對此詳加考證以修正其問題，如「周公，弟也；管叔，兄也」一條中，《趙注》解為「周公惟管叔弟也，故愛之；管叔念周公兄也，故望之。」宋翔鳳認為趙岐所注有所錯誤：「高誘注《呂氏春秋》，亦以管叔為周公之弟，與趙氏所言同，並是東漢人俗說。」〔註34〕即趙岐以為周公為兄，管叔為弟，宋翔鳳以為這是沒有師傳的東漢俗說，他依據《史記·管蔡世家》中文王兒子的長幼順序，即「其長子曰伯邑考，次曰武王發，次曰管叔鮮，次曰周公旦」，由此將《趙注》之說改正為管叔是兄，周公是弟。另外在「於衛主癰疽」一條中，對「癰疽」的解釋，趙、宋也有不同看法，《趙注》曰：「癰疽，癰疽之醫也。」宋翔鳳引錢大昕之考證來反駁：「《孔子世家》：『衛靈公與夫人同車，宦者雍渠參乘出，使孔子為次乘。』又《報任安書》云：『衛靈公

〔註32〕焦循：《孟子篇敘》，《孟子正義》，卷30，北京：中華書局，1987年，頁1051。
〔註33〕焦循：《孟子正義》，卷25，頁852。
〔註34〕宋翔鳳：《孟子趙注補正》，卷2，頁7a。

－200－

與雍渠同載，孔子適陳。」雍渠即《孟子》所稱『癰疽』也，趙氏以為癰疽之醫，恐是臆說。」〔註35〕宋翔鳳藉錢氏之言批評趙岐不明「癰疽」二字的假借，望文生義解為癰疽之醫。其實癰疽是衛靈公寵倖的宦者，在其它書中又被稱作雍渠、雍組、雍雎等名，這都是因字聲相同而通假之字。

2. 制度類注解的改正

對於《孟子章句》中有些制度的解釋宋翔鳳不表認同，故對此加以考證，以修正《趙注》在這方面的錯誤，如「請野九一而助，國中什一，使自賦」中，《趙注》曰：「九一者，井田以九頃為數而供；什一，郊野之賦也。助者，殷家稅名，周亦用之。龍子所謂『莫善於助也』時諸侯不行助法。國中什一者，《周禮》：『園廛，二十而稅一。』時行重賦，責之什一也，而如也，自從也。孟子欲使野人如助法，什一而稅之；國中從其本賦，二十而稅一以寬之。」即趙岐依據《周禮》，將《孟子》所言的井田分國與野兩部分，國人收二十分之一的稅，野人則收十分之一的賦。但宋翔鳳以《周禮》為「戰國陰謀之書」，非孔門禮學之正傳，所以他對《趙注》的說法予以駁正，曰：「按《周禮·載師》云：『以廛裡任國中之地，以場圃任園地。』又云：『凡任地、國宅無徵，園廛，二十而一。』趙氏據此，遂以國中專指園廛，以使自賦，為使從二十稅一之賦，與康成引《孟子》不同。但《周禮》本無什一之說，故其言任地之數多少不齊。《孟子》既言其實皆什一，井田九百畝，以八家共耕公田，百畝亦是什一之法。國中什一者，則欲均園廛、近郊、遠郊而一之，郊外謂之野，知郊內皆是國中也。助者，隨其歲之豐歉而收，其公田之入賦者，歲有常數，即龍子所言貢法也。」〔註36〕宋翔鳳認為《孟子》所言「井田」不分國、野，欲使所有之地均行井田，都收十分之一之稅，並配合助法的實行，這是孟子承七十子之學仿殷禮所提的制度，而非趙岐所言分國、野而定不同稅率的方案。宋翔鳳在《漢學今文古文考》中提到「漢世以偽亂真，無過於歆，又值王莽之亂，邪說傅會，私意妄行，如《周禮》、《左氏》之書」，〔註37〕他認為《周禮》有大義但沒微言，且因劉歆欲立《周禮》為學官以配合王莽之篡漢，故其中有不少內容被竄改過，所以此書已非

〔註35〕宋翔鳳：《孟子趙注補正》，卷5，頁12a～12b。
〔註36〕宋翔鳳：《孟子趙注補正》，卷3，《皇清經解續編》卷399，頁5b～6a。
〔註37〕宋翔鳳：《漢學今文古文考》，《樸學齋文錄》，卷3，《續四庫全書》，第1504冊，上海：上海古籍出版社，2002年，頁363。

合於經義。另外在「王子有其母死者，其傅為之請數月之喪」一條中，對於君王庶子之母去世後，應行何種喪禮，趙、宋亦有不同看法，《趙注》曰：「王之庶夫人死，迫於嫡夫人，不得行其喪親之禮，其傅為請之於君，欲使得行數月喪，如之何？」但宋翔鳳引其師錢大昕之觀點來反駁曰：「錢曰：『《趙注》謂：「王之庶夫人死，迫於嫡夫人，不得行其喪親之禮。」』其實不然也，禮家無二尊，故有厭降之義。父卒為母齊衰三年，而父在則期，厭於父也。禮尊君而卑臣，亦有厭降之義。天子、諸侯絕，旁期大夫降。故士之庶子父在，為其母期；大夫之庶子父在，為其母大功；公子父在，為其母無服，厭於尊也。《儀禮·喪服記》：『公子為其母練冠，麻，麻衣縓緣，既葬除之。』傳曰：『何以不在五服之中也？君之所不服，子亦不敢服也。』《大功章》：『公之庶昆弟為其母』，傳謂：『先君余尊之所厭，不得過大功。』蓋公之庶子，雖父已先卒，猶厭於父之余尊，不得伸母之服，不言厭於嫡母也。《公羊傳》：『母以子貴』，故《春秋》於成風、敬嬴、定姒、齊歸之薨葬，曰夫人，曰小君，成其為君母也，惟嫡母在則不得伸其母。然則天子、諸侯為其生母，謂厭於嫡母，可也。公子為其母，謂厭於嫡，不可也。邵卿俗儒，又烏知禮意。」〔註38〕錢大昕的說法是王之庶子之母去世時，他可為其母舉辦喪禮，而不必厭於嫡母，這與趙岐的說法相反。宋翔鳳曾受教於錢大昕，故對其經說有相當的認識，故於此引用其說法來改正之。

3. 地理類注解的改正

趙岐注解《孟子》時因困於山中，手邊無數據可供查詢且因不明地理方位，所以對某些地理位置解釋錯誤，宋翔鳳在《四書釋地辨證》的基礎上已開始對《趙注》的地理解釋進行考證辨別，校正當中地理類注釋的錯誤，如「舜避堯之子於南河之南」一條中對「南河」之所在的解釋，《趙注》解為「南河之南，遠地南夷也，故言然後之中國。」宋翔鳳則改正之曰：「《史記·五帝紀》注引劉熙曰：『南河，九河之最在南者。』按《禹貢正義》云：『《漢書·溝恤志》，許商以為古說，九河之名，有徒駭、胡蘇、鬲津，見在今成平、東光、鬲界中；自鬲津以北，至徒駭，其間相去二百餘里，因是知九河所在，徒駭最北，鬲津最南。』按漢鬲縣在平原郡，為沇州界，《漢書·地理志》：『河東郡平陽』。應劭曰：『堯都也，在冀州境，九河八流入沇域，在冀州南。禹津

又為九河之南，故曰南河。』又按《史記》、《正義》引《括地志》云：『故堯城在濮州鄄城東北十五里，又有偃朱故城，在縣西北十五裡，偃朱城所居即舜讓避丹朱於南河之南處也。』按《漢志》，鄄城屬沛陰郡，在鬲縣南，故曰南河之南。《趙注》云：『遠地南夷』，有似荒僻無可主名，烏知所避，越境而已，此劉勝趙處。」〔註39〕宋翔鳳這條所釋出自其《孟子劉注》中，是他年輕時所考證的成果，他以為《趙注》將南河之南解為遠地南夷不合當時的歷史情境，因舜避丹朱不應離堯都過遠，所以劉熙的注解則更為合理，且有其他著作可為佐證，更是符合「實事求是」的標準。此外，宋翔鳳也以劉熙的注釋去改正《趙注》在地理類的其他注釋，如「夫然後之中國，踐天子位焉」一條中，趙岐以為中國是指華夏地區，但宋氏引《劉注》修正曰：「劉熙注曰：『天子之位不可曠年，於是遂反格於文祖而當帝位，帝王所都為中，故曰中國。』按此，中國但指帝都，不必如趙氏所言。」〔註40〕即宋翔鳳以為劉熙解中國為帝都比趙岐解為華夏更適當。這些例子也印證宋翔鳳以為《劉注》優於《趙注》的例證。

4. 天文類注解的改正

宋翔鳳在《趙注》中也考查出有關天文曆法方面的錯誤，如在「秋陽以暴之」中，趙岐注曰：「秋陽，周之秋，夏五、六月，盛陽也。」趙岐以周代曆法來解釋「秋陽」之秋，而周代以建子之月（夏曆十一月）為一年之首月，比夏曆提前兩個月，故他將周曆之秋天等同於夏曆之夏天。宋翔鳳則批評趙岐不懂《公羊》之曆法，其曰：「按趙氏不知『四時不隨正朔變』（說見《白虎通》），故以秋為夏。《孟子》言：『七、八月之間，雨集』，有言：『七、八月之間旱，天油然作雲，沛然下雨』，彼無秋字，為夏五、六月，其時多雨，故不可以暴秋則多晴，故秋陽烈於夏日也，陽亦謂天之清晏也。」〔註41〕《白虎通》曰：「言歲者以紀氣物，帝王共之」，又曰：「四時不隨正朔變何？以為四時據物為名，春當生，冬當終，皆以正為時也。」即一歲之中的春夏秋冬是專指自然界氣候的變化，而三正則是政權轉變後的改制，其月份與四時並無相關，這是漢代今文經學對於曆法的通解，故何休解釋「元年春王正月」：「元年者何？君之始年也。春者何？歲之始也。王者孰謂？謂文王也。曷為

〔註39〕宋翔鳳：《孟子趙注補正》，卷5，《皇清經解續編》卷399，頁8b～9a。
〔註40〕宋翔鳳：《孟子趙注補正》，卷5，頁9a。
〔註41〕宋翔鳳：《孟子趙注補正》，卷3，頁11b。

先言王而後言正月？王正月也。何言乎王正月？大一統也。」《公羊》以春為四時之首，不隨改朝換代改制而變，而正月即是指三正，是隨朝代更替而變換，當中夏曆與四時的變遷比較符合。宋翔鳳認為趙岐不懂此《公羊春秋》之「四時不隨正朔變」的道理，故解秋為周曆之七、八月，夏曆之五、六月，但宋翔鳳以為此「秋」即是四時之秋天，亦是夏曆的七、八月，周曆的九、十月。這在「歲十一月徒杠成，十二月輿梁成」一條中，宋翔鳳也引段玉裁《尚書撰異》一書來批評趙岐對曆法的解讀有誤，曰：「趙氏不知歲字之解，其說謬誤。」〔註42〕

（二）訓詁的部分

《孟子章句》中關於訓詁的條目超過三分之一，這顯示經秦漢文字改革後，東漢時期人們在閱讀先秦古籍時已產生困難，故必須對其文字進行解釋。不過東漢距離戰國相對接近，故當時還保留較多戰國時代的文字資料，因此趙岐在文字的訓釋上具有相當的參考性。至清朝時，由於文字學的長足發展，使得當時學者對《孟子》原文的訓詁有長足的進步，而宋翔鳳亦是清代訓詁方面的專家，曾撰寫過《小爾雅訓纂》等小學類的專門著作，故他也從《趙注》中發現出不少的錯誤，並從多方面加以修正。

1. 對趙岐改《孟子》原文之字的修正

趙岐作注時，因文字的改變或讀音的接近，對《孟子》某些地方進行改字，導致後世學者在研究《孟子》時產生一些疑義，尤其清代漢學家在對《孟子》進行校勘時，發現不同版本中某些文字有所差異。宋翔鳳對此也詳加比對分析各版本用字之不同，並援引當代經學家的研究以為佐證，如在「故源源而來」一條中，《趙注》曰：「如流水之，與源通。」宋翔鳳引管同之說來反駁曰：「《說文》：『諒，徐語也，從言，原聲，《孟子》曰：「諒諒而來。」』按諒諒而來，特言舜召象之來耳，不及貢，以政接於有庳，然後為象常來之實。今本改諒為源（按是趙氏所改），而釋為如水流，相續不絕，其辭重復，非是。」〔註43〕即《孟子》原文本應寫為「故諒諒而來」，而非當時通行本所寫的「故源源而來」。此外，宋翔鳳也用《孟子劉注》來進行校讎，如「孟子去齊，宿於晝」一條中，趙岐對「晝」的注解為「齊西南近邑也。孟子去齊，欲歸鄒，

〔註42〕宋翔鳳：《孟子趙注補正》，卷4，頁9a。
〔註43〕宋翔鳳：《孟子趙注補正》，卷5，《皇清經解續編》卷399，頁6a。

－204－

至晝而宿也。」宋翔鳳則針對「畫」字進行訓詁，曰：「《史記・田單傳》：『聞畫邑人王蠋賢』，《集解》曰：『劉熙曰：「齊西南近邑」，畫音獲。』《正義》曰：『《括地志》云：「戟里城，在臨淄西北三十里，春秋時棘邑。」又云：「澅邑，蠋所居即此邑，因澅水為名。」』……又按《水經・淄水注》云：『又有澅水注之水，出時水東去臨淄城十八里，所謂澅中也。俗以澅水為宿留，水西北入於時水，孟子去齊三宿，而後出澅，故世以此變水名也。』按此三證，則畫當作畫，音獲。然畫邑自在臨淄之西北，趙、劉二注並以為齊西南近邑者，則以鄒在齊之西南，故望文生義。《水經注》言澅中東去臨淄城十八里，與《耿弇傳》所言居二城之間者里數相符。《括地志》言『戟里城，在臨淄西北三十里，春秋時棘邑。』又云『澅邑』，此據流傳之說，故與《水經注》里數不合，當以《水經注》為正。後世以孟子三宿出澅，變水名為宿。留宿，留之名與畫音相近，故趙氏之本改畫為畫，又《廣韻》四十九宥畫字下云：『又姓畫，邑大夫之後，因氏焉，出《風俗通》。』《風俗通》作於應劭，與邠卿並沿俗說，當以劉熙為正。」〔註44〕此條中，宋翔鳳利用地理考證、校勘、文字的訓詁，肯定劉熙本《孟子》作「畫」為原字，批評趙岐將「畫」改為「畫」是根據當時沒有師傳的俗說而改。

2. 文字音義解釋有誤時的改正

另外，《趙注》在文字、音義的解釋出現一些錯誤，宋翔鳳認為這是因為「邠卿不甚通古字、古言」〔註45〕所致，如「以追蠡」一條，《趙注》解「追，鐘紐也。蠡，蠡欲絕之貌也。」宋翔鳳反駁曰：「按此說，非是。追當訓為雕，《毛詩》：『追琢其章』，《傳》云：『追，雕也。』金曰雕，《梁惠王篇》：『必使玉人雕琢之』，《趙注》引《詩》云：『雕琢其章』，知二字通用。鐘之旋蟲亦金所造，故以為雕。蠡讀如蠃，蠡者，鐘之旋蟲也。《考工記》：『鳧氏鐘，鐘縣謂之旋，旋蟲謂之榦。』按蠡為旋蟲，故字從蚰。《說文》：『榦，蠡柄也，從斗，榦聲。』揚雄、杜林說皆以為輻車輪榦，考《漢書》，榦多作幹，蓋榦、幹字可通用，然以作榦為正字也。鐘柄為甬，甬上鑿為旋，著於旋中者為旋蟲，為榦轉旋於鑿中，如蠃旋之形。鐘久縣則蠡，柄先雕敝，故云追蠡也。」〔註46〕此外「則是厲民而以自養也」一條，趙岐注為：

〔註44〕宋翔鳳：《孟子趙注補正》，卷2，《皇清經解續編》卷399，頁10a～10b。
〔註45〕宋翔鳳：《孟子趙注補正》，卷5，頁17b。
〔註46〕宋翔鳳：《孟子趙注補正》，卷6，頁16b～17a。

「是為厲病其民以自奉養」，將「厲」解為厲病，宋翔鳳對此有不同解釋，曰：「《論語》：『則以為厲己也』，《鄭注》厲讀為賴，恃賴。按《孟子》：『厲民以自養』，厲亦當讀賴，謂滕君不與民並耕，則恃民以自養矣。下『厲陶冶』、『厲農夫』，並作此解乃順。」〔註47〕宋氏將「厲」字作「賴」來解，以修正《趙注》。

3. 詞意解釋的改正

趙岐在《孟子章句》中對一些詞意的解讀也不被宋翔鳳所認可，故宋翔鳳對這些詞意進行訓釋，如「君王不遊，吾何以休？吾王不豫，吾何以助」，《趙注》對「遊、豫」解釋為「言王者巡守觀民，其行從容，若遊若豫，豫亦遊也。」趙岐將遊字等同豫字，對此宋翔鳳引孔廣森之言進行反駁曰：「《晏子春秋》曰：『春省耕而補不足謂之遊，秋省實而助不給者謂之豫。』故於遊言休，謂休息；耕者於豫言助，所謂助不給也。《東京賦》：『既春遊以發生，啟諸蟄於潛戶；度秋豫以收成，觀豐年之多餘。』薛綜注『秋行』曰：『豫是漢人舊說，以遊、豫分春、秋也。』《趙氏章句》始混為一（《管子》：『先王之遊也，春出，原農事之不卒者謂之遊，秋出，補人之不足者謂之夕。』變豫言夕，古音之轉注也。）為諸侯度，言諸侯法之，亦以春秋行其境內，歲舉不過再。」〔註48〕即孔廣森以為遊、豫是君王於春、秋出巡的兩項任務，而非《趙注》以遊豫如遊玩一般的解釋。此外像「父兄、百官皆不欲」一條中，趙岐的解釋是「父兄、百官，滕之同姓；異姓，諸臣也。」即百官是指同姓族人所擔任的官員，對此宋翔鳳將此條解釋改為「父兄謂同姓，百官謂異姓，《書》：『平章百姓』，百姓，百官也。」〔註49〕宋氏引《尚書》來修正《趙注》對「百官」的解釋。另外在「以供粢盛」一條中，《趙注》解為：「粢，稷；盛，稻也。」將粢、盛當作兩種農作物。宋翔鳳改正曰：「《禮記·祭統》：『天子親耕於南郊，以供粢盛。』《音義》：『齊盛本亦作齎，與粢同。』又《公羊·桓十五年傳》：『御廩者何？粢盛委積之所藏也。』《注》：『黍稷曰粢，在器曰盛。』按粢盛之粢或作齊，或作齎，齎是正字，粢齊假借。趙氏以粢為稷，盛為稻，乃是望文生義，不足據。《周禮·小宗伯》：『辨六齎之名物』，《注》謂『黍、稷、稻、粱、麥、苽』，則黍稷曰粢者，亦舉例耳。

〔註47〕宋翔鳳：《孟子趙注補正》，卷3，頁8b。
〔註48〕宋翔鳳：《孟子趙注補正》，卷1，頁14b～15a。
〔註49〕宋翔鳳：《孟子趙注補正》，卷3，頁1b。

《說文》：『盛黍稷在器中，以祀者也。』齍、黍、稷在器以祀者，齍、盛同義，散文則通也。」〔註50〕宋翔鳳以粢盛非農作物之名，而是謂將農作物放入容器之中，其目的則是為了祭祀。

4. 改正《趙注》中對於《孟子》文意解讀的錯誤

此外由於對闡釋原文觀點的不同，趙岐與宋翔鳳有時對於《孟子》原文中同一句的文意產生不同解釋，如「此莫非王事，我獨賢勞也」一條，《趙注》解釋為「何為獨使我以賢才而勞苦？」趙岐以為這是賢才之人的抱怨之語，但宋翔鳳認為如此解釋並不洽當，其曰：「按《小爾雅》：『賢，多也。』《詩》：『大夫不均，我從事獨賢。』獨賢猶言獨多，事有多少，乃是不均，如以賢才而獨使從事，則非不均之謂矣。《老子》：『不尚賢，使民不爭。』亦謂不尚多也，數有多寡，而爭心生也。孟子說《詩》為賢勞，正是多勞之義。」〔註51〕宋翔鳳將「賢」訓為「多」，使得整句話的涵義有所不同，由《趙注》之「賢者多勞」之怨轉變成公事分配不均之歎，這使得在解讀此條的意思上有南轅北轍的不同。更明顯的例子是討論《湯誓》中「時日害喪，予及女皆亡」一句是出自何人之口，當時學界有三種說法：一是趙岐所言，《趙注》曰：「時，是也。時乙卯日也。害，大也。言桀為無道，百姓皆欲與湯共伐之，湯臨士眾而誓之，言是日桀當大喪亡，我與女俱往亡之。」趙岐以為此話是湯對百姓發誓所言，欲鼓動百姓與之前往討伐夏桀。二是伏生所言，《尚書大傳》云：「『伊尹入告於桀曰：『天命之亡有日矣。』桀曰：『天之有日，猶吾之有民也。日有亡哉！日亡，吾亦亡矣。』」伏生以為此話是桀所說，欲以此恐嚇人民不要造反。三是古文《尚書》所言，《史記・殷本紀》：「夏王率止眾力，率奪夏國。眾有率怠不和，曰：『是日何時喪？予與女皆亡。』」宋翔鳳以司馬遷從孔安國學孔壁古文經，故《史記》中所引《尚書》主要來自於孔壁古文《尚書》，古文《尚書》是以夏民來說此言，以反對夏桀之暴政。對這三種說法，宋翔鳳首先批評《趙注》之錯誤，曰：「《趙注》望文生義，遂以為湯言，與經語不合。」最後他表示支持第三種說法，這與他以《史記》為家法有關，其曰：「詳《史記》之詁，合諸經文，及《孟子》『民欲與之皆亡』，則此二語為夏民之言為順。蓋日以喻君，夏民不敢斥言，故曰：『是日何時喪乎？』女亦指日言。民遭暴君，亂世不聊生，故曰：

〔註50〕宋翔鳳：《孟子趙注補正》，卷3，頁13a～13b。
〔註51〕宋翔鳳：《孟子趙注補正》，卷5，頁8a，《皇清經解續編》，卷399。

『予與女皆凵。』皆凵與偕樂相對。」〔註52〕

總的來看,《孟子章句》因注釋較為簡略,使後世學者對《孟子》中的典章制度、人物、地名等往往無法完整的理解,或會產生一些錯誤的解讀,為解決這些問題,宋翔鳳在《孟子趙注補正》中非常重視吸取清代漢學家及常州學派學者的相關學術成果,旁徵博引以詳加考訂經注中涉及之地理、人物、字詞、語音、風俗、名物、思想、典章制度,其申釋大多不吝篇幅,條分縷析,廣採眾說以補正《趙注》之不足,故《補正》一書在考證、訓詁上取得相當的成果,對後來的《孟子》研究幫助良多。

五、《孟子趙注補正》的義理闡釋

《孟子趙注補正》一書從宋翔鳳年輕時已開始積累,直至道光二十年才正式成書出版,中間歷經數十年,故書中帶有宋氏經學研究由早期至後期的特點,即早期以考據為主,後期則以義理闡釋為主。所以《補正》雖是以訓詁、考證為其撰寫體例,但宋翔鳳對《孟子》中的義理亦有所闡釋,當中尤其重視《春秋》與《孟子》的關係。此時宋翔鳳十分重視《公羊》等今文經學,並繼承延續莊述祖所傳授的常州莊氏之學,故以下將討論宋翔鳳在《補正》中有關義理方面的論說。

(一)《補正》中對今古文之分的看法

首先《孟子趙注補正》對於今古文之分的看法,可與《漢學今文古文考》一文相互印證。《漢學今文古文考》是宋翔鳳論說漢代今古文之分的代表作,所以可以先從此文來瞭解宋翔鳳如何區分定義漢代今古文之差異,其曰:「博士所傳之學,如《易》之施、孟、梁邱,《書》大小夏侯、歐陽,《詩》齊、魯、韓,《禮》大小戴,《春秋》公羊、穀梁,並行於世。其後,《易》有費直,《書》有孔安國,《詩》有大小毛氏,《春秋》左氏,《禮》有古《周禮》,無博士,但行民間,稱古文家,遂以博士所傳為今文家。西京之世,自朝廷以至鄉黨,文章議論,罔不為今文家說,惟司馬遷作《史記》用孔安國《書》古文說及《春秋左氏傳》,然其大體一依今文家法,如以夏殷為帝本《公羊春秋》說,《尚書》多用伏生《傳》。至哀、平間,劉歆始言古文,其為《七略》,尊古文經,至王莽柄政,遂用其說。古文諸經俱載中秘,博士多未見,絕無師傳。歆既典校,

---

〔註52〕宋翔鳳:《孟子趙注補正》,卷1,頁4b~5a。

因任意改易，如《三統術》所引《伊訓》、《畢命》、《豐刑》之辭及《左氏》日南至之事皆改竄，以就其術；又改易《魯世家》之年，與《史記》不合，亦以其無師傳也。漢世以偽亂真，無過於歆，又值王莽之亂，邪說傅會，私意妄行，如《周禮》、《左氏》之書也。」〔註53〕宋翔鳳以博士所傳之官學為今文經，流傳於民間但無師傳者為古文經，宋氏對此二者的價值一視同仁並無高下之分，只是對被劉歆所竄改之經文，如《左傳》、《周禮》等經持懷疑的態度，尤其對於《周禮》，宋翔鳳以為是「戰國陰謀書」，〔註54〕這個看法在《補正》中一再被提及。

宋翔鳳根據何休之言，認為《周禮》一書假託於周公所作，其實書中所言大多是依據戰國時期的情況而作，故被稱為「戰國陰謀之書」，所以《周禮》所言的禮制與承七十子之學的《禮記》和《孟子》不同，宋翔鳳以為後二者所言的禮制是依殷禮而成的《春秋》制，他在「公侯皆方百里」一條中提到：「按《王制正義》引《援神契》云：『王者之後稱公，大者稱侯，皆千乘，《象》：「雷震百里」。』此趙所本。又按《書・武成正義》曰：『《周禮・大司徒》所云：「蓋是周室既衰，諸侯相並，是以國土寬大，有違禮文。」』此言即本何休，以《周禮》為戰國陰謀之書，托諸周公，故與《禮記》、《孟子》絕異也。」〔註55〕他在《過庭錄》提到《春秋》以殷禮為本的原因是「老子傳商禮樂，孔子從而問禮，故《春秋》之經、《儀禮》經十七篇及七十子之徒所記，並用殷禮也。」〔註56〕孟子傳《春秋》，故《孟子》中亦言殷禮，如《孟子》中所提到的井田制及「請野九一而助」之法，助法即是商之田制，故「學者讀《盤庚》之篇，可以修溝洫、行井田，以為助法之意。」〔註57〕在「關譏而不徵」一條中，宋翔鳳進一步論述《周禮》所言之制亦不合周代的制度，他先批判《趙注》所言：「《王制》曰：『古者關譏而不徵。』《周禮・大宰》曰：『九賦，七曰關市之賦。』司關曰國，凶札則無關門之徵，猶譏。《王制》謂文王以前，文王治岐，關譏而不徵，《周禮》有徵者謂周公以來，孟子欲令復古去徵。」因趙岐先引《王制》言文王時並無關市之賦，再引《周禮》言關市之賦的開徵自周公始。宋翔鳳反駁曰：「《王制》，漢文帝時作，時《周禮》未出，所謂古

<hr>

〔註53〕宋翔鳳：《漢學今文古文考》，《樸學齋文錄》，卷3，《續四庫全書》，第1504冊，上海：上海古籍出版社，2002年，頁363。
〔註54〕宋翔鳳：《詠史》，《洞簫樓詩紀》，卷18，《浮溪精舍叢書》，頁376～377。
〔註55〕宋翔鳳：《孟子趙注補正》，卷5，《皇清經解續編》卷399，頁25a。
〔註56〕宋翔鳳：《過庭錄》，卷8，北京：中華書局，1986年，頁145～147。
〔註57〕宋翔鳳：《孟子趙注補正》，卷3，頁3a。

者指春秋以前也。周公成文武之德，不當改治岐之政，以此益見《周禮》為戰國陰謀之書，孟子欲變戰國之法，故與《周禮》異。」〔註58〕宋翔鳳認為「周公相成王之事，皆武王之事，亦皆文王之事」，故「周公成文武之德，不當改治岐之政」，以文、武、周公一脈相承的說法源於莊存與的《尚書既見》，他以此來反駁《周禮》主張周公改文王「關譏而不徵」的治岐之法，認為《周禮》的說法不合《尚書》之意，且晚於《王制》，非傳七十子之言，書中所言的徵賦方式始於戰國，所以孟子所言「關市譏而不徵，澤梁無禁，罪人不孥」一條正是欲依文王、周公之法來變更《周禮》所載的戰國制度，故曰：「此言皆齊之敝政，至戰國而益甚，故孟子舉文王治岐之法以正之。文王始受命稱王，周人一代之政當皆依焉，而《周禮》獨異，是以何休以為戰國陰謀之書，而不謂為周公所作也。」〔註59〕所以《周禮》既然不合周制，就足以確證非周公所作，也不傳聖人之學，而是真正「戰國陰謀之書」。

此外，《漢學今文古文考》提到劉歆為配合其所撰寫的《三統術》，也對其他典籍進行改竄，如古文《尚書》中《伊訓》、《畢命》、《豐刑》等諸篇之辭，《左氏春秋》之事，及《史記·魯世家》之年。以《史記·魯世家》之年為例，宋翔鳳曰：「《三統術》以周公攝政七年後為成王元年，伯禽受封之歲，至共和元年，共二百七十六年，然考《史記·魯世家》，作煬公六年（校《三統》少五十四年），獻公三十二年（校《三統》少十八年），共少七十二年。後漢尚書令忠奏言：『歆橫斷年數，損夏益周，考之《表》《紀》，差謬數百。』則《世家》年數，皆歆私改。又《史記·魯世家》無伯禽年數，不知歆復何自推為四十二年，且依《三統》，自武王伐紂，至厲王初年，有八百十餘年，而孟子去齊言，由周而來，七百有餘歲，必除此七十二年乃合耳。」〔註60〕故宋翔鳳嚴厲批評「漢世以偽亂真，無過於歆」。對此，可以從「由周而來七百有餘歲矣」一條來對此論作呼應，書中先引江永的《群經補義》去證明「劉歆曆譜全不足憑」，之後提到：「翔鳳按劉歆曆譜即《漢書》所載《三統術》也，其所引古文《書》、《春秋傳》、《魯世家》俱歆私定以傅會其《術》，馬、鄭諸儒已受其惑，江君不信，真卓識也。」〔註61〕此條所論與《漢學今文古文考》

〔註58〕宋翔鳳：《孟子趙注補正》，卷2，頁4b。
〔註59〕宋翔鳳：《孟子趙注補正》，卷1，頁15a～15b。
〔註60〕宋翔鳳：《過庭錄》，卷11，北京：中華書局，1986年，頁193。
〔註61〕宋翔鳳：《孟子趙注補正》，卷2，頁12b。

所言一致，指出劉歆的這些作偽已誤導馬融、鄭玄等東漢古文家的經學研究。這種看法也顯示出宋翔鳳已從早期以鄭玄為宗的學術立場轉向常州學派以今文經學為主並重新審視鄭學的經學思想。

　　對這些偽造或受其影響的經學典籍加以發掘與糾正，是宋翔鳳經學研究的一重要部分，亦是受到清代辨偽之風的影響。宋翔鳳在繼承莊述祖的家法後，對於西漢今古文經學之重視並無二致，如他對今古文《大誓》均有詳細的校勘、考證，並得出結論曰：「所謂今之《尚書·大誓》者，西漢所得之《大誓》；馬鄭古文所載，今惟見《周本紀》所謂傳記引《大誓》者，《春秋·內外傳》、《禮記》、《孟子》、《荀子》、《墨子》等書也。」〔註62〕在他的著作中對今古文《大誓》均有所引用，尤其對於《史記》所引的古文《尚書》更為重視，其曰：「歆假飾《書》以傅會王莽，而鄭君（玄）說《書》，於武王、周公之事，多惑於劉歆，而又參以己見，不如太史公得古文舊說之為可信也。」〔註63〕這代表在乾嘉漢學與常州學派的洗禮下，宋翔鳳在治經上更著重的是以「實事求是」的原則來求經學之根株。宋翔鳳反對劉歆之作偽，所以連帶對受其影響的東漢古文家之學也加以審視而不盲從，如鄭玄在論武王與周公之事上，宋翔鳳即不認可其說，以《史記》的說法為準，所以在「周公相武王，誅紂伐奄，三年討其君，驅飛廉於海隅而戮之，滅國者五十，驅虎豹犀象而遠之，天下大悅」一條中，他結論出「自《大誥》以至《洛誥》皆言黜殷之事，自《多士》以至《多方》皆言踐奄之事，故《書序》於《多方篇》後總之曰：『成王既黜殷命、滅淮夷，還歸在豐，作《周官》。』凡言成王者，皆周公攝為之，非成王即政。淮夷又叛也，按《史記·燕召公世家》言：『成王既幼，周公攝政，當國踐阼，召公疑之，作《君奭》。』《書序》，《君奭》在《多士》、《無逸》之後，《成王政》諸篇之前，則皆攝政時事。此太史公所言古文說也。」〔註64〕最後《孟子趙注補正》對今古文經學的優劣下一結論：「古今文家說者各異，在讀書者折其中矣。」〔註65〕這顯示出宋翔鳳的經學至此時已經達到成熟，在常州學派經學思想的基礎上，對不同學派進行學術融合的工作。

〔註62〕宋翔鳳：《孟子趙注補正》，卷3，頁16b。
〔註63〕宋翔鳳：《尚書略說》下，《過庭錄》，卷5，頁88。
〔註64〕宋翔鳳：《孟子趙注補正》，卷3，頁19b～20a，《皇清經解續編》卷399。
〔註65〕宋翔鳳：《孟子趙注補正》，卷3，頁21b。

（二）以《公羊》解《孟子》

在《孟子趙注補正》的義理闡釋中，宋翔鳳以《公羊》解《孟子》最為突出。近現代學者討論宋翔鳳《公羊》學的研究成果，一般主要關注與《補正》同樣在道光 20 年成書的《論語說義》。然而《補正》一書中，宋翔鳳論《公羊》的部分可以說是此書的核心思想，《續修四庫全書總目提要（稿本）》論《孟子趙注補正》提到：「『子貢曰見其禮而知其政』節謂『《論語》言「其或繼周者，雖百世可知也。」此夫子自知修《春秋》，素王受命可以百世，不僅十世，邠卿此注以見其理矣。」宋所著《論語說義》『於五十而知天命』亦稱孔子知將受素王之命，謬與此同。」〔註66〕雖然《提要》是以批評的角度來論說宋翔鳳以《公羊》串群經的治學方式，但也體現出《補正》與《說義》在宋翔鳳的《公羊》研究上是相輔相成，故以下將對宋翔鳳在《補正》中的《公羊》論述作一整理分析。

將孔子稱為「素王」始於董仲舒，其曰：「孔子作《春秋》，先正王而繫萬事，見素王之文焉。」後有鄭玄言「孔子既西狩獲麟，自號素王，為後世受命之君制明王之法。」《公羊》家為提升孔子的地位，將孔子說成受命於天的聖人，認為孔子雖有帝王之德，卻無天子之位，故稱素王。按《公羊》所定義的素王應包含二義：一是孔子受命於天；二是孔子有天子之德，但無天子之位。宋翔鳳在《補正》中進一步論述「素王說」，曰：「伯夷之清，伊尹之任，柳下惠之和，孔子之時，其體聖人之道皆終始如一者也。孔子之謂集大成，以用其大智，變化隨時，不拘一道，是能合三德以成孔子之聖，故言音則智始而聖終，言射則聖至而智中。聖智者，一人之所兼，惟大智而後為至聖也。」〔註67〕即孔子集三德（清、任、和）之聖與變化隨時之智於一身，由此成為至聖，故孔子之德足以受天之命以當王。在「子貢曰：『見其禮而知其政，聞其樂而知其德。由百世之後，等百世之王，莫之能違也。自生民以來，未有夫子也。』」一條中，宋氏又說到：「夫子自知修《春秋》，素王受命。」〔註68〕即孔子自知自己受天命但無天子之位，所以只能以修《春秋》的方式來當素王。

〔註66〕江翰：《《孟子趙注補正》六卷（浮溪精舍本）》，《續修四庫全書總目提要（稿本）》第 1 冊，濟南：齊魯書社，1996 年，頁 748。

〔註67〕宋翔鳳：《孟子趙注補正》，卷 5，頁 20a。

〔註68〕宋翔鳳：《孟子趙注補正》，卷 2，頁 3b～4a。

此外，宋翔鳳亦從「王者之跡息而《詩》亡，《詩》亡然後《春秋》作」一條中來論述《春秋》素王之志，他透過周代設官采詩之事來分析孔子作《春秋》的目的，其曰：「王者有設官采詩之事。息，止也。言此官止而不行，則下情不上通，天下所苦，天子不知，政教流失，風俗淩夷，皆由於此，謂之《詩》亡可耳。儀封人曰：『天將以夫子為木鐸』，為王者不采詩，將使夫子周流四方，以行其教，《春秋》之志，其見於此。」〔註69〕他的結論是王者采詩的目的是為了下情上通，使王者知天下之志，以作為其施政設教的依據，然而周室衰弱後，采詩之事止息，故曰《詩》亡。春秋之後天下日趨動亂，孔子周遊列國以知天下之情，故作《春秋》以為後世之「木鐸」，為後世定制，由此可知孔子作《春秋》主要是為了「應天製作，號令百世，儀封人知之，故以何患於喪告二三子，素王、素臣昭然可知。」〔註70〕因此，《春秋》之志即素王之志，故孔子曰：「其志在春秋。」

此外對於孔子與上古聖王之間的關係，宋翔鳳首先在「自生民以來未有盛於孔子也」一條中藉由對《趙注》的批評來申論孔子素王受命一事的特殊性。書中先引《趙注》曰：「夫聖人之道，同符合契，前聖後聖，其揆一也，不得相逾。云『生民以來無有』者，此三人皆孔子弟，緣孔子聖德高美而盛稱之也。孟子知其言大過，故貶謂之汙下。」趙岐以為聖人並無高下之分，因歷代聖人之道並無二致，故堯、舜、禹、湯、文、武、周公與孔子的歷史地位亦是相同，以此否定孔子至聖的最高地位，認為孔子弟子稱「自生民以來未有盛於孔子也」是「大過」及「汙下」之言。宋翔鳳反駁曰：「堯、舜、三代皆得位為君，而孔子以素王受命，此實生民以來所未有，以為大過，非也。」〔註71〕即上古聖人有其德且有其位以行其道，但孔子有德而無位，不能行道治世，故作《春秋》以為百世法，使後世永遠可以受其德，所以孔子素王受命比其他聖人只於當世行其道更了不起，故曰「生民以來所未有」。

但宋翔鳳並非是要否定趙岐所提「聖人之道，同符合契，前聖後聖，其揆一也，不得相逾」之言，相反地，宋氏贊同趙氏之論，以為孔子之道與上古聖王之道並無二致，故在「周公思兼三王，以施四事；其有不合者，仰而思之，夜以繼日；幸而得之，坐以待旦」一條中，宋翔鳳以論述「兼三王」、「施

〔註69〕宋翔鳳：《孟子趙注補正》，卷4，頁11a～11b。
〔註70〕宋翔鳳：《論語說義》，卷1，頁12b。
〔註71〕宋翔鳳：《孟子趙注補正》，卷2，《皇清經解續編》卷399，頁4a～4b。

四事」來說明聖人之道一脈相承。首先其論「兼三王」是指「三王迭用天地人之正，兼三王謂通三統也。」又據《春秋繁露》言：「此知唐虞在當時稱王，三王不必為夏殷周，而周公時則夏因周為三王。」所以「兼三王」就是通三統。「施四事」則解釋為「知兼三王，通天地人之正，以正一歲之首，施於春夏秋冬為施四事，以為一歲之成，而王道備。所謂施四事者，其事備於《明堂》、《月令》，而實本於《堯典》之羲和。」「施四事」即是人君於明堂行四時之令。最後宋翔鳳總結：「兼三王、施四事即在旋機玉衡，以齊七政也。旋機謂北極，玉衡謂北斗。凡四時、鳥火、星昴之中皆仰觀而得，王者當法天，周公之所以仰而思之也。自唐虞、三代以來，無不以此為兢兢，故《月令》言春行夏令及四時災異之應，皆所謂有不合者也。合於天謂之合，不合於天謂之不合，王者上承天之所為，下以正其所為，皆仰而思之之學也。三代之王皆受命於天，四時之事皆天道，《乾》之象曰：『天行健，君子以自強不息。』受命而王，必仰法於天。周公誕保文武、受命所施皆王者之事，仰而思之，求其端於天也。夜以繼日，幸而得之，坐以待旦，《乾・九三》明人事曰：『君子終日乾乾，夕惕若』，此之謂也。孔子作《春秋》，亦通三統而具四時，即周公之法，亦自古帝王相傳之法。」〔註72〕宋翔鳳最後的總結是「兼三王」即通三統，「施四事」為具四時，此二者乃皆「仰法於天」而得之，是「自古帝王相傳之法」，亦是「周公之法」，也是《春秋》之法，孔子雖不得其位，但其所傳之教與上古聖王所行之政，其內在之理一也。這套治國理政之道完整的論說主要呈現在《春秋》之中。

對於《春秋》之禮制，宋翔鳳以為孔子採用的是殷禮，其在《過庭錄》提到「《春秋》之經、《儀禮》經十七篇及七十子之徒所記，並用殷禮也。」又於《論語說義》中提到：「《春秋》去文從質，殷禮也。《小戴》所錄七十子之記，皆為殷禮，合乎《春秋》。」〔註73〕在《補正》中對《春秋》之禮制也有所補充，在「中古棺七寸，槨稱之。自天子達於庶人」一條中，宋翔鳳以為《孟子》所言之制度也是殷代制度，這是因為孟子學《春秋》所致，其曰：「《孟子》多言殷法，分田則取助，不取徹；分國則言三等，不言五等。《春秋》變周之文，從殷之質，孟子學長《春秋》，每於此見之。」〔註74〕《孟子趙注補

〔註72〕宋翔鳳：《孟子趙注補正》，卷4，頁9b～10b。
〔註73〕宋翔鳳：《論語說義》，卷4，頁3。
〔註74〕宋翔鳳：《孟子趙注補正》，卷2，頁6b。

正》所論述的義理主要是從《孟子》來印證《春秋》的微言大義，當中涉及到素王說、通三統及「變文從質」以行殷禮，體現出《公羊》思想乃宋翔鳳經學的核心部分之一。

第二節　宋翔鳳經學研究的集成：《過庭錄》

　　乾嘉之際，《九經古義》、《讀書雜記》、《讀書脞錄》等以收集整理經學古義和各家經說的讀書筆記成為士子剌取經義以應試的最佳參考書，宋翔鳳受此影響，早年亦從事整理歸納其平時所輯佚、訓詁、校勘與考證等學術成果，以應制舉之文作預備，如《經問》一書即是「繹平日之所聞，應君子之下問，翱翔三載，成茲一編，竊於諸經，大通其條例，細別其訓故，詳論家法，刊落厄言。」〔註75〕此外，宋翔鳳還有《過庭錄》與《樸學齋札記》等相關的讀書筆記，這也是他廣搜漢學古義以融入制舉文章的具體實踐。然而至目前為止，《經問》與《樸學齋札記》已無法見到全書，只能從《四書古今訓釋》與《四書纂言》對這兩本書的引用中略窺一二了，如《四書古今訓釋》中對「九夷」的解釋中，宋翔鳳即引用《樸學齋札記》，其曰：「羅泌，國名。《記》引《逸論語》：『子欲居九夷，從鳳嬉。』《說文》云：『鳳出東方，君子之國。』《山海經》云：『海外東方有君子國，其人衣冠帶劍，好讓不爭。』是以夫子云：『君子居之，何陋之有。』」〔註76〕而《四書纂言》中「《詩》云：『穆穆文王』」一條，他則引用《經問》來解釋。〔註77〕因此，現今只有《過庭錄》有全本，而《過庭錄》有兩個版本，一為5卷本，收錄於《皇清經解續編》；另一為16卷本，收錄於《浮溪精舍叢書》19種及《式訓堂叢書》中。《過庭錄》現今主要使用的版本是梁運華先生在1986年於中華書局出版的點校本，其依據是光緒七年章壽康的16卷刻本。《過庭錄》「考證經史子及詩文三十多種六百餘條，其中不少創見為前人前所未發，亦待今人加以利用。」〔註78〕至今專門針對《過庭錄》的論文只有徐興海的《〈過庭錄〉古籍整理工作論析》一文，文中主要是針對《過庭錄》在校勘與文字、音韻的訓詁上作整理與分

〔註75〕宋翔鳳：《經問自序》，《樸學齋文錄》卷2，頁136。
〔註76〕宋翔鳳：《論語》，卷5，頁6a，《四書古今訓釋》，《浮溪草堂叢書》，第7冊。
〔註77〕宋翔鳳：《大學注疏集證》，《四書纂言》卷1，光緒苧薴山房重刻本，頁14a～15b。
〔註78〕梁運華：《點校說明》，《過庭錄》，北京：中華書局，1986年，頁1。

析，故本節將針對《過庭錄》16 卷本的實質內容來進行整體的討論。

一、《過庭錄》之簡介

《過庭錄》之名最早出現於嘉慶十八年的《四書古今訓釋》中，而嘉慶八年的《論語纂言》十卷本中只引用《樸學齋札記》，並沒有出現它的名字，故可以作一推斷，《過庭錄》5 卷本應成書於嘉慶八年至十八年之間。此外，如將 5 卷本與 16 卷本相比較的話，5 卷本的內容即是 16 卷本中的第 1、7、8、9、10 卷，其所考證的內容分別為《易經》、《詩經》、《禮經》、《春秋》及《論語》、《孟子》、《孝經》等經部書籍。書中的內容有部分與宋翔鳳其他的著作重複，如《孟子事蹟考》中「辨受業子思」與「辨《列傳》遊齊、梁之誤」二條，〔註79〕與《孟子趙注補正》中「長師，孔子之孫子思」和「《梁惠王章句》王曰叟」二條的內容相同；又或內容有些許不同之處，如《過庭錄》與《四書釋地辨證》均有「曹交」一條。〔註80〕依一般寫作的習慣，應是會將零星的考證的內容先寫於讀書筆記之中，之後再統合於某一主題之下，因此比較這些散佈在他各種著作的相關內容或許可更加清楚瞭解宋翔鳳經學思想之變遷。

《過庭錄》16 卷本是宋翔鳳道光二十九年於武漢任南程委員時開始編輯，歷時 5 年，至咸豐三年於蘇州成書，可以說這部書應是宋翔鳳最後成書的一部著作。《過庭錄》以經部的考證、訓詁為主，但仍有部分涉及至經義的闡述，史、子、集三部則是作為經部的輔翼。全書以經、史、子、集四部來編排：經部細分為卷 1～3 專記《易經》，卷 4～6 記《尚書》，卷 7 記《詩經》，卷 8 記《禮經》，卷 9 記《春秋》，卷 10 記其它諸經，其五經排列的次序是依古文經而定。〔註81〕照理，宋翔鳳晚年的治經方向應是偏向今文經學，但此書的順序卻是按古文家所排序，這應是宋翔鳳依《過庭錄》5 卷本的架構而增修，5 卷本的順序為《易經》、《詩經》、《禮經》、《春秋》及諸經，這即是按古文經學

〔註79〕宋翔鳳：《過庭錄》，卷 10，頁 181～183。

〔註80〕見宋翔鳳：《過庭錄》，卷 10，頁 177。宋翔鳳：《四書釋地辨證》，卷上，《浮溪精舍叢書》，頁 48。

〔註81〕「《六經》的次序……在經今古文學家卻是一個重大問題。今文家的次序是：(1)《詩》，(2)《書》，(3)《禮》，(4)《樂》，(5)《易》，(6)《春秋》。古文家的是：(1)《易》，(2)《書》，(3)《詩》，(4)《禮》，(5)《樂》，(6)《春秋》。他們除了為行文便利偶然顛倒外，絕不隨便亂寫。」見朱維錚編，《周予同經學史論著選集》（增訂版），上海：上海人民出版社，1996 年，頁 4。

的排法。5 卷本是宋翔鳳學術轉型前的著作，其治經還是以漢學家自居，所以書中對各經的排序是依東漢古文經學。16 卷本的內容依舊以考據為主，當中涉及今文經學只占全書的一部分，所以宋翔鳳在晚年增訂《過庭錄》時，在經部的部分還是依原來的編排方式，並多增《尚書》部分。宋翔鳳兼容今古文經學的作法反映出在咸豐時期今古文之爭尚未出現激化的現象。史部在卷 11～12，子部在卷 13～14，集部在卷 15～16。《過庭錄》一書的內容可用葉奐彬之「六證」來概括，即「以經證經，以史證經，以子證經，以漢人文賦證經，以《說文解字》證經，以漢碑證經。」〔註82〕

二、經部解析

在《過庭錄》中，經部共 10 卷之多，其分量占全書的三分之二，可以說經部為此書的重心及主要的構成部分。其中《尚書》部分是《尚書略說》與《尚書譜》二書，而這兩本書的內容已在第三章論述過，故在本章略而不論，下面將對其它部分一一解析。

（一）《易經》

關於《易經》方面，可分為兩部分來看，卷 1 中有 4 條宋翔鳳的讀書札記，卷 2、3 則是《周易考異》二卷。宋翔鳳對於《易經》研究的紀錄至少可追溯到嘉慶五年參加順天鄉試後，曾「就故編修張先生（惠言）受古今文法，先生於學皆有源流。」〔註83〕張惠言主要以發明虞翻《易》學為主，並上溯其師承至孟喜，並旁徵荀爽、鄭玄兩家，故張惠言治《易》以發明古文《易》為主，但他也區分漢儒各派《易》學中今古文之異同以作補充。虞翻《易》學與今古文漢《易》之別正是宋翔鳳受教於張惠言之處，《周易考異》對這兩部分有充分的發揮，宋翔鳳在書中強調：「仲翔（虞翻）注《易》，多用《參同契》，如納甲法，尤為說《易》之要義」，〔註84〕又曰：「蓋博士傳《易》，但以章句循誦，不能窮陰陽之變」，〔註85〕而「《易》以八卦分陰陽，以七九為陽爻，八六為陰爻，以成六十四卦。陰陽之氣無可見，故取於仰觀俯察，以成

〔註82〕徐珂：《經術類》，《清稗類鈔》，第八冊。
〔註83〕宋翔鳳：《香草詞序》，《樸學齋文錄》，卷2，《續修四庫全書》1504 冊，集部別集類，上海：上海古籍出版社，頁 150。
〔註84〕宋翔鳳：《周易考異》卷上，《過庭錄》，卷2，北京：中華書局，1986 年，頁10。
〔註85〕宋翔鳳：《周易考異》卷上，頁 38。

卦爻之辭。辭之取象，必本於陰陽之氣，既見其文於《說卦》。荀《九家》之逸文及虞氏所增之象，皆古文家所傳，說《易》者當以是求之。」〔註86〕《周易考異》對漢《易》的發揮偏向古文家，認為今文《易》學多「以章句循誦，不能窮陰陽之變」，主張虞翻《易》「為說《易》之要」義，可說是受張惠言《易》學之影響。

另外，宋翔鳳著重區分漢代今古文《易》學之別並細考各家《易經》版本之異同，如「明辯晢也」一條中，宋翔鳳對各家關於「晢」字的解讀加以分析，曰「古文《易》作𥄫，博士《易》作逝；自鄭有『明星晢晢』之讀，至小王以後，遂改作晢；虞據博士《易》，改古文𥄫為逝，而讀為折，今傳其注中不著改字之由，魏人注經，其例不如漢儒之謹。……知虞氏雖傳孟氏《易》，其改易經字，多出後定，不可盡據為孟氏古文。」〔註87〕宋翔鳳透過「晢」字之訓詁，對漢代今古文與時下之寫法作一考異分別，並對虞翻改字作一批評。在「翩翩不富以其鄰」一條中談到張璠據向秀之本作「翩翩」，亦言今文《易》之流傳及與古文《易》之互通，曰：「東漢、魏、晉傳《易》者，罕言《子夏》，惟張璠云：『《子夏易傳》，或馯臂子弓所作。』獨知《子夏傳》所出，則向秀之本即依《子夏傳》，故獨與古文異。古文作『偏偏』，而《音義》本作『篇篇』，《子夏傳》作『翩翩』，三家經典可以通叚，故諸家字異而義同。《集解》引《虞注》云：『二五變時，四體離飛，故翩翩。』虞用古文，亦取翩翩之義。」〔註88〕他以假借字來訓詁「翩翩」、「偏偏」、「篇篇」可以互通，並強調《子夏易傳》在《易》學的重要性。

宋翔鳳轉型後的《易》學研究主要是受到莊述祖《說文古籀疏證》的影響，以《說文》求《歸藏》納甲之義，並與《大易》相互驗證，其曰：「治術有大小，所分心與跡；存心在忠恕，可以通蠻貊；泥跡求其行，時地輒變易；道德齊禮者，不取刑政道；五性德之基，五倫禮所適；其要體自然，其精守所擇；乃知黃老言，不與周《周易》孔《論語》隔。」〔註89〕宋翔鳳此時期的《易》學主要強調與其它諸經和《老子》的互通，以此追溯出經學的「根柢」，最後得出孔老同源說，這也體現在《過庭錄》與《論語說義》中。

〔註86〕宋翔鳳：《周易考異》卷上，頁64～65。
〔註87〕宋翔鳳：《周易考異》卷上，頁22。
〔註88〕宋翔鳳：《周易考異》卷上，頁20～21。
〔註89〕宋翔鳳：《塚宰（吏部尚書）潘芝軒先生寄示〈兩漢循吏詩賦〉此以答》，《洞簫樓詩紀》，卷15，《浮溪精舍叢書》，頁352。

1. 第一卷

在這 4 條讀書劄記，最主要的是第一條「《乾》《坤》二卦」。此條主要在論說「《易》之所施行，帝王見因革。」〔註90〕宋翔鳳歸納出帝王受天命有二種方式：一為禪讓之法，載於《乾》卦六爻。此卦專言堯舜禪讓之事，以明「羣聖人之相繼有治無亂」。二為征誅之法，詳於《坤》卦六爻。此卦專言武王伐紂之事，以明「亂之至極，無征伐以正之，則中不得正也。」〔註91〕宋翔鳳於此條中將常州學派的天命觀融會貫通於《乾》《坤》二卦之中，而此條所論之理源於莊存與的《尚書既見》，在宋翔鳳其它得著作中也可得到相印證，是他經學中重要概念，故被列為開篇第一條。而「公用享於天子」一條主要是訓詁「享」字為祭祀而非享宴。「《易》孟氏為古文」一條則考證古文《易》的傳承為孟喜、京房、費直而下，而「《子夏易傳》，子夏為韓嬰孫商之字」一條中，則考證《子夏易傳》即《韓氏易傳》，此子夏之名非孔子弟子，乃是韓商之字，此《易》為今文經。由此可知第二條專言訓詁，三、四條專言經今古文之分，而《周易考異》主要內容即在訓詁文字之音義及考辨今古文之異同。

2. 第二、三卷是：《周易考異》

嘉慶十四年，劉逢祿、莊綬甲與臧庸約定共同編纂《五經考異》，仿陸德明《經典釋文》之例，採集前代經籍注疏，旁稽清代考據學者之研究，彙集一編。其中，劉逢祿個人分得《易經》與《春秋》，並和其弟子潘准一同負責《禮經》的部分，莊綬甲負責《尚書》，臧庸負責《詩經》，〔註92〕但因種種原因，《五經考異》並未完成。至嘉慶十七年，張潤手抄劉逢祿舊輯未完成的《周易考異》與《春秋考異》之稿付諸梓人出版，可惜今天此二書均已失去蹤影，而宋翔鳳的《周易考異》二卷與劉逢祿所編《周易考異》的關係為何，或此書是否受《五經考異》編纂之啟發，在此已無法考證。但觀宋

〔註90〕宋翔鳳：《論〈易〉一首贈姚仲虞》，《洞簫樓詩紀》，卷11，《浮溪精舍叢書》，頁 324。

〔註91〕宋翔鳳：《過庭錄》，卷1，北京：中華書局，1986 年，頁 1～3。

〔註92〕莊綬甲在《尚書考異敘目》曰：「曩同姑子劉申受庶常討論五經，病其文多訛舛，使約共纂《考異》，定所適從。申受盡得外氏之傳，於先宗伯《公羊春秋》之學尤精，而專分得《易》、《春秋》；綬甲分得《詩》、《書》；適潘生准來就《禮》，爰以《禮》屬之。而先為《尚書》，採集同異，稽譔其說，殆三歲而略備。」見莊綬甲：《尚書考異敘目》，《尚書考異》（道光十八年李兆洛刊本），卷首。

翔鳳《周易考異》全書，基本上與《五經考異》之例相同，即校勘異文，彙聚同異。

在以「宜理兩漢之遺業，追群師之緒論」〔註93〕的原則下，《周易考異》以引用漢注為主，書中內容以訓詁、考證為主，基本上沒對義理進行闡述，這符合宋翔鳳早期經學研究的風格，故可合理推斷此書應是宋翔鳳早年的著作。在此之前，惠棟、張惠言等人在輯佚、校讎、整理《易經》中有關漢人的注疏已取得相當豐碩的成果，故宋翔鳳稱讚二人曰：「宣尼有微言，葳秘竹帛；當時不可聞，曲士何庸責；運會欲發露，意義漸搜索；惠君（惠棟）合比類，張君（張惠言）事分」。〔註94〕宋翔鳳在惠張二人的基礎上進一步去整合、分析這些漢注與經文之關係。

《周易考異》主要建立在惠棟、張惠言的校勘基礎上，對《易經》經文審其音、正其字，通篇以文字訓詁為主，由考古今文字之異同來辨別《易經》中各種版本所使用的文字，如「巛，《音義》：『巛本又作坤。』坤，今字」一條，宋翔鳳解釋為「古文《易》於卦首坤作巛，彖、象、文言之坤字則不作巛。（如經文於字，彖、象並作於。）葆琛先生曰：『巛，即川字，古音坤、川同類，故字可通用。或改巛為巛字，作六斷者，非也。』」〔註95〕書中，宋翔鳳甚至對段玉裁的說法提出異議，如「《離》：『百穀草木麗乎土。』《音義》：『麗，《說文》作𡅳。』土，王肅本作地。」一條，宋翔鳳曰：「陸元朗所見《說文》已作𡅳字，知非訛本。金壇段氏據《類篇》及舊抄《小徐繫傳》，以《說文》引《易》作𡅳為訛寫者，余未敢信也。」〔註96〕這也顯示出宋翔鳳在文字訓詁上已具備相當之功力，已經可以指出文字學大家段玉裁的錯誤。所以《周易考異》是宋翔鳳受當時興起的古籍校勘風氣而作，尤其是受到莊述祖、張惠言等學者的影響，以分別今古文字入手，並參以今古文經學家法來校勘異文，其目的是在恢復《易經》的原貌，使後世學者有一較可靠的《易經》寫定本，在此基礎上探求《易經》之義理。所以柯劭忞在《周易考異提

〔註93〕宋翔鳳：《答段大令若膺書》，《樸學齋文錄》，卷1，《浮溪精舍叢書》，頁127。
〔註94〕宋翔鳳：《論〈易〉一首贈姚仲虞》，《洞簫樓詩紀》，卷11，《浮溪精舍叢書》，頁324。
〔註95〕宋翔鳳：《周易考異》卷上，《過庭錄》，卷2，北京：中華書局，1986年，頁12。
〔註96〕宋翔鳳：《周易考異》卷上，《過庭錄》，卷2，北京：中華書局，1986年，頁32。

要》中將宋翔鳳所著的《周易考異》與李富孫《周易異文箋》作比較，他認為
《周易考異》研究細密，在《周易異文箋》之上，而在具體問題的考證上，也
是深入考據學之閫奧，非李富孫所能及。〔註97〕

（二）《詩經》

《詩經》方面，宋翔鳳主要是依《毛傳》與《鄭箋》來說《詩》，並透過
文字訓詁與對地理、名物、制度等考證來對《毛傳》與《鄭箋》進行改正、補
充。改正部分如「濟盈不濡軌」一條，《毛傳》解釋為「由輈以上為軌」，但經
段玉裁校讎，發現《毛傳》誤將「下」字寫為「上」字，導致陸德明、孔穎達
等人欲將「軌」字改為「軓」字，宋翔鳳為此引《毛詩正義》、《禮記正義》及
《周禮疏》來論證段玉裁之說是正確的，「軌」字不當改為「軓」字。另外，
在「《豳風》：『公孫碩膚』，公孫謂成王」一條中，《毛傳》以為公孫當指成
王，是豳公之孫也，但《鄭箋》認為「公」指周公，「孫」為遁，即「周公攝
政七年，致太平，復成王之位，孫遁辟此，成公之大美欲。」孫毓則支持《鄭
箋》曰：「《詩》、《書》名例，未有稱天子為公孫者，成王之去豳公又已遠矣，
又此篇美周公，不美成王，何言成王之大美乎？公宜為周公，《箋》義為長。」
對此，宋翔鳳支持《毛傳》，並藉由批評孫毓來否定《鄭箋》之解釋，他說：
「《豳風》推本於公劉，周自後稷至諸，皆稱先公，故《豳詩》稱成王為公
孫也。即此可以推毛學之微，而孫氏顧以去豳公已遠為嫌，無乃陋乎！《七
月》陳後稷先公風化之所由，致王業之艱難；《狼跋》欲待成王長大，有大
美之德，然後授之。而仍推本於先公，皆周公之志也，又安得以美成王不美
周公為難乎！」〔註98〕宋翔鳳強調《毛傳》中蘊含微言，是秉承常州學派以
《毛傳》承七十子之學的立場。

補充者則有「騶虞」一條，《韓詩》與《魯詩》以為「騶虞，天子掌鳥獸
官。」《毛詩》則認為「騶虞，義獸，白虎黑文，不食生物，人君有至信之德
則應之。《周南》終麟止，《召南》終騶虞，俱稱嗟歎之，皆獸名。謹按古《山
海經·鄒書》云：『騶虞，獸，說與《毛詩》同。』」宋翔鳳以「《詩》無達詁」
的原則，認為今古文經對於「騶虞」的說法「自可並存」，但對於戴震《毛鄭
詩考證》中謂「騶為騶馬，虞為虞人」的說法並不認同，以為此說法既不合

〔註97〕柯劭忞：《周易考異提要》，《續修四庫全書總目提要·經部》，北京：中華書
　　　　局，1993 年，頁 128。
〔註98〕宋翔鳳：《過庭錄》，卷 7，北京：中華書局，1986 年，頁 122／125／129。

《毛傳》，也與《韓詩》、《魯詩》不符，故有待商榷。此外，「芫野」一條中，《毛傳》、《鄭箋》均以為「芫野」為荒遠之地，宋翔鳳則多方引證《先王世子》、《列子》、《周本紀》、《後漢書》等，將「芫野」考證為殷商時的鬼方、九侯，漢代時的西域、西羌、先零戎，以補充《毛傳》之說。〔註99〕

（三）《禮經》

在《禮經》部分，宋翔鳳先依《儀禮》、《禮記》、《周禮》的順序來分條論證三禮之間的關係與其性質。在「《儀禮》為本，《周禮》為末」一條中，宋翔鳳先理清《儀禮》和《周禮》的關係，他引賈公彥《儀禮疏序》曰：「《周禮》、《儀禮》，發原是一，理有終始，分為二部，並是周公攝政太平之書。《周禮》為末，《儀禮》為本。」緊接著他繼續論述二者的本末關係，曰：「《儀禮》十七篇，始於冠婚，以重成人之事，謹人倫之始；終於喪祭，明慎終追遠之義。《喪服》一篇，所以定親疏，決嫌疑，人心風俗之所繫，不可變易，故謂之本。《周禮》設官分職，一代之書，有所損益，故謂之末。」〔註100〕他認為《儀禮》主要是在論述有關人倫的禮制，是有關修身、齊家的部份，是歷萬世而不變的原則，而《周禮》只是在紀載一朝之官制，只適合一時之用，所以《儀禮》為本，《周禮》為末。宋翔鳳這裡所言的《周禮》是指未被劉歆纂改過的經書。此外，宋翔鳳也曾在《題濟南張氏邇歧〈儀禮句讀〉二十二韻》一詩中對《儀禮》之學的源流作一說明，詩中提到高堂生所授的《士禮》十七篇失傳後，「微言既已絕，人人能著書，紛論說千家」，〔註101〕其中宋翔鳳批評鄭眾、韓愈、王安石對《儀禮》置之不問，或改變師說，導致宋元以後《儀禮》一書雜亂不可讀。清初因反對心學之空疏，對三禮之研究成為當時學術研究的熱點，其中張爾歧對《儀禮》進行整理，寫成《儀禮鄭注句讀》一書，成為清代研究《儀禮》的先驅，至此方重啟對《儀禮》的研究。此外，在《康成注經與他書違異》與《商容為商禮樂之官，非人姓名》二條中，宋翔鳳提到鄭玄注《曲禮》、《月令》、《樂記》時所用的禮制與《大戴禮》中《曾子天圓篇》和《曾子事父母篇》、《尸子》、《淮南子》等篇所言之禮法有所差異，主要是因二者所採用的禮制分別是周禮與殷禮，這是今古文經學主要的差異之一。

〔註99〕宋翔鳳：《周易考異》卷上，頁 124／129～130。
〔註100〕宋翔鳳：《過庭錄》，卷8，頁 133～134。
〔註101〕宋翔鳳：《題濟南張氏邇歧〈儀禮句讀〉二十二韻》，《憶山堂詩錄》，《浮溪精舍叢書》，卷2，頁 176～177。

古文經學認為孔子述而不作，主要是祖述周代之禮制，但今文經學認為孔子以素王的身分進行改制，為救周禮中所產生的文之弊，孔子改採重質之殷禮，宋翔鳳此時已經完成學術轉型，以今文經學作為其治經之主軸，所以他採用後者的說法，以為承繼七十子之學的「《曲禮》、《檀弓》、《曾子問》諸記，亦皆言殷禮」。〔註102〕這時宋翔鳳以「孔老同源說」作為孔子以殷禮改制的依據，他說：「守藏、柱下同為一官，以《歸藏》殷禮所存，故曰：守藏，彭祖子孫世世為此官，至周而老子繼其職守，故《記》稱：商老彭（《大戴禮》），謂老子得殷《歸藏》之禮於彭祖，後人所記『商容』，即守藏史掌禮容者，非一人，故謂之商容。老子傳商禮樂，孔子從而問禮，故《春秋》之經、《儀禮》經十七篇及七十子之徒所記，並用殷禮也。」〔註103〕即《春秋》、《儀禮》、《禮記》、《論語》、《孝經》等孔子師生之所言之禮均以《殷禮》為主，其起源來自於孔子問殷禮於老子。

此外，宋翔鳳也改正前人或當代人在解禮上的錯誤，如「殯於五父之衢」一條中，宋翔鳳嚴厲批評江永、梁玉繩解《檀弓》之說為見識淺薄，因他們以為孔子之父淺殯於五父之衢，待孔母去世後，孔子再將其父母合葬於先祖之墓，此謂以孫從祖。對此，宋翔鳳先以《士喪禮》反駁之，其曰：「是古人三日而殯，即下棺於地，如後代淺葬之法。古人絕無以殯為葬之事，且聖人之死，亦無二十年不謀葬之理也。」又曰：「叔梁紇為郰邑大夫，孔子疑葬於食邑，即殯母於其衢，以問知者。孔子，殷人，先世無合葬之法，至孔子行之，故若是其重難也。（孔子稱：『古也墓而不墳。』又云：『古不修墓。』並指殷法，先世用之，至孔子始從周也。）既知郰叔葬於防叔兆，而後合葬之禮行矣。至淺殯不葬，起於後代之薄俗，春秋以前，宜無此焉。近儒江永解《檀弓》，始為此說，而梁氏暢之。至以孫從祖為合葬，此臆說之尤甚，悖理傷義，誣聖亂經，可不痛哉！」在此宋翔鳳也以孔子行殷禮來反駁江、梁二人的說法。

整體而言，宋翔鳳早期對禮的研究基本上是以鄭玄之《禮》學為基礎，這與他早年治學「以鄭君為宗」，〔註104〕自期能繼承鄭玄之絕學有關，尤其希望能效仿鄭玄兼採今古文各家經說之所長，集漢學之大成，其曰：「鄭君

〔註102〕宋翔鳳：《過庭錄》，卷8，頁139。
〔註103〕宋翔鳳：《過庭錄》，卷8，頁145～147。
〔註104〕宋翔鳳：《答雷竹卿書》，《浮溪精舍叢書》，頁59。

敘五帝不用《帝系》，《五帝德》議七廟則異劉歆，尤其落落大者，鄭於諸書，豈皆未涉。誠以學問之塗，非一端可竟，端門之學，非異說可移況於百家蠭起，一貫殊難，或由鄉壁之書，或出違經之論，炫彼小言，改我師法，即非通人，奚名絕業。觀夫鄙淺，好援百家之言，以駁鄭君之注，吹毛洗垢則有得矣，若鄭君之體大思精，何足損及豪末乎！」〔註105〕宋翔鳳早期對鄭玄之推崇備至，由此可反映出這時宋翔鳳治經主要是以漢學為主，研究範疇及經學思想以古文經為主。但等到經學研究轉型後，宋翔鳳治經已經以常州學派為主，論禮時已採用今文經學的思想，認為孔子所作的禮是以殷禮為本的《春秋》制。

（四）《春秋》

關於《春秋》的部份，可以看出宋翔鳳主要是受到劉逢祿與莊述祖的影響。劉逢祿身為清代《公羊》學的大家，有關《春秋》的著作有《左氏春秋考證》二卷、《公羊春秋何氏解詁箋》一卷、《春秋公羊經何氏釋例》十卷及《後錄》六卷、《穀梁廢疾申何》二卷、《箴膏肓評》一卷、《發墨守評》等書。劉逢祿、宋翔鳳二人均受業於莊述祖，且兩人往來密切，如嘉慶十六年宋翔鳳在京會試期間，他就常與劉逢祿討論學問，席間劉逢祿就將他的《春秋》研究與宋翔鳳一起分享，其中就涉及到《春秋》與《左傳》的關係，劉逢祿否定「《左傳》傳《春秋》」的說法，〔註106〕即《左氏春秋》是左丘明所作之魯國史書，而《春秋》為孔子所撰的論義之經，二者一史一經，非經傳之間的關係，故《左氏春秋》不傳《春秋》，而今之《左傳》乃劉歆竄改《左氏春秋》而成，故多失大義。宋翔鳳對劉逢祿的結論十分認同，所以在《過庭錄》第九卷開篇三條中對劉氏之說詳加闡釋，〔註107〕如「鄭伯克段於鄢」一條，《公羊傳》與《穀梁傳》皆曰鄭莊公殺大叔段於鄢，但《左傳》曰：「京叛大叔段，段入於鄢，公伐諸鄢。五月辛丑，大叔出奔共。」即《公羊》、《穀梁》與《左

〔註105〕宋翔鳳：《過庭錄》，卷8，頁147。

〔註106〕宋翔鳳曾質疑劉逢祿曰：「子信《公羊》而以《左氏》、《穀梁氏》為失經意，豈二氏之書開口便錯。」為此劉逢祿舉兩個例子來證明：一為《穀梁傳》對於關於隱公元年中的經文解釋有錯誤；二則以《史記·魯世家》中所記載的史實來與《左傳》比對，果然發現有不合之處，對此，宋翔鳳乃大服說：「子不惟善治公羊，可以為左氏功臣，自何邵公、許叔重且未發其疑也。」見劉逢祿：《左氏春秋考證》，《皇清經解》卷1294，頁1～2。

〔註107〕宋翔鳳：《過庭錄》，卷9，頁149／150／151。

傳》對此事的結果是一死一生，對此，宋翔鳳總結曰：「《左氏》所載，存史之文，非《春秋》之正義也。鄭伯實殺段，故書克以大其惡。當時所傳不爾者，是所謂鄭志也。」宋翔鳳以這一條目來作為《左氏春秋》是史書而非經傳的例證，強調「《左氏》但存史文，故缺褒刺之義，凡論義例，當用《公羊》耳。」這在《左傳》「元年春王周正月」一條中充分展開論述，其曰：「《左氏》之書，史之文也，於《春秋》之義，蓋闕而不言，故博士以為不傳《春秋》，學者求其義，捨今文家末由也。且《左氏》獨言周正月，以見正月以下為史官之文，未嘗以春為周之春，則亦以為不變，是雖不傳《春秋》，而循文求義，亦不倪也。自漢以來，《左氏》與今文辨論紛然，各立門戶，博士守師法者既不能辯明，好《左氏》者又不能求合，且唯恐不異俗說，師心之用，而微言大義晦矣。」宋翔鳳相對於劉逢祿完全分離《左傳》與《春秋》的關係，其更傾向於認同《左氏》雖為一史書，對《春秋》之義「闕而不言」，但仍可循其史之文以求《春秋》之義，而此說法雖與嘉慶七年所作的《經問自序》中所言「《公羊》、《穀梁》、《左氏》，無非《春秋》也」〔註108〕有所不同，但也沒有《擬太常博士答劉歆書》中「《春秋》，先師之說得孔子竊取之義，左氏所傳其文則史，烏賭春秋之法乎！」〔註109〕之絕對，故可推論出此條雖展現宋翔鳳治學以今文學為主，但在道咸時期講求學術融合的大背景下，他欲融合今古文經學的企圖心。

　　另外宋翔鳳雖謙稱自己「家法緒論得聞其略」，〔註110〕其實是深得莊述祖之學的要義，在《春秋》方面他主要是延續莊述祖《夏時》研究。莊述祖以為孔子至杞得《夏時》後，仿《春秋》「其事則齊桓、晉文，其義則丘竊取之矣」的做法，以夏曆為文本，並將己意加諸其上，使其蘊含微言大義並可與《春秋》相印證，故曰：「竊以為《夏時》之等，猶春秋之義也。」〔註111〕劉逢祿也說道：「舅氏莊珍藝先生為言《夏時》之等，文約而旨無窮，與《春秋》相表裡。」〔註112〕宋翔鳳因此也將莊述祖的《夏時》研究引入其《春秋》的研究中，如「孔

〔註108〕宋翔鳳：《經問自序》，《樸學齋文錄》卷2，《浮溪精舍叢書》，頁136。

〔註109〕宋翔鳳：《擬太常博士答劉歆書》，《樸學齋文錄》卷1，頁133。

〔註110〕宋翔鳳：《莊珍藝先生行狀》，《樸學齋文錄》，桃園：聖環圖書公司，1998年影印嘉慶二十三年宋氏家刻《浮溪精舍叢書》本，卷3，頁153。

〔註111〕莊述祖：《〈大戴禮記・夏小正傳〉考異後記》，《夏小正經傳考釋》，卷1，頁13。

〔註112〕劉逢祿：《夏時等列說序》，《劉禮部集》，卷5，頁7。

子生在襄公廿二年」一條中提到：「據《左傳》襄廿八年歲在星紀（此歲謂歲星），則右轉至廿二年，歲星在未，與何氏乙卯不同，故《公羊疏》云：『何氏自有長歷，不得以《左氏》難之也。』《左傳》歲星，唐一行〔註113〕《五星議》亦疑之。何氏蓋據太初法，推得太歲在戌，歲陰在子，歲星在卯，似較《左傳》為實。測歲陰見《天官書》，與《淮南‧天文篇》之太陰與太歲異，太陰在太歲前兩辰，說詳莊葆琛先生《夏時音義》。」〔註114〕所以宋翔鳳認為《春秋》的命名是孔子取太史正歲年之法而得，《春秋》中的義理即是取天之數所得之天理，符合自然界的規律，故四時不隨正朔變，為萬世所共同遵守，故宋翔鳳以為孔子所竊取之義就是《夏時》之等，這是他接受莊述祖《夏時》研究所下的定論。最後可以從此卷推論出宋翔鳳《春秋》的研究基本上是繼承劉逢祿和莊述祖，以《左傳》為史，《公羊》傳經，併合《夏時》之義，成為他以《公羊》貫群經的思想基礎。

（五）其他諸經

有關其他諸經的部分，主要是論證《論語》、《孝經》、《爾雅》、《孟子》及總論《九經》。《論語》部分，宋翔鳳主要是以今古文之分來作訓詁，如《述而》：「誄曰：『禱爾於上下神祇』」，《說文》將誄作讄，宋翔鳳則曰：「《說文》引《論語》是古文，今所傳是《張侯論》。」〔註115〕《孝經》的部分則敘說其今古文之流傳及偽古文《孝經》之不可信。《爾雅》方面則以文字訓詁為主，依據「小山別大山曰鮮，一本作嶰」一條推斷出《爾雅》有二個版本，且此兩版本是可以並存，且在「《爾雅》舍人注」一條中，對錢大昕與孫志祖關於「舍人」的考證提出異議並得出自己的結論。〔註116〕《孟子》的部分主要在以考證來修正《孟子》趙岐注中的錯誤。而《逸經》一條則是在總論上述九經（《論語》、《孝經》、《爾雅》、《孟子》及《五經》）今古文之分及其流傳，其次序如下：《易經》為全經，而《經典釋文》於《說卦傳》後所載之《荀九家逸象》皆「卦爻辭引申之，或是經師所補，非逸文也。」「至郭、京、王、昭素所引《易》之逸文，並出附會，尤不足據。」《尚書》則分今古文，今文家先有二

〔註113〕一行禪師，本名張遂，生於唐高宗弘道元年，精通曆法和天文，並編制《大衍曆》。
〔註114〕宋翔鳳：《過庭錄》，卷9，北京：中華書局，1986年，頁168。
〔註115〕宋翔鳳：《過庭錄》，卷10，頁170。
〔註116〕宋翔鳳：《過庭錄》，卷10，頁175／176。

十八篇，後又增《大誓》三篇，並《序》為三十二篇；馬融、鄭玄等所傳的古文《尚書》與今文家的篇第相同，而孔壁中多出的逸十六篇因無師說，故漢代今古文家均無作注；「後梅頤《古文尚書》出，別造廿四篇，又易去《大誓》三篇，即今所習者。」《詩經》三百篇亦完經，「諸傳紀所傳而引之，要皆非三百篇中所逸。」《禮經》有逸經與逸記，今文始於高堂生所傳《儀禮》十七篇，後傳至戴德、戴聖及慶普，三家皆立於學官；《禮古經》出於魯淹中及孔安國，與今文十七篇之文相似，但多出三十九篇，多是天子、諸侯、卿大夫之制。《禮記》與《周禮》均有闕，但可引他書中所引來補之。《春秋》為全經，而《五經異義》引《春秋左氏》說，「此說《左氏》者之言，非《左傳》也。」「《齊論語》多《問王》、《知道》二篇」，「古文《孝經》多《閨門》一章，今文則闕」，「沈約《宋書·樂志》引《爾雅·釋樂》，與今本詳略不同，當是以意增減，或雜用注文」；《孟子》有七篇，又有《外書》四篇，「秦、漢人引《孟子》而不在七篇者，皆《外書》之文」，「今俗傳《孟子外書》則元以後人依託者也。」最後，宋翔鳳總結曰：「學官諸經，聖人之法已備，不必求之放失，況其文字附會每多，漢儒所以篤守師法，以不誦絕之職，此之由爾。」〔註117〕由此可知，此時宋翔鳳已由早期的「古文、今文，無非《書》也；《齊》、《魯》、《韓》、《毛》，無非《詩》也；《公羊》、《穀梁》、《左氏》，無非《春秋》也」轉型為以治今文經為主的學術方向。

三、史、子、集三部解析

（一）史部

史部分成兩卷，卷 11 專言《史記》，卷 12 則言漢至宋之事，主要集中討論學術史方面的發展及變遷。

1. 《史記》

宋翔鳳自言「兢兢抱孱守《史記》」，〔註118〕「以《史記》為家法」，〔註119〕對《史記》最為重視，主要是受到莊述祖治經的影響。莊述祖以司馬遷從孔安

〔註117〕宋翔鳳：《過庭錄》，卷 10，頁 178～181。
〔註118〕宋翔鳳：《葉東卿郎中志訰得遂啟諆大鼎定為周宣王時物將置之金山以永久作歌由京邸寄來因用昌黎〈石鼓歌〉詩韻以答之》，《洞簫樓詩紀》，卷 21，《浮溪精舍叢書》，頁 404。
〔註119〕宋翔鳳：《答雷竹卿書》，《浮溪精舍叢書》，頁 59。

國學孔壁古文經為由，認定《史記》中所引《尚書》之文為真「古文經」，故他據《書序》、《孟子》和《史記》來為其《尚書》研究立論。宋翔鳳承此說，故在其著作中也常引《史記》為證，因此在《過庭錄》中，宋翔鳳專以一卷來討論《史記》。此卷中，宋翔鳳以時間先後依次逐條來討論，〔註120〕故其在卷中第一條「十紀」中先以《史記索隱》所補的《三皇紀》來論三皇，後再論十紀之說（人皇以來至魯哀公十四年），雖三皇與十紀之說不在載於《史記》中，但宋翔鳳以為可以補《史記》之所缺，其曰：「十紀之說雖不見於經，而秘說相仍，其來甚古，凡古史考《帝王世紀》、《竹書紀年》之屬，並祖襲於斯，考邃古者，宜討論以存之。」第二條則論五帝，《史記》依《大戴禮》主張五帝乃黃帝子孫相續次，鄭玄據秘書《春秋命曆序》以為五帝非黃帝之子孫，此又牽涉到聖人是否無父感天而生的問題，而「《詩》齊魯韓、《春秋公羊》說：『聖人皆無父感天而生』，《左氏》說：『聖人皆有父』。」眾說紛紜，宋翔鳳則批評曰：「諸言感生得無父，有父則不感生，此皆偏見之說也」，故他主張以王符《潛夫論·五德篇》為准，以「太皥、炎帝、黃帝、少皥、顓頊並感天而生」，其餘上古聖人則皆有父而生，但非皆黃帝之子孫，此「與秘書說密合」，之後宋翔鳳又於《大學古義說》將此說法與五行相終始之論相結合，以明「帝王之事，五德相遞，終而復始」。〔註121〕「《河渠書》補《禹貢》」一條中，宋翔鳳以為《史記·河渠書》在補《禹貢》之闕，其舉「醽二渠」為例，以為此與《禹貢》「疏九河之義」相同，即「無事則盡力於溝洫，而塞亦易通，謂治河之法，無時不盡乎人力也」，「故作《河渠書》，為萬世治河之法焉。」此即在探討《史記》經世致用的一面。

關於《史記》與《春秋》的關係，宋翔鳳以為司馬遷問學於董仲舒，故「太史公亦傳《公羊》之學者」，〔註122〕在「茅闕門」一條中，宋翔鳳特舉《史記·魯世家》寫「煬公作茅闕門」之例與子家駒之論來對兩者關係作進一步的闡釋，子家駒論曰：「設兩觀，乘大路，朱干、玉戚以舞大夏，八佾以舞大武，此皆天子之禮也。魯作兩觀，《春秋》不書，則煬公之築茅闕門，正始僭兩觀也，子長記之，以補《春秋》之義。」所以，宋翔鳳以《史記》為家法，最主要是因《史記》繼《春秋》而作，以明《公羊》之義，故其曰：「司

〔註120〕以下所引用的 4 條分別引自宋翔鳳：《過庭錄》，卷 11，頁 185～187／187～191／191～192／192～193。

〔註121〕宋翔鳳：《大學古義說》，卷 1，頁 5b，《皇清經解續編》，卷 387。

〔註122〕宋翔鳳：《過庭錄》，卷 9，北京：中華書局，1986 年，頁 168。

馬遷作《史記》用孔安國《書》古文說及《春秋左氏傳》，然其大體一依今文家法，如以夏殷為帝本《公羊春秋》說，《尚書》多用伏生《傳》。」〔註123〕此外，《孟子》中也多言《春秋》之義，這也顯示出孟子亦有傳《春秋》，故宋氏以為「太史公撰《史記》，凡孟子所辨數大端，如舜臣堯、舜放象、伊尹割烹要湯、孔子主癰疽，周秦人書累累言之者皆削去，而依《孟子》。」〔註124〕這也間接印證《史記》承《春秋》而撰，而宋翔鳳傳常州莊氏之學，莊氏又主《公羊春秋》，亦十分重視《史記》之學，故宋氏承莊氏，以《史記》為家法。但宋翔鳳也並非盲目地相信《史記》，尤其在史實的考證上，他更秉持清代漢學家「實事求是」的客觀態度，故其曰：「《史記》博採載籍，異說並存，勢難齊一」，故「後之學者，亦但求其當於理者而已。」〔註125〕

2. 漢至宋之事

在第 12 卷中，宋翔鳳論及《漢書》、《後漢書》、《三國志》、《魏書》、《晉書》、《隋書》、《新唐書》及《宋史》，〔註126〕當中，他對《漢書》的重視程度僅次於《史記》，這與他身為漢學家有關，其曰：「惟向治經籍輒據《班志》，以為其書近古，故府圖籍確有參稽，故他書所稱而《志》無，可按概不涉，及康成注經即持此例，區區抱殘守缺之心，亦將竊附乎此。」〔註127〕故其治經時，《史記》和《漢書》與其他經書的地位幾乎是不相上下，尤其適用於考證的部分。此外，以史經互證，亦是宋翔鳳常用的考證方法，如「四始五際」一條中，《後漢書·郎顗傳》中提到「四始之缺，五際之厄」，宋翔鳳即以經學論證之曰：「顗言四始、五際，並本《齊詩》，章懷以毛學解四始者誤。」又如「赫任朱離」一條中，鄭注云：「東方曰赫，南方曰任，西方曰朱離，北方曰禁。《毛詩》無『赫任朱離』之文，蓋見齊、魯之《詩》也。」宋翔鳳則反駁曰：「忠奏言『赫任朱離』，正釋『以南』之義，而非《詩》辭，注說非也。」最後「道學」一條，可得出宋翔鳳對理學的看法，他首先說明「道學」源流並為其正名，曰：「自孔、孟之後，異端紛擾，惟董仲舒獨言正誼明道，韓氏後為《原道》，學者始知道學為正宗；至濂、洛數子，窮極性命，發揮義理，講明切究，以歸實用；朱子搜

〔註123〕宋翔鳳：《漢學今文古文考》，《樸學齋文錄》，卷 3，《續四庫全書》，第 1504 冊，上海：上海古籍出版社，2002 年，頁 363。

〔註124〕宋翔鳳：《孟子趙注補正》，卷 5，頁 15a，《皇清經解續編》，卷 399。

〔註125〕宋翔鳳：《過庭錄》，卷 11，頁 191。

〔註126〕以下 3 條所引出自宋翔鳳：《過庭錄》，卷 12，頁 200／202／209～212。

〔註127〕宋翔鳳：《答雷竹卿書》，《浮溪精舍叢書》，頁 59。

輯二程遺書，而後洛學大備。」即道學本為論道明理之學，與宋人所謂的「道學」不同，「《宋史》傳《道學》，猶《後漢書》之傳《黨錮》也。」其次分論邵雍與周敦頤二人之學，宋翔鳳以為邵雍《皇極經世》中「河洛先天之說」源於陳摶，為道教之理；而周敦頤《太極圖說》中「無極而太極」之論則「與《易》古注相通矣」，為程朱理學之先鋒。三論程子之書皆合於漢儒之學，「其辨天理、人欲之分，最為學問入門要路，學者守此，可以不流於釋氏。」四論朱子雖有《大學》改定與《詩集傳》不信《子夏序》等問題，但朱子之學「自足繼往開來，非他儒所能及，其小小異同，正可與舊說並存也。」最後則評陸王之學，提到陸象山與朱子立異，「與陳賈輩之誣道學者何異」，而「王陽明之流猶欲調停朱、陸之間，創為晚年之論，固不必考求年月，而可斷其傅會者也。」此時，宋翔鳳的經學研究取向已從早期獨尊漢學轉型為兼容漢、宋，並從以考據為主的學風逐漸轉變為考據與義理並重，而這種變化正好反應在此條之論上。

（二）子部

子部也分為兩卷，卷 13 論及《鬻子》、《老子》、《墨子》、《韓非子》、《呂氏春秋》及孔廣森補注的《大戴禮記》，卷 14 則為《管子識誤》一書。

1.《老子說義》

第 13 卷中最重要的是「老子」這一條，此條是宋翔鳳於道光初年所作《老子說義》的未完稿，〔註 128〕宋翔鳳此時的學術研究方法為「每思洞達撤門戶」，〔註 129〕欲將學術門戶打通以探孔學之源頭，其曰：「古人日已遠，開卷即相見；薪盡得火傳，金精托治煉；百家造其極，如合一人撰」，〔註 130〕他想將諸子和儒經融合為一，當中尤其是想要針對《老子》與儒家之學的關係作一整理，而《老子說義》一書即是在此背景下創作，宋氏欲藉由經學論《老子》之義，以發揮「孔老同源說」，此說後來成為《論語說義》中主要的義理之一，故以下將對此條作一分析討論。

〔註 128〕「余卅年前欲為《老子說義》，草刱未成，姑錄於此，以俟卒業。」《過庭錄》16 卷本始輯於道光二十九年，至咸豐三年成書，故以 30 年計，《老子說義》應作於道光初年。見宋翔鳳：《過庭錄》，卷 13，北京：中華書局，1986 年，頁 220。

〔註 129〕宋翔鳳：《宗牧崖主簿德楙以泥金手寫〈金剛經〉屬題》，《洞簫樓詩紀》，卷 6，《浮溪精舍叢書》，頁 278。

〔註 130〕宋翔鳳：《寄顧澗薲千里兩首》，《洞簫樓詩紀》，卷 8，《浮溪精舍叢書》，頁 298。

「孔老同源說」其實是宋翔鳳受莊述祖以《說文》偏旁之例來發明《歸藏》之說的影響和啟發，〔註131〕宋翔鳳以為孔老之學源於黃帝，而《白虎通義》曰：「黃帝有天下，號曰自然。」宋翔鳳則對「自然」下定義曰：「自然者，獨宏大道德也」，又曰：「故從事於道者，道者同於道，德者同於德，即宏大道德之謂也。」〔註132〕黃帝欲正名百物，而「正名之法亦本乎自然」，故命倉頡依「始一終亥」之理來造字，「一生二，二生三，而指事之法具在三生萬物，而象形、會意、形聲、轉注、假借之法不窮，謂之六書，皆不可變之名也，其終亥之義，則《歸藏》之說也」，故「文字造而《歸藏》出」。〔註133〕《歸藏》首坤，「凡干支、生死、消息、盈虛之數，皆存乎《歸藏》」，並主自然之法，故《歸藏》又稱《黃帝易》。《歸藏》又稱《殷易》，又名《坤乾》，宋翔鳳以為老子得殷《歸藏》之禮於彭祖，故老子以《歸藏》為依歸，其學主要在闡述黃帝自然之道，如《老子》曰：「穀神不死，是謂玄牝。玄牝之門，是謂天地根。綿綿若存，用之不勤」，《列子》以為此句出自黃帝之書；又曰：「是以萬物莫不尊道而貴德，道之尊，德之貴，夫莫之命而常自然」，宋翔鳳批註此句曰：「此即黃帝獨宏大道德，故號自然之意。」因此宋翔鳳推斷「老子所述，為黃帝《歸藏》之《易》」，〔註134〕故漢人將二人並稱為「黃老」。

關於老子與孔子的關係，宋翔鳳曰：「老子傳商禮樂，孔子從而問禮，故《春秋》之經、《儀禮》經十七篇及七十子之徒所記，並用殷禮也」，〔註135〕且《禮記·禮運》記孔子言：「我欲觀夏道，是故之杞，而不足徵也，吾得《夏時》焉；我欲觀殷道，是故之宋，而不足徵也，吾得《坤乾》焉。」故「孔子以《坤乾》之義贊《周易》，故曰玄聖。莊子曰：『夫虛靜恬淡，玄聖素王之學

〔註131〕莊述祖曾寄書信與宋翔鳳，當中述及他正在撰寫《說文古籀疏證》，其曰：「近撰《說文古籀疏證》頗有新得，竊謂《連山》凶而有《夏小正》，《歸藏》凶而有倉頡古文，今就許氏偏旁條例，以干支別為敘次，亦始一終亥，名《黃帝歸藏甲乙經記字正讀》，意欲以此書和《夏小正等例》為夏商之《易》補亡，未知能盡其業否，如精力不繼而中輟，尚望吾甥與卿珊續成之。」見莊述祖：《答宋甥于庭書》，《珍埶宧文鈔》，卷6，《續四庫全書·集部》1475冊，頁117。莊述祖去世後，宋翔鳳保留其所著之書並繼續研究《說文古籀疏證》與《夏小正等例》，此二書對宋翔鳳後來的經學研究有相當重要的影響。
〔註132〕宋翔鳳：《過庭錄》，卷13，頁220。
〔註133〕宋翔鳳：《過庭錄》，卷13，頁216。
〔註134〕宋翔鳳：《過庭錄》，卷13，頁222、221。
〔註135〕宋翔鳳：《過庭錄》，卷8，頁146。

也。」於《易》為玄聖，於《春秋》為素王，是《歸藏》之道，即玄聖之道也。」〔註136〕因此，《易經》與《春秋》可與《老子》互證，孔學和老學亦可互通，如《老子》曰：「獨任清虛可以為治」，宋翔鳳以為此乃「人君南面之道」，並等同於《論語》中「為政以德」、「無為而治」、「恭己正南面」等之義；又如「絕聖棄智，民利百倍」，宋翔鳳以為「此同《論語》：『民可使由之，不可使知之』之義」；而「玄之又玄，眾妙之門」，宋翔鳳則用《繫辭傳》解釋之曰：「『成性存存，道義之門。』《易》以坤成乾之性，乾元常存，道義出焉。乾為道門，坤為義門，道義為眾妙所存，故曰：『眾妙之門』。」〔註137〕故最後他得出一結論曰：「道德齊禮者，不取刑政道；五性德之基，五倫禮所適；其要體自然，其精守所擇；乃知黃老言，不與周《周易》孔《論語》隔。」〔註138〕即孔老、儒道為一家，《老子》、《周易》、《論語》皆論黃帝的「自然」之道。因此，宋翔鳳也將黃帝與孔子作一聯繫，如道光7年作詩曰：「治《易》三古追黃犧」，〔註139〕即是將孔子之《易經》的根源追溯到黃帝之《歸藏》，此外於此條中也藉由《老子》之文將二者緊密聯繫一起，如《老子》曰：「是以聖人處無為之事，行不言之教」，宋翔鳳以為此處的聖人指的是黃帝，故黃帝之事「泯乎有無、難易、長短、高下、聲音、前後之境，故能處無為之事」；而黃帝之教「立乎相生、相成、相形、相傾、相和、相隨之先，故能行不言之教」，這與《論語》中「予欲無言」、「天何言哉！四時行焉，百物生焉」之義相合，因此宋翔鳳曰：「蓋孔子得《坤乾》之後，述黃帝之《易》，而行不言之教矣。」又曰：「孔子曰：『必也正名』，亦明黃帝之法。」等等。〔註140〕由上可知，宋翔鳳所言的「孔老同源說」是指孔子與老子之學皆出自《歸藏》，而《歸藏》之義則源自黃帝以自然之道來造字正名百物，故孔學與老學均源自黃帝之道，這成為宋翔鳳以「始一終亥」之理與儒家之學來論說《老子》之義的基礎。最後，宋翔鳳又為老子與孔子之學的關係下結論曰：「老子著書，以明黃帝自然之治，即《禮運篇》所謂『大道之行』，故先道德而後仁義。孔子定《六經》，明禹、湯、文、武、成王、周公之治，即《禮運》所謂『大道既

〔註136〕宋翔鳳：《過庭錄》，卷8，頁218。
〔註137〕宋翔鳳：《過庭錄》，卷13，北京：中華書局，1986年，頁215、221、218。
〔註138〕宋翔鳳：《塚宰（吏部尚書）潘芝軒先生寄示〈兩漢循吏詩賦〉此以答》，《洞簫樓詩紀》，卷15，《浮溪精舍叢書》，頁352。
〔註139〕宋翔鳳：《贈姚仲虞文學配中》，《洞簫樓詩紀》，卷10，頁312。
〔註140〕宋翔鳳：《過庭錄》，卷13，頁220、216。

隱，天下為家』，故申明仁義禮知以救斯世。故黃、老之學與孔子之傳相為表裡者也。」〔註141〕

2. 《管子識誤》

第 14 卷是《管子識誤》一書。宋翔鳳作此書的緣由始於嘉慶十七年，他由南昌知府張古余處借得《管子》影抄南宋初年本，清代流傳的宋代《管子》版本主要有楊忱本和蔡潛道墨寶堂本，此兩版本在南宋初年均有刻本，故無法判定宋翔鳳所借的《管子》屬於哪一種本子，而宋氏於書中只稱宋本，而宋翔鳳以此版本校對當時通行本，「校對一過，絕多勝處。王石渠、孫伯淵諸先生所據之宋本，皆從此本。校於今所行本，不能無遺漏。」由此他開始對《管子》進行校讎的工作，以南宋影抄本對當時的通行本進行校勘。清代《管子》主要的版本為明代劉績本和趙用賢本，尤其趙本是清代刊刻《管子》最常見的底本，因此宋翔鳳主要以宋本、劉本、趙本和通行本互相校讎，其目的是為了補充王念孫、孫星衍依此宋本校今行本所遺漏之處。道光四年宋翔鳳至廣州，與洪頤煊〔註142〕一起討論《管子》，並對《管子》提出一些看法，如宋翔鳳以為管子「君身既未正，君德尤未醇；形勢方恢張，法度變因循；……積財不樹士……後來宣尼言，所歉如其仁；不然太平治，奚俟於獲麟。」〔註143〕管子施政實行的是重利的霸道而非王道，故「身歿國不振」。其次宋翔鳳將《管子》一書列為道家、黃老之流，而非法家之言，其後他在《管子識誤》中發明此義，故曰：「頗與同歲生臨海洪君（洪頤煊）論《管子》，而餘時出異同，遂錄所見，為《管子識誤》。」〔註144〕宋翔鳳將往年所校正的《管子》札記逐一整理，至道光五年十二月於沭陽學舍完成出版《管子識誤》一書，後附張嵊的《讀管子》與序文。

《管子識誤》中共有 158 條辨證，主要是以校勘的方式來對通行本的《管子》進行辨誤，即以宋本來校讎通行本，比對二者在字面上的差異，並比較其他版本的異同，當中據宋本改定者有 18 條，如劉績據《形勢解》將《形勢》篇改為「道往者其人莫來，道來者其人莫往」，宋翔鳳認為劉績所

〔註141〕 宋翔鳳：《過庭錄》，卷 13，頁 221、214。
〔註142〕 洪頤煊（1765~1837）字旌賢，號筠軒，晚號倦舫老人，浙江臨海人，為孫星衍門生，著有《管子義證》八卷。
〔註143〕 宋翔鳳：《讀〈莞子〉呈洪筠軒三首》，《洞簫樓詩紀》，卷 6，《浮溪精舍叢書》，頁 283。
〔註144〕 宋翔鳳：《過庭錄》，頁 245。

改乃為訛字，故據宋本改為「道往者其人莫往，道來者其人莫來。」又如《樞言篇》之「賢大夫不恃宗至」之至字，則依宋本改為「室」字。〔註145〕另外，只將與通行本有異的宋本之字標示出來，企圖儘量保留宋本的面貌者有68條，如《立政篇》中「兵主不足畏」之畏字，宋氏也依宋本注：「宋本作威。」又如《幼官篇》中「七官飾勝備威」之七字，則注：「宋本與劉績本作十。」〔註146〕此外也有根據劉績本來比對，如《乘馬篇》中「其貨一穀籠為十篋」之籠字，宋氏即依劉本注：「劉本作寵。」也有依劉本改正者，如《版法篇》中「罰罪宥過以懲之」之宥字，則依劉本改為「有」字。〔註147〕依劉本者共有6條。此外，書中也標記其它版本文字之訛衍脫倒，如《地數篇》中「一曰：『上有鉛者，其下有鉒銀』」，宋翔鳳則以為「此十一字，皆校者語而作正文，則校語入正文者多矣，故《管子》難讀也。」〔註148〕此外，《管子》一書多古字，更使後人對於書中之意更加混淆，故宋翔鳳在《管子識誤》關於文字訓詁的部分下了大功夫，如《霸言篇》中「坔近而攻遠」之「坔」字，宋翔鳳考之古文、籀文皆無所得，最後依據《冊府元龜》的記載：「文宗太和二年詔：『天后所撰十二字並卻，書其本字。』」，判定此文之「坔」字為武后所造之字，太和以後雖下詔將武后所造之字改為原字，但「如《管子》、《戰國策》所有坔字，是卻書本字而未盡爾。」即未把《管子》中所有的「坔」字恢復成「地」字。另外在《幼官篇》中「十二，始節賦事；十二，始卯，合男女；十二，中卯；十二，下卯。三卯同事，九和時節」之「卯」字，宋翔鳳則引莊述祖之說來解釋：「此卯字，葆琛先生以為皆酉字之訛，古酉為丣，與丣相近，且涉上文三卯而誤。」〔註149〕另外，宋翔鳳以為尹知章注《管子》並未得其「梗概」〔註150〕，如《形勢解》之「所謂抱蜀者，祠器也」一句中，宋翔鳳則批評「傳尹知章注，襲《形勢解》之文，而刪抱字，但云：『蜀者，祠器也。』讀者紛然，遂莫得其解」，〔註151〕故常有誤注的發生，《識誤》亦以名物考證來改正，如《戒第篇》之「澤其四經而誦學者」，

〔註145〕宋翔鳳：《過庭錄》，北京：中華書局，1986年，頁226、229。
〔註146〕宋翔鳳：《過庭錄》，頁227、228。
〔註147〕宋翔鳳：《過庭錄》，頁227。
〔註148〕宋翔鳳：《過庭錄》，頁243。
〔註149〕宋翔鳳：《過庭錄》，卷14，頁232、228。
〔註150〕宋翔鳳：《讀〈莞子〉呈洪筠軒三首》之三，《洞簫樓詩紀》卷6，《浮溪精舍叢書》，頁283。
〔註151〕宋翔鳳：《過庭錄》，卷14，頁239。

宋翔鳳以為「四經即上文『孝弟忠信』四者，人之常道也」，而「注云：『四經，《詩》、《書》、《禮》、《樂》，非也。』」又如《君臣上篇》之「官諸生之職者也」，宋氏以為諸生猶言羣生，「此注云：『生謂知學之士，非。』」〔註152〕此外，《識誤》也從其他典籍中輯佚《管子》之文，如《小匡篇》「使貢絲於周室，成周反胙於隆岳，荊州諸侯莫不來服」這一段文字，因《管子》傳本脫誤，反而《國語》保留更多原文，其曰：「使貢絲於周而反，荊州諸侯莫敢不來服。後於西服流沙西吳下，作南城於周，反胙於絳岳濱，諸侯莫敢不來服。」〔註153〕宋翔鳳即輯《國語》來補充之。

由上可知，宋翔鳳為《管子》之文識誤時主要是以校勘和訓詁兩種方式為主，考證和輯佚為輔，為後人研究《管子》提供相對可靠的資料。另一方面，雖然《管子》全書內容相當龐雜，但宋翔鳳在《識誤》中亦點出《管子》思想特點之所在，如《幼官篇》之「夜虛守靜」，宋翔鳳認為此句「即《老子》所謂致虛極、守靜篤也，《管子》同《老》義。」又於《形勢解》中對「抱蜀」作出解釋曰：「《方言》：『蜀，一也。』南楚謂之獨。《管子》抱蜀，即《老子》之抱一，抱蜀以為治國之器，《老子》抱一為天下式，式亦器義。」〔註154〕故他以《管子》為道家之言，這在宋翔鳳於道光四年所作的《讀〈莞子〉呈洪筠軒（洪頤煊）三首》中得到進一步的闡釋，其曰：「《管子》本道家，宜列黃老間，梁隨迻編錄，誤為法家言；致虛以守靜，精理得其端，治器在抱蜀，舉世有所安；何期此數語，解者早叢殘，遂使苦縣人，逡巡西度關；《七主》與《心術》，誰復求其原，《明法》順當時，《輕重》以理繁；紛然起陰謀，戰國增狂瀾，各就一切意，空成王道歎；要知清靜理，周孔不當刪，蓋公無從追，曹侯末由攀；願約同心人，相與除榛菅，漸使明如月，照彼夜漫漫。」〔註155〕宋翔鳳此詩在討論《管子》與道家的關係，他將《管子》一書列為黃老之流，而非法家之言，他從《管子》中舉兩例：一為《幼官篇》中「夜虛守靜」一句，他訓「夜」字為「致」字，故在詩中稱讚《管子》思想之核心為「致虛以守靜，精理得其端」，其所得之端即《老子》中「致虛極，守靜篤」之意；二為《形勢篇》中有「抱蜀不言，而廟堂既修」，他依揚雄之《方言》將「蜀」解

〔註152〕宋翔鳳：《過庭錄》，卷14，頁234。
〔註153〕宋翔鳳：《過庭錄》，卷14，頁231。
〔註154〕宋翔鳳：《過庭錄》，卷14，頁228、239。
〔註155〕宋翔鳳：《讀〈莞子〉呈洪筠軒三首》之二，《洞簫樓詩紀》卷6，《浮溪精舍叢書》，頁283。

為「一」，故「抱蜀」為「抱一」，亦為治國之器，故他將此句之義等同於《老子》中「抱一為天下式」，故在詩中也肯定《管子》之用為「治器在抱蜀，舉世有所安」，此兩例在《管子識誤》中均被提及，而此詩作於《識誤》的創作期間，乃是在呼應《識誤》一書。與此同時，宋翔鳳亦撰寫《老子章義》一書，書中論述「孔老同源」，即儒道其實是可以互通其義，而《管子》屬道家之書，其義亦可與孔學互補互成，故宋翔鳳以為黃老、《管子》與周孔其實是一脈相承，故曰：「要知清靜理，周孔當不刪」，但因「六經失家法，百家茫欲墜，即如管生書，篇策已空在，其事雜古今，其說匪細碎」，〔註156〕致使《管子》所言的「清靜理」為後人所曲解，故宋翔鳳欲「願約同心人，相與除榛菅；漸使明如月，照彼夜漫漫」，故作《管子識誤》一書乃是為了恢復《管子》之書的真面目。

因此宋翔鳳在同一時期作《老子》與《管子》的研究，最終目的亦是為了其經學研究，此時他正將治經方向由以往重考據轉為以論述義理為主，尤其他正在探索儒學微言大義之所在，這就必得直探孔子之學的源頭，故他將學術研究上溯至先秦諸子，因此李兆洛稱宋翔鳳能「綜括周秦兩漢諸儒，抉其大義」。〔註157〕宋翔鳳在《管子識誤》與《老子章義》中所發明的義理最終匯集於《論語說義》之中，成為他最具代表性的學說之一。

（三）集部

《過庭錄》最後兩卷是收集宋翔鳳考證、訓詁從漢代至宋朝之間所作的賦、詩、詞、文章及其注文之成果，而葉奐彬的「以漢人文賦證經」之說或可作參考，其曰：「王逸《離騷注》、《蔡中郎集》有《魯詩》義，阮元輯《三家詩》，陳壽祺《三家遺說考》，已詳舉靡遺。其他《兩漢書》中諸人封事、文賦，或釋經有異義，或引經有異文，大抵諸儒各治一經，無不貫澈源流，搜採遺佚。乾、嘉兩朝，江、浙間諸經師，不得不推為經苑之功臣矣。」〔註158〕宋翔鳳則反其道而行，以經義與考據來論證這些集部作品。當中，宋翔鳳有以校勘的方式來比對文本的差異，如《西京賦》「璿弁玉纓」中的「璿」字，經他比對後，因所引《左傳》版本不同，故產生不同寫法，其曰：「《說文》：『璿，美玉也，從玉，睿聲。《春秋傳》曰：『璿弁玉纓』。』許氏所見《左傳》

〔註156〕宋翔鳳：《讀〈莞子〉呈洪筠軒三首》之三，《洞簫樓詩紀》，卷6，頁283。
〔註157〕李兆洛：《洞簫樓詩紀序》，《洞簫樓詩紀》，頁235。
〔註158〕徐珂：《經術類》，《清稗類鈔》，第八冊。

本與此賦合。《五臣本文選》璿作瓊，據今《左傳》改爾。」〔註159〕次外，他也對作品的真偽進行辨偽，如「宋廣平《梅花賦》宋元間人偽託」一條中，他先引李綱所作的《梅花賦序》言宋氏之賦已久佚不傳，後又校清代所流傳的所謂宋廣平《梅花賦》，發最早出現於元代劉塤《隱居通議》之中，而現賦中「多襲李（綱）意，知偽作自有藍本」，再考賦中所言之事，發現與宋廣平所生的年代有所不合，故最後宋翔鳳斷定此賦應是「宋元間人依託，南渡後，典籍散佚，附會遂多耳。」〔註160〕

雖然宋翔鳳「少遊京師，先達及同輩皆以經生目之」，而李兆洛也以為宋氏作詩「終不離乎經生之言」，〔註161〕但他不只對考據專精，對於文章之寫作亦具相當之功力，故章太炎論其文為「其義瑰偉，而文特華妙」，〔註162〕這可由「裴晉公論昌黎文」一條論唐代文章中得知，而宋翔鳳對《唐文粹》的研究至少在嘉慶15年已開始，當時他隨父親在貴州平遠州生活讀書，閒暇時則對《唐文粹》進行校讎、辨偽，並令衙中小史將其刪減之文章別錄一冊。〔註163〕在此基礎上，宋翔鳳對唐文有一全面的瞭解，故此條中他先引《裴度寄李翱書》中論三代、西漢之文：「愚謂三五代，上垂拱而無為，下不知其帝力，其漸被於天地萬物，不可得而傳也。夏、殷之際，聖賢相遇，其文在於盛德大業，又鮮可得而傳也。厥後周公遭變，仲尼不當世，其文遺於冊府，故可得而傳也，是作周、孔之文也。荀、孟之文，左右周、孔之文也，理身、理家、理國、理天下，一日失之，拜亂至矣。騷人之文，發憤之文也，雅多自賢，頗有狂態。相如、子雲之文，譎諫之文也，自為一家，不是正氣。賈誼之文，化成之文也，鋪陳帝王之道，昭昭在目。司馬遷之文，財成之文，馳騁數千載，若有餘力。董仲舒、劉向之文，通儒之文也，發明經術，究極天人。」裴度以時代先後依次論上古各時代與西漢具有代表性學者之文，後又評論唐代文章不足之處。宋翔鳳則依據裴度論文之例，對唐代之文章作一整體的評述，其曰：「唐之初葉，王、楊、盧、駱四傑競興，然

〔註159〕宋翔鳳：《過庭錄》，卷15，北京：中華書局，1986年，頁249。

〔註160〕宋翔鳳：《過庭錄》，卷15，頁266～267。

〔註161〕李兆洛：《洞簫樓詩紀序》，《洞簫樓詩紀》，頁235。

〔註162〕章太炎：《清儒》，《訄書》，《章太炎全集》第3冊，上海：上海人民出版社，1985年，頁158。

〔註163〕宋翔鳳：《中秋平遠州官舍獨坐憶諸妹書六百字寄之》，《憶山堂詩錄》，卷4，《浮溪精舍叢書》，頁195。

猶循徐、庾之遺則，振陳、隋之逸響，華美則有餘，典重則不足。張說、蘇
頲操筆朝廷，製作宏巨，可以消蕩淫靡，黼黻隆平，唐之文章，斯為極盛。
如楊炎、獨孤及、權德輿、常袞之儔，皆足方軌齊足，同馳康莊。至於蕭穎
士、李華亦有奇思，而時多變聲。獨後有陸贄以清切對偶之文，陳斟酌至當
之理，其氣極清而不嫌於薄，其詞甚備而不見其繁，洞中人情，悉合經義，
此《翰苑》一集，為不刊之書也。至於柳州之文，則蕭、李之徒也。若李翱、
孫樵，力追韓氏，規矩猶在，尺度逾窘。」〔註164〕據此可知，宋翔鳳不只
為一經生，亦是文士，他對文章的源流、風格及寫作均有深厚的底子，而他
對詩詞的瞭解與創作也非泛泛之輩，惲敬稱讚其是「治經行文俱冠流輩」，
這也可從《憶山堂詩錄》、《洞簫樓詩紀》、《香草詞》、《洞簫詞》等作品中一
窺究竟。

　　不過，《過庭錄》中主要對詩賦、文章加以訓詁、考證，這些作法其實都
是宋翔鳳治經方式的延續，即以漢學家解經的方法將這些集部著作當成如經
書一般來考據其字義、名物及版本、各家注釋之差異等等，而非如文學家去
探討這些作品的內容與涵義，這種作法在當時各家文集中其實並不少見，因
漢學在乾嘉以後已滲進文學之中，如翁方綱即認為「考據訓詁之事與辭章之
事，未可判為二途」。(《蛾術篇序》，《復初齋文集》卷四)如此，文學作品便
不單用於陶冶性情，亦可用於考據學術淵源、歷史是非得失的材料，這應該
是宋翔鳳將這些集部作品的研究放入《過庭錄》主要的原因。

第三節　結論

　　道光以後，宋翔鳳已經成為一位名副其實的常州學派學者，他「以漢學
求根株」的研究方法來推進經學的相關研究，這使得這個時期的考據學著作
均蘊藏著常州學派的經學思想，尤其《孟子趙注補正》與《過庭錄》兩部道咸
年間的考據學著作尤具代表性。

　　宋翔鳳對《孟子》研究的起源甚早。他有關《孟子》學的專著主要有四
本，一是嘉慶十六年的《孟子劉注》一卷，二是嘉慶十八年的《四書古今訓
釋》中之《孟子》七卷，三是道光二十年的《孟子趙注補正》，四是道光二十
六年的《四書纂言》中之《孟子纂言》，其中《四書古今訓釋》中《孟子》與

〔註164〕宋翔鳳：《過庭錄》，卷15，北京：中華書局，1986年，頁269～270。

《孟子纂言》二書主要是輯錄歷代對《孟子》的注疏與清代漢學家的注疏，而《孟子劉注》則是一本輯佚之作，篇幅甚小，且大部分已收入《孟子趙注補正》之中，故唯有《孟子趙注補正》最能體現他在《孟子》研究上的學術成果，所以本章以《孟子趙注補正》來進行討論。

《孟子趙注補正》以趙岐的《孟子章句》為底本，全書共有六卷，對《孟子》全書中的字音、詞義、史實、思想、地理、制度、風俗等方面，以博證訓詁來闡發《孟子》之內容，所以此書是宋翔鳳《孟子》研究成果的積累，也體現出清代孟學考據研究的主要特點。所以本章從「補缺」和「正誤」兩方面去討論《孟子趙注補正》中關於考證、訓詁的研究。關於「補缺」部分，在考證方面主要是從史實、典章制度、人物、地理四個部分入手，訓詁方面則是從詞意、文字、音義及引文、版本、脫漏上的校勘來補充。有關「正誤」部分，在考證方面則由人物類、制度類、地理類、天文類四種注解有誤時加以改正，訓詁方面則對文字音義解釋、詞意解釋、文意解讀三部分有誤時及趙岐擅自修改《孟子》原文的部分加以修正。《孟子趙注補正》在考證、訓詁上取得相當的成果，補正趙岐《孟子章句》中不少不足之處。

《孟子趙注補正》雖是以考證訓詁為其撰寫體例，但書中對《孟子》中所蘊藏的微言大義也有所闡釋，尤其是《孟子》對《春秋》的發揮，可與《論語說義》在《公羊》的論述相輔相成。書中主要是藉由《孟子》來對「孔子素王說」加以說明，分析孔子受命無位，所以改以作《春秋》的方式來當素王的緣由及背後所藏的深層原因，並藉此闡釋《公羊》中的《春秋》制，以此體現出《孟子》與《春秋》的密切關係。

《孟子趙注補正》一書完成於道光二十年，故此書中已包含著宋翔鳳經學研究晚期的特色，即考證上不分今古，義理上以今文為主，尤其著重於闡述《孟子》與《公羊》學之間的關係，此即他以《公羊》貫群經的例證之一。

此外收集經學古義和各家經說的讀書筆記在清代蔚為風潮，宋翔鳳也有《過庭錄》與《樸學齋札記》等相關的讀書筆記，但現今只有《過庭錄》保留全本，其他書籍則部份散佈在其它著作之中。《過庭錄》有兩個版本，一為嘉慶年出版的 5 卷本，另一為咸豐三年出版的 16 卷本，現存的是 16 卷本，這部書應是宋翔鳳最後成書的一部著作。

《過庭錄》以經、史、子、集四部來編排，第 1～3 卷記《易經》，第 4～6 卷記《尚書》，第 7 卷記《詩經》，第 8 卷記《禮經》，第 9 卷記《春秋》，第

10 卷記則記其它諸經，五經排列的次序是依古文家而定。第 11～12 卷記史部，第 13～14 卷記子部，第 15～16 卷記集部。本章分 6 個部份對《過庭錄》進行考察。

　　本章先就宋翔鳳與張惠言的關係進行梳理。張惠言是清代《易》學名家，以發明古文家虞翻之《易》學為主。宋翔鳳曾在嘉慶五年受教於張惠言，學習區分漢代今古文《易》學的家法，〔註165〕所以他在《易》學研究中偏向古文《易》。之後對第一卷 4 條讀書札記進行分析，當中特別著重第一條對「《乾》《坤》二卦」的解釋，主要討論帝王受天命之道有兩種方法，一是《乾》卦所言之堯舜禪讓，二是《坤》卦所言之湯武革命。第二條專言訓詁，第三、四條則專言經今古文之分。接下來對第 2、3 卷的《周易考異》進行考察，此書主要是在惠棟、張惠言的校勘基礎上，對《易經》音義、文字進行研究，全書以訓詁為主，以辨別古今文字之異同來校讎各種版本《易經》，以求復原經書之原文，為後世學者考訂出可靠的《易經》寫定本。第 4～6 卷收入了《尚書略說》與《尚書譜》，這兩本書是宋翔鳳以莊述祖《尚書》研究為基礎加以撰寫。第 7 卷主要是透過對《詩經》中的文字、音義之訓詁與對地理、名物、制度等考證來對《毛傳》與《鄭箋》進行改正、補充。第 8 卷是依《儀禮》、《禮記》、《周禮》的順序來分條論證，宋翔鳳以《儀禮》為《禮》之本經，《周禮》為輔助，而《儀禮》、《禮記》中所言的禮制均以殷禮為主，這與《公羊傳》所言之禮制亦相吻合。第 9 卷則是分析出宋翔鳳的《春秋》研究主要是受到劉逢祿與莊述祖的影響，如《左傳》「元年春王周正月」一條的解釋明顯是延續劉逢祿《左氏春秋考證》中「《左氏春秋》不傳《春秋》」的說法，「孔子生在襄公廿二年」一條則採莊述祖的《夏時》研究予以說明。

　　《過庭錄》收集史、子、集三部的考證其實是在補充宋翔鳳經學方面的研究。書中對於史部的討論主要集中在學術史方面，第 11 卷專言《史記》，這與宋翔鳳以《史記》為家法有關。宋翔鳳以司馬遷從孔安國學孔壁古文經為由，認定《史記》中所引用《尚書》中的引文來自西漢「古文經」，是傳自七十子之學，所以宋翔鳳在其著作中常引《史記》為證。書中也著重探討《史

〔註165〕宋翔鳳於道光七年與姚配中論《易》時提到：「張君注《易》時，吾曾預親炙」，見宋翔鳳：《論〈易〉一首贈姚仲虞》，《洞簫樓詩紀》，卷 11，《浮溪精舍叢書》，頁 324。

記》與《春秋》的關係，這與常州莊氏之學注重《公羊春秋》有密切關係。宋翔鳳認為司馬遷也是傳《公羊》之學者，故《史記》是繼《春秋》而作，以明《公羊》之微言大義。在第 12 卷中，宋翔鳳論及《漢書》、《後漢書》、《三國志》、《魏書》、《晉書》、《隋書》、《新唐書》及《宋史》等史書，其中他對於《漢書》特別重視。此外宋翔鳳特地考證「道學」之演變並為程朱理學正名，此條代表宋翔鳳經學研究的方向已從獨尊漢學轉型為以漢宋兼容為主的學術融合。

子部的討論主要是朝將諸子和儒經融合為一的方向來進行，其中最主要是在討論《老子》與《管子》這兩部書，這與宋翔鳳受莊述祖《歸藏》研究的影響而形成的「孔老同源說」有關。宋翔鳳認為孔子與老子之學皆來自於黃帝的法自然之道，所以第 13 卷中最重要的是對「老子」的討論。「老子」一條是宋翔鳳《老子說義》的未完稿，此條欲藉由經學來論《老子》之義，以此發揮「孔老同源說」。此條指出孔子與老子之學皆出自《歸藏》，而《歸藏》之義源自黃帝以「自然」之道來造字正名百物。第 14 卷則是《管子識誤》一書，此書以校勘、訓詁、考證和輯佚等方式來對清代通行本的《管子》進行辨誤，希望恢復《管子》之書的真面目，並從中點出《管子》屬於道家之流，所以宋翔鳳以為《管子》與孔老其實是一脈相承。《過庭錄》最後兩卷收集宋翔鳳考證、訓詁從漢代至宋朝之間所作的賦、詩、詞、文章及其注文之成果，以經義來論證這些集部的作品。這種作法在當時漢學家的文集中其實並不少見，如常州詞派中的張惠言。宋翔鳳考證這些文學作品不只是因為可以抒發性情，更是當作為經學研究的輔助材料，這成為宋翔鳳將這些集部作品的訓詁考證成果放入《過庭錄》的主要因素。《過庭錄》作為宋翔鳳生前最後成書的一部著作，也是宋翔鳳所有著作中範圍最廣、種類最齊全的一本書，這是因為《過庭錄》開始於宋翔鳳早期對於經學考據的收集，後又擴及到史學、子學與文學，書中的內容基本上都已涉及到宋翔鳳各個方面的學術成果，故可以此書來作為連結、統合宋翔鳳各階段學術研究的基礎，這應是全面瞭解宋翔鳳學術的最佳途徑，也應是《過庭錄》一書最重要的價值之一。

從宋翔鳳現存的學術著作來觀察，大部分著作屬於訓詁、考證、訓釋及纂輯古籍之業，如《論語鄭注》、《論語孔子弟子目錄》、《論語師法表》、《周易考異》、《尚書略說》、《尚書譜》、《孟子劉注》、《孟子趙注補正》、《四書釋地辨證》、《小爾雅訓纂》、《管子識誤》、《過庭錄》等，其中有不少著作是積累數十

年才加以刊佈。就算是以闡釋義理為主的《大學古義說》及《論語說義》也是以注疏體為主的著作，其中也參雜大量考據的資料，可見宋翔鳳自幼開始從事的漢學訓練，對其一生治學有十分深遠的影響。考據學可謂是宋翔鳳一生治經的主要表現形式，即便是在發揮常州學派的經學思想亦不例外，希望力求二者的統合無間。

第五章　學術轉型後的義理研究
（嘉慶後期至道光朝）

　　宋翔鳳經學研究的變遷是一漫長且漸進的過程，從早期亦步亦趨跟隨乾嘉漢學家治經的腳步，到嘉慶後期開始轉向常州學派的經學路徑，至道光朝完成轉型後開始展現出他特有的經學思想並向外傳播，這當中最被後人矚目的就是他轉型後以今文經學為主的義理研究，尤其當代學者特別注重他在《公羊》學方面的研究，尤以《論語說義》作為代表。不過，宋翔鳳整體經學的樣貌並不止於此，學者往往忽略為何是宋翔鳳被人視為莊述祖的傳人而不是劉逢祿，這導致後人不能完全理解宋翔鳳整體經學研究架構，如不太重視《大學古義說》在他經學研究脈絡中的重要性，故批評其後期經學思想中有不少牽強附會之處，如「孔老同源說」等。所以本節主要是從莊述祖和宋翔鳳之間的傳承關係來探討《大學古義說》與《論語說義》中的義理研究，分析兩書之間的關係，並論述宋翔鳳經學研究的特色及內在的理路，如《公羊》學方面的研究、「孔老同源說」等。

第一節　嘉慶晚期的義理研究：從《大學古義說》來析論

　　作為宋翔鳳第一部以闡釋義理為主的專著，在《大學古義說》一書中，宋翔鳳不以朱熹的《大學章句》為文本，而以古本《大學》作為底本來論說《大學》之精義，「謂《大學》為《禮記》四十九篇之一，首尾完具，脈絡貫

通，無經傳之可分，無闕亡之可補，惟其古義日湮，師傳漸失，眾家之說轉即歧途。」〔註1〕這體現出宋翔鳳在當時漢宋之爭的立場，即身為漢學家的宋翔鳳對於朱熹改定《大學》文字的批判，同時也代表宋氏在經學研究上已將治學重心逐步轉移到義理研究上，因此可就《大學古義說》來分析宋翔鳳經學研究的思想體系。本文將分成四個部分來分析，第一部分將先敘述《大學古義說》的撰寫背景，第二部分論述《大學古義說》的架構，第三部分闡釋《大學古義說》的內容，第四部份則會探討此書的義理基礎與常州學派的關係，最後則將總結此書在宋翔鳳經學研究中的地位。

一、《大學古義說》的撰寫背景

《大學古義說》是宋翔鳳任職泰州學正時所寫，他任職學正從嘉慶二十一年至道光元年為止，而《大學古義說序》提到此書完成於嘉慶二十三年，且撰寫此書的目的與他任學正一職有關，是「欲使諸生略通古學，繹官書而尋遺緒。」〔註2〕清代學正一職為正八品，為州學教官，其職掌祭祀文廟及訓迪州學生徒，考核生徒藝業勤惰的情形，並評核其品行優劣，〔註3〕所以宋翔鳳撰寫此書是為了讓泰州州學的生徒「毋溺當世學，相與求其真」，勿以理學為限，可以從《大學》入手，對當時江南盛行的漢學有所瞭解，尤其是「古學」，這成為《大學古義說》論說的重點。由此可知，《大學古義說》是一本供泰州生徒學習《大學》的講義。

然而，官學的主要作用仍是以協助學子應考科舉為主。從乾隆中後期開始，尤其在開始編輯《四庫全書》之後，漢學已逐漸得到乾隆及朝廷擁有漢學背景之大臣的默許和支持，所以在科舉考試中，已有不少考官以漢學古義出題，或有考生以漢學古義入制舉文，〔註4〕而宋翔鳳即其中之一。宋翔鳳自幼生長在吳派的大本營——蘇州，從小師從當地著名的漢學家，之後在西南雲貴生活期間，主要跟隨父親宋簡學習，學習的內容是將漢學知識融入科舉

〔註1〕宋翔鳳：《大學古義說序》，《樸學齋文錄》卷二，《續修四庫全書》1504冊，頁349。
〔註2〕宋翔鳳：《大學古義說序》，《樸學齋文錄》卷二，《續修四庫全書》1504冊，頁349。
〔註3〕朱金甫、張書才等人編：《清代典章制度辭典》，北京：中國人民大學出版社，2011年，頁404。
〔註4〕有關文章可見艾爾曼的《清代科舉與經學的關係》，《清代經學國際研討會論文集》，臺北：中研院文哲所籌備處，1994年，頁15～21。

文章之中，這成為宋翔鳳經學研究的重點之一。在嘉慶十年至嘉慶二十二年之間，宋翔鳳也已參加過 6 次會試，雖屢試不中，但對科考已十分瞭解，如清代科舉中特重首場的四書文。在當時為迎合士子考試的需求，書商在市面上出版大量有關四書的八股文選本、講章及指導寫作章法結構的制義，使得不少學子只讀這種「俗學」來應付考試，導致學問的根基十分淺薄，為矯正此風，宋翔鳳此時也正在編輯以漢學知識為基礎的《四書古今訓釋》來作為應試教材，而針對州學生徒所撰寫的《大學古義說》其實也是宋翔鳳所撰寫的科考輔助教材之一，希望以此協助士子考取功名，並藉此機會來加深經學的根基。

　　另外，莊述祖於嘉慶二十一年六月去世，宋翔鳳為其撰寫行狀並明白表示：「匪徒甥舅恩，更積師弟誼，願得留此身，兢兢尋失墜」，〔註5〕即他將接續莊述祖的經學研究，所以「人間謂我酷似舅」，〔註6〕世人將宋翔鳳視為莊述祖的傳人，故在《大學古義說》的主要內容中，他融入了大量莊述祖對於《夏時》的研究，並成為全書主要論述的架構，希望藉此推廣常州學派的經學，由此也間接凸顯出宋翔鳳經學研究的轉折點。

二、《大學古義說》的架構

　　對於《大學古義說》的架構，宋翔鳳不用朱熹《大學章句》的分法，而是採孔穎達《禮記正義》之說，將《大學》分為上下兩篇，上篇開頭起於「大學之道，在明明德」，並於「《詩》云：『穆穆文王』一章作一收束；以下諸章則為下篇，主要在廣明誠意之事。」而此分篇之法，他以為乃是「六代諸儒相傳之本，亦兩漢以來不易之義也。」〔註7〕以此他否定朱子對《大學》的重新改造及闡釋。

　　宋翔鳳在上篇的論述主要圍繞著「在明明德，在親民，在止於至善」的解釋。他以為君之道來詳論「明明德」之要義，以治國之道細論「親民」之要術，以平天下之道總論「止於至善」之要旨，然此三者並非各自獨立或分階

〔註5〕宋翔鳳：《撰舅氏莊葆琛先生行狀竟繫之以詩即呈孫淵如觀察星衍三首》，《洞簫樓詩紀》，卷 1，《浮溪精舍叢書》，頁 239。

〔註6〕宋翔鳳：《和詩送玉蕃意有未盡更附長句》，卷 6，《憶山堂詩錄》，《浮溪精舍叢書》，頁 208。

〔註7〕宋翔鳳：《大學古義說序》，《樸學齋文錄》卷二，《續修四庫全書》1504 冊，頁 349。

段實行，而是「三位一體」的架構，分別代表大學、射宮及明堂的功能，宋翔鳳在書中將此三者歸於一處，開篇即言「大學在郊，天子曰辟雍，諸侯曰頖宮，辟雍亦曰明堂」，又曰：「大學亦名射宮」，〔註8〕而「司徒於地中建王國，王國在天下之中，大學在一國之中，天子宅中而治，而諸侯效焉，則天下無不平。」〔註9〕由此可知大學、射宮及明堂乃天子興學育才、選官用人、治國施政之場所。下篇著重於闡釋為君者如何以「誠意」之修養來發揮大學、射宮及明堂的功能，以達天下平的終極目標。因此，《大學古義說》通篇所論述的是為君者治國理政之道，故以下將從為君者如何興學、用人及施政三方面來論述。

三、《大學古義說》的內容

此書開篇宋翔鳳即論說三代時期的朝廷是融合教育、為政、選官、祭祀四者為一體的政府制度，此種體制具體運作是由大學、明堂與射宮三位一體之互動關係來呈現，當中為君者是否具備「明明德」的修養即成為此套制度可否順利運行以達國治、天下平的關鍵，故宋翔鳳透過大學、明堂與射宮的角度來闡釋他理想中的治國之道。

（一）「大學」教育功能之一：學習如何「修身」──「誠意」之法

首先，宋翔鳳先言「大學」教人之法，即「先言明德。明德者謂人各有可明之德，而有天下者先能自明其內得於己，然後明用人之有德者。」〔註10〕有天下者的「方寸之地」是萬事所發端之處，「深宮之中」是兆民所環望之地，〔註11〕是故人君的一舉一動、一言一行都會深刻影響天下國家的各個方面，所以設大學的目的之一是為了先教育有天下者自明己之德，故「立大學者，所以修身也。帝入大學，承師問道，退，習而端於大傅，大傅罰其不則而達其不及，則德智長而理道得矣。」〔註12〕這一功用和清代經筵制度相似，專為帝王而設。

至於帝王如何明明德，《大學》曰：「自天子以至於庶人，壹是皆以修身為本。」宋翔鳳以為《大學》舉「修身」作為學之要，「誠意」作修身之本，

〔註8〕宋翔鳳：《大學古義說》卷一，頁 1a 及 2a。
〔註9〕宋翔鳳：《大學古義說》卷二，頁 10a。
〔註10〕宋翔鳳：《大學古義說》卷一，頁 1b。
〔註11〕宋翔鳳：《大學古義說》卷一，頁 15a。
〔註12〕宋翔鳳：《大學古義說》卷一，頁 11a。

誠意之事在慎獨，至善為慎獨之源，而善本於性，因「天命於人謂之性，分而言之為仁、義、禮、知、信，以合五行之德，此性善之所由來也」，〔註13〕故《易》稱之為「元」，「初以元善為建首，則天下莫不復其性。」至善者即善之極，即是讓人「復其性」，恢復人的五德之性，「故說《大學》者必舉至善以示人也」，因「夫修身、齊家、治國、平天下之道，其功皆基於至善」，「由本及末，本身徵民之學悉歸之於誠意。」〔註14〕故《大學》之道以誠意為先，以齊家、治國、平天下為後，因此培養五德之性成為在大學中學習慎己獨、誠己意的主要方式。另外，誠意也須從守靜、守虛入手，因「誠意以虛為本，而正心以下皆術之接物也。」〔註15〕在如何達到心之靜虛的問題上，宋翔鳳以為孔老之道是互通的，書中提到：「《老子》曰：『夫物芸芸，各復歸其根。』歸根曰靜，是以至誠者，天下之至靜者也。《易》曰：『雷在地中，復，先王以至日閉關，商旅不行，後不省方。』氣之動者莫如雷，雷在地中，至靜之時也，而至誠象之。」又曰：「君子慎獨即致知，《老子》曰：『載營魄，抱一能無離。』一者，獨也，即本也。抱一無離者，慎獨也，即知本也。《易》乾初九為獨。」〔註16〕宋翔鳳認為執政者應以歸根為誠意，抱一為慎獨，使心能定於靜虛的狀態，以達到「王中心無為也，以守至正，既正其心，則本之以誠」，〔註17〕由此恢復五德之性，故曰「誠意為明明德之本」。

　　「大學」另一重要的作用即是在教導太子治國理政之道，宋翔鳳提到「教之道莫重於大子」，〔註18〕大子即太子，乃未來治理天下之人，而這又跟清代上書房教育皇子有異曲同工之妙，上書房乃是可能具備皇儲身分的皇子受教育之處，〔註19〕陳康祺說：「上書房設立雍正朝，凡諸皇子暨近支王公及

〔註13〕宋翔鳳：《大學古義說》卷二，頁 16b。
〔註14〕宋翔鳳：《大學古義說》卷一，頁 17a。
〔註15〕宋翔鳳：《大學古義說》卷二，頁 3a。
〔註16〕宋翔鳳：《大學古義說》卷一，頁 14a。
〔註17〕宋翔鳳：《大學古義說》卷二，頁 6b。
〔註18〕宋翔鳳：《大學古義說》卷二，頁 5b。
〔註19〕年代稍後於莊存與的禮親王昭槤在《嘯亭雜錄》提到：「本朝鑒往代嫡庶爭奪之禍，永不建儲，皇子六齡，即入上書房讀書。書房在乾清宮左，五楹，面北向，近在禁內，以便上稽察也。雍正中，初建上書房，命鄂文端、張文和二公充總師傅。二公入，皇子皆北面揖，二公立受之，實從古帝王乞言之制也。當時師傅皆極詞臣之選，故列聖學問淵博，固皆天縱，亦一時師保訓迪之力也。定制，卯入申出，攻五經、史、漢、策問、詩賦之學，禁習時藝，恐蹈舉業俞陋之習。日課詩賦，雖窮寒盛暑不輟，皆崇篤實之學。」上書房

歲讀書，必特簡翰林官使授課。耆儒教胄，龍種傳經，古元子入學遺法也。」〔註 20〕。除此之外，皇親貴戚之子弟和上層政治人才的培養也是在大學實行，由此可知，宋翔鳳將大學定位為皇家官學，其首要任務則是培養國家高階政治的領導人才，尤其是君王及皇家子弟。

（二）「大學」教育功能之二：學習如何理政──「絜矩」之道

其次，宋翔鳳在《大學古義說》提到大學授課的另一重點是「絜矩」之道，其言：「治國以及天下，猶積矩以裁制萬物，故於國言治，於天下言平者，在絜之而已矣。」〔註 21〕故「絜矩」之道乃是治國平天下之要術，分而言之即仁與義之法，他用董仲舒《春秋繁露》來解釋：「仁之法在愛人，不在愛我；義之法在正我，不在正人」，義之法則是誠意、慎獨以復己之性，仁之法則是齊家、治國、平天下以復天下人之性。

首先對於「矩」的解釋，宋翔鳳引「天之歷數在汝躬」作為解釋，他以「天之歷數」即是「矩」的內涵，即數之法皆出於矩，又引荀子「五寸之矩，盡天下之方」之言來印證，以「自古帝王之治世皆以矩之數裁制萬物」。〔註 22〕「矩之數」最核心的部份是五行的運行規則，這涉及到朝廷的興衰及天命的有無，所以他以「帝王之事，五德遞嬗」來論朝代的更替，對於五德遞嬗之順序，宋翔鳳以為「自（鄒）衍以及賈誼、司馬遷，並謂『從所不勝』；劉向父子以為『以母傳子』，終而復始，若五行之於四時，皆明明德而有天下，探命秎之去就，以絕諸侯闔幹天位之心，則當從『以母傳子』之說（木火土金水）。今本王符《潛夫論》所載圖《伏羲以來十一代五行相嬗之數》以明之。」〔註 23〕所以他以「水火木金土之德遞王」之五德終始說來論天命之得失，「故禮於明堂祀五帝、五神，五德之帝，五行之神也，捨五行無德，捨水火金木土穀無財用。王者明五行之德以為本，而後可財而用於民。」因此對於「矩」能否應用得當，就牽涉到政權的存亡。所以「明堂之法使天子無時而不慎，以不失五

的拜師儀式是「古帝王乞言之制」，非一般民間的拜師入學，所學乃「五經、史、漢、策問、詩賦」之「篤實之學」，非一般士子所學之科舉時藝。（昭槤：《嘯亭雜錄（續錄）》，卷一，北京：中華書局，1980 年，頁 397，「上書房」條。）

〔註 20〕陳康祺：《郎潛紀聞初筆》，卷 1，北京：中華書局，1984 年，頁 17。
〔註 21〕宋翔鳳：《大學古義說》卷二，頁 10a。
〔註 22〕宋翔鳳：《大學古義說》卷二，頁 11a。
〔註 23〕宋翔鳳：《大學古義說》卷二，頁 5a～5b。

行之德」，故宋翔鳳以為入大學所必須修習的課程之一即學習矩之數及用矩之法，[註24]以此作為為政之術的基礎。

此外「矩」之數也與《月令》息息相關，在「知止而後有定」一段中他就論說明堂與《月令》的關係：「人秉天地之性，當謹候天氣，審察陰陽，聖人立大明堂之禮，布十二月之令，示王者之所當止。」明堂之禮與《月令》相搭配，蔡邕在《明堂月令論》中就提到：「月令，所以順陰陽，奉四時，效氣物，行王政也。成法具備，各從其時月，藏之明堂。」當中宋翔鳳舉仲夏及仲冬二令來明定為君者所當止之事，如仲夏時需「毋致和，節奢欲，定心氣」，仲冬時則須「去聲色，禁奢欲，安形性」，這與在「大學」學禮是為了「治人情而止禍亂」之目的相合，所以宋翔鳳認為明堂取一至九之數所制定的《月令》即是根據矩之數而作，以此因天時而制人事，故君者守明堂之禮即是行「絜矩」之道，以作為治國理政之道。對於如何將「矩」的功用最大的發揮出來，宋翔鳳以「允執其中」作為「絜矩」的基礎。中者，喜怒哀樂之未發也，這與誠意以守靜守虛之義同，故為君者學習「絜矩」之道首先必先以誠意為基礎來自明自己的五性之德，之後再用「矩」之數來使天下之人各復其性。

此外「絜矩」之道還包含「親親」愛人之法。親親是愛其所愛，是仁的表現，仁之本是孝悌，故為君者「能先親其有服之親，而辨別章明於百姓，則民無不親……故百姓亦為百官，有官則有姓，以姓則有族，有族則有親，百官無不明親親之義而協和萬邦，黎民於變時雍，則人人親其親，長其長，而天下平。」[註25]因此宋翔鳳在書中提到必須使「老老、長長、恤孤之道皆行於大學，以孝悌慈之事興起其民」，是故大學「教以孝，所以敬天下之為人父者；教以弟，所以敬天下之為人兄者；教以臣，所以教天下之為人君者」，「故《孝經》一書明嚴父配天之義，此明堂之法，即大學之法也。」[註26]所以「絜矩」之道是要有天下者先親其親，而後推之於九族（皇親國戚），之後再推之於百姓（百官），最後再推至全天下之民，以達到人人親其親而天下平，

〔註24〕「用矩之道：平矩以正繩，偃矩以為高，覆矩以測深，臥矩以知遠，環矩以為圓，合矩以為方，方屬地，圓屬天，天圓地方。」宋翔鳳：《大學古義說》卷二，頁11a。

〔註25〕宋翔鳳：《大學古義說》卷二，3a

〔註26〕宋翔鳳：《大學古義說》卷二，頁5a／10a。

所以「惟絜矩者為能用中於其上下、前後、左右，以誠意通之，而無不得其宜矣。」〔註27〕所以「絜矩」之道以親親為本，使「人倫明於上，小民親於下，有王者起，必來取法，是為王者師也，皆言立學之本意必兼上下、合貴賤，以習學親師為教化之原，實治道之本。」〔註28〕故《大學》以當政者之修身為本，之後以「絜矩」之道依次推廣至齊家、治國、平天下。

（三）大學和明堂的關係

「大學」所教授的內容與君王理政之道息息相關，「夫自為赤子而有孝弟仁義之教，以存其良知、良能，則所以達之天下者，又不在乎政教號令，而本於一人之心，是以謂之機」，〔註29〕「故為國家者惟務於格君心」，使王者端民之好惡於心，所謂「正其本而萬事理者，在握其機而已矣。」〔註30〕所以大學的首要任務是「格君心」，君心正方能發揮明堂的功能，是達到國治天下平的根本。之後如何將人民之心導向正確方向，宋翔鳳引《公羊春秋傳》曰：「民受天地之中以生，所謂命也，是以有動作、禮義、威儀之則以定命也」，所以「天之命即人之性，所謂五德之性也。木神曰仁，火神曰禮，金神曰義，水神曰知，土神曰信，在天曰五帝，在人曰五性，統而名之曰德，原其本則曰明命，聖人立明堂以法之，立大學以教之。」〔註31〕即聖王以明堂立法行之，以大學設教導之，使民也回歸「仁義禮智信」五德之性，使之發於情而止乎禮，防止喜怒哀懼愛惡欲之情以擾亂其性，導致天下禍亂不止。當中「大學」教授的重點首在「大學之禮」，因「《大學》之禮，所以治人情而止其禍亂也。」〔註32〕所以「立大學之禮以教於國，使人知明堂五行、五性、五常之理，以正其心，以修其身」，〔註33〕故學「大學之禮」的目的在使人瞭解五行之理和五常之性。另外宋翔鳳以「知止而後有定」一段來論明堂之禮曰：「人秉天地之性，當謹候天氣，審察陰陽。聖人立大明堂之禮，布十二月之令，示王者之所當止。」即為君者需守明堂之禮，而此禮是與月令相搭配，當中他舉仲夏

〔註27〕宋翔鳳：《大學古義說》卷二，頁 10b。
〔註28〕宋翔鳳：《井田封建學校論》，《樸學齋文錄》卷三，《續修四庫全書》1504 冊，頁 368。
〔註29〕宋翔鳳：《大學古義說》卷二，頁 6b。
〔註30〕宋翔鳳：《大學古義說》卷二，頁 7a。
〔註31〕宋翔鳳：《大學古義說》卷一，頁 17a。
〔註32〕宋翔鳳：《大學古義說》卷二，4a。
〔註33〕宋翔鳳：《大學古義說》卷二，頁 3b～4a。

及仲冬二令來明定為君者所當止之事，如仲夏時需「毋致和，節奢欲，定心氣」，仲冬時則須「去聲色，禁奢欲，安形性」，這與「大學之禮」為「治人情而止禍亂」之目的相呼應，故宋翔鳳以「明堂之禮知二至（夏至、冬至）為陰陽交爭之際，而後能有所定。大學、明堂之道為一，故二至之令，知止有定之象」，〔註34〕故宋翔鳳以為「大學之禮」是體，「明堂之禮」是用，大學之道與明堂制度二者互為表裡。

（四）大學和射宮的關係

另外《大學古義說》也強調大學和射宮的關係。因為天下之大，為君者與平民之間無法有直接的治理關係，真正在第一線的親民者是為君者所選拔的官員，為君者必須透過官僚系統來管理平民，故如何選用官員就成為治國平天下的首要大事，所謂「王道之易易，亦基於用人而已矣。」〔註35〕宋翔鳳認為「先賢後親」是上古聖王選任官員的原則，以選賢為優先，其次再論親親，這即是《堯典》所言「克明俊德，以親九族，九族既睦，平章百姓」，這也是「絜矩」之道的具體運用，所謂「大道在絜矩，則人、土、財、用皆以矩之數絜之。」〔註36〕，所謂「民之所好好之，民之所惡惡之，如是之謂賢。」〔註37〕為君者以民之所好惡為己之好惡，所挑選的官員的標準亦是以民之所好惡為標準，所以宋翔鳳下結論曰：「治國之道以用人為本，而形政為末，用人之道以端好惡為先。」〔註38〕故他以符合「民之所好惡」的官員作為是否符合賢的標準。

宋翔鳳認為要產生符合賢的標準的官員是基於興學設教而來，其中大學就是培養從政人員德與智之處，如王、諸侯、卿大夫等，而選拔賢德之人以任大臣亦是大學的功能，故大學又稱射宮。上古三代天子、諸侯用人必先選士，選士必先試士，試士之道莫不以射，因「禮樂者，德行所發施也；射者，禮樂之著明者也」，〔註39〕所以「射」的測試可以體現一個人在禮與樂中的修養程度，進而可以來判定一人德行之多寡，最終由此來辨識此人是君子或小人，以作為提拔或罷黜的依據，如諸侯之射必先行燕禮，而燕禮者所以明君

〔註34〕宋翔鳳：《大學古義說》卷二，4b
〔註35〕宋翔鳳：《大學古義說》卷二，3a
〔註36〕宋翔鳳：《大學古義說》卷二，頁20a。
〔註37〕宋翔鳳：《大學古義說》卷二，頁12b。
〔註38〕宋翔鳳：《大學古義說》卷二，頁11b。
〔註39〕宋翔鳳：《大學古義說》卷一，頁2b。

臣之義，為君者可由「射」來觀察諸侯的為臣之道是否合格。此外還必須以
狸首為節，而狸首之樂所以明會時也，以此類推卿、大夫、士等人之射，故
「古者天子以射選諸侯、卿、大夫、士」，並於選士之中立「益地、絀地之法」，
故「王者能用執政之大臣，大臣能用百執事，皆以絜矩之道，求好惡之公」，
〔註40〕由此「天子以是明諸侯之德，諸侯以是明卿、大夫、士之德，而用人
之道無不備，平天下之道一無不賅矣。」〔註41〕射選百官之射宮即是大學之
所在，亦與人君施政之明堂同處一地。

四、《大學古義說》與常州莊氏經學的關係

宋翔鳳被譽為常州學派具代表性的第三代學者之一，而《大學古義說》
中的經學思想反映出當時他在面臨學術轉型時，對未來的研究走向所作的抉
擇，當中從此書可以明顯的看出常州學派的經學思想已逐步地主導宋翔鳳後
期治經研究的主要方向，尤其從書中可看出莊存與和莊述祖的影子，因此下
面將針對二人經學思想與《大學古義說》的關係作一分析。

（一）《大學古義說》中與莊存與經學思想有關的部分

宋翔鳳早期的經學研究已經可以看出莊存與的影響，如在《經問自序》
中他提出「玩經文，存大體」的經學研究方法即是源於莊存與，〔註42〕且在
嘉慶二十四年春，宋翔鳳已經可以為龔自珍全面推測分析莊存與的學術與志
向，幫助其撰寫《資政大夫禮部侍郎武進莊公神道碑銘》，〔註43〕由此可知他
對於莊存與的經學研究是有相當程度的理解。

莊存與治經「不專為漢宋箋注之學」，〔註44〕且不分漢宋各家之家法、雜
舉各家學說以幫助他闡釋聖王治世之道的經學研究方法，正是宋翔鳳撰寫此

〔註40〕宋翔鳳：《大學古義說》卷二，頁 12b～13a。
〔註41〕宋翔鳳：《大學古義說》卷一，頁 2a。
〔註42〕莊存與的出處是莊勇成：《少宗伯兄養恬傳》，《毗陵莊氏增修族譜》（光緒元
　　　年刊本），卷 30，頁 29。宋翔鳳的出處是宋翔鳳：《經問自序》，《樸學齋文
　　　錄》，卷 2，《浮溪精舍叢書》，頁 136。
〔註43〕龔自珍在《資政大夫禮部侍郎武進莊公神道碑銘》提到：「越己卯之京師，識
　　　公（莊存與）之外孫宋翔鳳，翔鳳則為予推測公志如此」對龔自珍瞭解常州
　　　之學有一定之幫助。此外龔自珍詩中屢提到宋氏，如《己亥雜詩》：「玉立長
　　　身宋廣文，長洲重到忽思君。遙憐屈賈英靈地，樸學奇材張一軍。」《龔自珍
　　　全集》，上海：上海古籍出版社，1999 年，頁 143／522。
〔註44〕阮元：《莊方耕宗伯經說序》，《味經齋遺書》，卷首。

書的特色之一，因為《大學古義說》的體例不似他之前的著作專以考證訓詁
為主，書中考據的目的主要是為了闡述其中的義理，尤其書中的內容和莊存
與所著重的「廟堂之學」相關。宋翔鳳在書中將「大學」定位成以天子之學為
主的發揮，應有受到莊存與《味經齋遺書》的影響。莊存與在入直南書房後，
長期擔任內閣學士兼上書房師傅，魏源在《武進莊少宗伯遺書序》中提到莊
存與在「乾隆中以經術傅成親王於上書房十有餘載，講幄宣敷，茹吐道誼，
子孫輯錄成書，為《八卦觀象》上下篇、《尚書既見》、《毛詩說》、《春秋正辭》、
《周官記》如幹卷」，〔註45〕所以《味經齋遺書》大多是依據莊存與的上書房
教學講義改編而成，書中內容主要是在發揮經中之微言大義，教導皇帝及皇
位繼承人如何成為儒家理想中「聖王」，希望他們可以從中上窺聖人之道，以
明修己治人之法，以啟人君王道之治。《大學古義說》亦是宋翔鳳在泰州教學
的講義，書中主要也在論述從政者學習治國理政的經過，從胎教開始，〔註46〕
後入大學受太傅、太師等人的教導以明其五性之德，後又學習「絜矩之道」，
以知治國平天下之術。

　　此外莊存與以為帝王師的地位是「作之君、作之師，為配上帝」，故他
在《象象論》中提到：「古之盛王，建國君民，必立諸天子之學，使能其事
者，世世守之。凡教於天子之學，皆高尚其事之人也。」〔註47〕「高尚其事，
何事也？天地之事也。三公在朝，三老在學，天子以師禮事之，不煩以官職
之事。」〔註48〕以此自許他擔任上書房師傅一職的重要地位。宋翔鳳也將此
看法引入在書中，曰：「太師教王，三公之事，與王同，故不必有天下者，
而後任平天下之責也。王者能用執政之大臣，大臣能用百執事，皆以絜矩之
道，求好惡之公，故能用其中於民，而天下無不平。」〔註49〕由此可知，宋
翔鳳以天子之學的角度來論三公的作用和重要性其實與莊存與的論點是一
脈相承。

　　另一方面，乾隆中期以後漢學成為學術的主流，而漢代「儒林之興，多

〔註45〕魏源：《武進莊少宗伯遺書序》，《魏源集》，北京：中華書局，1976 年，頁
　　　　237。
〔註46〕「故保赤子必始於胎教。」見宋翔鳳：《大學古義說》卷二，頁 5b。
〔註47〕莊存與，《象象論》，第 11 頁。
〔註48〕莊存與，《象象論》，第 9 頁。
〔註49〕宋翔鳳：《大學古義說》卷二，頁 12b～13a。

自孫卿」，〔註 50〕荀子言性惡，「以性為惡，或曰性可以為不善，或曰有性不善」，〔註 51〕這使得莊存與憂心以性善論為基礎的堯舜孔孟之道不彰，學界將為「誣聖畔經」之學所奪，所以他欲以其學開天下學術之先風，使士人治經回歸至性善論的正道，例如他在《尚書既見》中提到《舜典》記載瞽瞍聽象殺舜這種大不道之事是為了闡述雖如瞽瞍之頑囂與象之大惡，最終乃可由惡返善，以此來說明人之性本善的道理，以此論證以性善論為本的親親之道方是齊家治國的核心精神，推而廣之，以至夷狄，最終連三苗之頑也在舜之盛德教化下，「皆化民易俗，近者說服而遠者懷之也」，最終達到「及其既同」，〔註52〕成為「夷狄進至於爵，遠近大小若一」的太平世時代。宋翔鳳雖然以漢學作為他治經的底子，且在《大學古義說》中採納古本《大學》為文本，但他也在書中反駁荀子的性惡說，並以性善論作為全書理論的論述基礎，曰：「天命於人謂之性，分而言之為仁、義、禮、知、信，以合五行之德，此性，善之所由來也。」從天子以至庶人均有仁義禮智信之性，所以大學之法強調自天子以至庶人，壹是皆以修身為本，「初以元善為建首，則天下莫不復其性；性善之說明，而後天下之民皆得其所止，故說《大學》者，必舉至善以示人也。」所以宋翔鳳以為大學、明堂、射宮同位一處，是最能體現以性善論為本的德治體制，因此他最後下結論：「夫修身、齊家、治國、平天下之道，其功皆基於至善。」〔註53〕由此可知《大學古義說》是宋翔鳳試圖在嘉慶後期強調漢宋融合的風潮下另闢一治經的途徑，而他所仿效的對象是對當時「不專為漢宋箋注之學」的常州經學的開創者莊存與。

（二）《大學古義說》中與莊述祖經學思想有關的部分

然而對於宋翔鳳影響更大的是常州學派第二代學者莊述祖。莊述祖一改莊存與不重視漢學的傾向，開始與當代漢學家進行對話，如江聲、王鳴盛、段玉裁、孫星衍等人，並從中吸收吳派的漢學研究方法，〔註54〕將「以實求

〔註 50〕莊述祖：《與趙億生司馬書》，《珍蓺宜文鈔》，《續四庫全書》集部・第 1475 冊，頁 110。

〔註 51〕莊存與：《尚書既見》，《續四庫全書》經部・書類，第 44 冊，頁 229。

〔註 52〕莊存與：《尚書既見》，頁 225。

〔註 53〕宋翔鳳：《大學古義說》卷二，頁 3b。

〔註 54〕錢穆指出常州莊氏之學源於蘇州惠棟之學，他說：「莊氏為學，既不屑屑於考據，故不能如乾、嘉之篤實，又不能效宋、明先儒尋求義理於語言文字之表，而徒牽綴古經籍以為說，又往往比附以漢儒之迂，故其學乃有蘇州惠氏好誕

是」的考據之法納入常州莊氏經學的研究中來闡述微言大義，並用「漢學求根株」將莊存與的經學重新改造，並從其他領域來拓展其論述的範圍，由此完成常州學派的轉型，使之能與乾嘉漢學接軌。此套治經家法對宋翔鳳有相當深刻的影響，尤其是在他學術轉型的過程中扮演關鍵性的地位，這在道光十三年他所作的詩有所提及：「聖言尋六藝，鬼俗治三巴，我媿師傅早，人方眾說嘩，篋中篇籍在，寂寂向天涯。（謂葆琛先生遺書）」〔註55〕詩中提到他以莊述祖之學作為學術轉型的方向時面臨到「人方眾說嘩」的困境中，但最終他還是排除眾議，堅持到底。莊述祖在《答宋甥于庭書》中提到：「近撰《說文古籀疏證》，頗有新得，竊謂《連山》凶而有《夏小正》，《歸藏》凶而有倉頡古文，今就許氏偏旁條例以干支別為敘次，亦始一終亥，名《黃帝歸藏甲乙經記字正讀》，意欲以此書和《夏小正等例》為夏商之《易》補亡，未知能竟其業否？如精力不繼而中輟，尚望吾甥與卿珊續成之。」〔註56〕《說文古籀疏證》與《明堂陰陽夏小正經傳考釋》（《夏小正等例》包含其中）二書正是莊述祖經學研究最重要的部分，在深受莊述祖的期待及影響下，宋翔鳳接下莊述祖的衣缽，成為他後期經學研的主軸。

　　莊述祖在《明堂陰陽夏小正經傳考釋》中對夏代明堂制度的論述成為《大學古義說》的基礎，如莊述祖提到「聖王所以省躬，所以授時，所以敷政」，〔註57〕宋翔鳳則在書中進一步論說明堂之政為「人秉天地之性，當謹候天氣，審察陰陽。聖人立大明堂之禮，布十二月之令，示王者之所當止。」〔註58〕兩人一前一後相互呼應。此外莊述祖在《明堂陰陽夏小正經傳考釋》中提出《夏時》與《禮經》相表裡，尤其是《禮記》中對於明堂、大學之解釋與《夏時》中的明堂制度相互呼應，他認為二者的關係是一體兩面且相輔相成，故

之風而益肆，其實則清代漢學考據之旁衍歧趨，不足為達道。」論莊述祖則曰：「方耕有侄曰述祖，字葆琛，所著曰《珍藝宧叢書》，頗究明堂陰陽，亦蘇州惠學也。」最後總結曰：「要之常州公羊學與蘇州惠氏學，實以家法之觀念一派相承，則彰然可見也。」錢穆：《中國近三百年學術史》，臺北：臺灣商務印書館，1990年，頁525～529。

〔註55〕宋翔鳳：《秋日孟縣雜興八首》之六，《洞簫樓詩紀》，卷15，《浮溪精舍叢書》，頁356。

〔註56〕莊述祖：《答宋甥于庭書》，《珍埶宧文鈔》，《續四庫全書‧集部》1475冊，頁117。

〔註57〕莊述祖：《夏小正經傳考釋序三》，《珍藝宧文鈔》，頁86。

〔註58〕宋翔鳳：《大學古義說》卷二，頁4b。

他又將《夏時》改命為《夏時明堂陰陽經》，可以說莊述祖對明堂的論述對宋翔鳳《大學古義說》中有關明堂與大學的政教一體關係之述說起到關鍵性的影響，甚至可以說宋翔鳳作《大學古義說》是對《夏時說義》的續補與擴展。

　　此外，莊述祖在《說文古籀疏證》中以《說文解字》為基礎，「察古籀、篆、隸之升降」，並用鐘鼎古文來補《說文》的不足，以此來重建古代的籀文系統，以此探索造字之原理及其背後所蘊含的微言大義，他以「文字之興始於黃帝正名三十二言之教，以明人倫庶物」，且「始一終亥乃文字之所由起」，即黃帝以「始一終亥」的納甲之義來創造文字，並以文字作為正名萬事萬物的工具，而「始一終亥」之義則被後來的《歸藏》所繼承，而納甲之義與八卦的原理相通，因此《歸藏》與《易經》可以相輔相成，最終「始一終亥」之義蘊藏於古籀文的造字系統中，並成為《說文解字》中的六書之條例。宋翔鳳得莊述祖之真傳，也在《過庭錄》中提到相同的論點：「黃帝正名百物，命其史倉頡造字，古者曰名，今世曰字。孔子言：『必也正名。』亦名，黃帝之法。文字造而《歸藏》出，漢許慎得正名之傳，為《說文解字》，始一終亥。」〔註59〕又曰：「六書之義皆出《歸藏》」。〔註60〕所以莊述祖將《說文古籀疏證》一書命名為《黃帝歸藏甲乙經記字正讀》，而宋翔鳳對孔子與老子相互之間的關係之研究即出於莊述祖在此書對《歸藏》的推衍，如宋翔鳳在研究《老子》時提到：「老子所述，為黃帝《歸藏》之義。」又曰：「《論語》稱『為政以德』，又言：『道之以德，齊之以禮，有恥且格。道之以政，齊之以刑，民免而無恥。』又言：『無為而治者，其舜也與。夫何為哉？恭己正南面而已矣。』皆同於老氏之怡。」故曰：「蓋孔子得坤乾之後，述黃帝之易，行不言之教矣。」〔註61〕對宋翔鳳之學深有研究的譚獻也提到「宋先生（翔鳳）欲為《老子章義》，未成，存十餘則於《過庭錄》，皆推究《歸藏》之旨。」〔註62〕在《大學古義說》中，宋翔鳳在解釋誠與靜的關係時也將莊述祖的看法融入其中，曰：「《老子》曰：『夫物芸芸，各復歸其根。』歸根曰靜，是以至誠者，天下之至靜者也。《易》曰：『雷在地中，復，先王以至日閉關，商旅不行，後不省方。』氣之動者莫如雷，雷在地中，至靜之時也，而至誠象之。」又在說明何謂「獨」時提到：「君子慎獨即致知，《老

〔註59〕宋翔鳳：《老子》，《過庭錄》，北京：中華書局，2006年，頁216。

〔註60〕宋翔鳳：《老子》，《過庭錄》，頁221。

〔註61〕宋翔鳳：《老子》，《過庭錄》，頁220／215／220。

〔註62〕譚獻：《復堂日記》，卷一，頁4。

子》曰：『載營魄，抱一能無離。』一者，獨也，即本也。抱一無離者，慎獨也，即知本也。《易》乾初九為獨。」〔註63〕由此也可證明宋翔鳳在撰寫《大學古義說》時已深受《說文古籀疏證》的影響，認為《老子》和《易經》可互通有無，因其本源皆來於《歸藏》和黃帝，這種儒道同源之說法後來成為宋翔鳳《論語說義》的核心思想之一。

第二節　道光時期的義理研究：以《論語說義》解析宋翔鳳的微言論述

《論語說義》完成於道光二十年宋翔鳳任職於豐陽縣知縣的任上。《論語說義序》提到：「自漢以來，諸家之說，時合時離，不能畫一，蒙嘗綜核古今，有《纂言》之作，其文繁多，別錄私說，題為《說義》，紬繹已久，有未著於子墨者，年衰事益，偓偬趁暇，恐並散佚，遂以此數萬言，先付殺青，引而申之，或俟異日。」〔註64〕因此《論語說義》是宋翔鳳將《論語纂言》二十卷本中部份個人的看法別錄另成一書，是他經學思想的結晶之作。隨著近年來對常州學派的關注，漸漸引起學術界對此書的關注。《論語說義》與《論語發微》的異同曾引起學者的注意與討論，本人在北京國家圖書館查閱比對《四書古今訓釋》及《四書纂言》後發現《論語發微》有兩種版本。一是收藏於嘉慶十八年出版的《四書古今訓釋》中的《論語發微》一卷，卷中主要是在闡述《論語》與《公羊傳》義理相通的重要章節，這是受到劉逢祿《論語述何》影響而作。此外在道光二十六年出版的《論語纂言》二十卷中，宋翔鳳在大部分章節的批註中均有引用《論語發微》一書，而這些引用的內容都與《論語說義》相同，且引用的部分占全書三分之二以上。由此可以推斷出此版本的《論語發微》應是由《論語說義》改名或改編而來，這表示《論語說義》的內容是以發揮「微言」為主。

現今學者對《論語說義》已多有研究，基本上多從張三世、通三統、素王說等《公羊》之義來解說《論語說義》，如陳鵬鳴提到「宋翔鳳則以《公羊》之義解說群籍，將今文經學的陣地從原有的今文典籍上，擴大到《四

〔註63〕宋翔鳳：《大學古義說》卷一，頁14a。
〔註64〕宋翔鳳：《論語說義序》，《論語說義》，卷首，臺北：藝文印書館，民國55年。

書》、《禮運》，甚至老子之書。」〔註65〕另外也有一些學者從訓詁考證之漢學風格來分析《論語說義》，如《宋翔鳳〈論語說義〉的解經特色》一文中提到宋翔鳳「以精熟的音韻、聲律與訓詁等小學功力，通過援引《三禮》等大量古籍，考究湮沒已久的《論語》所載古禮、古制；進而用以講說《論語》相關篇章的名物、掌故。」〔註66〕然而，對於書中的「孔老同源說」，早期的學者多認為是宋翔鳳穿鑿附會之說，〔註67〕所以並不重視，近期有些學者雖已注意到此說與常州學派有關，如王光輝《論宋翔鳳的「老子與孔子道同一原」說》提到：「宋翔鳳以《歸藏》統領儒、道兩家，以『老子與孔子道同一原』之『原』在《歸藏》。宋翔鳳何以如此拔高《歸藏》？要回答這個問題，必須回到常州學派的整體中進行考察。」〔註68〕但大體上只就孔學與老學之間的關係作一說明，但對於書中多處所提到的大學、明堂與「孔老同源說」、《公羊》思想之間的關係並無學者作有系統的解釋，這造成外界對於《論語說義》或宋翔鳳的經學思想有了認識上的誤區。所以本文將從常州學派的傳承及延續《大學古義說》的角度來分析《論語說義》，並將論證《論語說義》所提到的這些說法均是有脈絡可循，且是書中整體思想架構的一部分。

　　《論語說義》主要是在闡釋孔子的「微言大義」，《論語說義序》曰：「《論語說》曰：『子夏六十四人，共撰仲尼微言，以當素王。』微言者，性與天道之言也。此二十篇尋其條理求其恉趣，而太平之治，素王之業備焉。」〔註69〕在比對道光26年出版的《四書纂言》中之《論語纂言》後，可以發現宋翔鳳將引用於《論語說義》的部分均改為出自於《論語發微》。由此可見宋翔鳳認為《論語說義》所論主要是有關於孔子微言的部分，故書中提到「求微言者在《論語》」。〔註70〕宋翔鳳用力於《論語》長達數十年之久，成書後又將書名改為《論語發微》，對於《論語》所論述的微言內容，宋翔鳳以「性與天道」

〔註65〕陳鵬鳴：《宋翔鳳經學思想研究》，《中華文化論壇》，2001年第4期，頁102。

〔註66〕閆春新、徐向群：《宋翔鳳〈論語說義〉的解經特色》，船山學刊，2010年第1期，頁125。

〔註67〕如黃開國的《宋翔鳳〈論語〉學的特點》及陳鵬鳴的《宋翔鳳經學思想研究》均持此觀點。

〔註68〕王光輝：《論宋翔鳳的「老子與孔子道同一原」說》，《同濟大學學報》（社會科學版），第29卷第4期，2018年，頁102。

〔註69〕宋翔鳳：《論語說義序》，《論語說義》，卷首，臺北：藝文印書館，民國55年。

〔註70〕宋翔鳳：《論語說義》，卷五，頁4a。

來概括之，並認為這些微言也蘊藏於五經及其傳紀之中，其中與《易經》和《春秋》尤為密切，甚至道家典籍中的《老子》、《管子》都有所涉及。在《論語說義》中宋翔鳳以莊述祖的《夏時》與《歸藏》的研究和常州《公羊》學為基礎來闡釋微言的具體內容，並將這三方面的思想融合於一體，由此構成為宋翔鳳的經學體系的三大支柱。

一、《論語說義》的篇章安排

《論語說義》中按《論語》二十篇依序加以論說，其中給予八篇下個人定義，依先後順序為：《學而》篇明「大學之制」，《為政》篇講「明堂之法」，《八佾》篇「遂明宗廟之禮」，《里仁》篇「明治國者當察鄰里風俗之厚薄」，《公冶長》篇「言卿大夫之事，故究之以忠信、好學」，《雍也》篇「明人君之道，故究以中庸之為德與立人、達人之說」，《泰伯》篇則「往復以明天命觀」，《子罕》篇「皆以說聖人微言之故也」，《堯曰》篇則論「孔子受命」之事。由此看來《論語說義著重於說義與發微。

由上面的編排來看，《論語說義》明顯是延續《大學古義說》而來。開篇《學而》即論大學之教，緊接著《為政》篇「著明堂法」，書中提到：「明堂、太學同處，教士則曰太學，為政則曰明堂。」〔註71〕這是《大學古義說》所強調的政學合一之制。《八佾》篇論宗廟之禮，宋翔鳳專以《公羊》之禮來解釋篇中孔子議禮的部分。《里仁》篇則講「人之心述為風俗之所繫」，這裡也是延續他在《大學古義說》所論先修身正己，之後推己及人以達治國平天下之說。宋翔鳳於《公冶長》篇和《雍也》篇分別以《詩》、《書》、《禮》、《樂》之「文章」及《易》、《春秋》之「性與天道」來分別代表「卿大夫之事」和「人君之道」。《泰伯》篇主要是延續莊存與《尚書既見》中對於帝王傳賢、傳子之討論，最後歸結於天命，故曰：「堯舜傳賢，禹之傳子，聖人之心，其道如一。」〔註72〕《子罕》篇中，宋翔鳳多次提及《易》與《春秋》之微言和兩者的關係。最後宋翔鳳將《堯曰》篇和《子張》篇統整一起，他認為「敘堯、舜、禹、湯及周，而繼之以子張問政，言尊五美、屏四惡，皆本執中之義而用之，復繼之曰：『不知命，無以為君子。』命者，天命，知天命之所與而受之，見素王之成功，遂發之，於此則孔子受命之事顯然可知

〔註71〕宋翔鳳：《論語說義》，卷一，頁7b。
〔註72〕宋翔鳳：《論語說義》，卷四，頁10a。

矣。」〔註73〕所以他以為孔子去世後,「有知命之君子傳微言以治天下之人」,如子思、孟子、趙岐等人,「其說與繼周之義相為發明」。所以宋翔鳳最後下一結論:「仲尼沒而微言未絕,七十子喪而大義未乖,蓋其命意備於傳記,千百世而不泯者,是固好學深思者之所任也。」〔註74〕《論語說義》即是繼這些知命之君子而作,以接續發揮孔子的微言大義於當世。

相較於《大學古義說》著重論說大學、明堂、射宮三位一體的育才、選賢、理政的治國之法,《論語說義》以「明堂制度」為核心,將以「孔老同源說」為基礎的「人君南面之術」及「《公羊》三世說」有機的結合一起,如「南面者,明堂之象也」〔註75〕,或「明堂之法,亦《春秋》之法也」,〔註76〕並用明堂與南面之術、三世說之間的互動關係來打通論語的篇章結構與整體文意,試圖找尋各篇章之間的結構聯繫。宋翔鳳以此來作為孔子「素王之業」及「太平之治」的理論基礎。因此以下將分別從明堂、南面之術及三世說三方面來論述《論語說義》中「性與天道」的具體落實方案。

二、《論語說義》中理想的政府制度:政學合一的明堂之制

在《大學古義說》的基礎上,宋翔鳳於《說義》繼續深化論述明堂對於育才、選材及施政的功能。當中有關育才的部分,他以為三代之制以封建、井田、學校為三大端,其中封建與井田因隨著時代的變遷已不合於後世之所需,只有學校是萬世不可易的制度。宋翔鳳以為人才培養的主要途徑必須透過學校方能有效達成,故「先王興學以治人情,聖人設教以維世」,所以學校興,雖不井田、不封建,而一世治;學校廢,雖行封建、行井田,而世愈亂。尤其在春秋後期禮崩樂壞之後,「明堂之政湮,太學之教廢,孝弟忠信不修,孔子受命作《春秋》,其微言備於《論語》。」〔註77〕所以《論語》以立學之義作為開端,以此呼應《大學古義說》。宋翔鳳於書中進一步延伸細化,以「時習」為「瞽宗上庠教士之法」,「有朋自遠方來」為「秦漢博士相傳之法」,「文行忠信」為孔子教人之法。學校的教學內容以《詩》《書》《禮》《樂》之「文章」為主,而「文章者,即本乎性與天道,發為《詩》

〔註73〕 宋翔鳳:《論語說義》,卷十,頁 2a~2b。
〔註74〕 宋翔鳳:《論語說義》,卷十,頁 3a~3b。
〔註75〕 宋翔鳳:《論語說義》,卷三,頁 7b。
〔註76〕 宋翔鳳:《論語說義》,卷八,頁 1a。
〔註77〕 宋翔鳳:《論語說義》,卷一,頁 1b。

《書》，動為《禮》《樂》。」〔註78〕

其中宋翔鳳以《易》言天道，《詩》《書》言德化，故《十翼》及《詩》古文家毛公、今文家韓嬰俱言性善，孟子誦《詩》讀《書》，故道性善。另外以《禮》為防淫之書，《春秋》是為誅亂臣賊子而作，故《禮》家、荀子、《春秋》家、董仲舒俱言性惡。《論語》則將性善論和性惡論綜合為「性相近，習相遠也」，以為天人之際必本乎性，故仁義禮智信之德乃周四海、亙古今而不變，此即所謂性相近；而民日用之質則慎乎習，故言語、飲食、衣服、禮俗，更數十年而易，行九州島而各殊，此即所謂習相遠，故《論語》首篇言「學而時習之」，希望透過學習、教化使得人人最後均可以一而同之，回歸本性之善，這就是大學中君師之教和弟子之學的主要內容。孔子以《詩》《書》《禮》《樂》教三千弟子，當中通六藝者有七十二人，其中分為四科：「德行，修德行仁，作之君者也；言語，傳聖人微言，述而語之，以垂百世，作之師者也；政事，食貨、賓師之事，任有司者也；文學，通六藝，備九能，為學士者也。」〔註79〕政事與文學兩科弟子尤其擅長夫子之文章，故宋翔鳳以「《詩》《書》《禮》《樂》即大學之教」，〔註80〕而「《詩》《書》《禮》《樂》皆歸乎《春秋》之治太平。」〔註81〕故《論語》論學之道即大（太）學之道。

依《大學古義說》之看法，中國上古的政治制度是實行學政合一的制度，因此「言學而不可究之於治國，其學為無本」，所以在學校所學皆是為從政而準備，故「升於學者，皆可登於明堂」。明堂是古代天子施政之處，其主要工作有三：一是行四時之令。所謂「春夏秋冬、天文地理，人道所以為政也，道正而萬事順成，故天道，政之大也。按《大傳》言，帝王之為政如此」，「故周公作《明堂月令》，首孟春之月，即周《月篇》之義，先儒言堯正建丑，舜正建子，而《虞書》言授時巡守皆用建寅，即明堂之法。」〔註82〕二是祀五精之帝。所謂有天下而王者方能舉禘祭，而「郊與明堂，祭之大者，故皆謂之禘。」有天下者能依禮行禘祭，如此孝弟之道將充塞四方，使得天人合應，故朝諸侯於明堂而天下大服，這體現出上古亦為祭政合一的體制。三是布天下

〔註78〕宋翔鳳：《論語說義》，卷三，頁3b。
〔註79〕宋翔鳳：《論語說義》，卷六，頁1b～2a。
〔註80〕宋翔鳳：《論語說義》，卷四，頁6b。
〔註81〕宋翔鳳：《論語說義》，卷三，頁2b。
〔註82〕宋翔鳳：《論語說義》，卷八，頁1b。

之政。其中以舉賢才為本，而舉賢才者必以知人為要，選材可用與否則必須試之以射，故明堂亦稱射宮，以每人在射箭比賽中所呈現之禮節、態度來判定賢能與否，而非後世科舉以試文字之工拙來取才，立程序以考課。所以「為政之道，諸侯、卿大夫皆當以禮裁制之」，〔註83〕而君臣之間以禮相與，所謂事君盡禮而後能使臣以禮，不必以權勢相馭，所以孔子答顏淵問為邦之道，提出因四代之禮成製作，因為「禮樂者，治身治民之具也。」所以《論語說義》在論理想的政府體制時改變《大學古義說》以「大學」作為論述的主軸，而改以明堂制度作為全書說義發微的主要架構。

三、《論語說義》中理想的為君之道：由南面之術來看「孔老同源說」

在古代中國，治國成敗與否有多方面的因素，其中必須有一套理想的政府制度，但想使這套制度能有效運作，關鍵在於人君的德行與治理能力是否足以承擔大任。所謂「人存政舉，人亡政息」，所以執政者必須有一套可以和明堂制度相互配合的理政之術方能達到國治天下平的理想目標，此套治術宋翔鳳稱之為「絜矩之道」，所謂「王居明堂戶牖之內，守其至正，以德自明，中外逴邐，達志通欲，無邪之致，極之於思，如是為絜矩之道，天下平矣。」〔註84〕絜矩之道與明堂取一至九之數同義，故曰：「矩者，數也，《大學》篇言平天下有絜矩之道，苟能用矩，則自近及遠，合萬為一」〔註85〕，所以《春秋》之致太平，追堯舜之隆者，唯不逾矩而已矣。

「絜矩之道」就是為君者不逾矩，以矩印心，以心出矩，用心以矩來貫穿萬物為一體，使己之好惡同民之好惡，以天下為一人。而矩者，數也，此數即「大衍之數五十，其用四十有九，其一為乾元，所謂《易》有大極，是生兩儀者也，於天為北辰」，而「大衍之數，虛一不用，有不用者而用之以通。」〔註86〕此「虛一不用」者即「不逾矩之心」，又可稱「一、乾元、大極、北辰」，故在「為政以德」一章中，宋翔鳳以「如北辰居其所」來形容「守一」，其曰：「抱一之式，至正之守，乾維所繫，綱紀所存，斯見之於禮。」他又以「眾星拱之」來形容「一以貫之」，其曰：「寬大之治，疏闊之法，鈞陶醇風，沐浴醲

〔註83〕宋翔鳳：《論語說義》，卷一，頁11a。
〔註84〕宋翔鳳：《論語說義》，卷一，頁8b。
〔註85〕宋翔鳳：《論語說義》，卷一，頁10a。
〔註86〕宋翔鳳：《論語說義》，卷二，頁32a。

化，斯形之於和」，故「北辰不離於紫宮而眾星循環，終古不忒，樞之筦也。」
〔註87〕守一即居敬，一以貫之即行簡，所以「王居明堂戶牖之內，守其至正，
以德自明，中外遐邇，達志通欲，無邪之致，極之於思，如是為絜矩之道，天
下平矣。」〔註88〕宋翔鳳認為居敬即是《老子》所言「致虛極，守靜篤」。他以
為「致虛者，一也，守靜者，不用也，萬物並作，吾以觀其復言一以貫之也。」
〔註89〕行簡即「《老子》曰：『道生一，一乾生二，二生三，三生萬物。』三者，
乾之三爻，《易》兩篇之策當萬物之數，老子之說通乎《易》，與《論語》『一以
貫之』之說意相發也。」〔註90〕所以儒家的「居敬行簡」之道與道家的「清靜
無為」之術其實是一體兩面，所言者就是「南面之術」。所以《論語說義》引《漢
書·藝文志諸子略序》云：「道家者流，蓋出於史官，歷記成敗、存亡、禍福、
古今之道。然後知秉要執本，清虛以自守，卑弱以自持，此君人南面之術也。」
宋翔鳳以為「秉要執本三語即居敬行簡，故曰：『人君南面之術』，則老子與孔
子道同一原，《論語》言『為政以德，譬如北辰居其所』，又言：『道之以德，齊
之以禮』，又言：『無為而治』，五千言之文悉相表裡，惟孔子言詩書禮樂，所謂
文章，可得而聞，而道德之意則為性與天道，不可得聞。」〔註91〕因此孔子所
論的為君之道就是老子的治國之術——人君南面之術。

　　由此可知，宋翔鳳將「絜矩之道」視為「人君南面之術」，也由此引出孔老
同源之說。對此大部分學者常以門戶之見對宋翔鳳此說大多持負面的看法，其
中章炳麟的評價最具代表性，他說：「長洲宋翔鳳，最善傅會，牽引飾說，或採
翼奉諸家，而雜以讖緯神秘之辭。」〔註92〕之後多數學者大體持這項的看法，
如黃開國老師說：「《論語》與《老子》的確都有人君南面的內容，但是，二書
的出發點與歸宿完全不同，而且《論語》不言所謂術，言術是道家的特色，說
二書都是人君南面之術，悉相表裡，又是宋翔鳳的附會之說。」〔註93〕然仍有
學者對此說持正面的看法，如譚獻云：「論《老子》，精研絕學，洞識本原，惜
《說義》之書不成。」〔註94〕而蔡長林先生則將此說的關鍵點出：「於以『精研

〔註87〕宋翔鳳：《論語說義》，卷一，頁 7b。
〔註88〕宋翔鳳：《論語說義》，卷一，頁 8b。
〔註89〕宋翔鳳：《論語說義》，卷二，頁 32a～32b。
〔註90〕宋翔鳳：《論語說義》，卷二，頁 32a。
〔註91〕宋翔鳳：《論語說義》，卷四，頁 1b。
〔註92〕章炳麟：《章太炎全集》第三冊，上海：上海人民出版社，1984 年，頁 476。
〔註93〕黃開國：《宋翔鳳《論語》學的特點》，《哲學研究》，2007 年第 1 期，頁 41。
〔註94〕譚獻：《復堂日記》卷一，石家莊：河北教育出版社，2001 年，頁 23a。

絕學，洞識本原』形容翔鳳的《老子》研究，指的正是通篇運以述祖所釋『龜藏首坤』之義，今遺書俱在，其間的傳承轉換之跡，讀者可覆按。」〔註95〕即孔老同源之說並非宋翔鳳所原創，而是源於莊述祖的《說文古籀疏證》中對《歸藏》之義的解釋。

有關老子之學，宋翔鳳承莊述祖之說以為源於黃帝，其言：「老子為黃帝之學，何證？黃帝號曰自然氏……自然者，獨宏大道德也，按老子曰：『功成事遂，百姓皆謂我自然』，我者，蓋黃帝之辭，而老子述之也，其申自然之義」，〔註96〕故「王者上承天之所為，下以正其所為，未有不以德為本，德者，不言之化，自然之治，以無為為之者也。」〔註97〕黃帝正名百物，所以黃帝之學體現在造字的原則上，「造文字始一終亥，《乾》之初爻為一，乾象盈甲而藏於亥，坤辟亥，坤下有伏乾，故坤含光大，凝乾之元，此坤乾之義，《歸藏》之法也。」〔註98〕黃帝之學最終在殷商時期成為《歸藏》一書，而「《老子》：『道可道，非常道，名可名，非常名。』非常名，名亦正名之名，謂造字必合乎道，道為道，生一之道，名即一，一為字之始，亥為字之終，坤辟亥，故有始一終亥之名，而《歸藏》首坤之理出焉。《歸藏》，黃帝《易》，而老子傳其學。」〔註99〕「始一終亥」就是黃帝之學的核心思想，也是《歸藏》坤乾之義的起源，而老子以此創道家思想。莊述祖和宋翔鳳的這種說法其實是西漢黃老之學的繼承與變形。

對於孔學與老學的關係，宋翔鳳認為兩者是一脈相承。《論語說義》以孔子的微言即「性與天道」之言，而「文章」本乎「性與天道」，故《詩》《書》《禮》《樂》皆歸乎《春秋》之治太平、《易》之既濟，因此《易》和《春秋》是儒學思想最核心的經典。「《春秋》去文從質，殷禮也，宋不足徵，求於柱下，得之老彭，問禮老聃，《春秋》之禮皆殷禮也，《小戴》所錄七十子之記皆殷禮也，合乎《春秋》，蓋問乎老聃而折其中」，〔註100〕所以孔子在承周末人心患文之弊而質勝下承老子之學作《春秋》，「去周之文，從商之質」，明質家

〔註95〕蔡長林：《訓詁與微言——宋翔鳳二重性經說考論》，《中國文哲研究集刊》第二十九期，2006年9月，頁267。
〔註96〕宋翔鳳：《論語說義》，卷四，頁2a。
〔註97〕宋翔鳳：《論語說義》，卷一，頁7b。
〔註98〕宋翔鳳：《論語說義》，卷二，頁31b。
〔註99〕宋翔鳳：《論語說義》，卷七，頁2b～3a。
〔註100〕宋翔鳳：《論語說義》，卷四，頁3a。

之法，採用的是殷禮，以此立《春秋》之制，反周法之世卿世祿，主張選賢舉能，故「《春秋》譏世卿，去周之文，從商之質，故用人之法亦從殷禮，後舉四科諸賢以見世爵之代。」〔註101〕但宋國文獻不足以徵用，而老子為周王室掌圖書典籍之史，〔註102〕熟知殷商之禮，殷禮與《歸藏》同源，主張舉賢能，反對周法的世卿世祿，「故言禮之書，莫精《老子》。」〔註103〕孔子先問禮於老聃而後作《春秋》，「又觀《十翼》之文，則孔子贊《易》亦多取於《歸藏》，《易》、《春秋》為微言所存，故皆從竊取之義。」〔註104〕所以《易經》和《春秋》是孔子問老子殷禮後，以殷禮為基礎而作的治國平天下之經。

由上可知，宋翔鳳總結「明堂之治，王中無為，以守至正，恭己南面，自明其德，上法璿機，以齊七政。」〔註105〕以「孔老同源說」將明堂制度的運作和治國者的南面之術關聯一起，故曰：「南面者，明堂之象也。」〔註106〕

四、《論語說義》中達到天下平的具體步驟：由三世說來看達到天下平的過程

關於《論語說義》中的《公羊》思想一直是學者研究討論的重點，或以「孔子素王說才是《論語說義》微言的根本所在」，〔註107〕或從「五始三科九旨」之說，〔註108〕或以「性與天道」等角度來闡釋《說義》的微言，這些研究為宋翔鳳的《公羊》學研究打下堅實的基礎。但只著重於對素王說、張三世、通三統等討論，可能無法更全盤的拼湊出《論語說義》或宋翔鳳晚年

〔註101〕宋翔鳳：《論語說義》，卷六，頁1b。

〔註102〕在考證「竊比於我老彭」一章中，宋翔鳳詳細的解釋老子與孔子的關係，曰：「按《莊子音義》引《世本》云：『彭祖，姓籛，名鏗。在商為守藏史，在周為柱下史。』又按《史記》云：『老子，周守藏室之史也。』《索隱》曰：『周藏書室之史。』蓋老、彭二人為商、周之史官，而老在彭前者，孔子於老子有親炙之義，且以尊周史也。《世本》以為一人，傳聞之誕耳。太史主傳述舊聞，此言當為修《春秋》而發，故孔子云：『其文則史，其義則某竊取之矣。』即竊比之義也。《漢書·敘傳》：『若允彭而偕老兮。』師古《注》謂：『彭祖、老聃。』同鄭義也。」見宋翔鳳：《論語鄭注》，卷四，頁1a。

〔註103〕宋翔鳳：《論語說義》，卷三，頁8a。

〔註104〕宋翔鳳：《論語說義》，卷四，頁3a。

〔註105〕宋翔鳳：《論語說義》，卷一，頁7b。

〔註106〕宋翔鳳：《論語說義》，卷三，頁7b。

〔註107〕黃開國：《宋翔鳳經學微言的核心》，《宋代文化研究》，2008年第十五輯，頁337。

〔註108〕陳鵬鳴：《宋翔鳳經學思想研究》，《中華文化論壇》，2001年，頁100～101。

思想的全貌，因此本章將從明堂功用的角度來結合《公羊》思想，如此可以將宋翔鳳其它的論點，如「孔老同源」等說法與《公羊春秋》有機的統整一起。

首先，關於明堂和《公羊》之關係，宋翔鳳提出「明堂之法，亦《春秋》之法也。」〔註109〕明堂制度就是《公羊春秋》所闡述的《春秋》制，二者均是法天之道而成，所謂「明堂之法，天之義」，人君於明堂中行四時之令於天下，如堯行法天定時成歲之政，而「《春秋》三世屢見大辰、北斗之名，自古明堂聽政，未有不法北辰之在紫宮。」故「《春秋》之義，天法也」，〔註110〕〔註111〕以法天為原則，「孔子救亂世作《春秋》，謂一為元，以著大始，而欲正本，然張三世以至於治太平。」〔註112〕所以《春秋》張三世之法是孔子本天道以救亂世以至太平世之道。以下將針對明堂與三世說的關係作一說明。

張三世的順序分別是據亂世、升平世、太平世，「謂文公繼所傳聞之世，當見所以治衰亂，昭公繼所聞之世，當見所以治升平，哀公終所見之世，當見所以治太平者」。在據亂世時，「內中國而外諸夏」，宋翔鳳以為當政者須於明堂實行「居敬行簡」的南面之術作為撥亂反正的開端。根據董仲舒所言的《春秋》之法，由治衰亂到立太平，首先必須先分仁義為外治、內治，內治反理以正身，據禮以勸福，君臣之間不必以權勢相馭，而在乎以禮相與，事君盡禮而後能使臣以禮，所以《春秋》褒善貶惡，進退誅絕，皆斤斤於君臣之間，希望挽人心而捄風俗，外治推恩以廣施，寬制以容眾，所以「聖人報蜀（一）不言而廟堂既修，大明堂之禮，四達不悖。」〔註113〕所以《春秋》仁義之法即是「南面之術」的表現，因此「《春秋》治起衰亂，則內中國而外諸夏，亦始於以義治我，故義先於治我，則仁達於天下，仁義之法相因而治。」〔註114〕故在據亂世時，「北斗運於中央，中官之星也，蓋除舊佈新於內，而未遑治外也。」當政者處明堂行南面之術於中國以作為平亂起治的起點，「故《雍也》一篇首言居敬行簡以明忠恕，而究之以中庸，皆一以貫之之微言，南面而聽天下，不外乎此。《春秋》繼周而作……求張三世之法，於所傳聞世，見

〔註109〕宋翔鳳：《論語說義》，卷八，頁 1a。
〔註110〕宋翔鳳：《過庭錄》，北京：中華書局，1986 年，頁 149。
〔註111〕宋翔鳳：《論語說義》，卷一，頁 8b。
〔註112〕宋翔鳳：《論語說義》，卷三，頁 2a。
〔註113〕宋翔鳳：《論語說義》，卷六，頁 7b。
〔註114〕宋翔鳳：《論語說義》，卷二，頁 30a。

治起衰亂，錄內略外，於所聞世，見治升太平，內諸夏而外夷狄，於所見世，見治太平，天下遠近小大若一，此仁之能近取譬，故曰：『為人君止於仁』，此南面之道，中庸之至也。」〔註115〕到了升平世的階段，明堂的功用進一步擴充，除了具備「祀五精之帝、行五行四時之令」等作用的布政之宮，或選才之射宮，或育才之大學外，也開始成為「朝諸侯之堂」，這時天子明堂的管轄統治範圍擴及到華夏諸邦，所以「大辰心房，明堂也，明堂之位，公侯伯子男至九采之國，內外秩如，所謂升平之世，內諸夏而外夷狄，故見除舊布新之象於明堂。」〔註116〕故孔子於《春秋》所聞世中貶季氏以及魯君，由此表現出「內正其國而正諸夏」。所以「孔子於《春秋》張三世，至所見世而可致太平，於是明禮之本，始先王之禮樂可行。」〔註117〕此時諸侯、卿大夫均列於明堂之上而天子以禮裁制之，而諸侯、卿大夫也在自己的封地中秉明堂之令以禮樂治民，所以在升平世的時代，明堂之政已涵蓋到整個華夏地區。最後《春秋》之成當致太平，以所見世為太平世，「於是明禮之本，始先王之禮樂可行」，〔註118〕故「明堂之德之盛基於孝弟忠信，究於損益質文，極於親安鬼享，至四海之內，各以其職來祭，莫不勇於為義，以應明堂之德。」〔註119〕在太平世，明堂的治理擴及天下四海中的所有人類，這時人人親其親而天下平，達到「大道之行」的天下一家的時代。這時的明堂之道即是堯舜之道，因人人都在明堂的治理下安居樂業，故人人「樂道堯舜之道」，天子則在明堂中用致太平之韶樂來凸顯太平世的到來。

　　由上可知，《論語說義》認為孔子作《春秋》以明堂為制，南面為術，希望後世王者依此按《公羊》三世之法來撥亂反正以致太平。當中「春夏秋冬、天文地理，人道所以為政也，道正而萬事順成，故天道，政之大也。按《大傳》言，帝王之為政如此，聖人南面而聽天下，向明而治，故所居曰明堂」，〔註120〕因此明堂行政是承天之所為以行天道，南面聽政是窮理盡性，用五性正六情以成王教之化，經三世之演化，最終達到天下平的理想境界，這就是宋翔鳳所提到不可得而聞的「性與天道」的具體呈現，其中南面之術偏於言

〔註115〕宋翔鳳：《論語說義》，卷三，頁 13b～14a。
〔註116〕宋翔鳳：《論語說義》，卷九，頁 5a。
〔註117〕宋翔鳳：《論語說義》，卷二，頁 19a。
〔註118〕宋翔鳳：《論語說義》，卷二，頁 19a。
〔註119〕宋翔鳳：《論語說義》，卷一，頁 14a。
〔註120〕宋翔鳳：《論語說義》，卷一，頁 7a～7b。

性，明堂之制偏於言天道，《春秋》則是孔子因乎世運而斟酌損益三代之禮，以禮樂之文質互言來明王者制度之消息，但因為只有「聖人在天子之位乃作禮樂」方合乎儒家之禮法，為合理化孔子以在野之身作《春秋》，故以受命當素王來合理化孔子作《春秋》，「子貢之倫興貨殖之事以命」為素臣，以素王說來解釋「不在其位，不謀其政」的矛盾。由上可知，《論語說義》對「微言」的定義是孔子仿帝王身分論述為君之術、治國之道及改制等不便在專制時代以平民身分所提出的言論，這種看法源於莊存與的「經制之學」，也是常州學派最核心的經學思想。

第三節　從編纂《四書纂言》的過程中來分析宋翔鳳經學思想之變遷

　　乾嘉以後，科場中以漢學古義來出題答題的情形有日漸增加的趨勢，如乾隆五十一年宋簡所參加的江南鄉試就可以被視為漢學已經滲透至科場的具體例子，所以科舉已逐漸興起一股「通訓詁、重典實」的新風氣，宋簡就是在此風氣下於科考中脫穎而出。所以宋簡也引導、訓練宋翔鳳將漢學知識融入科舉文章之中，以此為基礎，宋翔鳳早期的學術研究以搜集漢學古義和校讎學術源流為主，這也影響到宋翔鳳在科舉考試中的作答，他不以官方所規定的程朱之學來答題，而是採用漢學之義，如在嘉慶十六年的會試中，宋翔鳳不用朱子對「中庸」的解釋，而改以鄭玄「記中和之為用之義」來作答，臧庸對此予以讚賞曰「此文之根據《說文》、《禮記注》、《三禮記目錄》，為合乎本經，而不依據今日之《集解》、《集注》，則非究心經學訓詁之深者不能辨，無論售否，終恐當世鮮能心知此文所以精妙之故，因為跋其尾，如是虞廷無以得失為欣戚也。」〔註121〕。

　　嘉慶時期，漢學發展到最鼎盛，成為學術的主導力量。漢學家認為漢代經學最接近先秦儒學的原意，而魏晉以後的義疏之學已漸失漢儒師說，故不足以正解經文之本意。清代漢學家因善於校勘、訓詁、分別真偽等考據方法，所以最能貼近漢代經學的精髓，因此清儒所作的新疏遠勝前代，宋翔鳳也持相同的看法：「我國家稽古右文，名儒輩出，而六經之業大昌，如昆山顧氏、

〔註121〕臧庸：《拜經堂文集》，《續修四庫全書》，上海：上海古籍出版社，2003年，卷四，頁 9b。

山陽閻氏、長洲惠氏、武進莊氏、嘉定錢氏、休寧戴氏，之所著書於周秦兩漢之間，確有所見，推明典章制度，抉發訓故精微，遙遙與古人相接，旁皇周浹，自六藝以及四子書悉舉而通之，操觚之家承其後，皆言之有物，炳炳烺烺，固足以揚其粃糠，埽其塵垢者也。」〔註122〕所以此時興起統合經傳之新舊注疏的風潮，並將此風吹向制舉，融合新舊注疏的經書寫定本成為士子應舉之所需，也成為當時漢學家及被稱為「珪辭樸學」〔註123〕的常州學派學者所著力的學術工作，如莊綬甲在《尚書考異敘目》提到：「曩同姑子劉申受庶常討論五經，病其文多訛舛，使約共纂《考異》，定所適從。申受盡得外氏之傳，於先宗伯《公羊春秋》之學尤精，而專分得《易》、《春秋》；綬甲分得《詩》、《書》；適潘生准來就學《禮》，爰以《禮》屬之。而先為《尚書》，採集同異，稽譔其說，殆三歲而略備。」〔註124〕宋翔鳳在這樣的學術背景下，也全力投入於潮流之中，當中尤以四子書新舊注疏的整理統合所下功夫最多最久，而《四書纂言》就是他最後也最重要的成果。

宋翔鳳歷經乾、嘉、道、咸四朝，其所生活的年代正是清朝由盛轉衰的時期，隨著政治、社會的動盪，整體的學術思想也發生了相當的轉變，如乾嘉時期的漢宋之爭逐漸演變成嘉道年間的漢宋兼容，這對宋翔鳳經學研究的轉型有相當大的影響，而宋翔鳳編纂《四書纂言》的時間也正是這個時期。據邵棻於《四書纂言序》中所言：「于庭於嘉慶壬戌（7）歲始事編輯，閱四十餘年而成此稿，」〔註125〕即道光二十六年完成《四書纂言》。此書的編纂歷經三個階段：由嘉慶七年在《論語鄭注》二卷本和《經問》的基礎上開始進行，並於嘉慶八年完成《論語纂言》十卷本，此為第一階段。後經十年的努力，於嘉慶十八年完成《四書古今訓釋》十九卷，此為第二階段。最後，在道光二十六年完成《四書纂言》四十卷，此為第三階段。所以本文將藉由分析《四書纂言》編纂三階段的情況來探討宋翔鳳經學思想的變遷，並從中折射出清代中葉經學的發展與變化。

〔註122〕宋翔鳳：《四書古今訓釋序》，《浮溪草堂叢書》，第 4 冊，頁 1。

〔註123〕即陸繼輅在推薦纂輯省志的人選，其所舉之人有李兆洛、丁履恒、莊綬甲、宋翔鳳、沈欽韓、董士錫、方履籛、吳育、周伯恬、顧蘭崖、張成孫、陸劭聞等人，並稱許諸子是方今之「珪辭樸學」。見陸繼輅：《上孫撫部書》，《崇百藥齋續集》，《續修四庫全書》，第 1497 冊（影印嘉慶二十五年合肥學舍刻本），卷 3，頁 19a。

〔註124〕莊綬甲：《尚書考異敘目》，《尚書考異》（道光十八年李兆洛刊本），卷首。

〔註125〕宋翔鳳：《四書纂言序》，《浮溪草堂叢書》，第 9 冊，頁 1。

一、嘉慶七年至八年編纂《論語纂言》

《論語鄭注》作為宋翔鳳校勘輯佚經學典籍的開端，從乾隆五十八年開始，直至嘉慶七年初步完成。在惠棟、丁傑、孔廣林、臧庸對鄭玄《論語注》輯佚的基礎下，「就何氏《集解》、皇氏《義疏》、陸氏《音義》旁及他經注疏編類之書，先後採獲反若干條，編為（《論語鄭注》）二卷。」〔註126〕所以在嘉慶七年，宋翔鳳已編成《論語鄭注》二卷本及《經問》二十卷，此二書為編纂《論語纂言》奠定下基礎，如在「桓公殺公子糾」一條中即引用《經問》來論證「則子糾兄，而非弟，其證正明」〔註127〕，而書中引用之鄭注更是比比皆是，因此宋翔鳳這三本書可說是一脈相承。到了嘉慶八年，宋翔鳳出版《論語纂言》十卷本。《論語纂言》十卷本是《論語鄭注》的延伸與擴充，由輯佚鄭玄注擴展成綜合纂編孔安國、鄭玄、何晏、皇侃、陸德明等歷代《論語》注釋家之英華之作，是宋翔鳳早期《論語》研究之總結性的成果。

《論語纂言序》中提到：「經學之興，基於漢氏，儒者彬彬，皆以《論語》為傳記，微言所存，當代重之。孔鄭羣儒，同乎枉蠹；何邢兩家，猶托梨棗（書版的代稱）；紫陽（朱熹）一出，幾於燼火焉。然去聖日遠，口耳是藉，師傳既盛，異義各立。蓋性天之理，靡得獵乎岐趨；文字之原，莫能成其達詁。」〔註128〕宋翔鳳認為經學興於漢代，離先秦最近，故漢代經學最為純正，以《論語》為例，雖然漢儒以為《論語》只是傳而非經，但無論《齊論》、《魯論》、《古論》或張侯版《論語》都保留著聖人的微言。後來孔安國的《古論》或鄭玄的《論語注》等漢儒的注疏大多已散佚無多，只剩下三國何晏的《論語集解》和北宋邢昺的《論語注疏》尚存部分漢注，但等到朱熹的《論語集解》一出並成為科舉官方用書後，漢注更無人關注。宋元明之學者只重義理之討論而忽略訓詁考證之學，使得漢學形同滅絕，宋翔鳳認為這是導致經學日漸衰微的主要原因，這在《經問自序》中表達得更清楚，其曰：「慨自闕散之後，學少家法，笑古人之因循，喜晚出之新義，小則訓詁不涉於《爾雅》，大則性命或岐為二學（釋老）。以末師之口耳，斷前聖之法制；據野人之胸肔，

〔註126〕周中孚：《論語鄭注二卷樸學齋叢書本》，《鄭堂讀書記》，卷12經部7之上。

〔註127〕宋翔鳳：《論語纂言》，卷7，《無求備齋論語集成》第二十四函，臺北：藝文印書館，1966年，頁12a。

〔註128〕宋翔鳳：《論語纂言並補遺序》，《論語纂言》卷首，《無求備齋論語集成》第二十四函，臺北：藝文印書館，1966年。

議先王之禮樂。誣聖亂經，悖義失例，未有逾此者矣。」〔註129〕這種完全以
尊漢為主的學術史觀顯示出在乾嘉時期的漢宋之爭中，宋翔鳳明顯偏向漢學
的立場，以漢學家自居，並以此來批評宋學只重義理的治學方式。〔註130〕宋
翔鳳這種以「尋漢唐之業」〔註131〕的治經想法正與《荅段若膺大令書》中建
議「《論語》、《孟子》、《孝經》、《爾雅》祇列漢魏晉唐之注」相合，〔註132〕所
以宋翔鳳作《論語纂言》的目的主要是為了在「分古今為二學，有漢宋之殊
軌」的學術分岐裡，從漢唐注疏中「尋彼遺學」、「採其英華矣」，〔註133〕以達
到「解聖人之微言，尋康成之墜緒」。〔註134〕

　　此外，宋翔鳳專尊漢學的治經方式也可從《論語纂言》所引用的書目裡
得到印證。在《論語纂言》中，宋翔鳳引用最多的是三國何晏的《論語集解》，
總共至少引95次，其次引南梁皇侃《論語義疏》66次，再加上唐人之書，
如陸德明的《論語音義》等書，其引用唐人以前的注疏之次數已超過全書之
半。其次，對於清人的著作至少引用153次，僅次於唐以前之書。對於宋人
之書則引用73次，其中主要是引邢昺的《論語注疏》64次。《論語注疏》是
依《論語集解》而改作的新疏，其中多加了宋人對儒家義理與名物、制度等
之考證，而宋翔鳳主要採用書中對人物、山川、制度等考證及其所引用的先
秦典籍或漢人經說，如「與之庾」一條中，宋翔鳳即引《論語注疏》曰：「《聘
禮記》：『十斗曰斛，十六斗曰籔，十籔曰秉。』鄭注曰：『秉，十六斛。』今
江淮之間，量名以為籔者。今文籔為逾，是逾庾，籔其數同，故知然也。」
〔註135〕這顯示宋翔鳳編纂《論語纂言》主要是以漢唐之注疏為主，清人之

〔註129〕宋翔鳳：《經問自序》，《樸學齋文錄》，卷2，《浮溪精舍叢書》，頁136。
〔註130〕宋翔鳳在嘉慶5年已作詩闡述類似的想法曰：「高堂生所傳，零落依榛墟；
　　　　人或咲六朝，禮法蕩無餘；當時置博士，其學猶未孤；誰知宋元後，一廢不
　　　　可扶；斷爛失校讎，三寫成魯魚；有如發千絲，亂者誰把梳。」見於宋翔鳳：
　　　　《題濟南張氏邁歧〈儀禮句讀〉二十二韻》，卷2，《憶山堂詩錄》，《浮溪精
　　　　舍叢書》，頁177。
〔註131〕宋翔鳳：《寄吳中諸友書》，《樸學齋文錄》，《浮溪精舍叢書》，卷1，頁128。
〔註132〕宋翔鳳：《答段大令若膺書》，《樸學齋文錄》，卷1，《浮溪精舍叢書》，中壢：
　　　　聖環圖書股份有限公司，1998年，頁127。
〔註133〕宋翔鳳：《論語纂言並補遺序》，《論語纂言》卷首，《無求備齋論語集成》第
　　　　二十四函，臺北：藝文印書館，1966年。
〔註134〕宋翔鳳：《論語鄭注後序》，《樸學齋文錄》，卷2，《浮溪精舍叢書》，頁135。
〔註135〕宋翔鳳：《論語纂言》，卷3，《無求備齋論語集成》第二十四函，臺北：藝文
　　　　印書館，1966年，頁12a。

經說為輔，此正吻合其編《經問》一書的原則：「大怡則推本於漢學，博採於近儒」。〔註 136〕

由上可知，宋翔鳳這時編輯《論語纂言》深受乾嘉漢學的影響，與當時的漢學家一樣，「風騷漢魏總吾師」，〔註 137〕「絳帷同拜鄭康成」，〔註 138〕崇尚鄭玄之學，以漢學自居。此時宋翔鳳的經學研究雖以許、鄭之學占主要地位，但常州莊氏之學對其治經已產生相當的影響力，尤其是莊述祖以「漢學求根株」〔註 139〕的治學方式，為宋翔鳳埋下日後經學研究轉型的種子，如他在《荅段若膺大令書》中談到治經「苟宗馬鄭，易逐逐於章句；不窺漢唐，徒冥冥於元理，學失統紀，遂成支離」，〔註 140〕希望超越漢宋、今古之爭，以尋求經學的「根株」。在《經問自序》中他也進一步闡述這種治學方式，即「循乎陳跡以求一是，祛其謬妄乃得歸趣，是則可以合異為同，由末反本也」，故「象數之說，無非《易》也；古文、今文，無非《書》也；《齊》、《魯》、《韓》、《毛》，無非《詩》也；《公羊》、《穀梁》、《左氏》，無非《春秋》也；《儀禮》經傳雖出於一塗，而其怡意所周遍，可以盡法制之變，浹人事之紀。」〔註 141〕但《論語纂言》10 卷本充分展現出這時宋翔鳳的經學研究還是以漢學為宗，但他這時研究的範圍除了以古文經學為主外，也開始接觸今文經學。

二、嘉慶八年至十八年編纂《四書古今訓釋》

宋翔鳳在嘉慶七年編成《論語鄭注》二卷本時曾提到他未來的研究方向：「夫自今言學，去古日遠，缺非一經之注，存無數卷書，遺文可搜，故訓是式，章句詎微，乃云破碎。凡厥有心網羅放失，當同此懷，遂於《論語》，陳

〔註 136〕宋翔鳳：《經問自序》，《樸學齋文錄》，卷 2，《浮溪精舍叢書》，頁 136。

〔註 137〕宋翔鳳：《論詩三絕句》，《憶山堂詩錄》，《浮溪精舍叢書》，卷 5，頁 201。

〔註 138〕宋翔鳳：《秋日懷人詩‧莊卿山外兄（綬甲）》，《憶山堂詩錄》，《浮溪精舍叢書》，卷 4，頁 194。

〔註 139〕「東京一喪亂，六籍咸榛蕪；鄉壁誤後生，師心皆俗儒。寂寥過千載，昌明由聖謨；四經及三禮，漢學求根株。碩儒生應運，接跡遵斯途；莊子宦不達，解經得其腴。聲音文字原，畢生托奇脈；求是從實事，精意追亡逋。」見於宋翔鳳：《撰舅氏莊葆琛先生行狀竟繫之以詩即呈孫淵如觀察三首》，《洞簫樓詩紀》，《浮溪精舍叢書》，頁 239。

〔註 140〕宋翔鳳：《答段大令若膺書》，《樸學齋文錄》，卷 1，《浮溪精舍叢書》，桃園：聖環圖書股份有限公司，1998 年，頁 127。

〔註 141〕宋翔鳳：《經問自序》，《樸學齋文錄》，卷 2，《浮溪精舍叢書》，頁 136。

其義例，權輿斯編，將及羣籍，是則區區之願，其能有鑒之者乎！」〔註142〕
即《論語》相關注疏之收集整理只是他經學研究工作的開端，之後他將擴及
到其他經典。所以在嘉慶八年完成《論語纂言》10 卷本後，他就開始著手整
理《孟子》、《大學》、《中庸》之注疏與相關考證。《四書古今訓釋序》中提到
此書編纂的過程：「蒙少習四書，嘗採漢鄭氏《禮記》、趙氏《孟子》、魏何氏
《論語》以證合朱子之說，又得顧氏諸家之書而益備。近與同志講求典禮、
名物，而所得愈多，次第編輯，各依其文，不為一家之言，其稍背理而傷道者
略削去之，為《古今文訓釋》一編。」〔註143〕

　　《四書古今訓釋》中所收的資料分為三類：第一類是漢魏諸注，第二類
是顧炎武、閻若璩、惠棟、莊存與、莊述祖、錢大昕、戴震等清代經學大師的
當代經說，第三類是他與常州學派的「同志」討論所得，如「賢賢易色」一條
中，宋翔鳳引自《樸學齋札記》曰：「三代之學，皆明人倫；賢賢易色，明夫
婦之倫也。《詩序》云……是《關雎》之義也，此賢賢易色之切證，非虛指好
善有誠者也，陽湖劉中受為此說，故記之。」〔註144〕至嘉慶十八年，宋翔鳳
完成《四書古今訓釋》，此書的體例基本上承襲於《論語纂言》10 卷本，因為
書中《論語》的部分就是《論語纂言》。但兩者不同的是《古今文訓釋》所列
的引用書目裡清人所作的經學新疏占絕大多數，其中，漢朝著作有 2 本，魏
晉南北朝有 2 本，唐有 4 本，宋有 6 本，元明各 1 本，而清人著作則有 35 本，
這顯示宋翔鳳肯定清代經學成就遠勝前代，故改以清人新疏為主，漢至明之
舊注疏為輔。故李慈銘在《越縵堂讀書記》中評價《四書古今訓釋》曰：「閱
宋翔鳳《四書古今訓釋》，前有嘉慶十八年九月自序。其書止採用羣籍，而不
更下己意，亦不全載經文。所列引用書目五十三種，然考其所採未及列者，
尚有五十種。所引自《集解》、《義疏》外，以閻氏《四書釋地》、翟氏《四書
考異》、淩氏《四書典故核》為最多，《日知錄》、《潛邱劄記》、《羣經補義》、
《潛研堂答問》諸書次之，而引錢獻之《論語後錄》凡廿九條，引其自著《樸
學齋札記》凡十一條，大氐務求古誼，為徵實之學者也。」〔註145〕李慈銘是

─────────────

〔註142〕宋翔鳳：《論語鄭注後序》，《樸學齋文錄》，卷 2，《浮溪精舍叢書》，頁 135。
〔註143〕宋翔鳳：《四書古今訓釋序》，《浮溪草堂叢書》，第 4 冊，頁 1。
〔註144〕宋翔鳳：《論語》，卷 1，頁 7a，《四書古今訓釋》，《浮溪草堂叢書》，第 7 冊。
〔註145〕李慈銘：《越縵堂讀書記》，上海：上海書店，2000 年，「《四書古今訓釋》」
　　　　條，頁 136。

晚清漢學家，故對《四書古今訓釋》整體上偏乾嘉漢學的傾向是予以肯定的。

然而值得注意的是《四書古今訓釋》有別於之前《論語纂言》的部分有二：一是宋翔鳳在所引用的書目中出現了 9 本理學家的著作，即宋人張栻〔註146〕的《南軒論語解》、陳祥道〔註147〕的《禮書》、元人何異孫〔註148〕的《十一經問對》、明人顧大韶〔註149〕的《炳燭齋隨筆》、清人何焯〔註150〕的《義門讀書記》及李光地〔註151〕的《論語孟子札記》、《大學古本說》、《中庸章段》、《中庸餘論》。這顯示出嘉慶八年至十八年之間，宋翔鳳的經學思想出現變化，對於宋學已不再強烈排斥，這也可從《四書古今訓釋序》中看出端倪，其曰：「孔子、孟子之後數百年而有孔氏、鄭氏之儒，又千餘年而有程朱氏之儒，其意皆觀得乎？孔孟之真而已，而非有所爭也。有羽翼程朱者出，而後與孔鄭爭；有羽翼孔鄭者出，而後與程朱爭。爭之不已則固，護其不及，張大其小知，遞相鄙薄，迭相傾軋，徒驚乎！所往而不知其歸，孔子曰：『吾嘗終日不食，終夜不寢以思，無益，不如學也。』又曰『吾黨之小子狂簡，斐然成章，不知所以裁之。』為彼之言者，其有近乎！孔子之所病矣，則適以蔽塞孔孟之真者矣。茲之所錄，無二者之病，而古今之言略備。」〔註152〕首先，宋翔鳳將孔安國、鄭玄與程子、朱熹並列，肯定漢宋雙方均是為追求

〔註146〕張栻（1133年～1180年），學者稱南軒先生，拜南宋著名理學家胡宏為師，其學自成一派，與朱熹、呂祖謙齊名，時稱「東南三賢」。

〔註147〕陳祥道，師從王安石，據晁公武《郡齋讀書志》所載，王安石撰《論語注》，而陳祥道則作《論語全解》以合之，師徒配合傳為佳話。陳祥道治經，以三禮之學見長，所撰《禮書》百餘卷，反映了王安石倡導的新學學派注釋儒家經典的特點。

〔註148〕何異孫，宋末元初人，生平不詳，但《十一經問對》中的《大學》、《中庸》、《論語》、《孟子》大致以《四書章句集注》為主。

〔註149〕顧大韶，東林黨人顧大章的孿生弟，與王學有直接的師承淵源，也擅長考據學，如文字訓詁或名物考證等，但總體上其學應屬於「宋學」的一部分

〔註150〕何焯（1661～1722），字潤千，學者稱義門先生，早年拜李光地為師，又與閻若璩為友，其博覽群籍，長於考訂，而其作《義門讀書記》旨在「發先哲之精義，究未顯之微言」，對全章、全句之義皆有發明，大致宗於程朱，而斷以己意。

〔註151〕李光地（1642年～1718年），學者尊稱為「安溪先生」或「安溪李相國」，《四庫全書總目提要》評曰：「光地之學，源於朱子，而能心知其意，得所變通，故不拘墟於門戶之見。其詁經兼取漢唐之說，其講學亦酌採陸王之義」，故史稱「理學名臣」。

〔註152〕宋翔鳳：《四書古今訓釋序》，《四書古今訓釋》，卷首，《浮溪草堂叢書》，第4冊。

「孔孟之真」，這顯示出這時宋翔鳳治學的心態已從早期獨尊漢學、排斥宋學的立場轉為漢宋調和的立場，如在《過庭錄》「道學」一條中，宋翔鳳稱讚程朱，曰：「程子《易傳》不用河洛先天之說，作《春秋傳》謂周正月非春，皆合漢儒。至其辨天理人欲之分，最為學問入門要路，學者守此，可以不流於釋氏。」又曰：「朱子畢生之學皆在四書，而於《大學》改定前後，……後人於《大學章句》多有異議，又朱子《詩集傳》以《鄭》、《衛》為淫奔之詩，不信子夏《序》，後人亦多改正。要之，朱子之學，自足繼往開來，非他儒所能及，其小小異同，正可與舊說並存也。」〔註153〕宋翔鳳認為程朱理學對經義的解釋與漢學可以互補，在經學研究上有其不可動搖的地位，故譚獻閱讀《過庭錄》後也稱宋翔鳳「門庭廣大，既宗鄭學，復不肯輕議程朱，曉人不當如是邪！」〔註154〕

　　宋翔鳳調整他的治經原則反映出時代的變遷，代表乾嘉考據學獨盛時期已經結束，緊接而來的是清中葉由盛轉衰後政治、經濟、社會開始動盪不安，有識之士思考當下政治社會危機的根源，並基於儒學中經世致用的精神將政治與學術合而觀之。在此情形下，漢學末流的弊病也日益被人們所關注，如凌廷堪批評：「諧聲詁字必求舊音，援傳釋經必尋古義，蓋彬彬乎有兩漢之風焉。浮慕之者，襲其名而忘其實，得其似而遺其真。……不明千古學術之源流，而但以譏彈宋儒為能事，所謂天下不見學術之異，其弊將有不可勝言者。」〔註155〕隨著社會大環境的變化，漢宋調和的學風也相應出現，深刻影響著當時的學人，如阮元主張治經需「持漢學、宋學之平」，因「兩漢名教得儒經之功，宋明講學得師道之益，皆於周孔之道得其分合，未可偏譏而互詆也。」〔註156〕胡承珙雖也以治漢學為主，但也認為「治經無訓詁、義理之分，為求其是者而已；為學亦無漢、宋之分，為取其是之多者而已。漢儒之是之多者，鄭君康成其最也；宋儒之是之多者，新安朱子其最也。」〔註157〕而方東樹在其批漢學名著《漢學商兌》中也肯定考據的必要性，曰：「考漢學諸人，於天文、術算、訓詁、小學、考證、輿地、名物、制度，誠有足補

〔註153〕宋翔鳳：《過庭錄》，卷12，「道學」一條，頁212。
〔註154〕譚獻：《復堂日記》，石家莊：河北教育出版社，2001年，頁23。
〔註155〕凌廷堪：《與胡敬仲書》，《校禮堂文集》，北京：中華書店，1998年，頁206。
〔註156〕阮元：《擬國史儒林傳序》，《揅經室集》上冊，北京：中華書店，1999年，頁37。
〔註157〕胡承珙：《四書管窺序》，《求是堂文集》，卷四，道光17年刻本。

前賢，裨後學者。」〔註 158〕

在漢宋調和之學風盛行的情況下，宋翔鳳亦深受此影響。他由尊漢排宋轉為嚴厲批評當時漢宋之爭的兩造，稱雙方「爭之不已則固，護其不及，張大其小知」，均背離孔鄭與程朱為學的原意，如毛奇齡於康熙年間所作的《四書改錯》雖為考據之作，但攻駁朱熹的《四書章句集注》不遺餘力，在嘉慶年間重刊後廣為流傳，故宋翔鳳在嘉慶十六年的《與臧西成書》中批評「蕭山毛奇齡與閩學為難，侮嫚詬，其言糞土聞」，又對「《儒林》者，守一師之言以教授弟子」提出不同的意見，並有「《儒林》又何足為美乎？」之貶低。最後宋翔鳳強調治學必須要「會通眾家，自闢蹊徑，議論足以開世務。」〔註 159〕因此宋翔鳳稱無論是「羽翼程朱者」或「羽翼孔鄭者」，二者均為「蔽塞孔孟之真者」，而他自言「嘗採漢鄭氏《禮記》、趙氏《孟子》、魏何氏《論語》以證合朱子之說」，試圖將漢學重視考據的特點與宋學強調義理的長處結合為一，希望可以實踐「訓詁明而後義理明」的主張。最後他在完成《四書古今訓釋》後開始將此想法貫徹於其學術研究中，並於嘉慶二十三年完成他第一部以義理為主的著作——《大學古義說》上下兩篇。其次《四書古今訓釋》中所引用的部分很多出自他與「同志」討論之所得，如「賢賢易色」一條中，宋翔鳳引自《樸學齋札記》曰：「三代之學，皆明人倫；賢賢易色，明夫婦之倫也。《詩序》云……是《關雎》之義也，此賢賢易色之切證，非虛指好善有誠者也，陽湖劉申受為此說，故記之。」〔註 160〕與宋翔鳳論學的這些同志主要是常州學派的學人，當中以擅長《公羊》學的劉逢祿對他的影響最為巨大。

嘉慶十六年宋翔鳳在北京與一同參加會試的劉逢祿時常在阮元府邸討論學術。當年劉逢祿正在撰寫《左氏春秋考證》、《後證》及《箴膏盲評》，他認為《左氏春秋》為記事之史書，而「《春秋》非記事之書，不必待《左氏》而明。左氏為戰國時人，故其書終三家分晉，而續經乃劉歆妄作也。」劉逢祿趁此機會將他的研究成果告訴宋翔鳳，其在《左氏春秋考證》中提到「嘗以語宋翔鳳，宋云：『子信《公羊》而以《左氏》、《穀粱氏》為失經意，豈二氏之

〔註 158〕 方東樹：《漢學商兌》，《漢學師承記》，北京：三聯書店，1998 年，頁 403。
〔註 159〕 宋翔鳳：《與臧西成書》，《樸學齋文錄》，卷 1，《浮溪精舍叢書》，頁 129。
〔註 160〕 宋翔鳳：《論語》，卷 1，頁 7a，《四書古今訓釋》，《浮溪草堂叢書》，第 7 冊。

書開口便錯。」余為言《穀梁傳》隱元年傳之失，而檢《魯世家》與今《左氏》不合，宋乃大服曰：『子不惟善治《公羊》，可以為《左氏》功臣，自何邵公、許叔重且未發其疑也。』」〔註161〕宋翔鳳大服劉逢祿之說，故將「左氏不傳《春秋》」的說法放入《論語發微》第一則之中，文中有「左氏自記當時之事，孔子自明《春秋》之法」之說，又有「《左氏》至劉歆始校定，其事為戰國附會者十之三，其文為劉歆改竄者十之二」之語。此外，劉逢祿「追述何氏《解詁》之義，參以董子之說，拾遺補闕」，〔註162〕於嘉慶十七年撰成《論語述何》一書。《論語述何》專以《公羊》釋《論語》，以「《論語》總六經之大義，闡《春秋》之微言」作為立論的基調。宋翔鳳應在此時閱讀過此書，在受此書的影響下，宋翔鳳完成專以闡發《公羊》思想的《論語發微》一卷本，並特地將此文放入《四書古今訓釋》，這種以《公羊》學為主的文章在宋翔鳳的著作中，尚屬首例

　　宋翔鳳在《四書古今訓釋》中《論語》的部分最後附上《論語發微》五則以區別《論語纂言》，這篇文章成為宋翔鳳從事《公羊》義理研究的開篇之作。此篇文章之前都沒有被研究宋翔鳳的學者所提及，但文中已有宋翔鳳後來今文經學研究的雛形，可為他學術轉型的過程提供一例證。所以下面將對這五則的內容加以介紹與分析。第一則是解釋「巧言、令色、足恭，左丘明恥之，丘亦恥之」及「竊比於我老彭」二章。宋翔鳳在此則主要是闡述《公羊》通三統之義，其曰：「孔子修《春秋》於魯史，則左丘明常綜述齊桓、晉文之事……是丘明之史之文固孔子之所深與也。老聃，周史也，彭祖，商史也，將作《春秋》以通三統，故取於二代之史，以其義斷一王之法，孟子述孔子云：『其文則史，其義則丘竊取之矣。』左丘明、老、彭其人是也。」〔註163〕即孔子作《春秋》假魯為王，與商周並為三統，故舉左丘明、老聃、彭祖三太史來代表

〔註161〕見劉逢祿：《左氏春秋考證》，頁 1a～2b，《皇清經解》，第 1294 卷。劉逢祿與宋翔鳳之前可能見面的時間只有嘉慶 4、6、7、8、13 年，然當時劉逢祿以治《公羊傳》為主，對《左傳》批評尚少；嘉慶十四年完成《公羊春秋何氏解詁箋》，至嘉慶十七年撰成《左氏春秋考證》、《後證》及《箴膏肓評》各一卷，中間兩人惟有嘉慶十六年一同參加會試時方能見面，故將文中劉、宋之互動定於十六年。

〔註162〕劉逢祿：《論語述何後序》，《論語述何後》，頁 10a，《皇清經解》，第 1298 卷。

〔註163〕宋翔鳳：《論語發微》，《論語》卷末，《四書古今訓釋》，《浮溪草堂叢書》，第 8 冊。

魯、商、周。最後還闡述《左傳》不傳《春秋》的論點，即以《春秋》為經，《左傳》為史。第二則是解釋「吾十有五而志於學」一章。宋翔鳳於此則論述孔子受天命的經過，由十五、三十、四十，至五十知天命，「素王之治，太平之基，始諸此矣」，至七十歲時孔子作《春秋》立一王之法以代周法，由此闡述孔子「素王」說。第三則是討論這《泰伯》一篇所蘊含的微言。宋翔鳳主要在論說「帝王有天下之法」，他認為《春秋》以舜禹禪讓為正法，《春秋》之義出乎此，故托始於隱」，「而《春秋》之受命亦本於隱公之讓」，且《春秋》將「元年春王政月」中的「王」當成文王，亦是因為「文王之受命本泰伯之讓。」因此「太史公本《春秋》撰著《史記》，《世家》始於泰伯，《列傳》始伯夷二人，皆以讓著具在《論語》矣。」第四則是「顏淵問為邦」一章。宋翔鳳以為孔子舉虞、夏、商、周四代的曆法、車服、禮樂是為使「四時之法具，《春秋》之義全」。第五則以「中庸之為德也」與《堯曰》一篇來作總結此文。宋翔鳳以「中庸」為「自古聖王相傳之大法」，是孔子在《易》、《春秋》所言之「性與天道」，這部分是屬於微言的部分。「文質、三統、制度之禮」是「夫子之文章」，屬於大義的部分。微言為體，大義為用，所以宋翔鳳以為《論語》最終以「知言」作為結尾是因為「可以見《論語》一書皆聖人之微言所存」。

　　總體而言，《四書古今訓釋》不脫《論語纂言》的形式，而當中的《論語》十卷就是《論語纂言》十卷本，所以《四書古今訓釋》就是《論語纂言》的延伸。但在這個階段宋翔鳳因受到漢宋調和之學風的影響，已經改變專以治漢學的治經方式，開始重視對義理之學的研究，希望從中摸索出一條新的治經道路。不過此時期正處於他經學轉型的階段，所以他一方面肯定程朱理學的學術價值，另一方面也重視常州學派對《公羊》學的研究。但在嘉慶十八年自潭州赴京考試途中，宋翔鳳寄詩給湯洽名提到：「浩衍天人際，幾希絕續時，真能刪俗學，更與削浮詞，苦語連宵憶，高懷舉世疑。」〔註164〕他對於以今文經為主的常州學派經學是否能被當世學者所接受還抱有相當的疑慮。不過，處在時代變遷中的宋翔鳳經學風貌雖然仍以訓詁考證為主，但他已經開始嘗試從事義理的論述並吸納常州學派對今文經學的研究，只不過對未來經學轉型的走向還感到困惑和不安。

〔註164〕宋翔鳳：《塗次卻寄湯藝卿洽名》，《憶山堂詩錄》，《浮溪精舍叢書》，卷6，頁212。

三、嘉慶十八年至道光二十六年編纂《四書纂言》

　　《清史稿・選舉三》中提到：「議者謂文風關乎氣運。……陵夷至嘉道而後，國運漸替，士習日漓，而文體亦益衰薄。」蓋文風醇則天下治，文風駁則天下亂，世運與文運之間，息息相關，因為治國「必以舉賢才為本，舉賢才者必以知其人為要，如後世試文字之工拙，而回避其親，故非舉爾所知之法也；立程序以考課；而不問其行誼，亦非赦小過之法也；人才之日下，政治之日敝，三代之不可復，職此之由也。」〔註165〕隨著清朝逐漸走下坡，各項積弊日漸難改，如「今俗吏得任子弟，率多驕驚，不通古今，至於積功治人，無益於民，此伐檀所為作也。」〔註166〕所以士人治學與科舉之文風也日益空疏。宋翔鳳比較乾嘉與道光學風之差異，曰：「憶昔乾嘉間，名儒方輩出，訓故說盡明，聲音辨逾密，古字與古音，家家有饌述，先從東西京，次弟徵固實，六藝及九流，周秦通綝縭，微言大義存，軒豁如白日。逮今數十載，此境全蕩汨，群經既束閣，諸子不開帙，相與蹈空疏，徒思逞輕率，高官復清選，骫骳同一術，所學無本末。」〔註167〕即乾嘉之間，因考據學極盛，士子無不讀書，科考所得之人多是學有根柢之士，如徐珂所言：「若南昌彭文勤公、南昌吳白華總憲、稷堂侍郎、萍鄉劉金門宮保、平湖朱茮堂漕帥、歙程春海侍郎、山陽汪文端公、莫寶齋侍郎諸人，於應制之學皆能探討本原，故雖不能赫赫以經術名，而被服儒雅，維持樸學，此道實賴以不墮。」〔註168〕然而在編纂完《四書古今訓釋》後，宋翔鳳也深刻反省檢討漢學的不足，其在嘉慶二十五年的《憶山堂詩錄序》中言道：「余初事篇什（詩篇），風氣已降，為者空疏無事，學問可率意而成，逐不甚致力，乃學為考據，則如拾瀋，莫益於用，而又置之，其心窈冥，迄無所寄」，〔註169〕故有「狗曲（蔑視《曲禮》瑣碎無用之意）儒林刪欲盡，龍門史筆（司馬遷撰《史記》）續差能」〔註170〕之歎，並在同年提到：「廿年在歧路，自歎無所成」，故「千

〔註165〕宋翔鳳：《論語說義》，卷七，頁1b。
〔註166〕宋翔鳳：《論語說義》，卷六，頁10a。
〔註167〕宋翔鳳：《寄鄒叔績》，《洞簫樓詩紀》，卷19，《浮溪精舍叢書》，頁389。
〔註168〕徐珂：《經術類》，《清稗類鈔》，第八冊，北京：中華書局，1984年，「乾嘉間考據之學極盛」條，頁3818～3819。
〔註169〕宋翔鳳：《憶山堂詩錄序》，《憶山堂詩錄》，《續修四庫全書》1504冊，頁245。
〔註170〕宋翔鳳：《贈童通政槐二十韻》，《洞簫樓詩紀》，卷7，《浮溪精舍叢書》，頁286。

慮與萬情，抉破見大勇，心中有太平，百體俟端拱，願陳莊生言，至人息以躓。」〔註171〕即宋翔鳳在學術轉型的探索中，也體認到乾嘉漢學在義理和經世致用上的不足，最終他選擇以常州學派的經學思想作為其學術的核心指引方針，以此來融合今古文經學於一體。

至嘉道之間，宋翔鳳先後主講過山東滕縣的興魯書院與山西盂縣的秀川（水）書院，及擔任過泰州學正、旌德訓導等學官職務，所以他對嘉、道以來學風之衰敗感觸甚深，尤其他從教育、選官等主事官員身上看到的不學無術更是怵目驚心。宋翔鳳提到當時「空疏久已成流風，偶然刮目忽殊眾，豈有精義存其中，持衡早覺意無定，按理未必詞能工，疵瑕共見色然駭，惟藉掩飾為朦朧，若有人兮更宜笑，彼無知者則曰侗，居然主盟別優劣，其事何能稱至公」。〔註172〕造成這種局面的原因主要是因嘉道年間，官學中除了少數教官尚有親自授課外，多數均為「昏耄龍鍾，濫竽戀棧」〔註173〕，學校只有月課、季考的功能，故教官與學生雖有「師生之名」，卻「無訓誨之實」。另外書院山長也是「除閱月課試卷外，別無他事」，〔註174〕亦罕有教學。這使得他在道光六年的《贈顧澗薲千里》詩中感歎曰：「波靡正今茲，風氣傷疇昔，後生望速效，老輩教幸獲。」〔註175〕朝廷選用人才關乎世運之沉浮，而道光年間科舉選士的流弊也日益加深，使任意剽竊剿襲舊文的庸才亦可「濫列科名」，讓考生體會到中舉與否不全關乎才學高下，導致士子學風日益空疏，宋翔鳳以為這是清朝國運中衰的根本因素。

與此同時，有人將當時社會上所出現「道德廢，人心壞，風俗漓」的現象歸結於漢學不重義理的結果，故有不少士大夫與學者開始提倡程朱之學，並得到嘉慶和道光的認同，這使得程朱理學出現復興之跡象，此時「長白倭文端公（倭仁）、霍山吳竹如先生（吳廷棟）官京師時與師宗何文貞公（何桂

〔註171〕宋翔鳳：《呈陳笠帆先生三首》，《洞簫樓詩紀》，卷2，《浮溪精舍叢書》，頁250。

〔註172〕宋翔鳳：《即事次前韻》，《洞簫樓詩紀》，卷19，《浮溪精舍叢書》，頁388。

〔註173〕昆岡等修，劉啟端等纂，《（光緒）欽定大清會典事例》，（《續修四庫全書》，卷384，上海：上海古籍出版社，1995年，「禮部·學校·拔貢事宜」中「乾隆十六年」一條，頁142。

〔註174〕汪承烈修，龐麟炳纂：《官師下》，《（民國）重修宣漢縣志》，卷8，轉引自王戎笙主編，《中國考試史文獻集成》，第六卷（清），北京：高等教育出版社，2003年，頁644。

〔註175〕宋翔鳳：《贈顧澗薲千里》，《洞簫樓詩紀》，卷9，《浮溪精舍叢書》，頁306。

珍）、湘鄉曾文正公（曾國藩）、羅平寶蘭泉侍御（寶埥）日從善化唐碻甚公
（唐鑒），講道問業，不逐時趨。其時，在下位者有湘鄉羅羅山先生（羅澤南）、
桐城方植之先生（方東樹）、永城劉虞卿先生（劉廷詔），具無所師承，而砥節
礪行，為窮理精義之學。」〔註176〕當時在京師中，以唐鑒與倭仁的影響力較
大，吸引不少學人相從。宋翔鳳對此現象感到憂心，其在道光六年為汪喜孫
《問禮堂所著書目》所作的序中談到：「翔鳳往返京洛交際時，流輒慨士（大）
夫怕廢正學，外示寂寞之名，中蹈揣摩之習，絕古文為艱深，飾一己之固陋，
則功利之士羣焉附之。」〔註177〕當時有不少學子在制舉上以「揣摩」理學為
主而不讀古文，這也是造成空疏的學風在道光年間蔓延開來的主因之一。

　　當時清承明制，清代科舉雖分三場，但最重視首場的四書文。書商為迎
合士子投機取巧的心態，大量出版幫助士子瞭解經書意旨的四書五經講章、
指導寫作四書文和五經文章法結構的制義、考據訓詁四書人物事物的參考書、
八股文選本、試律詩選本等備考讀物。至嘉、道以降，坊間印售為迎合學子
「止圖速化」的時文選本之禁令稍弛，導致此種坊刻舉業用書在道光年間汗
牛充棟，龔自珍用「如山如海」來形容，他說：「今世科場之文，萬喙相因，
詞可獵而取，貌可擬而肖，坊間刻本，如山如海。四書文祿士，五百年矣；士
祿於四書文，數萬輩矣。」〔註178〕學子對此種書籍趨之若鶩，「捨聖人之經
典、先儒之注疏與前代之史不讀」，以揣摩選文窗稿、研習經史節本為時尚，
專習坊刻四書五經應舉類的考試用書，置本經於不顧，這使得當時剽竊剿襲
和「士不讀書」的劣風大起，造成士子為求仕進而在舉業之途上浮躁競進。

　　宋翔鳳任湖南鄉試考官時，對道光末年科舉之敗壞更是有所體會：「時
文卑邇迨高遠，學問經濟歸其中，傷哉此日漸靡薄，但事綴緝言詞工；茫然
未必聞洛閩，與論古訓尤朦朧，庸詞膚語滿篇策，作者閱者咸倥侗……真才
難得世風下，成名孫子誰英雄；吾今歸營一畝宮，但釋《爾雅》求魚蟲。」
〔註179〕他感歎道光年間的士人只求功名，不重學問，無論漢宋，故宋翔鳳

〔註176〕方宗誠：《校刊何文珍公遺書敘》，《柏堂集餘編》，卷3，《柏堂遺書》第43
　　　　冊，光緒志學堂家藏版。
〔註177〕宋翔鳳：《問禮堂所著書目序》，《樸學齋文錄》，卷2，《續修四庫全書》1504
　　　　冊，頁352。
〔註178〕龔自珍：《與人箋》，《龔自珍全集》，上海：上海人民出版社，1975年，頁
　　　　344。
〔註179〕宋翔鳳：《書意》，《洞簫樓詩紀》，卷19，《浮溪精舍叢書》，頁387～388。

憂心忡忡地提到：「藝本別能否，人自異材力，自從一顛倒，兩兩各失職，緬彼風氣衰，大道久榛塞，人人失根柢，光焰業已息，探籌與呼盧，何必有程序，我任呼牛馬，亦聽變白黑，此方關世運，浮淺不能識。」〔註 180〕

在此風氣下，宋翔鳳編纂《四書纂言》的用意主要是為與坊刻舉業用書競爭，他自謙此書是和舉業講章一樣的「兔園冊子」，這本書也與王士陵所撰的《四書纂言》性質相似，《四庫全書總目提要》卷三十七中提到王氏《四書纂言》「是編採摭坊刻《四書》講章，排比成書。以先儒之說列前，近人之說列後，亦間以己意推闡。大抵以永樂《四書大全》為藍本。」但宋翔鳳希望《四書纂言》不只有助於學子考取功名，更希望藉此幫助學子開啟學問之入門。他在道光 26 年的《四書纂言序》中將此用意明白表示：「自明以來，以《四子書》命題取士，凡有志發名成業者，始厥童㝢（曁）於投老，未嘗一日可以捨去。《四書》之中，學術存焉，政事備焉，天文地宜之奧賾，鳥獸草木之繁衍，悉與包羅，皆有根柢，苟非宏覽博物，明理洞源，莫能得其涯涘，而知其究極。然而流俗之講書一壞之，腐爛之時藝再壞之，襲空疏之辭，騖影響之談，略作揣摩，即可弋獲，遂相與自足，問北辰之星，則不知何所，舉百里之國，則不明何算，而已掇科第，掌文衡，面牆鄉壁，憒然終老，大道榛莽，人材不出，見今之人，能無浩歎。要之《四書》者，《六經》之總龜也，作《四書》義者，論策奏議之先河也，不通於訓詁名物象數，即無以得聖賢立言之所在，不熟於往古制度損益，即無以見斯世待治之所資，然欲引之使近，導之使由，必先於人所共知，眾所共習者，則皆其所固有，而為之也，易此《纂言》之作，為不能已矣，吾非敢與宋儒者之書背而馳也，將使知古今之說，有如是之不同也，亦非敢謂經傳之文，可傳以私肊也，將使知周秦兩漢之學，皆孔孟之支裔也。學博而思精，坐言而起行，雖豪傑之士，必於是而發軔也。」〔註 181〕宋翔鳳觀察到道光朝的學術已經敗壞至極，「流俗之講書一壞之，腐爛之時藝再壞之」，導致「大道榛莽，人材不出」，所以他欲藉由《四書纂言》來推廣「以漢學求根株」的治經方法，希望先使學子先明白《四書》中的「訓詁名物象數」與「往古制度損益」，以漢學之訓詁考證來矯正空疏之學風，之後再進一步引導學子們去體會「聖賢立言之所在」和「斯世待治之

〔註180〕宋翔鳳：《偶書》，《洞簫樓詩紀》，卷 22，《浮溪精舍叢書》，頁 415。
〔註181〕宋翔鳳：《四書纂言序》，《四書纂言》，卷首，《浮溪草堂叢書》，第 9 冊，清嘉慶道光間善本。

所資」，即以今文經學之微言大義來填補漢學的支離煩瑣和與社會現實脫節的弊病，最後達到「訓詁明而義理明」。

《四書纂言》中有《大學注疏集證》二卷、《中庸注疏集證》四卷、《論語纂言》二十卷及《孟子纂言》十四卷。從《四書古今訓釋》與《四書纂言》的引用書目來比較，《四書古今訓釋》中所引的 40 多本書中，除《九經古義》、《讀書脞錄》等少數幾本收集整理經學古義和各家經說的讀書筆記被排除外，其他書基本上在《四書纂言》中仍被引用。除此之外，《四書纂言》還新增加 20 多本以上的書籍，如沈括《夢溪筆談》、吳曾《能改齋漫錄》、黃東發《黃氏日抄》、劉台拱《論語駢枝》、劉逢祿《論語述何》、管同《四書紀聞》、凌廷堪《禮經釋例》、莊述祖《毛詩口義》、鳳韶《鳳氏經說》、陳壽祺《左海經辨》、王念孫《讀書雜誌》、王引之《經義述聞》、洪頤煊《讀書叢錄》、宋翔鳳《論語發微》及《小爾雅訓纂》等，其中絕大部分是清人的著作。其中，《四書纂言》在《大學》、《中庸》和《孟子》的部分，其內容基本上都是以訓詁、考證為主，是《四書古今訓釋》中《大學》、《中庸》和《孟子》部分的修改與補充。《四書纂言》和《四書古今訓釋》最大差異在《論語》部分。在《四書古今訓釋》中，除了一卷本的《論語發微》闡釋《公羊》義理外，整體上還是以考據為主。在《論語纂言》中，除了有相關的考據書籍外，《論語發微》（《論語說義》）與劉逢祿的《論語述何》被引用最多，這兩本書被引用的數量分別達到 150 次與 87 次，〔註 182〕超過全書份量的三分之一，這代表莊述祖的《夏時》、《歸藏》研究及劉逢祿的《公羊》學是《論語纂言》二十卷本，甚至是《四書纂言》的核心思想之所在。

《公羊》學是宋翔鳳思想轉型後主要的學術研究領域之一，如他曾於道光二十五年作詩糾正白居易《二王后》篇，他以明祖宗之意為二王后：「古有二王后，道在通三統，丹朱作虞賓，正朔仍自用，同時五帝裔，未及下車封，官家本一意，因革理則共，後儒失經法，興亡徒聚訟；或言示鑒戒，或取忠厚頌，何嘗識西周，所以存杞宋。」〔註 183〕宋翔鳳將「存二王后」當成《公羊》學中「存三統」之義，而存三統之本意為「官家本一意，因革理則共」，這正

〔註 182〕楊佩玲：《宋翔鳳〈論語纂言〉研究》，高雄師範大學經學研究所碩士論文，2012 年，頁 116～117。

〔註 183〕宋翔鳳：《香山〈新樂府〉〈二王后〉一篇未合經意因成此詩》，《洞簫樓詩紀》，卷 21，《浮溪精舍叢書》，頁 405。

可印證《論語》中所言「殷因於夏禮，所損益，可知也；周因於殷禮，所損益，可知也；其或繼周者，雖百世可知也。」在《論語纂言》二十卷本中，宋翔鳳多以《公羊》義例來發明《論語》之微言，以「或問禘之說至指其掌」一條為例，宋翔鳳引《論語發微》來論說：「魯之郊禘非禮也，周公其衰矣！杞之郊也，禹也，宋之郊也，契也，是天子之事守也，故天子祭天地，諸侯祭社稷，此據魯、親周、故殷、絀夏之說也。《論語》為微言，故與《春秋》之辭同，《禮運》為七十子所傳之大義，故直明魯禘非禮，蓋自僖公復魯舊制，未徧而薨，季孫行父請命於周而作頌，適當文公之世，開君臣相僭之漸，此則周公之衰，孔子傷之，故曰：『不知也。』知周公之禘之說，通孝弟之至於神明，而天下可運於掌，《春秋》托王於魯，以天下之思周公也，《春秋》之世，諸侯大夫，僭竊相循，無國不然，周公之禮樂，則猶存於魯，故舍魯何適，然不知其本，問其君臣，且不知其僭，又烏能知禘之說，孔子貶季氏以及魯君，內正其國而正諸夏，見《春秋》之法也。」〔註184〕宋翔鳳以《公羊》通三統之法來闡述孔子論魯之郊禘非禮，但又以為尊者諱的筆法來凸顯《春秋》托王於魯，以明據魯、親周、故殷、絀夏之說，以此證明《論語》與《公羊》相通。此外書中也提到「性與天道」、「孔子受命」、「孔老同源」之說及大學、明堂之制等常州學派的經學觀點，這些宋翔鳳論微言的部分成為《四書纂言》中「聖賢立言之所在」。

　　宋翔鳳的作法使得《四書纂言》在為學子提供科考所必需的經學知識外，更為眾多的科舉文士提供一個推廣常州學派經學之平臺，劉師培說：「嘉、道之際，叢綴之學，多出於文士。繼則大江以南，工文之士，以小慧自矜，乃雜治西漢今文旁，旁採讖緯以為名高，故常州之儒，莫不理先漢之絕學，復博士之緒論，前有二莊，後有劉、宋，南方學者聞風興起。」〔註185〕南方學者所聞者，雖有莊存與、莊述祖、劉逢祿和宋翔鳳四人，然莊存與、莊述祖之書出版時間晚且流傳範圍不大，而「就播常州學術而言，宋翔鳳以其遊歷大江南北的交遊圈，較蟄居禮部，鬱鬱早卒的劉逢祿，更易發揮影響力，上舉譚獻、俞樾即其顯例。更何況還有如何紹基、戴望、王闓運、龔自珍、龔橙、施補華、莊棫、吳嘉淦、潘祖蔭、翁同龢、夏增佑、張爾田等著名官

〔註184〕宋翔鳳：《論語纂言》，《四書纂言》卷9，光緒苧萼山房重刻本，頁38～39。
〔註185〕劉師培：《近代漢學變遷論》，《劉申叔先生遺書》第3冊，臺北：華世出版社，1975年，頁1784。

僚文士集團為之揄揚。這些人，或為友朋，或為年家子弟，或為聞其緒論而繼起者。」〔註186〕故南方學者大多應是聞宋翔鳳之學而起，而「聞其緒論而繼起者」，其所聞之緒論除了宋翔鳳少數論及義理的著作外，最主要還是透過「其義瑰偉，而文特華妙，與治樸學者異術，故文士尤利之」〔註187〕的《四書纂言》來向廣大的科舉考生傳播，其中有關《公羊》學的部分最為後人所知曉，也影響最大，為晚清《公羊》學大盛鋪下基礎。

吳雁南考察說：「鴉片戰爭前後，今文經學開始興盛起來，研究今文經學的人越來越多。」〔註188〕李蓴客看到此現象就批評：「自道光以來，經學之書充棟，諸儒考訂之密，無以復加·於是一二心思才智之士，苦其繁富，又自知必不能過之，乃刱為西漢之說·謂微言大義汨於東京以後，張皇幽眇，恣臆妄言，攻擊康成，土苴沖遠，力詆乾隆諸大儒，以為章句餖飣，名物繁碎，敝精神於無用⋯⋯其所尊者，《逸周書》、《竹書紀年》、《春秋繁露》、《尚書大傳》，或斷爛叢殘，或悠謬無徵，以為此七十子之真傳，三代先秦之古誼。復搜求乾嘉諸儒所輯之《古易注》，《今文尚書說》，《三家詩考》，攘而秘之，以為此微言大義所在也。又本武進莊存與之說，考尊《公羊》，扶翼解詁，卑《穀梁》為輿皁，比《左氏》於盜賊。」〔註189〕由此證明常州經學在道咸以後已經轉型成晚清今文經學，當中宋翔鳳所編纂的《四書纂言》功不可沒。直至光緒十四年江南鄉試開始有以講《公羊》而中式者，「次年己丑會試，總裁為潘文勤公祖蔭，正場首藝，凡發揮《公羊》『王魯』之義者，無不獲售，江南連捷者至十餘人。癸巳（光緒十九年），費充浙江副考官，所取之士，如錢保壽、鄒壽祺，皆治《公羊》學者。」〔註190〕

宋翔鳳的經學著作數量龐大，然而彼此之間是互通有無，互相引用，甚至是由一本著作，之後歷經數十年不斷擴充改編成第二本、第三本，這種類型的經學著作因為是一脈相承，所此最能體現宋翔鳳經學思想的演變，這也

〔註186〕蔡長林：《訓詁與微言——宋翔鳳二重性經說考論》，《從文士到經生——考據學風潮下的常州學派》（《中國文哲專刊 39》），臺北：中央研究院中國文哲研究所，2010 年，頁 365～366。

〔註187〕章太炎：《清儒》，《訄書》，《章太炎全集》第 3 冊，上海：上海人民出版社，1985 年，頁 158。

〔註188〕吳雁南：《經代經學史通論》，頁 205。

〔註189〕徐珂：《經術類》，《清稗類鈔》，第八冊，北京：中華書局，1984 年，「李蓴客論經學」條。

〔註190〕徐珂：《考試類》，《清稗類鈔》，第二冊，「鄉會試卷重《公羊》」條。

是現今對宋翔鳳思想研究中甚少切入的部分。《論語纂言》、《四書古今訓釋》、《四書纂言》正好是這種類型的三本著作，因此本文利用這三本書的編纂過程中來分析宋翔鳳經學研究從嘉慶七年至道光二十六年三階段的發展歷程，並從中呈現出清代中晚期經學的變化。

在編纂《四書纂言》期間，正是在學術整合的大趨勢下，宋翔鳳融合段玉裁、錢大昕、張惠言等清代漢學家的研究與莊述祖、劉逢祿等常州學派學者的經說於一體，在漢學的框架下，將今古文經學交錯融合，以今文經學之微言大義作為其經學研究中的「體」，以古文經學之訓詁考證作為「用」。「以用顯體」成為宋翔鳳轉型後經學最主要的表達方式，除了展現在《四書纂言》外，還有《過庭錄》、《論語說義》等代表性著作，此正如張舜徽對他的評價：「翔鳳精研名物訓詁，以進求微言大義。」〔註191〕這可謂宋翔鳳晚期經學研究的最佳寫照。

第四節 結語

嘉慶二十一年莊述祖去世後，宋翔鳳繼承其學並逐步成為他經學研究的主要架構，《大學古義說》正是延續莊述祖《夏時》研究的成果，也是他首部以義理為主的經學著作。文中分成四部分來解析《大學古義說》：第一部分敘述此書的撰寫背景，此書是宋翔鳳在任職泰州學正時所作，是一本供泰州生徒學習《大學》的講義，而且是科考輔助教材。第二部分論述全書的架構，宋翔鳳採用的是孔穎達《禮記正義》的版本，否定朱子對《大學》的重新分篇。宋翔鳳將《大學》分為上下兩篇，上篇主要在論述大學、射宮及明堂「三位一體」的架構，下篇則著重討論「誠意」在三位一體中的關鍵作用。第三部分解釋書中的內容，主要在論述融合教育、為政、選官、祭祀四者為一體的政府制度，並分析大學、明堂與射宮三者的互動關係。文中先說明大學的教育功能，主要是培養為政者「明明德」的修養，進而訓練治國理政之道。所以宋翔鳳以大學為皇家官學，主要的功能是培養國家政治高階的領導人才，如君王、皇親貴族或高級官僚等人，所以統治之術成為此書論述的重點之一，當中最核心的原則是「絜矩」之道。因此《大學古義說》主張教育與政治必須相輔相成，大學所傳授的內容就以為政之道為主，理政以禮為核心。所以「大學之禮」是體，明堂之禮是用，大學之教與明堂制度是互為表裡。最後討論大學

〔註191〕張舜徽：《清人文集別錄》，臺北：明文書局，1982年，頁370。

與射宮的關係，因為「用人」是達到國治天下平的基礎，所以宋翔鳳認為君王應以「先賢後親」作為選任官員的原則，他以「民之所好惡」作為賢的標準及選官的原則。書中主張用人必先選士，選士必先試士，而士的培育是基於興學設教，故大學既是培養中央從政人員之處，也是提拔或罷黜官員之所，故大學又稱射宮。第四部份探討《大學古義說》的理論基礎與常州學派的關係，其中先分析書中受到莊存與經學思想影響的部分，即宋翔鳳將「大學」定位成培訓以天子為主的皇家學校及反駁荀子的性惡說。然而對於宋翔鳳影響更大的是莊述祖，《大學古義說》中對明堂與大學政教合一的說法主要來自於《明堂陰陽夏小正經傳考釋》中對夏代明堂制度的論述，所以可以說《大學古義說》是《夏時說義》的延續。

由此可知，宋翔鳳在《大學古義說》中極力主張政教合一的政府體制，他認為從政人才必須透過大學等官學的系統培育，因為「用人之法基於興學設教」，當中統治天下的帝王及其繼承人更是大學重點培養中的重點。此外三代以來，天子、諸侯用人之道，莫不以「射」的形式來進行選拔、升遷或罷黜，大學又稱為射宮，所以大學也是有國家天下者選賢用材之處，因此經射宮之選拔及升黜，才能達到「賢者在位」的目標。最後宋翔鳳主張「周人明堂即大學」，明堂是上古三代有天下者管理朝政的地方，因「聖人南面而聽天下，向明而治，故謂之明堂。」故書中多處提及明堂的作用，如「明堂者，有天下朝諸侯之堂也」、「立明堂者，所以聽天下也」、「明堂為祀天、用人之地」、〔註192〕「明堂者，明諸侯之尊卑」〔註193〕等，所以大學亦是有天下者施政之處，這體現出宋翔鳳在經學研究中強調通經致用的一面，認為教育與政治不應截然二分，必須一脈相承，知行合一，因此他在《大學古義說序》中總結此書的內容：「翔鳳每尋古籍，時問前修，考明堂在大學之中，《盛德》著《月令》之記，文辭具備，制度章明，且立學以取人為基，取人以好惡為大，物格之事為效驗，誠意之學貫治平，咸考諸古文以求實是，微言大義，觸類旁通，無庸雜採不根之談、依附後來之義，可以得性命之理，推治亂之原，成《大學古義說》二篇。」〔註194〕之後宋翔鳳繼續深造有關明堂方面的研究，並與莊述祖《歸

〔註192〕宋翔鳳：《大學古義說》卷一，頁 16b。
〔註193〕宋翔鳳：《大學古義說》卷一，頁 1a。
〔註194〕宋翔鳳：《大學古義說序》，《樸學齋文錄》卷二，《續修四庫全書》1504 冊，頁 349。

藏》之學相結合，故在道光十年提到：「之宋得坤乾，《歸藏》理先辟，孟京所流傳，可見東觀跡（湯東觀在洛，見《書》說），卦氣與納甲，千載誰蹈隙，豪象斯根株，卦爻足紬繹，聖人語中庸，不肯示奇僻，象辭及變占，觀玩知順逆，非常可怪論，下學恐無益，所以十二篇，人人膏液，微言豈容顯，秘書不輕獲……若待百世下，學者嬗茲脈，還採周秦文，證合盡冰釋，從此鄉壁言，不得與假借，生乎時後起，使我加手額，近又治《月令》，〔註195〕明堂道能核，三才已包括，大政露明白，《易》之所施行，帝王見因革」〔註196〕宋翔鳳盛讚莊述祖以《歸藏》之學來作為解《易》之法，使後人可以瞭解帝王因革之道，再配合以《月令》來闡明明堂之制，由此可以明白孔子治國平天下之微言所在，以此為基礎，宋翔鳳完成其經學研究的代表作——《論語說義》。

　　從《大學古義說》到《論語說義》，可以很清楚的看出宋翔鳳經學思想脈絡的一貫性，這也是之前對宋翔鳳經學研究中被人們所忽略的部分，可以從兩者之間的關連來解釋為何當時學人不以劉逢祿而以宋翔鳳為莊述祖之傳人，如嘉慶十七年宋翔鳳在《和詩送玉蕃意有未盡更附長句》一詩中提到「且言學古差辛勤，人間謂我酷似舅，文章經術吾何有。」〔註197〕這是因為宋氏治經，尤其莊述祖於嘉慶二十一年逝世之後，基本上是接續著莊述祖經學研究的遺產繼續推進，他自言「匪徒甥舅恩，更積師弟誼，願得留此身，競競尋失墜。」〔註198〕所以出版於嘉慶二十三年的《大學古義說》是他以莊述祖在《夏小正經傳考釋》中對明堂制度的闡釋為基礎所作的研究，當中已稍微提到孔老同源說，但真正對後者作深入的探討是在《論語說義》中，此說法是以莊述祖《說文古籀疏證》中有關《歸藏》納甲之義為基礎。宋翔鳳的《公羊》思想則是深受劉逢祿的影響。劉逢祿以《公羊》為其學術核心，宋翔鳳在嘉慶十六年赴京科考時曾與劉氏論學，並相當肯定劉逢祿的《公羊》學研究，對他的治經有所啟發，如成書於嘉慶十七年的《論語述何》就應該影響到宋翔鳳以《公羊》學的角度所寫的《論語發微》一卷，此卷收在成書於嘉慶十八

〔註195〕宋翔鳳的《月令說義》應作於此時，或稍後。

〔註196〕宋翔鳳：《論〈易〉一首贈姚仲虞》，《洞簫樓詩紀》，卷11，《浮溪精舍叢書》，頁324。

〔註197〕宋翔鳳：《和詩送玉蕃意有未盡更附長句》，《憶山堂詩錄》，《浮溪精舍叢書》，卷6，頁208。

〔註198〕宋翔鳳：《撰舅氏莊葆琛先生行狀竟繫之以詩即呈孫淵如觀察星衍三首》，《洞簫樓詩紀》，卷1，《浮溪精舍叢書》，頁239。

年的《四書古今訓釋》中，此文還沒有涉及到明堂與南面之術。

《論語說義》主要是在闡釋孔子的「微言大義」，所以現今學者對《論語說義》的研究大多從《公羊》學的角度入手，但本文採取另一視角來闡釋此書：從莊述祖《夏時》與《歸藏》的研究和劉逢祿《公羊》學對宋翔鳳經學研究的影響來分析此書對於微言的解釋。本節先介紹《論語說義》中各篇章安排，其中八篇宋翔鳳均給予主題，如《學而》篇是在說明大學之制，《為政》篇是講明堂之法，《八佾》篇是論明宗廟之禮等。由此編排來看，《論語說義》明顯是延續《大學古義說》而來。相較於《大學古義說》著重以大學為主之三位一體的治國之法，《論語說義》轉以明堂為核心，將「孔老同源說」及《公羊》三世說結合一起，所以本文分別從這三方面來論述《論語說義》中對微言的闡釋。

首先，在《大學古義說》的基礎上，宋翔鳳繼續深化論述明堂對於育才、選官及施政的功能，並完善理想中的學政合一制度。書中以明堂為古代天子施政之處，主要工作有三：一是行四時之令，二是祀五精之帝，三是布天下之政，其中以選才為本。其次，書中以莊述祖《說文古籀疏證》對《歸藏》之義的解釋為根據來說明「孔老同源說」，之後宋翔鳳在「孔老同源說」的基礎上展開為君之道的論述。宋翔鳳認為當政者必須有一套可以和明堂制度相互搭配的為政之道方能達到平天下的目的，此套治道是「絜矩之道」，又稱之為「人君南面之術」。最後本文闡述《論語說義》中達到天下平的三個步驟，宋翔鳳在這部分是以《公羊》張三世的微言做為理論架構，將明堂制度與《公羊春秋》所闡述的禮法加以結合，分別論述明堂在據亂世、升平世、太平世的角色。所以《論語說義》的核心內容是孔子作《春秋》以明堂為制，南面為術，依《公羊》三世之法來撥亂反正，最後達到太平世的理想時代。所以本章對宋翔鳳義理研究的考察主要是從《大學古義說》到《論語說義》，由此可以清楚看出宋翔鳳經學思想脈絡的一貫性，並證明宋翔鳳後期的經學研究乃是直承莊述祖，並吸收了常州學派《公羊》學研究及通經致用的學術精神。

由此可知，在《論語說義》除了論說《公羊》思想外，其實更重要的是要將莊述祖的《歸藏》與《夏時》之說作更充分發揮，這就造成他在經學研究上毀譽參半，但由此也證明宋翔鳳之學乃是直承莊述祖，也是實踐了嘉慶十年

莊述祖對於宋翔鳳的囑託。〔註199〕

　　最後則是對道光二十六年完成的《四書纂言》加以考察。清朝此時已與漢學同時步入衰退，宋翔鳳在比較乾嘉與道光學風之差異後發現道光年間的學風已日益空疏，理學出現復興，所以很多士子在科舉上以「揣摩」理學為主，放棄實事求是之漢學研究，甚至只讀「止圖速化」的坊刻舉業用書。為與這種時文選本相競爭，宋翔鳳在《四書古今訓釋》的基礎上編纂《四書纂言》，欲藉此書達到「訓詁明而義理明」之目的，希望從訓詁考證入手來矯正剽竊和「士不讀書」之學風，再引導士子體會微言大義之所在。所以《四書纂言》體現出宋翔鳳在漢學的框架下將清代漢學家與常州學派學者的經說融合於一體，尤其書中對《論語說義》與《論語述何》引用最多，代表宋翔鳳將莊述祖的《夏時》、《歸藏》研究及劉逢祿的《公羊》學融為一體的今文經學思想成為《四書纂言》核心思想之所在。

〔註199〕莊述祖：《答宋甥于庭書》，《珍埶宦文鈔》，卷6，《續四庫全書·集部》1475冊，頁117。

總　結

　　清代學術的發展大體上可分為三個時期。康雍朝時承明末清初學術的餘緒，程朱理學得到官方大力提倡，但漢學開始逐漸萌芽。至乾嘉朝時漢宋之爭日益激烈，在開四庫館後漢學興盛一時，形成「家家許鄭，人人賈馬」的學風。到嘉慶中期以後，國勢日衰，經世意識復蘇，漢宋融合風潮日起，漢學研究趨於專精，理學與今文經學逐漸復興。在此背景下，宋翔鳳歷經乾嘉道咸四朝，其經學研究受時代的影響，由獨尊漢學逐步轉型成強調學術融合。在常州學派經學思想的基礎上，宋翔鳳不只承認程朱理學的學術價值，亦將《老子》等道家學說融入其經學研究架構之中，但蔡長林先生在《訓詁與微言——宋翔鳳二重性經說考論》中提到「宋氏經說多繼承而少新創，專從學說內涵討論之，將無以見其學術之特殊性。筆者以為，宋翔鳳的特殊性，理應置於常州學派乃至整個晚清今文學發展的序列中來觀察。」〔註1〕所以本書將從宋翔鳳經學研究的變遷中來考察宋氏在清代學術史中兩個特殊性問題。宋翔鳳是學界公認的常州學派第三代的代表人物，也是莊述祖學說的主要傳人。他的經學研究型態是清朝中晚期學術變遷中一種獨特類型，其所呈現的經學研究是在漢宋調和的大背景下所展現另一種學術融合的模式，因而書中針對宋翔鳳經學研究的結構及變遷進行探討。在此基礎上，本書透過宋翔鳳學術之變遷來探討清代漢學興衰與今文經學興起之間的關聯性，並藉此論證常州學派在清代經學發展史中所處的地位。

〔註1〕 蔡長林先生：《訓詁與微言——宋翔鳳二重性經說考論》，《中國文哲研究集刊》
　　　　第二十九期，頁239。

　　本書先整理說明宋翔鳳的學經歷及其著作，之後對常州學派進行考察，因在學派的歸類上宋翔鳳的經學研究歸屬於常州學派，且以莊述祖傳人自居，所以書中對莊存與及莊述祖的經學思想作一分析討論。其後又以兩章的篇幅，對宋翔鳳的考據學研究及其發展演變逐層地作了較細緻的分析與探討，本書不僅考察了宋翔鳳具有代表性的考據學相關著作，而且力圖說明宋翔鳳與漢學的關係及其後期考據學的特色。本書最後則對宋翔鳳經學研究轉型後的義理思想進行論述，將他後期的經學思想上溯至莊存與、莊述祖和劉逢祿，並透過探討《四書纂言》的編纂過程，具體展現宋翔鳳經學研究變遷的脈絡，從前期著重以許、鄭為代表的古文經學到後期以今文經學為核心，以此呈現出其經學研究的特色。

　　下面將以上述諸章之論述作為基礎，進一步對與本課題相關的問題進行闡述。

一、清代考據學中皖派與吳派對宋翔鳳經學研究的影響

　　縱觀宋翔鳳一生的治學，大致可分成前後兩個時期，前期以考據學為主，後期則以常州學派為依歸，在這約 84 年的時間裡（乾隆四十二年（1777 年）至咸豐十年（1860 年）），現有文獻材料表明宋翔鳳離開父親開始獨自生活的嘉慶十七年（1812 年）之後數年是他的學術轉型的關鍵期，其經學研究重心從漢學向常州學派轉移。宋翔鳳前期的經學研究與當時的皖派、吳派有何關聯？是什麼因素刺激了他從前期考據向後期義理的轉型？這 2 個問題是探討宋翔鳳經學研究的重要節點。

　　從乾隆後期到嘉慶後期，正值乾嘉漢學達到鼎盛之際，這時宋翔鳳的師友圈除了與常州學派相關的學者外，影響他治經比較大者主要有宋簡、汪元亮、徐承慶、段玉裁、張惠言等人。首先，宋簡、汪元亮、徐承慶三人亦師亦友，也是宋翔鳳啟蒙時期最重要的三位老師，其中汪元亮「平生論學，則推東原及程君易疇」，所以他的學術屬性與皖派相近，注重漢代經師對文字訓詁的研究，因此他治學以訓詁為主。宋簡、徐承慶與汪元亮過從甚密，在治經上均深受汪氏的影響，對文字學都下過大工夫，如徐承慶「所與遊者，則嘉定錢曉徵詹事、王鳳喈閣學，元和江叔澐方正，金壇段若膺大令，長洲汪明之（汪元亮）學博，皆精鷙實學，一時大師。先生得切磋之益，故於小學則專治許氏，經學則一宗鄭氏」，著有《說文解字注匡謬》。宋簡「與同邑汪明之

（元亮）先生遊，專精於《三禮》鄭氏學」，所以在參加乾隆五十一年江南鄉試時以江永的《鄉黨圖考》答卷，中進士後專治《說文解字》，最後完成《說文諧聲》一書。此外，宋翔鳳分別在嘉慶五年及嘉慶六年拜張惠言、段玉裁為師。張惠言在金榜家設館授徒三年，「嘗從歙金榜問故」，所以皖派對於他的經學研究有相當關鍵的影響，尤其是對《禮》的研究。其中，段玉裁更是戴震的嫡系弟子，其經學思想和研究方法基本遵循以戴震為代表的皖派學術風格。

　　章太炎在《訄書‧清儒》比較吳派、皖派學術曰：「吳始惠棟，其學好博而尊聞。皖南始戴震，綜形名，任裁斷……弟子最知名者，金壇段玉裁、高郵王念孫……世多以段、王、俞、孫為經儒，卒最精者乃在小學，往往近名家者流，非漢世《凡將》、《急就》之儕也。凡戴學數家，分析條理，皆縝密嚴栗，上溯古義，而斷以己之律令，與蘇州諸學殊矣。」他大體上將吳派和皖派的經學研究區分為「求古」與「求是」的兩種學風。基本上吳派尊信漢儒，「專守漢學，不論毛、鄭，亦不排斥三家」，如惠棟治學之基本精神是是「凡古必真，凡漢皆好」，他試圖將漢代經學家之觀點與先秦儒家經典提升至同等地位，〔註2〕導致王引之以「株守漢學」來稱呼惠棟吳派之學。皖派以「求是」著稱，如戴震對待漢儒之學則會講求實事求是的鑒別，不輕信盲從，其曰：「《說文》九千餘字固未能一一合於古，即《爾雅》亦多不足據」，又曰：「苟害六書之義，雖漢人亦在所當改，何況漢魏六朝。」並提出「學貴專精不貴博」的治學原則，所以皖派學者的研究強調就其是非而定，而不是惟古是從。

　　由上可知，宋翔鳳前期治經主要是受到以皖派為主的師友之影響，所以這個時期他的學術研究以漢學為主，講求「實事求是」的治學原則，像他在《答段若膺大令書》中提到：「足皆寔事而求是，其要一也。」〔註3〕他在多處詩文中也常談論此原則，如「即親小道同治經，要當實事求其是」、〔註4〕「實事能求是，元留中用書」、〔註5〕「學古當精研，惟此足自立」、〔註6〕「實

〔註2〕梁啟超：《清代學術概論》，頁33。
〔註3〕宋翔鳳：《答段大令若膺書》，《樸學齋文錄》，卷1，《浮溪精舍叢書》，頁127。
〔註4〕宋翔鳳：《王右丞〈雪江勝賞圖卷〉為洪筠軒同年頤煊題》，《洞簫樓詩紀》，卷6，《浮溪精舍叢書》，頁278。
〔註5〕李南：《宋翔鳳年譜》，《南京大學中國古典文獻學碩士論文》，2011年，頁184。
〔註6〕宋翔鳳：《途次裡近日所得書問各繫一詩》，《洞簫樓詩紀》，卷4，《浮溪精舍叢書》，頁263。

事同求是，前徵各取長，藩籬元可撤，門戶定相忘」。〔註7〕由此可以體現出「求是」已成為宋翔鳳治經的核心精神。此外他也強調屏除門戶之見，《經問》一書正是他以「求是」原則打破各家門戶的成果，此書收集各家說法並「是非一一評」，希望最終折中眾說，達到「勿苟為異同，敬謹持平衡。」〔註8〕所以《經問自序》中提到：「師儒或局於章句，承學則拘於門戶，又時有鄉壁虛造之說、庸妄憑肒之談，雜出乎其間，紛爭空軫，疑論無歸焉」，所以要「循乎陳跡以求一是，袪其謬妄乃得歸趣」，最後「推本於漢學，博採於近儒，而決之於吾心」。〔註9〕故此時期宋翔鳳以兼採漢代今古文各家經說之所長的鄭玄為效仿的典範，其治經原則也就如上所述「段、王、俞、孫」等皖派諸儒「上溯古義，而斷以己之律令」。

此外，宋翔鳳也間接受到吳派的影響，這與他受教於莊述祖有關。錢穆認為莊述祖的學術與吳派考據學有所淵源的關係，其曰：「所著曰《珍藝宧叢書》，頗究明堂陰陽，亦蘇州惠學也」。且莊述祖也提到：「漢學之存於今者，苟有一字一句之異同，要當珍若拱璧也。」〔註10〕這與惠棟「凡漢皆好」的治學精神其實是相似的，也對宋翔鳳早期的經學思想產生一定影響，所以他將「經」的範圍擴大到漢儒經說，其曰：「聖人之言曰微言，傳記所述曰大義。微者，至微無不入也，大者，至大無不包也，原其體類，皆號為經。是則象數之說，無非《易》也；古文、今文，無非《書》也；《齊》、《魯》、《韓》、《毛》，無非《詩》也；《公羊》、《穀梁》、《左氏》，無非《春秋》也；《儀禮》經傳雖出於一塗，而其恉意所周遍，可以盡法制之變，浹人事之紀。」〔註11〕所以宋翔鳳將重要的漢代今古文家所作的傳皆提升到經的地位，這也體現出他強烈的尊漢傾向。

嘉慶後期以後，漢學主導學界的現象開始出現鬆動，漢宋調和及經世思想興起。再加上宋翔鳳於嘉慶十七年離開父親獨自生活，代表他的治學也不再受到宋簡的干預。這兩項因素推動宋翔鳳開始進行學術轉型，由尊漢排宋走向學術融合，他嚴厲批評漢宋之爭的兩造，在不斷摸索的過程中，常州諸

〔註7〕宋翔鳳：《呈佟鏡堂方伯景文三十韻》，《洞簫樓詩紀》，卷 16，《浮溪精舍叢書》，頁 361。

〔註8〕袁寂：《三月廿五日至葑溪草堂薄暮歸舟次得詩四首卻寄宋于庭（翔鳳）韶九（儀鳳）》，《獨笑軒詩》，卷上。

〔註9〕宋翔鳳：《經問自序》，《樸學齋文錄》，卷 2，《浮溪精舍叢書》，頁 136～137。

〔註10〕莊述祖：《與臧在東說虞庠四郊西郊異同》，《珍蓺宧文鈔》，《續四庫全書》集部‧第 1475 冊，頁 115。

〔註11〕宋翔鳳：《經問自序》，《樸學齋文錄》，卷 2，《浮溪精舍叢書》，頁 136。

子對他的影響越來越大，其中莊述祖「以漢學求根株」的治經方法與劉逢祿
的《公羊》學研究對他的經學架構及內涵的重新調整提供了關鍵性的導引，
決定了宋翔鳳後期經學的走向。

宋翔鳳後期經學研究可以嘉慶二十三年《大學古義說》成書作一開端，至
咸豐十年宋翔鳳去世為止，這時宋翔鳳已經逐漸完成轉型，成為常州學派代表
性的學者，尤其是以莊述祖傳人的身份著稱。宋翔鳳轉型後的經學研究是以常
州學派的經學思想來統合漢學、宋學、史學、子學、詞學等各種性質互異、凌
雜無緒的學派及學科，呈現出多種學術系統交錯融合的情形，也為從乾嘉以來
的「漢宋之爭」轉變成嘉道以後「漢宋兼採」的關係作一腳注。

二、宋翔鳳在常州學派之學術地位的重新審視

張舜徽以「經世致用」為基礎構建出常州學派的學術譜系，認為莊存與
繼承西漢微言大義之學的傳統成為學派的奠基者，其侄莊述祖傳其學並完成
學派理論與方法的轉型，莊述祖外甥劉逢祿與宋翔鳳則張大今文經學之緒，
龔自珍、魏源、康有為、梁啟超等亦在常州學派的學術譜系之中。〔註 12〕在
這個譜系中，宋翔鳳在傳承的過程中所扮演的腳色最為模糊，所以下面將討
論宋翔鳳的經學研究在常州學派中所具有的特殊性。

在常州學派發展的序列中，莊存與以他長期負責皇子教育的特殊地位，開
創出一套有別於民間儒學的新學派，其著重點與漢學、宋學或「科舉時藝」有
根本上的差別。莊存與由「廟堂之學」出發，認為治經「惟以知人論世為准」，
〔註 13〕講求通經以致用，如《周官記》之作乃是為了探明《周官》為「明天道」
所作禮制中的微言大義，經過甄綜條理經文使之「合人事」後，使有志於治者，
由其說，通其變，舉而措之，應用於國家社會的禮教治理中，〔註 14〕故阮元對

〔註 12〕張舜徽：《清儒學記·常州學記第九》，武漢：華中師範大學出版社，2005 年，
　　　　第 323 頁。

〔註 13〕臧庸：《禮部侍郎莊公小傳》，《碑傳集補》，卷三，臺北：明文書局，1985 年，
　　　　第 228〜232 頁。

〔註 14〕李兆洛為《周官記》作的序中明顯可知，序文寫道：「方耕先生仿《儀禮記》
　　　　作《周官記》，甄綜經意，令就條理，欲以融通舊章，定後世率由之大凡，其
　　　　於冬官，採周秦諸子之言地事者補益之，不屑屑於事為製造之末，而於官不陳
　　　　藝，工不信度，府事隳壞三歎息焉。又捃拾經中大典，如郊廟族屬之類，古人
　　　　所論列者，件繫而折衷之，為周官說三卷，以輔記之所不盡。實能探製作之原，
　　　　明天道以合人事。……有志於治者，由其說，通其變，舉而措之，如視諸掌。」
　　　　見李兆洛：《周官記序》，《養一齋文集》，光緒戊寅年刊本，卷 3。

此書的評價為：「《周官》則博考載籍有道術之文，為之補其亡闕，多可取法致用。」〔註15〕而譚獻也說：「《繫辭傳論》依經立誼，旁推交通，致用之學，非經生之業。……《彖象論》大義微言，同條共貫，而於用人之消長，官府之舉曆，武事之張弛，仁義之本末，重言申明，若有憂者，古大臣之陳謨，豈徒儒者之著書也哉。」〔註16〕「致用之學，非經生之業」的稱讚可謂深得莊存與為學之真意，而「古大臣之陳謨，豈徒儒者之著書」之言則對莊存與「懷抱儒臣之忠，發微言大義之文，以啟人君王道之治」的志向作了具體的說明。故莊存與的經學研究貫穿經術、政事、文章為一體，從正反兩面來論述微言大義。莊存與一方面從反面陳說《春秋》所記載的尊卑失序的亂世，以《春秋正辭》詳教《春秋》義例，強調《公羊》大一統和譏世卿的核心理念，用孔子貶誅絕的筆法來維護皇權權威和批判權臣弄權，持乾綱以正亂臣賊子，立臣道之大防，以此凸顯君臣之「大義」；再從正面給與君王一位如二典三謨中的聖王模範，因此《尚書既見》分別以盤庚、周公、舜三位模範君臣來闡釋據亂世、升平世，太平世的治國之道，由此隱諱張三世之「微言」。但最終因官方提倡漢學及文字獄的緣故，莊存與自晦這套「經制之學」以待後人，並期勉家族子孫及門下弟子繼承其「以學開天下」之遺志。陳其泰評價說：「莊存與是清代《公羊》學復興的代表人物。由於他的成就，一下子打破了千餘年的消沉，接續了西漢董仲舒和東漢何休的《公羊》學說統緒，使這一獨特的儒家古代學說重新獲得生命。他的著作，為清代《公羊》學開闢了得以繼續前進的基地。」〔註17〕

莊存與去世後，因遭逢朝中政局的變遷，常州莊氏家族在官場上失勢，莊述祖開始將家族重心由政治轉移至學術，為因應當時漢學主導學界的局面，他引進漢學的研究方式來對莊存與之學進行改造，對常州學派進行轉型，希望在學術上可以與漢學爭鋒。莊述祖以「漢學求根株」的方式來重新演繹莊存與所闡釋的「微言大義」，主要從兩方面入手：一是從對漢代經傳的辨偽和漢代今古文之分中將漢代經學分成兩部分，以劉歆為界，認為今文經與西漢古文經是繼承七十子之學，東漢古文經及以下經學則受後人偽造影響，其經義以漸失孔門真義，而常州經學則是對今文經與西漢古文經的繼承，其所言

〔註15〕阮元：《莊方耕宗伯經說序》，《味經齋遺書》，卷首。
〔註16〕譚獻，《復堂日記》，臺北：華文書局，光緒15年刊，1970年，卷7，第9頁。
〔註17〕陳其泰：《清代公羊學》，北京：東方出版社，1997年，第60頁。

的微言大義方是符合聖人之本意，以此間接批評以東漢古文經為主的乾嘉漢
學。二是將常州所言的「微言大義」上溯到上古帝王之治法，所以莊述祖一
方面將《春秋》與《夏時》做連結，以《春秋》的義例來比附解釋《夏時》之
等，用《公羊》三正說來解釋《夏時》中的曆法，即《夏時》乃是三統之夏
正，以此印證《夏時》是孔子至杞國觀夏道所得之書，也呼應《公羊》以夏正
為正朔的說法。另一方面他透過古籀文的整理與研究來探索殷人《歸藏》坤
乾之義，以此上追黃帝「始一終亥」的造字原則，下繫《易經》的乾坤之義，
以此推出《歸藏》與《周易》相輔而行。莊述祖以漢學求根株的研究方法成為
常州學派一次非常關鍵性的轉折點，他重塑後的常州經學為第三代學人治經
提供一套可以與漢學並存且競爭的研究理論與方法。

　　劉逢祿是清代《公羊》學的奠基人，一生致力於《公羊》學研究，重新整
理了《公羊》學的統緒，上承莊存與、莊述祖，下開龔自珍、魏源，使沉寂了
千餘年的《公羊》學得以再次復興，梁啟超稱讚其為《公羊》學「大張其軍」
者，主要著作有《春秋公羊經傳何氏釋例》和《左氏春秋考證》，是清代《公
羊》學的兩部代表作。《春秋公羊經傳何氏釋例》一改莊存與以隱晦的方式述
說《公羊》微言，在莊存與三世說的基礎上，正式全面的論說「張三世」、「通
三統」、孔子「素王」說、「受命改制」等微言，對《公羊傳》所蘊涵的義理與
條例進行深入的開掘和闡發。《左氏春秋考證》全面否定《左傳》傳《春秋》
的說法，他以考證的方式來認定最早的《左氏春秋》只是左丘明所作之魯國
史書，而今之《左傳》又是劉歆竄改《左氏春秋》而成，所以主張古文經的
《左傳》不傳《春秋》，而今文經的《公羊傳》方是傳《春秋》微言大義之正
宗。

　　由上可知，常州學派在上述三人的努力下漸次建立經學的架構，宋翔鳳
在理論開創上無法與這三人比擬，他在學術上最主要的成就是將上述三人的
學術思想統合於一體，這體現在他最具代表性的經學著作《論語說義》上。
後人分析《論語說義》多從《公羊》學的角度來釋讀書中所闡發的微言大義，
將此書當成接續《論語述何》而作，而宋翔鳳只是劉逢祿《公羊》學的追隨
者。其實宋翔鳳在當時被認為是莊述祖的傳人，主要原因是他的經學研究承
襲並擴展莊述祖「以漢學求根株」的治經方式，以嘉慶二十三年完成的《大
學古義說》作為開端，至道光二十年《論語說義》的成書，宋翔鳳完成了莊存
與、莊述祖及劉逢祿三人學術成果的整合。《大學古義說》是宋翔鳳第一部不

以考據為主的著作，論述大學、射宮及明堂「三位一體」的架構，並藉此探討治國理政之道。此書闡釋政教合一政府體制的理論基礎主要來自於莊述祖《明堂陰陽夏小正經傳考釋》中對夏代明堂制度的論述，將「大學」定位成培訓以天子為主的皇家學校及反駁荀子性惡說源於莊存與經學思想，不過宋翔鳳並沒有在書中討論《公羊》學，而是在嘉慶十八年《四書古今訓釋》中《論語發微》一文中專以《公羊》釋五則《論語》，這代表此時宋翔鳳還未融會貫通二莊一劉之學。直到《論語說義》撰成，不只延續著《大學古義說》的觀點，以明堂制度為核心，結合以莊述祖《歸藏》研究為根據的「孔老同源說」來展開為君之道的論述，並將明堂制度與《公羊》張三世加以結合，分別論述明堂在據亂世、升平世、太平世的角色。所以可以說《論語說義》是以明堂為制、南面為術、《公羊》三世為法，以此基礎來論說為君者理想的治國平天下之道，《說義》將莊述祖《夏時》與《歸藏》之研究及劉逢祿《公羊》學等相關經學思想結合一起，系統性地闡述莊存與的「經制之學」。所以宋翔鳳在常州學派發展的序列中不只是莊述祖學術傳人或附屬在劉逢祿之旁而已，其實他的經學研究是集常州學派經學思想之大成，也是開啟晚清今文經學興起的重要學人之一。

三、宋翔鳳與晚清今文經學興起

劉師培云：「嘉道之際，叢綴之學多出於文士，繼則大江以南，工文之士以小慧自矜，乃雜治西漢今文學，旁採讖緯，以為名高，故常州之儒莫不理先漢之絕學，復博士之緒論，前有二莊，後有劉、宋，南方學者聞風興起。」〔註18〕當中「南方學者聞風興起」指的是今文經學在晚清的興起，所以常州學派向晚清今文經學過渡的過程中，莊存與、莊述祖、劉逢祿和宋翔鳳四人在清代今文經學成型的過程及向晚清士人之間擴散所扮演的腳色為何，是一件值得考察之事。

莊存與生於康熙五十八年（1719 年），卒於乾隆五十三年（1788 年），他是常州學派的開創者，曾立下「以學開天下」之遺志。莊述祖生於乾隆十五年（1750 年），卒於嘉慶二十一年（1816 年），他以「漢學求根株」的治經方法企圖實現莊存與之遺志。劉逢祿生於乾隆三十九年（1774 年），卒於道光九

〔註18〕劉師培：《近代漢學變遷論》，《劉申叔先生遺書》，臺北：華世出版社，1975年，第 3 冊，頁 1784。

年（1829），他將莊存與的《公羊》學思想以考據的方式進行全面、專門且公開的論述，成為常州《公羊》學之大家，並於嘉慶二十四年在京師向龔自珍與魏源傳授《公羊春秋》。

　　宋翔鳳生於乾隆四十二年（1777 年），卒於咸豐十年（1860 年）。在常州學派向晚清今文學轉變的過程中，宋翔鳳所發揮的作用，可以蕭一山在《清代通史》中對宋氏評價作一說明：「翔鳳嘗作《擬漢博士答劉歆書》，又作《漢學今文古文考》，以《公羊》義說群經，以《古籀文》證群籍。以為微言之存，非一事可該，大義所著，非一端足竟，會通眾家，自闢蹊徑，而精力所貫，尤在《論語》，撰《論語說義》、《論語發微》，至是今文之學遂以大明。」〔註 19〕宋翔鳳融合上述三人之研究於《論語說義》一書，由此清代今文經學之理論具體成形，為晚清今文經學的發展奠定下基礎。此外宋翔鳳還主動向外界散播常州學派的經學研究，最主要是透過三個管道來傳播：一是他的交遊圈，其中與常州莊氏家族關係密切的文士經生交往最為密切，如莊綬甲、趙懷玉、張惠言、沈欽韓、李兆洛、顧蘭崖、丁履恒、陸繼輅、張成孫、周伯恬、吳育、方履籛、董士錫、洪孟慈等人，〔註 20〕「還有如何紹基、戴望、王闓運、龔橙、施補華、莊棫、吳嘉淦、潘祖蔭、翁同龢、夏曾佑等著名官僚文士集團為之揄揚。這些人，或為友朋，或為年家子弟，或為聞其緒論而繼起者」。〔註 21〕二是透過學校的教學，如他在嘉慶二十年任教於山東滕縣的興魯書院時曾作策問來考課興魯書院學生，其中一道題是「問：《春秋》出魯史，故《七略》以《史記》入於《春秋》家。太史公稱夏殷為帝，法取《春秋》，褚氏不通厥恉，傅會增益，能辨其妄歟？」〔註 22〕題中論及《史記》入春秋家，太史公稱夏、殷為帝，這些說法都是取法於《公羊春秋》中存三統之義。此外他還但任過泰州學正、旌德訓導等學官之職，在道光十一年至十三年他還在山西秀川（水）書院等處講學，透過這些地方，宋翔鳳都

〔註 19〕蕭一山：《清代通史》第四冊，頁 1744（臺北：臺灣商務印書館，一九六三年版）。

〔註 20〕宋翔鳳在《吳嘉之詩序》中提到：「余外家在常州，少壯時，往來其閒，凡言訓故詞章之士，無不與交，而所學無不相合。」見於宋翔鳳：《樸學齋文錄》，卷 2，頁 33a。

〔註 21〕蔡長林：《訓詁與微言──宋翔鳳二重性經說考論》，《中國文哲研究集刊》第 29 期，2006 年，頁 239。

〔註 22〕宋翔鳳：《策問課興魯書院諸生》，《樸學齋文錄》，卷 1，《浮溪精舍叢書》，頁 125。

有機會向學子們灌輸常州經學思想。

　　第三種管道與科舉有關。科舉考試對歷代學術風氣的引導佔有關鍵性的影響，如程朱理學在清初與道光朝的復興，或者漢學在乾嘉時期的興盛，都與科舉的命題與取士有不可分割的關係。清代科舉最重視首場的四書文，導致書商大量出版四書講章，導致此種坊刻舉業用書在道光年間汗牛充棟、「如山如海」，學子趨之若鶩，「捨聖人之經典、先儒之注疏與前代之史不讀」，專習坊刻四書五經應舉類的考試用書。《四書纂言》就是宋翔鳳為科考士子量身訂作的考試參考書，藉此「兔園冊子」搭上學子「止圖速化」的風潮，希望因勢利導，不只幫助士子考取功名，更欲使更多學子接觸到以今文經學為主的常州學派經學研究。宋翔鳳這種在科舉應試的框架下，將常州學派及漢學之學術見解融入文章並提供答題範本的方式，無形之中為今文經學的復興布下了無數的種子，最後導致所謂「南方學者聞風興起」〔註23〕，開始掀起晚清今文經學風行的時代，也開啟了實現莊存與「以學開天下」之大門。

〔註23〕劉師培云：「嘉道之際，叢綴之學多出於文士，繼則大江以南，工文之士以小慧自矜，乃雜治西漢今文學，旁採讖緯，以為名高，故常州之儒莫不理先漢之絕學，復博士之緒論，前有二莊，後有劉、宋，南方學者聞風興起。」劉師培：《近代漢學變遷論》，《劉申叔先生遺書》第 3 冊，臺北：華世出版社，1975 年，頁 1784。

參考文獻

一、宋翔鳳著作

1. 《過庭錄》，北京：中華書局，2006 年。

2. 《尚書記》，《雲自在龕叢書》第一冊，光緒中江陰繆氏刊本。

3. 《樸學齋文錄》，《續修四庫全書》，上海：上海古籍出版社，1995 年。

4. 《論語說義》，《皇清經解續編》，光緒十四年南菁書院本。

5. 《大學古義說》，《皇清經解續編》，光緒十四年南菁書院本。

6. 《孟子趙注補證》，《皇清經解續編》，光緒十四年南菁書院本。

7. 《四書古今訓釋》，《浮溪草堂叢書》本，道光丙午歲刊，浮溪宋氏藏版，北京國家圖書館藏。

8. 《四書纂言》，《浮溪草堂叢書》本，道光丙午歲刊，浮溪宋氏藏版，北京國家圖書館藏。

9. 《樂府餘論》，《雲自在龕叢書》本

10. 《憶山堂詩錄》，《浮溪精舍叢書》，桃園：聖環圖書公司，1998 年。

11. 《洞簫樓詩紀》，《浮溪精舍叢書》，桃園：聖環圖書公司，1998 年。

12. 《小爾雅訓纂》，《浮溪精舍叢書》，桃園：聖環圖書公司，1998 年。

13. 《論語師法表》，《浮溪精舍叢書》，桃園：聖環圖書公司，1998 年。

14. 《論語鄭氏注》，卷 10，《浮溪精舍叢書》，桃園：聖環圖書公司，1998 年。

15. 《答雷竹卿書》，《浮溪精舍叢書》，桃園：聖環圖書公司，1998 年。

16. 《四書釋地辨證》，《浮溪精舍叢書》，桃園：聖環圖書公司，1998 年。

17. 《孟子劉注》，《浮溪精舍叢書》，桃園：聖環圖書公司，1998 年。

18. 皇甫謐撰、宋翔鳳校：《帝王世紀集校》，上海：上海古籍出版社，1996 年。

19. 《論語纂言》，《無求備齋論語集成》第二十四函，臺北：藝文印書館，1966 年。

二、古籍文獻

1. 陳壽祺：《左海文集》，《皇清經解》，光緒十四年南菁書院本。

2. 陳壽祺：《左海經辨》，《皇清經解》，光緒十四年南菁書院本。

3. 蔡冠洛編纂，王鐘翰點校：《清史列傳》，北京：中華書局，1987 年。

4. 戴望：《戴氏注論語》，《續修四庫全書》，上海：上海古籍出版社，2003 年。

5. 戴望：《謫麔堂遺集》，《續修四庫全書》，上海：上海古籍出版社，2003 年。

6. 戴望：《顏氏學記》，上海：商務印書館，1930 年。

7. 方東樹：《漢學商兌》，臺北：廣文書局，1977 年。

8. 龔自珍：《龔自珍全集》，上海：上海古籍出版社，1999 年。

9. 龔自珍：《定庵集外未刻詩》，《龔定庵全集》，上海：世界書局，1935 年。

10. 桂文燦：《經學博採錄》，卷 4，上海：華東師範大學出版社，2010 年。

11. 柯劭忞等撰：《續修四庫全書總目提要·經部》，北京：中華書局，1993 年。

12. 江藩：《國朝漢學師承記》，北京：中華書局，1983 年。

13. 焦循：《孟子正義》，北京：中華書局，1987 年。

14. 覺羅勒德洪等奉修：《高宗純皇帝實錄》，北京：中華書局，1985～1986 年影印《清實錄》，第 11 冊。

15. 盧文弨著，王文錦點校：《抱經堂文集》，北京：中華書局，1990 年。

16. 劉逢祿：《春秋公羊經何氏釋例》，上海：上海古籍出版社，1995 年。

17. 劉逢祿：《左氏春秋考證》，《皇清經解》，光緒十四年南菁書院本。

18. 劉逢祿：《劉禮部集》，《續修四庫全書》，上海：上海古籍出版社，2003 年。

19. 劉逢祿：《論語述何》，《皇清經解》，光緒十四年南菁書院本。

20. 劉逢祿：《書序述聞》，《續修四庫全書》，上海：上海古籍出版社，2003 年。

21. 李慈銘：《越縵堂讀書記》，臺北：世界書局，1975 年。

22. 李兆洛：《養一齋文集》，《續四庫全書》，上海：上海古籍出版社，2003 年。

23. 皮錫瑞：《經學通論》，臺北：臺灣商務印書館，1989 年。

24. 皮錫瑞：《經學歷史》，臺北：藝文印書館，1974 年。

25. 彭蘊璨：《歷代畫史匯傳》卷 51，《續修四庫全書》第 1084 冊，上海：上海古籍出版社，2002 年。

26. 錢儀吉等：《清碑傳合集》，上海：上海書店，1988 年。

27. 錢大昕：《嘉定錢大昕全集》，南京：江蘇古籍出版社，1997 年。

28. 阮元：《揅經室集》，北京：中華書店，1999 年。

29. 阮元：《十三經注疏》，嘉慶 20 年江西南昌府學板，臺中：藍燈文化事業公司，1990 年。

30. 孫星衍：《尚書今古文注疏》，收入《叢書集成初編》第 3621 冊，北京：中華書局，1985 年。

31. 盛康：《皇朝經世文續編》，光緒 23 年思刊樓刊版。

32. 譚獻：《復堂日記》，《叢書集成續編》第 217 冊，臺北：新文豐出版公司，1989 年。

33. 王掞：《長洲宋氏世譜》，清道光四年版。

34. 王引之：《經義述聞》，《皇清經解》，光緒十四年南菁書院本。

35. 吳秀之、曹允源等修纂：《吳縣志》，臺北：成文出版社，1970 年。

36. 魏源：《魏源全集》，長沙：嶽麓書社，2004 年。

37. 徐世昌等編：《清儒學案》，臺北：燕京文化事業公司，1976 年。

38. 徐承慶：《說文解字注匡謬》，收入《續修四庫全書》第 214 冊，上海：上海古籍出版社，1995 年。

39. 徐珂：《清稗類鈔》，北京：中華書局，1984 年。

40. 臧庸：《拜經堂文集》，《續修四庫全書》，上海：上海古籍出版社，2003 年。

41. 莊存與：《味經齋遺書》，光緒八年陽湖莊氏藏板。

42. 莊存與：《春秋正辭》，《皇清經解》，廣州學海堂庚申補刊版。

43. 莊存與：《尚書既見》，《續四庫全書》，上海：上海古籍出版社，2002 年。

44. 莊述祖：《珍藝宦遺書》，道光間莊氏脊令坊刊本。

45. 莊述祖：《珍執宦文鈔》，《續修四庫全書》，上海：上海古籍出版社，2003 年。

46. 莊述祖：《毛詩考證》，《皇清經解續編》，上海：上海書店，1988 年。

47. 莊述祖：《周頌口義》，《皇清經解續編》，上海：上海書店，1988 年。

48. 莊述祖：《尚書今古文考證》，《續修四庫全書》，上海：上海古籍出版社，2003 年。

49. 莊述祖：《說文古籀疏證》《續修四庫全書》，上海：上海古籍出版社，2003 年。

50. 莊壽承等：《毗陵莊氏增修族譜》，光緒元年刊本。

51. 張之洞撰、范希增補正：《書目答問》，上海：上海古籍出版社，1983 年。

52. 張舜徽：《清人文集別錄》，臺北：明文書局，1982 年。

53. 中國科學院圖書館整理：《續修四庫全書總目提要》（稿本），濟南市：齊魯書社，1996 年。

54. 趙爾巽等：《清史稿》，北京：中華書局，1998 年。

三、個人類專著

1. 艾爾曼著、趙剛譯：《經學、政治與宗族—中華帝國晚期常州今文經學派研究》，江蘇：江蘇人民出版社，1998 年。

2. 蔡長林：《從文士到經生：考據學風潮下的常州學派》，臺北：中央研究院－中國文哲研究所，2010 年。

3. 陳其泰：《清代公羊學》，北京：東方出版社，1997 年。

4. 董洪利：《孟子研究》，江蘇：江蘇古籍出版社，1997 年。

5. 段熙仲：《春秋公羊講疏》，南京：南京師範大學出版，2002 年。

6. 亞傑：《晚清經學史論集》，臺北：文津出版社有限公司，2008 年。

7. 丁亞傑：《清末民初公羊學研究：皮錫瑞，廖平，康有為》，臺北：萬卷樓出版社，2002 年。

8. 馮友蘭：《中國哲學史》，北京：中華書局，1984 年。

9. 黃開國：《清代今文經學的興起》，四川：四川出版集團巴蜀書社，2008 年。

10. 黃開國：《清代今文經學新論》，北京：人民出版社，2017 年。

11. 黃懷信：《小爾雅匯校集釋》，西安：三秦出版社，2002 年。

12. 黃彰健：《經今古文學問題新論》，臺北：中央研究院歷史語言研究所，1982 年。

13. 胡楚生：《清代學術史研究》，臺北：臺灣學生書局，1988 年。

14. 胡楚生：《清代學術史研究續編》，臺北：臺灣學生書局，1994 年。

15. 蔣慶：《公羊學引論——儒家的政治智慧與歷史信仰》，遼寧：遼寧教育出版社，1995 年。

16. 姜廣輝：《中國經學思想史》，北京：中國社會科學出版社，2010 年。

17. 劉瑾輝：《清代〈孟子〉學研究》，北京：社會科學文獻出版社，2007 年。

18. 劉盼遂：《段玉裁先生年譜》，臺北：藝文印書館，1970 年。

19. 劉再華：《近代經學與文學》，北京：東方出版社，2004 年。

20. 劉師培：《劉申叔先生遺書》，臺北：華世出版社，1975 年。

21. 梁啟超：《中國近三百年學術史》，上海：上海三聯書店，2006 年。

22. 梁啟超：《清代學術概論》，天津：天津古籍出版社，2003 年。

23. 陸寶千：《清代思想史》，臺北：廣文書局，1983 年。

24. 林慶彰、張壽安主編:《乾嘉學者的義理學》,臺北:中研院中國文哲研究所,2003 年。

25. 林慶彰等主編:《晚清常州地區的經學》,臺北:臺灣學生書局,2009 年。

26. 柳宏:《清代論語詮釋史論》,北京:社會科學文獻出版社,2008 年。

27. 李暢然:《清代孟子學大綱》,北京:北京大學出版社,2011 年。

28. 馬積高:《清代學術思想的變遷與文學》,長沙:湖南出版社,1996 年。

29. 馬宗霍:《中國經學史》,臺北:臺灣商務印書館,1963 年。

30. 彭林:《清代經濟與文化》,北京:北京大學出版社,2005 年。

31. 錢穆:《中國近三百年學術史》,北京:商務印書館,1997 年。

32. 錢基博:《經學通志》,上海:中華書局,1936 年。

33. 漆永祥:《乾嘉考據學研究》,北京:中國社會科學出版社,1998 年。

34. 蘇興撰,鍾哲點校:《春秋繁露義證》,北京:中華書局,1992 年。

35. 孫春在:《清末的公羊思想》,臺北:臺灣商務印書館,1985 年。

36. 沈雲龍主編:《近代中國史料叢刊》,臺北:文海出版社,1966 年。

37. 湯志鈞:《近代經學與政治》,北京:中華書局,2000 年。

38. 湯志鈞:《清代經今文學的復興》,北京:中國人民大學出版社,2014 年。

39. 湯志鈞:《莊存與年譜》,臺北:臺灣學生書局,2000 年。

40. 汪學群:《中國儒學史:清代卷》,北京:北京大學出版社,2011 年。

41. 王章濤:《阮元年譜》,合肥:黃山書社,2003 年。

42. 王章濤:《王念孫・王引之年譜》,揚州:廣陵書舍,2006 年。

43. 蕭一山:《清代通史》,北京:中華書局,1986 年。

44. 徐澄:《俞曲園先生年譜》,上海:上海書店,1991 年影印《民國叢書第三編》,第 76 冊。

45. 楊向逵:《清儒學案編》,山東:齊魯書社,1994 年。

46. 余英時:《論戴震與章學誠:清代中期學術思想史研究》,上海:上海三聯書店,2012 年。

47. 章太炎:《章太炎全集》,上海:上海人民出版社,1984 年。

48. 章太炎：《清代學問的門徑》，北京：中華書局，2009 年。

49. 朱維錚編：《周予同經學史論著選集》，上海：上海人民出版社，1996 年。

50. 朱維錚：《中國經學史十講》，上海：復旦大學出版社，2002 年。

51. 朱華忠：《清代論語學》，四川：巴蜀書社，2008 年。

52. 支偉成：《清代樸學大師列傳》，長沙：嶽麓書社，1998 年。

四、期刊、學位論文

（一）期刊論文

1. 艾爾曼：《清代科舉與經學的關係》，《清代經學國際研討會論文集》，臺北：中研究院文哲所籌備處，1994 年。

2. 陳居淵：《論孔廣森與劉逢祿的公羊學研究》，《孔子研究》，1995 年第 1 期。

3. 陳鵬鳴：《宋翔鳳與今文經學》，《書目季刊》第 30 卷，1996 年第 3 期。

4. 陳鵬鳴：《宋翔鳳經學思想研究》，《中華文化論壇》，2001 年第 4 期。

5. 陳桂清：《考據與微言——宋翔鳳的詞學與經學》，《邵陽學院學報》（社會科學版），2009 年第 5 期。

6. 陳雙蓉：《薪火相傳，承前啟後——宋翔鳳對常州詞派的傳承作用》，《語文建設》，2013 年 32 期。

7. 曹虹：《論清代江南文化圈中的常州學風》，《南京大學學報》（哲學・人文科學・社會科學版），1996 年 01 期。

8. 蔡長林：《論常州學派的學術淵源——以錢穆〈中國近三百年學術史〉的評論為起點》，《中國文哲研究集刊》第 28 期，2006 年。

9. 蔡長林：《訓詁與微言——宋翔鳳二重性經說考論》，《中國文哲研究集刊》第 29 期，2006 年。

10. 蔡長林：《莊綬甲與常州學派》，《中國文哲研究集刊》第 27 期，2005 年 9 月，頁 243～290。

11. 樊克政：《宋翔鳳生年考》，《文獻季刊》，2005 年第 1 期。

12. 傅博：《宋翔鳳詞學理論新論》，《南陽師範學院學報》，2017 年 05 期。

13. 馮佐哲，李尚英：《清宮上書房和皇子讀書》，《故宮博物院院刊》，1981年。

14. 郜積意：《以〈春秋〉說〈論語〉——劉逢祿至戴望的〈論語〉學》，2005年6月臺北中央研究院中國文哲研究所《浙江學者的經學研究》第一次學術研討會發表論文。

15. 郭曉東：《宋翔鳳公羊學說述微》，《雲南大學學報》（社會科學版），2016年02期。

16. 郭曉東：《論宋翔鳳與戴望對〈公羊〉「太平世」的不同理解》，《社會科學輯刊》，2019年01期。

17. 何佑森：《清代經世思潮》，《漢學研究》，1995年第1期。

18. 黃開國：《宋翔鳳經學微言的核心》，《宋代文化研究》第十五輯，2008年。

19. 黃開國：《宋翔鳳〈論語〉學的特點》，《哲學研究》，2007年第1期

20. 黃開國、魯智金：《莊述祖的經學思想》，《杭州師範學院學報》（社會科學版），2006年第3期。

21. 黃珊：《孔子改制與〈論語〉研究——劉逢祿至戴望的〈論語〉學》，《福建師範大學學報》（哲學社會科學版），2006年第6期。

22. 黃麗卿：《以〈春秋〉通〈論語〉—宋翔鳳〈論語說義〉探析》，《淡江人文社會學刊》，2002年第12期。

23. 郝繼東：《宋翔鳳〈管子識誤〉初探》，《瀋陽師範大學學報》（社會科學版），2015年01期。

24. 孔祥驊：《論宋翔鳳的〈論語〉學》，《歷史教學問題》，1999年第6期。

25. 孔祥驊：《〈論語〉〈公羊〉相通說——略論清代劉逢祿的〈論語〉學》，《華東師範大學學報》，1998年第5期。

26. 路新生：《宋翔鳳學論》，《孔孟學報》第73期，1997年3月。

27. 林吉玲：《常州學派公羊三世說之變異》，《學術交流》，2001年第4期。

28. 林素英：《宋翔鳳〈大學古義說〉發微》，林慶彰等主編：《晚清常州地區的經學》，臺北：臺灣學生書局，2009年。

29. 鈕則圳：《「老孔同源」與儒道互通——宋翔鳳解〈老子〉思想的文化審

視》，《西夏研究》，2016 年 01 期。

30. 孫海波：《莊方耕學記》，收入周康燮主編：《中國近三百年學術思想論集》，香港：存粹學社，1975 年。

31. 宋潔：《淺談莊存與的經學思想》，《北方文學》，2018 年。

32. 孫娟：《劉逢祿經學研究綜述》，常州工學院學報（社科版），2018 年 04 期。

33. 申屠爐明：《論宋翔鳳以〈公羊〉解〈論語〉的得失》，《南京工業大學學報》（社會科學版），2009 年第 3 期。

34. 唐光榮：《阮元、段玉裁與〈十三經注疏校勘記〉》，《楚雄師範學院學報》，2004 年第 4 期。

35. 吳義雄：《清代中葉今文經學派學術思想論略》，《中山大學學報》（社會科學版），1993 年 02 期。

36. 王光輝：《論宋翔鳳的「老子與孔子道同一原」說》，《同濟大學學報》（社會科學版），2018 年 04 期。

37. 徐興海：《〈過庭錄〉古籍整理工作論析》，《西安聯合大學學報》，2004 年第 7 卷第 3 期。

38. 徐興海：《〈過庭錄〉箚記》，林慶彰等主編：《晚清常州地區的經學》，臺北：臺灣學生書局，2009 年。

39. 閻新春、徐向群：《宋翔鳳〈論語說義〉的解經特色》，《船山學刊》，2010 年第 1 期。

40. 鍾彩鈞：《宋翔風學術及思想概述》，收入於《清代經學國際研討會論文集》中，1994 年。

41. 鍾彩鈞：《宋翔鳳的生平與師友》，《清代學術論叢》，2002 年第 3 輯。

42. 鄭卜五：《常州〈公羊〉學派「經典釋義〈公羊〉化」學風探源》，收入《乾嘉學者的義理學》，臺北：中央研究院中國文哲研究所，2003 年。

43. 朱惠國：《論宋翔鳳詞學思想及其意義》，《復旦學報》（社會科學版），2005 年第 3 期。

44. 張廣慶：《清代經今文學群經大義之〈公羊〉化——以劉、宋、戴、王、康之〈論語〉著作為例》，收入《經學研究論叢》第一輯，桃園：聖環圖

書公司，1994 年。

（二）學位論文

1. 蔡欣宜：《宋翔鳳公羊思想研究》，彰化：彰化師範大學碩士論文，2009年。

2. 蔡長林：《常州莊氏學術新論》，臺北：臺灣大學中國文學研究所博士論文，2000 年。

3. 陳靜華：《清代常州學派論語學研究——以劉逢祿、宋翔鳳、戴望為例》，臺南：成功大學中國文學研究所碩士論文，1994 年。

4. 江素卿：《論常州學派之學術特色與經世思想》，高雄：高雄師範大學國文學系碩士論文，1996 年。

5. 劉錦源：《清代常州學派的〈論語〉學》，臺北：政治大學中國文學研究所碩士論文，1995 年。

6. 李南：《宋翔鳳年譜》，南京：南京大學中國語言文學系碩士論文，2012年。

7. 王光輝：《宋翔鳳〈公羊〉學新探——以《論語說義》為中心》，上海：上海師範大學哲學學院碩士論文，2012 年。

8. 王楚：《清代小爾雅學研究》，山東：山東大學碩士學位論文，2009 年。

9. 吳悅：《詞人宋翔鳳研究》，蘇州大學中國古代文學碩士論文，2013 年。

10. 楊佩玲：《宋翔鳳〈論語纂言〉研究》，高雄師範大學經學研究所，2012年。

11. 張廣慶：《劉逢祿及其春秋公羊學研究》，臺北：臺灣師範大學國文研究所博士論文，1997 年。

12. 張君：《宋翔鳳〈孟子趙岐注補正〉研究》，陝西：陝西師範大學文學院碩士論文，2012 年。